Jan Logemann, Reinhild Kreis
Konsumgeschichte

Seminar Geschichte

Wissenschaftlicher Beirat: Christoph Cornelißen, Marko Demantowsky, Birgit Emich, Harald Müller, Michael Sauer, Uwe Walter

Jan Logemann, Reinhild Kreis
Konsumgeschichte

DE GRUYTER
OLDENBOURG

ISBN 978-3-11-046878-6
e-ISBN (PDF) 978-3-11-046879-3
e-ISBN (EPUB) 978-3-11-046886-1

Library of Congress Control Number: 2022938332

Bibliografische Information der Deutschen Nationalbibliothek
Die Deutsche Nationalbibliothek verzeichnet diese Publikation in der Deutschen
Nationalbibliografie; detaillierte bibliografische Daten sind im Internet über
http://dnb.dnb.de abrufbar.

© 2022 Walter de Gruyter GmbH, Berlin/Boston
Titelbild: Dr. Heinrich Hoffmann, Der Struwwelpeter: Die Geschichte vom
Zappel-Philipp, Lebrecht Music & Arts/Alamy Stock Photo
Satz: Integra Software Services Pvt. Ltd.
Druck und Bindung: CPI books GmbH, Leck

www.degruyter.com

Vorwort

Dieser Band ist das Ergebnis jahrelanger Beschäftigung mit konsumgeschichtlichen Fragen in Forschung und Lehre. Die Auswahl der Themen, Fragestellungen und Quellen ist vielfach erprobt und basiert auf unserer Lehrerfahrung in zahlreichen Seminaren, Übungen und Vorlesungen mit unterschiedlichen Schwerpunktsetzungen in der Kultur-, Sozial- und Wirtschaftsgeschichte sowie der Globalgeschichte. Konsumgeschichte erwies sich dabei immer wieder als ein Themenfeld, das Studierende fasziniert und ihren Blick für die Zusammenhänge zwischen Alltag, Wirtschaft, Gesellschaft und Politik schärft. Wir hoffen, dass wir unsere Erfahrungen mit und unsere Freude an der Thematik durch diesen Band an Dritte weitergeben können.

Das Buch profitierte nicht nur von unserer Zusammenarbeit als Autor*innen mit unterschiedlichen Forschungsschwerpunkten, sondern auch von vielfältigen Diskussionen und dem Austausch mit Kolleg*innen und Studierenden der Universitäten Bochum, Bonn, Essen, Göttingen, Kassel, Mannheim und Siegen. Den Lehrenden und Studierenden des Instituts für Wirtschafts- und Sozialgeschichte der Universität Göttingen gilt dabei unser besonderer Dank. Hartmut Berghoff und Uwe Spiekermann haben unserer Beschäftigung mit der Konsumgeschichte über die Jahre viele Anregungen gegeben. Ingo Köhler und Robert Bernsee haben das Manuskript in Gänze gelesen und durch ihre Kommentare sehr bereichert. Christel Schikora und zahlreiche Hilfskräfte des Instituts haben uns bei der Fertigstellung des Manuskripts tatkräftig unterstützt.

Danken möchten wir zudem den Reihenherausgebern, insbesondere Christoph Cornelißen für seine wertvollen Anmerkungen zum Manuskript. Bei de Gruyter danken wir Florian Hoppe, Claudia Heyer und Bettina Neuhoff für die professionelle und angenehme Zusammenarbeit.

Göttingen im April 2022,
Jan Logemann und Reinhild Kreis

Vorwort von Verlag und Beirat

Die Studienbuchreihe „Seminar Geschichte" soll den Benutzer*innen – Student*innen und Dozent*innen der Geschichtswissenschaft, aber auch Vertreter*innen benachbarter Disziplinen – ein Instrument bieten, mit dem sie sich den Gegenstand des jeweiligen Bandes schnell und selbstständig erschließen können. Die Themen reichen von der Antike bis in die Gegenwart; unter Einbeziehung historischer Debatten sowie wichtiger Forschungskontroversen vermitteln die Bände konzise das relevante Basiswissen zum jeweiligen Thema.

„Seminar Geschichte" wurde von De Gruyter Oldenbourg gemeinsam mit Fachhistoriker*innen und Geschichtsdidaktiker*innen entwickelt. Die Reihe trägt den Bedürfnissen von Student*innen in den neuen, modularisierten und kompetenzorientierten Studiengängen Rechnung. Dabei liegt der Akzent auf der Vermittlung von aktuellen Methoden und Ansätzen. Im Sinne einer möglichst effizienten akademischen Lehre sind die Bände stark quellenbasiert und nach fachdidaktischen Gesichtspunkten strukturiert. Sie stellen nicht nur den gegenwärtigen Kenntnisstand zu ihrem Thema dar, sondern führen über die intensive Auseinandersetzung mit maßgeblichen Quellen zudem fundiert in geschichtswissenschaftliche Fragestellungen und Methoden ein. Dabei steht die Problemorientierung im Vordergrund. Unabdingbar ist dafür, dass die Quellen nicht abschließend ausgedeutet werden, sondern eine Grundlage für die eigene Erschließung und Bearbeitung bilden. Hierzu enthält jeder Band kommentierte Lektüreempfehlungen, Fragen zum Textverständnis und zur Vertiefung sowie Anregungen zur Weiterarbeit.

Jeder Band stellt eine autonome Einheit dar. Wichtige Quellen sind im Band enthalten, damit sie nicht mitgeführt oder online aufgerufen werden müssen; zentrale Fachbegriffe werden im Glossar im Anhang erklärt. Ergänzend findet sich auf der Website des Verlages zu jedem Band der Reihe zusätzliches Material (z. B. weitere und/oder originalsprachliche Quellen, thematisch relevante Abbildungen, weiterführende Links oder zusätzliche vertiefende und zur Weiterarbeit anregende Fragen; für den vorliegenden Band: https://www.degruyter.com/document/isbn/9783110468793/html). Passagen, für die zur Vertiefung weiteres Material bereitsteht, sind durch das nebenstehende Symbol hervorgehoben.

Durch seinen modularen Aufbau macht jeder Band auch ein Angebot für ein Veranstaltungsmodell bzw. eröffnet die Möglichkeit, einzelne Kapitel als Grundlage für Lehreinheiten zu nehmen. Der Aufbau in 14 Kapiteln spiegelt die (in der Regel) 14 Lehreinheiten eines Semesters und unterstreicht den Anspruch, das zu vermitteln, was innerhalb eines Semesters gut gelehrt und gelernt werden kann. Der einheitliche Aufbau aller Bände der Reihe sorgt für konzeptionelle Übersichtlichkeit und Verlässlichkeit in der Benutzung: Er bietet Student*innen und Dozent*innen eine gemeinsame Grundlage, um sich neue Themenfelder zu erschießen.

Inhalt

Vorwort —— V

Vorwort von Verlag und Beirat —— VII

1 Einleitung: Einführung in die Konsumgeschichte —— 1

2 Forschung zur Konsumgeschichte —— 14

3 Die Frühe Neuzeit als Konsumzeitalter —— 29

4 Konsum und die Anfänge der Globalisierung —— 46

5 Industrialisierung und Konsum im langen 19. Jahrhundert —— 65

6 Werben und Verkaufen: Massendistribution als „Basis der Konsumgesellschaft" —— 86

7 Haushalte zwischen Konsum und Produktion —— 109

8 Konsumvisionen: Widerstreitende Gesellschaftsentwürfe für die Konsummoderne —— 125

9 Konsumpolitik —— 148

10 Konsumtheorien —— 167

11 In der „Überflussgesellschaft" —— 189

12 Konsum im Kalten Krieg: Getrennte und geteilte Konsummuster in Europa —— 208

13 Globale Konsumgesellschaft? Konsum und Globalisierung im 20. Jahrhundert —— 225

14 Konsumfolgen —— 243

Quellenverzeichnis —— 261

Literaturverzeichnis —— 263

Abbildungsverzeichnis —— 273

Glossar —— 277

Ortsregister —— 283

Namensregister —— 285

Sachregister —— 287

1 Einleitung: Einführung in die Konsumgeschichte

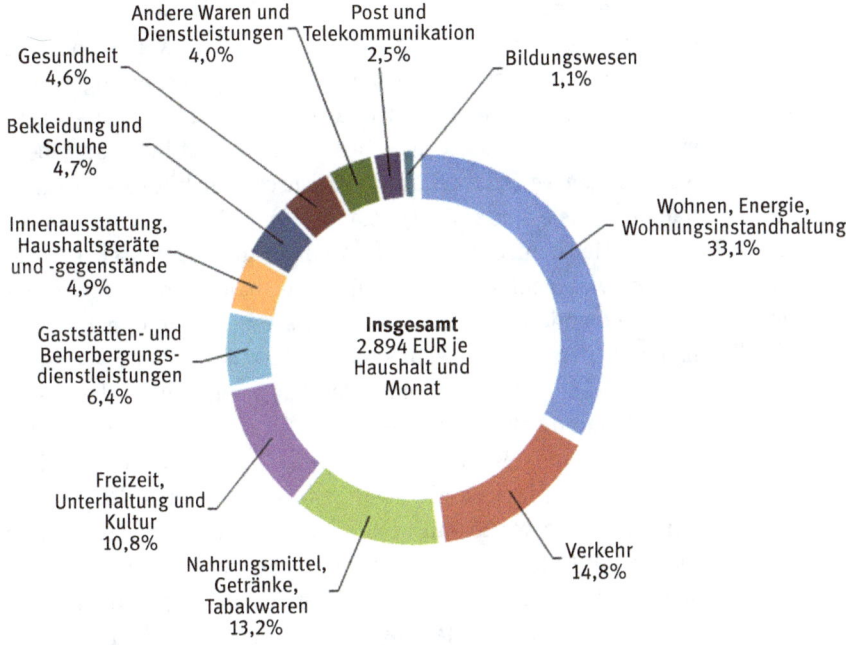

Abb. 1.1: Struktur der Konsumausgaben privater Haushalte in Baden-Württemberg 2018. Quelle: Statistisches Landesamt Baden-Württemberg.

1.1 Warum Konsumgeschichte?

Konsum ist ein allgegenwärtiger Bestandteil unseres Lebens und unserer Gesellschaft – die oben aufgeführte Grafik aus Baden-Württemberg mit Zahlen aus dem Jahr 2018 vermittelt davon einen ersten Eindruck. Wohnen und Verkehr, Nahrung und Bekleidung, Bildung und Freizeit, all das zählt zum privaten Konsum mit einem Durchschnittsbetrag von knapp 2.900 Euro pro Monat und Haushalt (Abb. 1.1). Für die Bundesebene sieht die Datenlage ähnlich aus: Laut dem Statistischen Bundesamt der Bundesrepublik hatten deutsche Haushalte im Jahr 2020 Konsumausgaben in Höhe von 1.643 Mrd. Euro. Das entspricht im Durchschnitt 20.580 Euro je Einwohner*in, was deutlich über dem Mittel der Länder der Europäischen Union (EUR 15.430) liegt. Gut 25 % des deutschen Privatkonsums entfielen dabei auf Ausgaben für Wohnen (mit Strom und Heizung), 12 % auf Lebensmittel, 7 % auf Haushaltseinrichtung und -geräte, 4 % auf Bekleidung. Knapp 10 % der durchschnittlichen Konsumausgaben wurden für Freizeit und Unterhaltung aufgewendet, nur 1 % auf das Bildungswesen. Auch wenn sich Konsum sehr ungleich in der Gesellschaft verteilt, verdeutlichen solche Zahlen, dass wir in einer Wohlstandsgesellschaft leben. Wir sind von Dingen umgeben: Schätzungen legen nahe, dass der durchschnittliche deutsche Haushalt heute viele tausend Gegenstände besitzt. Wir produzieren über 450 Kilo Hausmüll pro Person. Massenkonsum prägt unser Zeitalter.

Wachsende Bedeutung von Konsum

Das war nicht immer so. Bilder, Haushaltsbücher, Testamente und viele andere Quellen zeigen, dass vergangene Generationen materiell meist sehr viel schlechter ausgestattet waren. Sie versorgten sich zudem nur zum Teil durch Kauf, sondern stellten vieles selbst her und hatten auch aus diesem Grund weniger Konsumausgaben im Sinne des obigen Diagramms. Natürlich haben die Menschen in allen Epochen konsumiert und Konsum ist keineswegs eine Erfindung des 20. Jahrhunderts. Dennoch war die Bedeutung materieller Güter oft eine ganz andere. Vorrat halten und sparen, schonen und reparieren sowie wiederverwenden prägten frühere Konsumpraktiken. Heute hingegen ist der Besitz gekaufter Dinge zum Alltag und längst zum Ausdruck von Lebensstilen geworden.

Statistiken allein machen noch keine Konsumgeschichte. Diagramme, Inventare und Listen informieren über Summen, Prozentsätze und Entwicklungen, doch was diese Zahlen bedeuten, sagen sie nicht. Aus welchen Gründen stiegen oder sanken im Verlauf der Geschichte die Konsumausgaben insgesamt oder in bestimmten Bereichen? Wer konsumierte, und wer entschied darüber, was, wo und wie konsumiert wurde? Es macht einen Unterschied, ob der Einkauf beim Discounter, über das Internet oder im Fachgeschäft erfolgt; ob hochwertige oder billige Waren gekauft werden; das Gekaufte stolz vorgezeigt oder aber schamhaft verborgen wird; der Kauf auf Wunsch oder aus Notwendigkeit erfolgte; die Waren regional oder global gehandelt wurden; ob es Zugangsbeschränkungen für den Kauf bestimmter Dinge gab und ob es sich um individuelle Anfertigungen oder aber um Massenartikel handelte.

Konsum als Schnittstellenphänomen

Diese wenigen Fragen deuten bereits an, dass Konsum an der Schnittstelle verschiedenster Lebensbereiche steht. Was und wie

Menschen konsumieren, prägt Wirtschaftsbranchen von der Produktion bis zur Vermarktung ebenso wie Infrastrukturen, Stadtbilder, Moralvorstellungen, politisches Handeln, Identitäten und gesellschaftliche Ordnungen. Umgekehrt wird auch das Konsumverhalten von diesen Faktoren beeinflusst. Konsum, so haben es die Historiker Heinz-Gerhard Haupt und Claudius Torp formuliert, „ist einer jener Bereiche mit Synthesepotenzial, der sich einer rein sektoralen Betrachtung entzieht, ist er doch ein Phänomen, das die verschiedenen Dimensionen sozialer Wirklichkeit durchdringt" und Wirtschaft, Gesellschaft, Kultur, Wissenschaft und Politik miteinander verbindet.[1] Das gilt, wenn auch unter höchst unterschiedlichen Rahmenbedingungen, für kapitalistische wie für sozialistische oder merkantilistische Staaten, für Demokratien, Diktaturen und Monarchien. Die Konsumgeschichtsschreibung steht vor der Herausforderung, diese Vielschichtigkeit und Anschlussfähigkeit sichtbar zu machen, ohne dabei beliebig zu werden und ihre eigenständige Profilierung zu riskieren. Ziel dieses Bandes ist es daher, die Konsumgeschichte als Gegenstand eigenen Rechts für Forschung und Lehre zu präsentieren und dabei das ihr innewohnende Synthesepotenzial wie auch ihre Multidimensionalität auszuloten.

In Deutschland hat sich die Konsumgeschichte als eigenes Forschungsfeld erst seit den 1990er Jahren etabliert. Standen zunächst häufig wirtschafts- und sozialgeschichtliche Fragestellungen im Fokus, so öffnete sich die Konsumgeschichte bald kultur- und globalgeschichtlichen Ansätzen. In den folgenden Kapiteln verweben wir daher wirtschafts- und sozialgeschichtliche Aspekte mit der Kultur- und Politikgeschichte der Neuzeit. Fragen der Geschlechtergeschichte werden ebenso thematisiert wie die Produktionsbedingungen oder Umweltfolgen von Konsum. Der Band nimmt die Frühe Neuzeit perspektivisch mit in den Blick, setzt aber deutliche Schwerpunkte auf die Herausbildung der Strukturen moderner Massenkonsumgesellschaften im 19. und 20. Jahrhundert. Der geografische Fokus liegt auf der deutschen Geschichte in ihren transnationalen Bezügen. Quellen und Literatur nehmen daher auch

---

[1] Claudius Torp/Heinz-Gerhard Haupt: Einleitung: Die vielen Wege der deutschen Konsumgesellschaft, in: dies. (Hrsg.): Die Konsumgesellschaft in Deutschland 1890–1990. Ein Handbuch, Frankfurt a.M./New York 2009, 9–24, hier 10.

immer wieder auf andere Länder Bezug. Zwei Kapitel des Buches setzen sich zudem dezidiert mit der Globalisierung des Konsums auseinander. Im Ergebnis soll eine Einführung in die Konsumgeschichte stehen, die Anregungen in zahlreiche Richtungen anbietet und so Anstöße zum weiteren, vertieften Lesen, Lernen und Forschen liefert.

1.2 „Konsum" und „Konsumgesellschaft": Definitionen und Begriffsgeschichte

Was genau umfasst eigentlich Konsum und wie wurde die „Konsumgesellschaft" historisch definiert? Allgemein gesprochen lässt sich nahezu jede Form des Verzehrs oder Gebrauchs von Gütern sowie des Erwerbs oder der Nutzung von Waren oder Dienstleistungen als Konsum begreifen. So gesehen haben Menschen schon immer konsumiert. Konsumhistoriker*innen arbeiten heute in der Regel mit einem breiten Begriffsverständnis von Konsum als einem Vorgang, der bei der Produktion und dem Vertrieb von Konsumgütern einsetzt und dann Marketing, Werbung und Verkauf von Gütern ebenso einschließt wie ihren Erwerb, Besitz, Verbrauch sowie ihre Entsorgung oder Wiederverwertung. Zum Konsum gehören aber auch nichtmaterielle Aspekte wie das Erleben und Erfahren von Kultur und Unterhaltung sowie die diskursive Dimension des Redens über Konsum und die Antizipation von Konsum, wie etwa die Freude auf eine bevorstehende Urlaubsreise oder aber die Sorge, sich und seine Familie nicht ausreichend versorgen zu können. Die Modi, aber auch die Bewertung und Bedeutung dieser vielen Ebenen des Konsums waren jedoch keineswegs universal oder konstant, sondern in den vergangenen Jahrhunderten starken Veränderungen unterworfen.

Konsum als Begriff   Zedlers Universallexikon von 1731–54 verstand „consummieren" als „das was angefangen, vollbringen, vollenden, zubringen. Auszehren, abmatten, schwächen, verzehren, verschwenden, durchbringen, abnützen, ingleichen absetzen, am Mann bringen."[2] Im 18. und 19. Jahrhundert, das deutet diese Quelle an, war der Begriff des

---

[2] Johann Zedler: Grosses vollständiges Universal Lexikon aller Wissenschafften und Künste, Bd. 6, Leipzig 1733, Sp. 1108.

Konsums kaum präzise definiert und oft negativ konnotiert. Konsumieren bedeutete, dass Waren verbraucht und Werte vernichtet oder gar verschwendet wurden. Bis ins 20. Jahrhundert hinein ist Konsum auch im wissenschaftlichen Sprachgebrauch nur selten zu finden. Dies entsprang wenigstens zum Teil einer Ökonomie der Knappheit, in der Güter selten industriell produziert oder kommerziell erworben wurden. Lange fand ein großer Teil des alltäglichen Konsums in eng begrenzten lokalen Wirtschaftskreisläufen oder im Kontext der Eigenproduktion von Haushalten statt. Der Anteil der Waren, die am Markt gehandelt und gekauft wurden, war hingegen vergleichsweise gering.

Der Historiker Thomas Welskopp hat daher vorgeschlagen, unter dem modernen „Modus des Konsums" im engeren Sinne vor allem marktförmigen Konsum zu verstehen. Tatsächlich fokussiert ein großer Teil der Konsumgeschichtsschreibung auf den Verkauf und Erwerb von Gütern am Markt, also einer Versorgung von Haushalten unter den Bedingungen einer kapitalistischen Wirtschaft. Welskopp grenzt den so verstandenen Konsum vom „Modus der Versorgung" ab, bei dem materielle Ressourcen jenseits von Marktprozessen, also entweder durch Selbstversorgung oder durch staatliche Verteilungspolitik den Menschen zugänglich gemacht werden. So sinnvoll und wichtig diese Unterscheidung ist, so lässt sie sich in der historischen Realität kaum trennscharf anwenden. Einerseits werden wir sehen, dass die Übergänge zwischen Selbst- und Marktversorgung innerhalb von Gesellschaften, aber auch innerhalb einzelner Haushalte immer fließend waren und bis heute sind. Zum anderen bedingten sich staatliches Handeln und marktförmige Güterallokation immer wieder gegenseitig. Auch wäre es gerade mit Blick auf die deutsche Konsumgeschichte höchst problematisch, staatliches Eingreifen und Versorgungshandeln etwa in Zeiten des Nationalsozialismus oder in der DDR definitorisch auszuklammern. Vielmehr gilt es, das Zusammenspiel von Markt, Staat und Haushalten in den Blick zu nehmen. Wir werden daher auch auf Aspekte wie das häusliche Selbermachen sowie auf den öffentlichen Konsum (z. B. den kommunalen Wohnungsbau oder öffentliche Verkehrsmittel, Schwimmbäder und Theater) und staatliche Verbraucherpolitik eingehen.

Ähnlich umstritten ist die Frage, ab wann wir von einer Konsumgesellschaft sprechen können. Populäre Darstellungen sind lange davon ausgegangen und behaupten teilweise bis heute, die

Konsumgesellschaft

Konsumgesellschaft sei ein Phänomen der Nachkriegszeit und habe erst mit dem sogenannten „Wirtschaftswunder" in den 1950er Jahren eingesetzt. Dabei sind sich die meisten Konsumhistoriker*innen heute einig, dass die Wurzeln des modernen Konsums viel weiter zurückreichen. Wie dieser Band setzen jüngere Konsumgeschichten in der Regel schon in der Frühen Neuzeit an. Mit großen regionalen Unterschieden entfalteten sich frühe Formen konsumgesellschaftlicher Dynamiken schon seit etwa 1500 in Europa, wie der Historiker Frank Trentmann (2018) argumentiert. In den Städten Oberitaliens, in den höfischen Gesellschaften und dann vor allem in den Gesellschaften Großbritanniens und der Niederlande setzte sich zunehmend eine „Herrschaft der Dinge" durch, in der Konsumgüter Wirtschaft, Kultur und Alltagsleben prägten. Im 18. Jahrhundert wird für England eine „Konsumrevolution" beschrieben, die schon vor der Industrialisierung eine Zunahme der kommerziellen Warenproduktion, Werbung, neue Einzelhandelsformen sowie einen medialen Diskurs über Moden und neue Waren sichtbar werden ließ. Auch in bürgerlichen Schichten wurden Konsumgüter und Kolonialwaren aus aller Welt ein zunehmend wichtiges Mittel der sozialen Kommunikation und Distinktion.

Gleichwohl blieb diese frühe Konsumgesellschaft noch weitgehend exklusiv und ein Elitenphänomen, dem Großteil der Bevölkerung blieb der Zugang zu vielen Konsumgütern verwehrt. Ländliche Haushalte waren bis weit ins 19. Jahrhundert hinein stark auf Güter aus Eigenproduktion angewiesen und die wachsende städtische Arbeiterschicht beschränkte ihren Verbrauch zumeist auf den „starren" Bedarf an Nahrungsmitteln, Kleidung und Wohnraum für das tägliche (Über-)Leben. Erst mit der Industrialisierung setzten sich die Massenproduktions- und Distributionsinfrastrukturen durch, die dann zu Beginn des 20. Jahrhunderts einen immer größeren Teil westlicher Bevölkerungen mit neuen Waren versorgten. Während die Vereinigten Staaten von Amerika schon seit den 1920er Jahren als „Massenkonsumgesellschaft" gelten können, in der die Mehrheit der Bevölkerung über ein disponibles Einkommen verfügte, das über den Grundbedarf hinaus am Markt eingesetzt werden konnte, erreichten die meisten westeuropäischen Länder diese Entwicklung tatsächlich erst in den Jahrzehnten nach dem Zweiten Weltkrieg, andere Weltregionen zuweilen noch später.

Seit der Mitte des 20. Jahrhunderts schließlich wurden die bereits seit langem währenden gesellschaftlichen Auseinandersetzungen über erhoffte und befürchtete Folgen des Konsums explizit unter dem Schlagwort „Konsumgesellschaft" geführt. Befürworter*innen des neuen Massenkonsums erhofften sich wachsenden Wohlstand, eine gesellschaftliche „Demokratisierung" und die Überwindung alter Schichtenunterschiede. Kritiker*innen befürchteten hingegen einen materialistischen Kulturverfall, die zunehmende Kommerzialisierung der Gesellschaftsbeziehungen sowie den Verlust regionaler Identitäten. Schlagworte wie die „Wohlstandsgesellschaft", die „Erlebnisgesellschaft" oder die Vorstellung vom Ende der „Arbeitsgesellschaft" führten bis zur Jahrtausendwende und darüber hinaus immer wieder zu kontroversen Debatten über den Stellenwert von Konsum. Einige Forscher*innen argumentieren, dass Konsum seit den 1950er Jahren das gesellschaftliche und individuelle Leben vieler Menschen entscheidend prägte. Sie vernachlässigen jedoch, dass Arbeit weiterhin die Voraussetzung für Konsum und Freizeit bildet und dass Wohlstand und Konsum innerhalb der Gesellschaft weiterhin durchaus ungleich verteilt bleiben. Wenn wir uns in diesem Band also mit der Entwicklung von Konsum und Konsumgesellschaften beschäftigen, müssen wir dies im Bewusstsein über den historischen Bedeutungswandel dieser Begriffe sowie ihrer regionalen und sozialen Differenziertheit tun.

1.3 Akteur*innen und Quellen der Konsumgeschichte

Wer sind die handelnden Subjekte der Konsumgeschichte und mit welchen Quellen lassen sie sich fassen? Wir stellen in den folgenden Kapiteln eine ganze Bandbreite von Akteur*innen vor, die sehr unterschiedliche Perspektiven auf Konsum und Konsumgesellschaft hatten und die an der Herausbildung konsumgesellschaftlicher Strukturen beteiligt waren, Praktiken des Konsums formten und veränderten und den gesellschaftlichen Diskurs über Konsum und seine Bedeutung prägten.

Produzent*innen sind eine erste zentrale Akteursgruppe in der Entwicklung von Konsumgesellschaften. Sie organisierten nicht nur die Herstellung und den Vertrieb von Waren, sondern sie waren u. a. durch Werbung auch an der Konstruktion gesellschaftlicher Konsumvorstellungen und -wünsche beteiligt. Geschäftsberichte und zahllose Absatzstatistiken dokumentieren ihre Bedeutung in

Unternehmen und Konsumgüterindustrie

der quantitativen Ausweitung der Güterversorgung. Auch Innovationen in Absatz und Verkauf wurden durch Großhandelsgeschäfte, Kolonialwarengeschäfte, Warenhäuser oder später Supermärkte entscheidend mitgeprägt. Quellen wie Kataloge und Werbematerialien zeugen von dieser Entwicklung. Spezialisierte Agenturen waren seit dem ausgehenden 19. Jahrhundert in der Werbebranche und später in der Marktforschung oder im Designbereich tätig. Innerhalb der Wirtschaft entstand so eine neue Gruppe von Konsumspezialist*innen, die nicht nur die technischen Voraussetzungen für Massenproduktion und -distribution schufen, sondern Märkte sowie die Psychologie der Kund*innen genau studierten. Neue Angebote schufen also keineswegs automatisch Nachfrage – hier mussten Unternehmen aktiv tätig werden.

Konsumpolitik Zweitens spielten staatliche Institutionen eine wichtige Rolle bei der Gestaltung von Konsumgesellschaften. Durch Steuern und Zölle lenkten sie Verbraucherverhalten und Warenströme. Als Kolonialmächte setzten sie den unternehmerischen Zugriff auf ferne Märkte und Rohstoffe vielfach mit Gewalt durch. Kommunale Versorgungsbetriebe und wohlfahrtsstaatliche Programme beeinflussten den Lebensstandard der Bevölkerung, wobei Konsum oft nur Mittel zum politischen Zweck war. Quellengattungen wie Gesetze und Verordnungen, aber auch politische Programme oder amtliche Statistiken geben darüber Auskunft. Staatliche Regulierungen von Verbrauchermärkten konnten so unterschiedlichen Zielen wie der Bewahrung ständischer Interessen oder der Durchsetzung ideologischer Gesellschaftsvorstellungen dienen. In Kriegszeiten griffen Staaten besonders stark lenkend in den Verbrauch an der sogenannten „Heimatfront" ein – propagandistische Poster animierten zum „eisernen Sparen" oder zum Verzicht auf knappe Güter; Lebensmittelkarten rationierten knappe Waren, Zeitungen berichteten über den Kampf gegen den Schwarzmarkt. Schließlich regulierten Staaten im Sinne des Verbraucherschutzes auch die Märkte für Konsumgüter. Regelungen über Ladenöffnungszeiten, Gesetze über Kreditzahlungen oder Vorschriften über lauteren Wettbewerb gehören zu den Aspekten staatlichen Handelns, die den alltäglichen Konsum bis heute grundlegend prägen.

Organisationen der Zivilgesellschaft Zivilgesellschaftliche Akteur*innen bilden eine dritte Gruppe. Denkschriften und Manifeste lassen sich neben Vereinssatzungen und zahllosen Verbandszeitschriften als Quellen für den vielstimmigen Chor gesellschaftlicher Interessen heranziehen, die die Entwicklung des Konsums kritisch kommentierten und zu beeinflussen suchten. Immer wieder nahmen etwa die Kirchen oder die Arbeiterbewegung zu Konsumfragen Stellung. Konsumgenossenschaften und Lebensreformbewegungen versuchten um die Wende zum 20. Jahrhundert, ähnlich wie das alternative Milieu seit den 1970er Jahren, gesellschaftliche Konsummuster und Märkte grundlegend zu verändern. Ob Abstinenzler*innen, Vegetarier*innen oder Fair-Trade Organisationen, viele Gruppen haben sich in den vergangenen Jahrhunderten mit unterschiedlichem Erfolg für einen anderen, aus ihrer Sicht besseren Konsum eingesetzt. Unabhängig vom Erfolg dieser Gruppierungen erlauben uns die von ihnen hinterlassenen Quellen, die jeweilige Spannbreite des gesellschaftlichen Diskurses über die Konsumgesellschaft zu vermessen. Hierbei bildet die Auseinandersetzung mit Konsum in den Medien sowie in wissenschaftlichen Publikationen eine wichtige Quellenbasis. Auch literarische und künstlerische Quellen eröffnen Einblicke in das zeitgenössische Denken über Konsum. Der Entwicklung von Konsumtheorien widmen wir dabei ebenso wie der Bandbreite von gesellschaftlichen Konsumvisionen jeweils eigene Kapitel in diesem Band. Verbraucherorganisationen, die für Konsumentenrechte kämpften, mit Boykotten und Protestaktionen auf Missstände hinwiesen oder Verbraucheraufklärung leisteten, gehören schließlich ebenfalls ins Spektrum der zivilgesellschaftlichen Organisationen.

Verbraucherorganisationen bildeten zugleich die Interessenvertretung der vierten zentralen Akteursgruppe, der Konsument*innen selber. Obgleich die Beteiligung von Verbraucher*innen in der Entwicklung moderner Konsumgesellschaften grundlegend war, sind sie als Gruppe diffus und quellentechnisch häufig schlecht zu fassen. Haushalts- und Tagebücher sowie Leserbriefe, Fotografien, Eingaben an Behörden oder Marktforschungsstudien geben uns immerhin einige Einblicke in die sich wandelnden Einstellungen und Verhaltensmuster dieser Gruppe. Der in den Wirtschaftswissenschaften lange beschworene *homo oeconomicus* als rational abwägender, auf Nutzenmaximierung getrimmter Marktakteur lässt sich historisch-empirisch allerdings nur selten finden. Verbraucher*innen und ihre Ziele waren immer stark sozial und kulturell überformt und divers, worauf das betriebliche Marketing mit immer ausdifferenzierteren Marktsegmentierungen reagierte.

Unterschiedliche regionale und soziale Herkunft, Ethnizität und nicht zuletzt die Kategorie Geschlecht prägten Konsumverhalten und

_{Konsument*innen}

-interessen. Dies stellte in der Geschichte der Konsumgesellschaft auch immer eine Herausforderung für die kollektive Handlungsmacht von Verbraucher*innen dar. Gleichwohl rückt die neuere Konsumgeschichtsschreibung zunehmend davon ab, Verbraucher*innen als weitgehend passive Objekte unternehmerischen Handels oder als Opfer einer einseitigen Manipulation durch Marketing zu sehen. Vielmehr zeigen jüngere Studien, dass Konsument*innen auf verschiedene Weise aktiv an der Ausgestaltung von Konsumpraktiken beteiligt waren. Die Wirkung und Bedeutung von Werbebotschaften etwa wird zumeist erst in der Kommunikation mit und unter Verbraucher*innen festgelegt. Das Konsumverhalten der Verbraucher*innen lief den Intentionen des Marketings oder von staatlichen Lenkungsversuchen dabei immer wieder entgegen. Dinge wurden selbergemacht, Gekauftes wurde verändert oder neuen, zunächst unbeabsichtigten Verwendungszwecken zugeführt. Sowohl die marktliberale Vorstellung des „Kunden als König", der oder die gänzliche freie und unabhängige Konsumentscheidung trifft, als auch das konsumkritische Bild einer willenlosen Masse von Verbraucher*innen erweisen sich also in der historischen Gesamtschau als zeitgebundene Konstruktionen.

Konsumgüter Schließlich seien auch die Konsumgegenstände selbst kurz erwähnt. Kulturwissenschaftler*innen wie Bruno Latour argumentieren seit geraumer Zeit, dass auch materielle Gegenstände als sogenannte „Aktanten" in sozialen Zusammenhängen eine eigene Handlungs- und Wirkungsmacht entfalten. Sie beeinflussen durch ihre Präsenz unser Denken und Handeln. Eine Geschichte des Konsums muss sich damit auseinandersetzen, wie die wachsende „Herrschaft der Dinge" (F. Trentmann 2018) die Vorstellungswelt und den Erfahrungsalltag der Menschen veränderte. Daher nehmen wir auch auf materielle Artefakte als Quellen Bezug, die eben nicht nur im Museum, sondern zunehmend auch in der Geschichtswissenschaft einen wichtigen Platz einnehmen.

1.4 Aufbau des Bandes

Ein Einführungsband kann keine erschöpfende Darstellung über ein halbes Jahrtausend Konsumgeschichte geben. Unser Ziel ist es, Grundlagenwissen und Orientierung in einem dynamischen Forschungsfeld zu bieten und Anregungen für die eigenständige Vertiefung zu geben. Der Fokus auf Deutschland in seinen transnationalen und international vergleichenden Bezügen dient der exemplarischen Verdichtung, soll aber auch neugierig machen auf die teils ähnlichen, teils ganz anders gelagerten Entwicklungen und Diskussionen in anderen Gesellschaften. Um Kohärenz bei gleichzeitiger Einhaltung der auf einen schlanken Band gerichteten Vorgaben herzustellen, haben wir eine weitere Einschränkung vorgenommen: Der Schwerpunkt liegt auf dinglich-materiellem Konsum, während Dienstleistungen sowie Kultur- und Medienkonsum weniger Raum einnehmen, obgleich sie unzweifelhaft zur Konsumgeschichte gehören.

Die Gliederung des Bandes kombiniert eine chronologische Grundstruktur mit systematischen Schwerpunkten, die größere Zeiträume überwölben. Auf diese Weise wollen wir dem vielfältigen, oftmals spannungsreichen Mit-, Gegen- und Nebeneinander konsumbezogener Entwicklungen und Akteursgruppen gerecht werden. Das deutsche Beispiel bietet sich dafür an, folgten in der deutschen Geschichte doch verschiedenste Staats- und Wirtschaftsformen aufeinander. Die politischen Zäsuren waren manchmal (beispielsweise mit Blick auf den Nationalsozialismus oder die DDR), jedoch keineswegs immer Einschnitte für die Konsumgeschichte, zumal Veränderungen im Bereich des Konsums selten schlagartig, sondern meist prozesshaft und oftmals auch in globalen Konstellationen erfolgten. Daher finden sich in diesem Band keine eigenständigen Kapitel zum Kaiserreich, den Weltkriegen, der DDR oder der Bundesrepublik.

Zu Beginn erfolgt zunächst ein Überblick zur Konsumgeschichtsschreibung, der Forschungsstränge, Kontroversen und aktuelle Tendenzen der Forschung bündelt. Es folgen zwei Kapitel zur Frühen Neuzeit, die den Zeitraum vom 16. bis 19. Jahrhundert als Konsumzeitalter in seinen globalen Verflechtungen zeigen. Kapitel 5 und 6 behandeln die Herausbildung neuer Warensortimente, Akteursgruppen, Produktions- und Verkaufsweisen im 19. Jahrhundert und bis in die erste Hälfte des 20. Jahrhunderts hinein. Unter den Schlagworten Industrialisierung und Massendistribution beziehen sie sich auf eine Phase, in der sich die Grundzüge der Konsumgesellschaft herausbilden, die bis in unsere Gegenwart hinein prägend sind. Kapitel 7 nimmt die Privathaushalte als Ort der Produktion und des Konsums in den Blick, denn hier wurde Gekauftes auch verarbeitet, umgearbeitet und repariert. Konsumgesellschaft bedeutete also keineswegs, dass die eigenständige Herstellung aus den Haushalten verschwand, sondern vielmehr entstanden neue

Formen des Zusammenspiels von Konsum und Produktion. Die zu Konsumvisionen verdichteten Vorstellungen darüber, wie Konsum Gesellschaften prägen könnte, sind Thema von Kapitel 8. Sie deckten das gesamte Spektrum zwischen Hoffnung und Befürchtung ab und beeinflussten nicht zuletzt auch Wirtschaftstheorien sowie politische Programme. Wie Staaten und Parteien in den Bereich des Konsums eingriffen, wird dann in Kapitel 9 verhandelt. Hier geht es um Leitbilder und Regulierungen mit einem gesonderten Schwerpunkt auf Kriegszeiten. Kapitel 10 nimmt schließlich Konsumtheorien in den Blick und somit Versuche, Konsum wissenschaftlich zu erforschen. Die vier abschließenden Kapitel beziehen sich schwerpunktmäßig auf die Zeit seit dem Ende des Zweiten Weltkrieges. Sie thematisieren die rapide anwachsende Warenfülle und den wachsenden Wohlstand der Nachkriegsjahrzehnte in Deutschland, Europa und den USA, aber auch die daraus entstehenden Folgen sowie die Versuche der Bewältigung von Konsumfolgen. Ein besonderer Fokus liegt dabei auf den internationalen Konstellationen des Kalten Krieges und der Globalisierung.

Die Quellenauswahl sowie die Diskussionsfragen dienen der Vertiefung. Sie sollen zur Diskussion in Lehrveranstaltungen bzw. zum eigenständigen Nach- und Weiterdenken anregen. Während wir zu den Quellen, die den einzelnen Kapiteln voranstehen, stets auch eine quellenkritische Einordnung bieten, ist dies bei den Quellenbeispielen am Ende der Kapitel nicht der Fall. Hier sind die Leser*innen gefragt, denen die Kapitel, die Quellen sowie die Fragen Anregungen bieten sollen, sich mit dem jeweiligen Themenkomplex auseinanderzusetzen. Wir haben versucht, auf eine möglichst breite Quellenauswahl zu achten, die verschiedenste Quellenarten, Akteursgruppen und Standpunkte abdeckt. Gleiches gilt für die Diskussionsfragen. Während manche das Gelesene vertiefen, sollen andere Querverbindungen zu anderen Themen eröffnen, methodische oder theoretische Überlegungen anstoßen oder aber für Fragen von Kontinuität und Wandel sensibilisieren. Die Literaturhinweise am Ende jedes Kapitels schließlich verweisen auf weiterführende – auch internationale – Literatur zu einzelnen Themen, aber auch auf Kontroversen sowie Theorie- und Methodenfragen.

1.5 Fragen und Anregungen

- Die Bedeutung des Begriffs „Konsum" veränderte sich im Laufe der Zeit immer wieder. Was sagen die unterschiedlichen Definitionen über ihre jeweilige Zeit aus? Wie würden Sie Konsum definieren?
- Wie hat sich Konsum in Ihren Lebzeiten und seit der Zeit Ihrer Großeltern verändert?
- Welche Quellen zur Konsumgeschichte fallen Ihnen ein? Welche Aussagekraft haben sie jeweils mit Blick auf Konsum, welche Fragen bleiben offen?

Weiterführende Literatur

Berghoff, Hartmut/Uwe Spiekermann (Hrsg.): Decoding Modern Consumer Societies, New York 2013. (*Bestandsaufnahme der konsumhistorischen Forschung aus transatlantischer Perspektive*)

Derix, Simone u. a.: Der Wert der Dinge. Zur Wirtschafts- und Sozialgeschichte der Materialitäten, in: Zeithistorische Forschungen/Studies in Contemporary History 3, 2016, 387–403. (*Einleitung zu einem Sonderheft zur Erforschung der Materialität und materieller Gegenstände aus Sicht der Sozial- und Wirtschaftsgeschichte*)

König, Wolfgang: Kleine Geschichte der Konsumgesellschaft, Stuttgart ²2013. (*Einführung in die Konsumgeschichte*)

Trentmann, Frank: Herrschaft der Dinge. Die Geschichte des Konsums vom 15. Jahrhundert bis heute, München 2018. (*Gesamtdarstellung der Entwicklung von Konsumgesellschaften seit der Frühen Neuzeit*)

Welskopp, Thomas: Konsum, in: Christoph Dejung/Monika Dommann/Daniel Speich Chassé (Hrsg.): Auf der Suche nach der Ökonomie, Tübingen 2014, 125–152. (*Konzeptioneller Aufsatz zum Verständnis des Konsumbegriffs in der geschichtswissenschaftlichen Forschung*)

2 Forschung zur Konsumgeschichte

Im September 1992 initiierte der kanadische Künstler Ted Dave den ersten „Buy-Nothing-Day". An diesem Tag sollten die Menschen sich bewusst dafür entscheiden, nichts zu kaufen, um so gegen den allgegenwärtigen Konsumwahnsinn zu protestieren. Wenige Jahre später – der Tag hatte sich mittlerweile auch in etlichen anderen Ländern etabliert – wurde der „Buy-Nothing-Day" auf den „Black Friday" gelegt, den Freitag nach Thanksgiving, an dem US-amerikanische Geschäfte durch Sonderangebote und Rabattaktionen Käufermassen in die Läden locken. Dieser Tag gilt als Indikator für das gesellschaftliche Konsumklima, von dem Arbeitsplätze in Produktion, Vertrieb und Verkauf abhängen.

Der „Kauf-nix-Tag", so die deutsche Übersetzung, und der „Black Friday" stehen exemplarisch für öffentliche Debatten um Versprechungen und Gefahren des Konsums, die unter wechselnden Vorzeichen und Begrifflichkeiten zum Teil seit Jahrhunderten geführt werden. Sie kreisen zum einen um Versprechen wie die Möglichkeit der Bedürfnisbefriedigung, die Stimulation der Wirtschaft sowie Selbstverwirklichung, Distinktion, Teilhabe und Status durch Konsum. Andererseits geht es aber auch um Gefahren wie Verschwendung knapper Ressourcen, Verführung und Manipulation der Konsument*innen, um die Arbeitsbedingungen bei der Her- und Bereitstellung von Konsumgütern, um Oberflächlichkeit, Kauf- und Luxussucht und Materialismus. Verhandelt werden Lebensstile, Versorgungsstrategien, politische, wirtschaftliche und gesellschaftliche Prioritäten. Konsum ist mithin höchst vielfältig ausdeutbar, und Versprechen und Gefahren liegen ebenso nah beieinander wie der „Buy-Nothing Day" und der „Black Friday".

Konsum wurde jedoch nicht allein in öffentlich geführten Debatten verhandelt. Die Sozial-, Kultur- und Wirtschaftswissenschaften erforschen Bedeutungen, Formen, Voraussetzungen und Folgen von Konsumhandeln, darunter nicht zuletzt die öffentlichen Kontroversen rund um Konsum. Dabei stellen sie immer wieder Interpretationen bereit, die ihrerseits in den öffentlichen Diskurs einfließen. Die wissenschaftliche Auseinandersetzung mit Konsum war dabei meist auf die eigene Gegenwart der Autor*innen bezogen. Die Geschichtswissenschaft hingegen hat das Thema erst relativ spät für sich entdeckt, zumal in Deutschland, wo Konsumgeschichte erst seit den

1990er Jahren und damit ein bis zwei Jahrzehnte später als im angloamerikanischen Kontext mehr Aufmerksamkeit erfährt.

In dieser Gemengelage aus interdisziplinärer Forschung, öffentlichem Diskurs, Gegenwartsdiagnosen und rückblickender Vergangenheitsinterpretation lassen sich drei wiederkehrende Spannungsfelder identifizieren, die den Bezugsrahmen für die Deutung von Konsum bildeten: erstens Produktion und Verbrauch bzw. Konsum, zweitens Nivellierung und Ungleichheit, drittens Manipulation und Selbstverwirklichung. Diese Spannungsfelder umreißen Forschungsdebatten, die auch für unterschiedliche Akzentuierungen der konsumgeschichtlichen Forschung stehen, die je nach Erkenntnisinteresse wirtschaftshistorische, politik- und/oder kulturgeschichtliche Aspekte stärker betont. Ihnen gemeinsam ist im Kern die Frage, inwiefern Konsum als Ursache oder aber als Lösung für individuelle und gesellschaftliche Probleme zu interpretieren sei.

Im Folgenden geht es zunächst um allgemeine Tendenzen der Konsumgeschichtsschreibung, bevor die drei Spannungsfelder näher vorgestellt werden. Die hier angesprochenen Themen werden dann in den Kapiteln vertieft, dort finden sich auch weiterführende Literaturhinweise.

2.1 Allgemeine Tendenzen der Konsumgeschichte

Seit den 1990er Jahren (vereinzelt auch schon früher) und somit seit den Anfängen einer eigenständigen deutschsprachigen Konsumgeschichtsschreibung stehen die Geschichten einzelner Konsumgüter bzw. Warengruppen sowie die Infrastrukturen des Konsums im Fokus. Frühe Studien beschäftigten sich mit Orten wie Warenhäusern oder Ladengeschäften, mit Konsumgenossenschaften und Werbeindustrien und konzentrieren sich damit auf Orte und Branchen, die im 19. Jahrhundert entstanden. Später rückten neuere Orte und Formen des Kaufens und Verkaufens in den Blick, beispielsweise das Selbstbedienungsprinzip, Supermärkte, Fußgängerzonen oder die Geschichte des Konsumkredits.

Ungebrochen ist das Forschungsinteresse an einzelnen Produkten. Genussmittel standen dabei von Anfang an und bis heute hoch im Kurs. Ein eigenes, sich bis heute immer wieder als fruchtbar erweisender Ansatz ist die Produktbiographie, wie sie zuerst

Produktgeschichten

Sidney Mintz mit seiner Studie über Zucker 1985 entwickelt hat.[1] Er folgte seinem Untersuchungsgegenstand von der Produktion bis zu den vielfältigen Formen des Konsums und zeigte damit globale Vernetzungen, Machtbeziehungen und kulturelle Praktiken rund um das Konsumprodukt Zucker. Diese Methode aufgreifend, aber auch modifizierend, sind seither etliche Produktbiografien entstanden, jüngst etwa zu Baumwolle oder eine als „historische Produktlinienanalyse" konzipierte Geschichte des Schuhs im Nationalsozialismus.[2] Einen anders gelagerten Ansatz verfolgen Studien zur Herausbildung oder Transformation eines ganzen Warensegments. Beispiele sind die Entstehung der modernen Lebensmittelbranche an der Schnittstelle von Industrialisierung, naturwissenschaftlichen und medizinischen Erkenntnissen oder die Tourismusgeschichte.

Kommunikation und Transport

Daneben rückten zunehmend Branchen in den Fokus, die rund um Warenproduktion und -absatz entstanden. Hierzu zählt die Geschichte der Werbung und des Marketings. Sie thematisiert u. a. die Geschichte der Branche, die Produktwerbung einzelner Unternehmen sowie Techniken der Kundenansprache und Vermarktung. Während sich die Forschung zu Werbung und Marketing jahrzehntelang auf das 19. und 20. Jahrhundert konzentriert hat, werden Werbung und Kundenkommunikation in jüngster Zeit auch für vormoderne Zeiten untersucht. Andere Untersuchungsfelder sind die Geschichte des Konsumkredits, also der Konsumfinanzierung, sowie die Geschichte der institutionalisierten Verbraucherberatung, die gewissermaßen die andere Seite von Werbung, Marketing und Konsumfinanzierung in den Blick nehmen. Als jüngerer Strang der Forschung kommt die Geschichte von Logistik und Warentransport hinzu.

Konsum- und Lebensstile

Ein weiteres Dauerthema der Konsumgeschichtsschreibung sind Fragen des Konsum- und Lebensstils. Sozial- und kulturhistorische Studien untersuchen das Konsumverhalten bestimmter Gruppen, beispielsweise von Arbeiter*innen oder Teenagern. Dabei geht es nicht nur darum, welche Dinge diese Bevölkerungsgruppen besaßen oder ersehnten, sondern auch um die komplexen Motive hinter deren

---

[1] Vgl. Erika Rappaport: A Thirst for Empire. How Tea Shaped the Modern World, Princeton 2017; Sidney Mintz: Sweetness and Power. The Place of Sugar in Modern History, New York 1995.
[2] Vgl. Sven Beckert: King Cotton. Eine Geschichte des globalen Kapitalismus, München 2015; Anne Sudrow: Der Schuh im Nationalsozialismus. Eine Produktgeschichte im deutsch-britisch-amerikanischen Vergleich, Göttingen 2010.

Konsumentscheidungen, um die Ausbildung von Identitäten sowie um Wertvorstellungen. Daher sind hier auch Untersuchungen zu Konsumkritiker*innen zu nennen, die über Konsum schrieben oder alternative Konsummöglichkeiten entwickelten und praktizierten. Darunter fallen die Geschichte der Reformhäuser und des Vegetarismus ebenso wie die des Fairen Handels oder der Konsumboykotte. Auch dieser Strang der Forschung ist keinesfalls auf die Moderne beschränkt, sondern auch für die Frühe Neuzeit werden konsumbezogene Einstellungen und Handlungsweisen untersucht.

Als letzter Großbereich der Forschung sei der Zusammenhang zwischen Konsum und Politik genannt. Hier geht es um politische und rechtliche Rahmungen von Konsum unter höchst unterschiedlichen Vorzeichen, die Staatswerdung und Nationalismus ebenso umfassen wie den Kalten Krieg oder Kolonialismus. Ein besonderer Schwerpunkt liegt auf den Zusammenhängen von Staatsbürgerschaft und Konsum. Diese Studien fragen beispielsweise nach den Zusammenhängen zwischen Konsum und Demokratie, nationalistischen Konsumkonzepten oder staatlicher Konsumpolitik in Kriegszeiten. Zunehmend rücken auch nicht-westliche Gesellschaften sowie die konsumbezogene Politik sozialistischer Staaten in den Fokus. Generell ist seit den 2000er Jahren das Bewusstsein für und das Interesse an den globalgeschichtlichen und transnationalen Dimensionen von Konsum deutlich gewachsen.

Konsum und Politik

Neben den thematischen Schwerpunkten haben sich im Verlauf der Jahrzehnte auch die methodischen Zugriffe auf die Konsumgeschichte verändert. Schon länger gilt die Konsumgeschichte als Paradebeispiel für eine Verbindung zwischen Wirtschafts- und Kulturgeschichte. In den Blick rücken insbesondere Praktiken und Materialitäten, etwa das Design oder die Nutzung von Konsumgütern sowie deren Reparatur. Im Zuge einer Wiederentdeckung des Konzepts der *moral economy*, das der britische Historiker E.P. Thompson (1971) zu Beginn der 1970er Jahre populär machte, wenden sich Historiker*innen gegenwärtig auch der diskursiven und handlungsleitenden Verknüpfung von Moral und Konsum zu.

methodische Ansätze

2.2 Spannungsfeld 1: Produktion und Konsum

Konsum wird meist als das begriffliche „Andere" der Produktion gesehen. Die Dichotomie von Produktion und Konsum gehört zu

Konsum als nachgelagerte Größe

den grundlegenden und weitgehend unhinterfragten Narrativen zur Beschreibung des Industriezeitalters, verbunden mit der Annahme zweier Sphären, in denen entweder hergestellt oder aber verbraucht wurde. Auch in der Geschichtswissenschaft kam Konsum lange allenfalls als statistische Größe vor. Produktions- und Absatzzahlen informierten über die mengenmäßige Verbreitung bestimmter Konsumgüter, über Preise und über nach Schichten differenzierte Besitzverhältnisse. Konsum war in dieser Sichtweise der Produktion nachgelagert. Letztere erschien in den Arbeiten zur Geschichte des Industriezeitalters lange als das eigentlich Interessante, und dementsprechend thematisierte die Sozial- und Wirtschaftsgeschichte vornehmlich Industrialisierung und Unternehmen, Arbeitsbedingungen und -beziehungen, Produktionsabläufe und die Geschichte der Arbeiterbewegung.

neue Impulse In etlichen dieser Studien ging es durchaus um konsumbezogene Themen, beispielsweise die Entstehung der Nahrungsmittelindustrie oder der Werbung, die Unternehmens- und Branchengeschichte vom Mundharmonikaproduzenten bis zum Bankenwesen sowie die materiellen Lebensbedingungen gesellschaftlicher Schichten. Doch Praktiken des Konsumierens, der Umgang mit Konsumgütern sowie deren Materialität waren dabei ebenso selten Thema wie die Sozialfigur des „Konsumenten" als kollektive und individuelle Identität, und auch Konsum als politisches Handlungsfeld rückte erst seit dem letzten Drittel des 20. Jahrhunderts allmählich in den Fokus der Geschichtsschreibung. Die *cultural turns*, die seit den 1990er Jahren auch die Geschichtswissenschaft erfassten, trugen maßgeblich dazu bei, das Themenfeld Konsumgeschichte an der Schnittstelle von Kultur-, Sozial-, Wirtschafts-, Alltags- und Politikgeschichte zu etablieren. Konsum, so der Historiker Frank Trentmann, trat aus dem Schatten der Produktion.[3]

Zu dieser Trendwende trugen auch die Frauen- und Geschlechtergeschichte sowie die Alltagsgeschichte bei, die in der Bundesrepublik seit den 1980er Jahren Fuß fassten (wiederum mit etwas Verspätung im Vergleich zur amerikanischen bzw. skandinavischen Geschichtswissenschaft). Sie lenkten den Blick auf die bisher kaum beachtete *black box* des Haushalts und auf die, die dort lebten und

---

[3] Frank Trentmann: Introduction, in: ders. (Hrsg.): The Oxford Handbook of the History of Consumption, Oxford 2012, 1.

tätig waren. Damit wuchs langsam das Bewusstsein dafür, dass die Sphären von Produktion und Konsum nicht so klar voneinander getrennt sind, wie die Begriffe suggerieren.

Studien zur Hausarbeit, zu Formen des Kaufens und Verkaufens und zum Warenangebot seit der Frühen Neuzeit und vor allem seit der Mitte des 19. Jahrhunderts zeigen, dass Praktiken des Herstellens und des Verbrauchens eng miteinander verwoben waren. Zum einen argumentieren Historiker wie Jan de Vries in seiner Studie zur *industrious revolution*, dass es in den Niederlanden und in Großbritannien Ende des 17. Jahrhunderts zu einer „Verfleißigung" gekommen sei, also zu einer erhöhten Produktivität innerhalb des Haushaltes. Der Grund dafür lag in den wachsenden Konsumwünschen, und das aus den Überschüssen der Haushaltsproduktion gewonnene Geld diente zu deren Befriedigung. Bevor mit der Industrialisierung die massenhafte Produktion von Konsumgütern einsetzte, so die These, hatte eine „Konsumrevolution" stattgefunden, indem Konsumgüter immer stärker nachgefragt und gekauft wurden.[4]

<small>Industrious Revolution und Prosumieren</small>

Zum anderen zeigt der Blick auf die Hausarbeit, dass gekaufte Waren wie Stoff oder Lebensmittel im Haushalt weiterverarbeitet werden mussten, um ge- und verbrauchsfertige Dinge zu erhalten. Bei Nicht-Funktionieren wurden sie repariert. Umgekehrt bildeten Konsumgüter wie Nähmaschinen oder Einkochapparate oftmals eine wichtige Voraussetzung häuslicher Produktion. Und auch bei der Entwicklung bzw. Produktion von Waren vermischten sich Produzenten- und Konsumentenrolle immer wieder, wie etwa der Begriff des „arbeitenden Kunden" zeigt.[5] Vom eigenhändigen Zusammenbau der Ikea-Möbel bis zum online-Banking, so das Argument, übernähmen Kund*innen unbezahlt Aufgaben, die im Zuständigkeitsbereich von Hersteller*innen und Dienstleister*innen gelegen hatten. Die Beobachtung „arbeitender Kunden" lässt sich auch auf historische Konstellationen beziehen, in denen Konsument*innen Teilaufgaben in der Produktion übernahmen, indem sie mit entwarfen, zusammenbauten oder

---

4 Jan de Vries: Industrious Revolution. Consumer Behaviour and the Household Economy, 1650 to the Present, Cambridge 2008.
5 G. Günter Voß/Kerstin Rieder: Der arbeitende Kunde. Wenn Konsumenten zu unbezahlten Mitarbeitern werden, Frankfurt a.M. 2005.

verteilten. Der Neologismus „Prosumieren", den der Futurologe Alvin Toffler Anfang der 1980er Jahre zur Beschreibung der Verwobenheit von Produktion und Konsum vorschlug, konnte sich nie flächendeckend durchsetzen.[6] Doch hat die Geschichtswissenschaft in jüngster Zeit zumindest begonnen, sich mit dem Verhältnis von Arbeit, Praktiken und Konsum auseinanderzusetzen.

<small>Moralisierung von Konsum</small>

Forschungen zu Warenqualitäten verweisen auf eine weitere Verbindungslinie zwischen Produktion und Konsum. Studien zu fairem Handel, zu Konsumentenboykotten und zu anderen Fragen des ethischen Konsums zeigen, wie Aktivist*innen seit dem 19. Jahrhundert Herstellungs- und Verkaufsbedingungen zu einem Argument machten. Sie wollten die Käufer*innen in die Verantwortung nehmen, durch ihr Verhalten auf die auch global gedachten Produktions- und Verkaufsbedingungen einzuwirken. In den Blick gerieten beispielsweise Produkte aus ferner Sklavenarbeit, die Arbeitsbedingungen des heimischen Verkaufspersonals, seit Ende des 20. Jahrhunderts dann Fragen des Umweltschutzes und des Fair Trade. Zertifikate deklarierten Waren als nachhaltig, fair produziert oder regional. Der Blick auf solche Zertifikate verweist auch auf Fragen der „Vermarktlichung", denn sie zeigen exemplarisch die Mechanismen einer Moralisierung von Konsum auf der einen und einer Kommodifizierung von Moral auf der anderen Seite. Auf einer übergeordneten Ebene steht das Interesse an Warenketten, Herstellungsbedingungen, Verkaufs- und Konsumzusammenhängen für den Trend hin zur transnational und global orientierten Geschichtsschreibung, die grenzüberschreitende Verflechtungen erforscht.

2.3 Spannungsfeld 2: Nivellierung und Ungleichheit

Wie hängen Konsum und gesellschaftliche Ordnung zusammen? Die geschichtswissenschaftliche Forschung hat viele Facetten dieses Verhältnisses erforscht und dabei Konsum als politisches Handlungsfeld thematisiert. Sie hat herausgearbeitet, wie Konsumfragen zu einem Thema der Politik wurden und wie in bestimmten

---

[6] Alvin Toffler: Die Zukunftschance. Von der Industriegesellschaft zu einer humaneren Zivilisation, München 1980.

Phasen – beispielsweise während des Kalten Krieges – Konsummöglichkeiten sogar als Beweis für die Überlegenheit wirtschaftlicher und politischer Systeme galten. Gut gefüllte Schaufenster oder der Ausstattungsgrad von Privathaushalten mit Autos oder Kühlschränken standen hier für die Fähigkeit eines Staates, seiner Bevölkerung einen guten (und vor allem im Vergleich besseren) Lebensstandard ermöglichen zu können. Aber auch für Zeiträume jenseits des Kalten Krieges zeigen Historiker*innen wie Victoria de Grazia (2006), Lizabeth Cohen (2003), Frank Trentmann (2018) oder Claudius Torp (2012) die Bedeutung politischer Rahmensetzungen bei der konkreten Ausgestaltung nationaler und regionaler Konsumlandschaften.[7] Konsument*innen wurden verstärkt zum Subjekt und Objekt von Politik: Sie wurden seit dem Ersten Weltkrieg explizit als Konsument*innen bzw. Verbraucher*innen adressiert, und erhoben umgekehrt Ansprüche an den Staat, im Bereich des Konsums versorgend und regulierend tätig zu werden. Staatsbürgerschaft, Konsumverhalten und Konsumpolitik gehörten nun zusammen.

Zum Politikum wurden vornehmlich Fragen des Zugangs zu Konsumprodukten und die Definition von Mindestlebensstandards und Luxus, mithin also die höchst normativen Fragen von Notwendigkeit und Überfluss. Diskurse dieser Art prägten seit der Frühen Neuzeit und vor allem seit Mitte des 19. Jahrhundert (in jeweils zeitgenössischer Terminologie) die Auseinandersetzungen um Konsum. Solche Auseinandersetzungen gab es unabhängig von Regierungsformen oder Wirtschaftssystemen in Monarchien, Republiken, Demokratien und Diktaturen, Markt- und Planwirtschaften. Ein Kernthema der politischen Debatte bildet das Spannungsfeld von Teilhabe und Egalisierung einerseits und sozialer Ungleichheit andererseits. In der Forschung häufig als Frage von Demokratisierung und Ungleichheit gefasst, ging es um eine zentrale Dimension gesellschaftlicher Voraussetzungen und Folgen

Lebensstandard als Politikum

---

[7] Victoria de Grazia: Das unwiderstehliche Imperium. Amerikas Siegeszug im Europa des 20. Jahrhunderts, Stuttgart 2010; Lizbeth Cohen: A Consumer's Republic. The Politics of Mass Consumption in Postwar America, New York 2003; Frank Trentmann: Herrschaft der Dinge. Die Geschichte des Konsums vom 15. Jahrhundert bis heute, München 2017; Claudius Torp: Wachstum, Sicherheit, Moral. Politische Legitimationen des Konsums im 20. Jahrhundert, Göttingen 2012.

von Konsum. Teilhabe, Demokratisierung und Egalisierung durch Konsum erschienen den Zeitgenoss*innen dabei je nach politischer Ausrichtung als erstrebenswert oder aber gefährlich.

Die Zusammenhänge zwischen Demokratie und Konsum wurden zunächst für die USA untersucht. Studien betonten die Wahlfreiheit als entscheidendes Bindeglied und argumentierten beispielsweise, dass individuelle Auswahlmöglichkeiten im Konsumbereich und die Forderung nach politischer Wahlfreiheit im 18. Jahrhundert zusammenhingen. Mit Blick auf die USA, aber auch auf Europa gilt insbesondere der Wegfall von Barrieren als Zeichen der Demokratisierung. Neue Konsumorte wie Läden oder Warenhäuser waren für alle zugänglich, auch für zuvor im öffentlichen Raum marginalisierte Gruppen wie Frauen, und nur die eigene Kaufkraft beschränkte den Konsum. Untersuchungen zum Verbraucherschutz, Verbraucherbildung bzw. -beratung sowie zu ethischem Konsum diskutieren zudem den Zugang zu Informationen als demokratisierendes Element. Konsum eröffnete demnach Freiräume und verringerte Unterschiede in der materiellen Ausstattung, zwischen Geschlechtern, Generationen und gesellschaftlichen Schichten.

Demokratisierung durch Konsum?

Gleichzeitig weisen viele Historiker*innen auf die Grenzen demokratisierender und egalisierender Effekte hin. So gab es erstens große Qualitätsunterschiede bei den konsumierten Gütern, wenn sich etwa Reichere Luxusreisen und Bohnenkaffee leisten konnten, während andere höchstens Ausflüge machten und Kaffeeersatz tranken. Zweitens konnten sich auch in einer auf Massenartikel ausgelegten Warenwelt viele nur wenig leisten. Solche Wohlstandsgefälle bestanden sowohl innerhalb von Gesellschaften wie auch auf globaler Ebene zwischen globalem Norden und globalem Süden. Oftmals galten unterschiedliche Maßstäbe für Zugangsmöglichkeiten zu Konsumgütern. So betrachteten Kolonialreiche die potenziellen egalisierenden und demokratisierenden Folgen des Konsums mit gemischten Gefühlen. Zwar exportierten sie Konsumgüter in die Kolonien, fürchteten aber gleichzeitig, dass durch den Besitz gleicher Dinge die auf Kategorie der „Rasse" basierenden Hierarchien zwischen Kolonialherr*innen und Kolonisierten verwischen könnten. Drittens muss schließlich auch die Diversität von Wünschen und Bedürfnissen berücksichtigt werden. Menschen träumten von unterschiedlichen Dingen, sodass ein ähnlicher Lebensstandard auf der Basis ähnlicher Konsummöglichkeiten nicht automatisch Zufriedenheit erzeugte. Das Beispiel der DDR mit ihrem weitgehend gleichen Zugang zu Waren und Dienstleistungen zeigt dies eindrücklich.

Auch auf politischer Ebene war der demokratisierende Effekt des Konsums begrenzt: Frauen waren als Konsument*innen im öffentlichen Raum präsent und ihre Konsumentscheidungen galten als wichtig für das familiäre und volkswirtschaftliche Wohl, das Wahlrecht hatten sie bis ins 20. Jahrhundert hinein dennoch nicht. Darüber hinaus konnte Konsum auch als Substitut von Demokratie interpretiert werden. Studien zu sozialistischen Gesellschaften interpretieren das staatliche Angebot an Sozialleistungen und Konsumgütern als politische Strategie, um die Bevölkerung ruhigzustellen und von Forderungen nach politischen Reformen abzuhalten – ein Ansatz, der nur begrenzt funktionierte.

In vielen Gesellschaften hatte die zunehmende gedankliche Koppelung von Staatsbürgerschaft und Konsum dennoch deutliche Effekte: Vor allem seit der Mitte des 20. Jahrhunderts hätten Bürger*innen ihre politischen Entscheidungen zunehmend wie Konsumentscheidungen getroffen, so eine These, nämlich orientiert an individuellen Vorlieben statt am Gemeinwohl und in einem zunehmend segmentierten Politik-Markt. Für die USA spricht die Historikerin Lizabeth Cohen vom Wandel der „cosumer's republic" zu einer „consumerization of the republic".[8] Auch wahrgenommene Diskrepanzen zwischen der eigenen Rolle als Konsument*in und als Bürger*in lösten Konflikte aus, wie beispielsweise Untersuchungen zur Kampagne *Don't buy where you can't work* zeigen. Seit der Weltwirtschaftskrise und insbesondere im Zuge der *Civil Rights*-Bewegung der 1960er Jahre nutzten Afroamerikaner*innen Konsumboykotte, um ihre staatsbürgerlichen Rechte einzufordern.[9] Für Europa sind Darstellungen zur Geschichte des Genossenschaftswesens zu nennen, das seit der Mitte des 19. Jahrhunderts als Selbsthilfemaßnahme gegen ein wahrgenommenes Machtgefälle zwischen Hersteller*innen und Anbieter*innen einerseits und den Konsument*innen andererseits entstand. Genossenschaften waren nicht profitorientiert, sondern wollten ihre Mitglieder gleichberechtigt und transparent mit

> Consumer Citizen

---

[8] Cohen: A Consumer's Republic, 15.
[9] Peter F. Lau: Democracy Rising. South Carolina and the Fight for Black Equality Since 1865, Lexington 2006; Cohen: A Consumer's Republic.

Gütern und Dienstleistungen wie Lebensmitteln, Bankgeschäften oder Wohnraum zu fairen Preisen versorgen.

Solche Studien stehen exemplarisch für Untersuchungen zu den Voraussetzungen und Folgen von Konsum. Sie verweisen auf ungleiche Zugangschancen, ungleich verteiltes Wissen über Herstellungsbedingungen und Inhaltsstoffe sowie vor allem auf die Ungleichheit, die aus dem Besitz bzw. Nicht-Besitz bestimmter Konsumgüter erwuchs. Diese Ungleichheit entstand oftmals bewusst, wenn der Besitz bestimmter Dinge als Distinktionsmittel genutzt wurde, teilweise aber auch als Nebeneffekt unterschiedlicher Vermögensverhältnisse, in denen sich manche vieles leisten konnten, das für andere unerschwinglich war. Dabei wechselten sich Phasen der Angleichung und des Auseinanderdriftens von Lebensstandards immer wieder ab.

2.4 Spannungsfeld 3: Manipulation und Selbstverwirklichung

Distinktion   Das Stichwort Distinktion verweist auf ein drittes Spannungsfeld: War und ist Konsum eine Möglichkeit, die eigene Individualität auszudrücken, oder pflanzt Werbung den Kund*innen falsche Bedürfnisse ein und lieferten sie einer unbarmherzigen und geldgierigen Konsummaschinerie aus? Fragen dieser Art beschäftigten, lange bevor sich die Geschichtswissenschaft dafür zu interessieren begann, Sozialwissenschaftler*innen und Publizist*innen. Studien wie die von Thorstein Veblen zum „demonstrativen Konsum" (1899), Theodor Adorno und Max Horkheimer zur „Kulturindustrie" (1944) und Vance Packard zu Werbung als „geheimem Verführer" (1957) stießen bereits zeitgenössisch auf ein großes öffentliches Interesse. Konsumgeschichtliche Untersuchungen griffen diese und weitere Ansätze für ihre eigenen Untersuchungen auf oder historisierten sie, um ihre Wirkungsgeschichte zu beleuchten.

Studien zur Frühen Neuzeit haben gezeigt, dass es keineswegs der industriellen Massenfertigung und moderner Vermarktungstechnologien bedurfte, um den Gedanken von Distinktion durch den Besitz und das Zeigen gekaufter Dinge zu etablieren. Auch über die Verführungskraft von Waren wurde bereits in der Frühen Neuzeit aus Sorge um Verschwendung, Luxussucht, die Aufweichung von

2.4 Spannungsfeld 3: Manipulation und Selbstverwirklichung — 25

Standesgrenzen und die daraus resultierenden gesamtgesellschaftlichen Folgen intensiv debattiert.

Diese Ängste multiplizierten sich, als im Verlauf des 19. Jahrhunderts Werbung im öffentlichen Raum zunahm und im 20. Jahrhundert eine eigenständige Werbe- und Marketingbranche entstand. Deutschland galt hier lange als Nachzügler, doch die jüngere Forschung hat gezeigt, wie auch hier seit der Wende zum 20. Jahrhundert ein vielfältiger „Marketingmix" genutzt wurde, um Kund*innen an Marken zu binden. Die Professionalisierung und Expansion der Werbe- und Marketingbranche in der Zwischenkriegs- und Nachkriegszeit galt in der Forschung lange als Amerikanisierung und wurde misstrauisch beäugt. In den letzten Jahren haben Studien jedoch vermehrt komplexe Wechselwirkungen herausgearbeitet. Sie betonen das Zusammenspiel von Entwicklungen in der Werbe- und Marketingindustrie mit den Wünschen und Kenntnissen der Konsument*innen, dem Medienwandel und der Pluralisierung von Lebensstilen, und sie zeigen moderne Marketingtechniken als Produkt eines engen europäisch-amerikanischen Austauschs. Die Zunahme an Werbemaßnahmen, Marketingabteilungen und Marktforschungsstudien kann demzufolge nicht ohne Weiteres mit einer gesteigerten Beeinflussung der Rezipient*innen und/oder mit Amerikanisierung gleichgesetzt werden.

Werbung und Marketing

Zur Differenzierung des Bildes der manipulierten Konsument*innen tragen auch Untersuchungen bei, die aufzeigen, wie sich im Verlauf der Zeit Vorstellungen von „den" Konsument*innen wandelten. Deren Verhalten wurde sehr verschieden interpretiert, mal als rational, mal als irrational, reflektiert oder impulsgetrieben, als manipulierbar oder selbstbestimmt. Es waren also nicht nur die Konsument*innen, deren Verhaltens- und Denkweisen sich veränderten, sondern auch die Brillen, durch die Werbefachleute, Psycholog*innen, Marktforscher*innen, Sozialwissenschaftler*innen und Konsumkritiker*innen auf ihre Untersuchungsobjekte blickten, auch unabhängig vom tatsächlichen Verhalten der Konsument*innen.

Wie und was Menschen konsumierten und wie sie über Konsum nachdachten, bildet einen weiteren Schwerpunkt der konsumgeschichtlichen Forschung. Immer wieder gab es Versuche, schicht-, geschlechter- oder generationenabhängige Konsummuster zu identifizieren. Auch wenn sie bis weit in das 20. Jahrhundert eine hohe Prägekraft besaßen, wird doch zusehends deutlich, dass Konsummuster vielschichtiger waren und von einem ganzen Bündel an

Konsum als soziale und kulturelle Praxis

Faktoren abhingen: von Einkommen, Familienstand und Wohnort ebenso wie von Geschlecht, Alter oder politischer Einstellung. Vor allem in der Nachkriegszeit nahm die Bedeutung solcher Kontexte bei der Ausdifferenzierung von Konsum zu. Dieser konnte sowohl integrierend als auch differenzierend wirken. Auch bei der Erforschung solcher Zusammenhänge adaptierten Historiker*innen oftmals theoretische Ansätze aus den Kultur- und Sozialwissenschaften, beispielsweise Pierre Bourdieus Konzept des Habitus.

Untersuchungen zu bestimmten sozialen Gruppen wie Jugendlichen oder Angestellten oder zu Konsumgütern wie Kleidung oder Restaurantbesuchen zeigen, wie über Konsumverhalten Identitäten, Zugehörigkeit oder Abgrenzung verhandelt wurden. Mit wachsenden Spielräumen bei Einkommen, Freizeit und Warenangebot konnten sich Stile immer weiter ausdifferenzieren. Gleichzeitig wuchs der gesellschaftliche Druck, einen distinkten Stil zu entwickeln und sich von dem abzugrenzen, was gerade als *mainstream* galt.

2.5 Konsum als Problem oder als Lösung?

In der geschichtswissenschaftlichen Forschung ist das Thema Konsum angekommen. Gesamtdarstellungen und Kompendien zur Konsumgeschichte sind ebenso auf dem Markt wie eine Vielzahl an Spezialstudien zu bestimmten Perioden, sozialen Gruppen, Regionen und Orten, Praktiken oder Warengruppen. Während noch in den 1990er Jahren Überblicksdarstellungen zur jüngeren deutschen Geschichte ohne nähere Verweise auf die Orte, Formen und Interpretationen von Konsum auskamen, sind konsumhistorische Perspektiven mittlerweile integraler Bestandteil in der geschichtswissenschaftlichen Forschung zu den unterschiedlichsten Themenfeldern und Zeitabschnitten.

Diese erhöhte Aufmerksamkeit entspricht der zentralen Bedeutung von Konsum im Alltags- und Wirtschaftsleben. Spätestens mit der industriellen Herstellung von Gütern im 19. Jahrhundert durchdrangen konsumbezogenes Denken und Handeln die alltägliche Lebenswelt immer weiterer Bevölkerungskreise, sei es durch die Erwerbstätigkeit im produzierenden Sektor, als Versorgungsstrategie, durch den Umgang mit gekauften Dingen oder durch deren Thematisierung in den Medien. Dementsprechend blicken Konsumhistoriker*innen nicht nur auf die Produktion, den Verkauf und die Nachfrage von Konsumgütern, sondern auch darauf, wie über konsumbezogene Handlungen und Diskurse Identitäten verhandelt, die materielle Umwelt gestaltet, gesellschaftliche und wirtschaftliche Ordnung hergestellt und ein neues politisches Handlungsfeld etabliert wurden.

Die kurze Skizze zu zentralen Entwicklungen und Spannungsfeldern der Konsumgeschichtsschreibung zeigt, dass Ausprägungen, Voraussetzungen und Folgen von Konsum häufig unter den Vorzeichen von Problem und Lösung diskutiert werden, es hier jedoch kaum eindeutige Antworten gibt. Konsum erscheint als Möglichkeit zur Selbstverwirklichung und Bedürfnisbefriedigung, zur Ankurbelung der Wirtschaft, zur Steigerung von Wohlstand und Lebensstandard, umgekehrt aber auch als Auslöser verschiedener als problematisch beurteilter Phänomene: als Verschwendung von Geld, Zeit und Rohstoffen, als Verstärker sozialer Ungleichheit, als Oberflächlichkeit, Sucht und Betäubung des politischen Bewusstseins oder als Ursache für Ausbeutung und Umweltverschmutzung. Diese Vielschichtigkeit und Vieldeutigkeit von Konsum, die eher als gleichzeitiges Nebeneinander denn als ein Nacheinander oder Gegeneinander zu verstehen ist, führt daher zu immer neuen Fragestellungen. Gegenwärtige Schwerpunkte liegen auf globalen Zusammenhängen und Phänomenen des Konsums, auf dem Verhältnis von Konsum und Macht, auf Folgeerscheinungen wie Müll und seiner Beseitigung, auf der Mikroebene der Konsument*innen, dem Verhältnis zwischen Menschen und Dingen, auf den Zusammenhängen von Moral und ökonomischem Handeln sowie auf konsumbezogenem Protesthandeln. Konsum ist dabei selten einfach nur Problem oder Lösung, sondern im Blick auf Konsum werden vergangene und auch gegenwärtige Problemlagen sichtbar gemacht.

Vieldeutigkeit von Konsum

2.6 Fragen und Anregungen

- Was könnte dazu führen, dass sich die Forschungsperspektiven auf Konsum immer wieder wandelt und neue Fragestellungen hinzukommen?
- Konsum ist nicht nur ein Thema der Geschichtswissenschaft, sondern wird auch in den Medien, in den Wirtschafts- und

Sozialwissenschaften diskutiert. Wie sollte die Geschichtswissenschaft mit den Interpretationen aus anderen Fachdisziplinen umgehen?

Weiterführende Literatur

Brückweh, Kerstin/Villinger, Clemens: Sich (nicht) die Butter vom Brot nehmen lassen. Ein Forschungsbericht zur Konsumgeschichte zwischen Alltag, Arbeit, Kapitalismus und Globalisierung, in: Archiv für Sozialgeschichte 57 (2017), 463–495. *(Forschungsüberblick zu den verschiedenen Strängen der Konsumgeschichtsschreibung)*

Haupt, Heinz-Gerhard/Torp, Claudius (Hrsg.): Die Konsumgesellschaft in Deutschland 1890–1990. Ein Handbuch, Frankfurt a. M. 2009. *(Handbuch mit knappen Überblicksartikeln und Schwerpunkt auf Deutschland im 20. Jahrhundert)*

Kleinschmidt, Christian/Logemann, Jan (Hrsg.): Konsum im 19. und 20. Jahrhundert, Berlin/Boston 2020. *(Handbuch zur Wirtschaftsgeschichte des Konsums)*

Siegrist, Hannes/Kaelble, Hartmut/Kocka, Jürgen (Hrsg.): Europäische Konsumgeschichte. Zur Gesellschafts- und Kulturgeschichte des Konsums (18.-20. Jahrhundert), Frankfurt a.M. 1997. *(Vergleichend angelegter Band zur Konsumgeschichte Europas)*

Trentmann, Frank (Hrsg.): The Oxford Handbook of the History of Consumption, New York 2012. *(Handbuch, das die Konsumgeschichte aller Weltregionen seit dem 17. Jahrhundert thematisiert)*

3 Die Frühe Neuzeit als Konsumzeitalter

Eines HochEdlen und Hochweisen Raths der Stadt Nürnberg Verneuerte Kleider=Ordnung/ und Verboth der Hoffarth/ Was nemlichen unter Ihrer Burgerschafft/ Jnwohnern/ Unterthanen und Verwandten/ Jedem in seinem Stand/ von Manns= und WeibsPersonen/ in Bekleidungen und sonsten/ zugelassen oder verbothen ist.
Gedruckt bey Balthasar Joachim Endter Im Jahr Christi 1693.

NAchdem ein HochEdler/ Fürsichtig= und Hochweiser Rath dieser/ des Heil[igen] Römischen Reichs Stadt Nürnberg biß anhero mit mehrmaligem Mißfallen sehen und erfahren müssen/ welcher gestalt Dero ehemalige/ und *in anno 1657.* wohlbedächtig verneuerte Kleider=Ordnung und Verboth der Hoffarth/ von den mehristen Burgern/ Inwohnern/ Unterthanen und Verwandten/ fast freventlich und verächtlich außer Augen gesetzt/ und bey aniezigen sehr kümmerlichen und Nahrungslosen Zeiten (welche Männiglich der Sparsamkeit von selbsten erinnern/) den übermäßigen kostbaren Pracht/ zu nicht geringer Aergernuß/ Ehr= und Tugendliebender Personen/ so gar nachgehänget werde/ daß man kaum mehr einen Stand vor dem andern unterscheiden kan [...] Als haben Eingangs gedachte Ihre HochAdel.[igen] Herrlichk[eiten] Sich unumbgänglich bemüßiget befunden/ gegenwärtige/ den Zeiten und Läufften nach/ in ein und andern Stücken verändert= und verbesserte Kleider=Ordnung/ und ernstliches Verbot der Hoffahrt [...] kommen zu lassen/ mit der ausdrücklichen Bedingung/ daß dadurch [...] auch ein jedweder sich mit dem Jenigen zu vergnügen/ was ihme und den seinigen/ seinem Stand gemäß/ in krafft dieser Ordnung/ erlaubet und zugelassen ist/ bey Vermeidung der verschiedenlich darinnen enthaltenen Geldbußen/ angewiesen seyn. [...]

Erster Stand.
Von den Trachten der Manns=Personen/ deß Alten Adelichen Geschlechts im Vorderisten Stand.
ERstlich/ ist denen im Vordersten Stand gehörigen Manns=Personen erlaubt/ und zugelassen/ **Hutschnür/** von hart und gesponnenem Gold/ doch daß sie den Werth von zwanzig biß fünff und zwanzig Gulden nicht übertreffen. Hingegen seynd Jhnen die/ mit kostbaren **Edelgesteinen** versetzte **Hutschnür** zu tragen/ allerdings verbothen. [...]

DJe Frauen und Jungfrauen deß Alten Adelichen Geschlechts/ im Vorderisten Stand/ mögen Sammete/ jedoch nicht allzugrosse **Hauben** mit Zobel oder Marder gebremt/ tragen/ welche sie allein bey hohen Ehren= und Fest=Tägen/ mit guldenen Rosen oder Buckeln/ auch etwas von Perlen/ aber ohne Diamanten/ zieren/ doch daß solcher Zierrath mit einander in siebenzig biß fünff und siebenzig Cronen in Gold nicht übertreffe.[...]

Anderer Stand. [...]
Sie mögen aber **Hutschnür**/ allein von Silber/ oder mit etwas Gold vermengt/ deren doch eine auf das meinste über sechs Gulden nicht werth/ ingleichen// an= und auf Tuch= oder Ledern Kleidern/ eine mit Silber in Gold zur Helfft vermengte Galonen oder Spitzen tragen: Hingegen sollen sie sich alles andern Gold-tragens/ Gut oder Leonisch/ gänzlich enthalten. [...]

DJe **Erbare Frauen und Jungfrauen** in diesem Stand/ mögen **sammete Hauben**/ mit Marder-gebrem/ tragen/ doch daß deren eine/ samt dem Gebrem/ und Macherlohn/ über zwanzig= in vier und zwanzig Gulden nicht werth sey: Hergegen seynd Jhnen gul=// dene Buckel/ Borten/ und andere Zierd darauf machen zu lassen [...] allerdings verbothen; an dessen statt aber etwas von Silber/ in Gold vermengt/ zugelassen. [...]

Vierdter Stand. [...]
Sie mögen aber **Hauben** allein von gemosirten Trippsammet/ und die Ausschläg und Futter von andern geringern Peltzwerck/ doch ohne Marder/ tragen; // bei einfallender Trauer aber auf den Hüten sich der allzu langen Florbinden/ über vier Ellen lang/ enthalten. [...]

Vorbenannter Personen im Vierdten Stand Weiber und Töchter belangend.
DJese sollen **Hauben allein von schlech**tem Trippsammet/ wüllen Tuch/ oder andern Zeuch/ das Gebrem von Jennet/ ohne sonderbare Zierd/ außer mit seydenen Knöpffen/ oder Börtlein/ tragen/ daß deren eine über acht/ aufs// meinste zehen Gulden nicht koste: Jngleichen sollen sie auf den Hüten allein seydene Schnür gebrauchen. [...]

Quelle: Kleiderordnung Nürnberg 23.2.1693. Bearb. v. Joachim Peters, in: Wolfgang Wüst (Hrsg.): Policeyordnungen in den fränkischen Reichsstädten Nürnberg, Rothenburg o.d.T., Schweienfurt, Weißenburg und (Bad) Windsheim, Erlangen 2015, 505–527. Das Original ist einsehbar unter https://reader.digitale-sammlungen.de/de/fs1/object/display/bsb10509846_00001.html.

Die Nürnberger Kleiderordnung von 1693 umfasst knapp 60 Seiten und regelt detailliert, wer wann welche Kleidung tragen durfte. Solche Kleiderordnungen gab es in ganz Europa vor allem zwischen dem 14. und 17. Jahrhundert, vereinzelt sogar noch länger. Sie waren Teil einer weitaus umfassenderen Geschichte der Luxusordnungen oder Aufwandsgesetzgebung. Seit der Antike, von China über Europa bis zum Nahen Osten, legten diese Vorschriften beispielsweise Höchstsummen und Ausstattungsmerkmale bei Beerdigungen, Feierlichkeiten und Geschenken fest, reglementierten Wert und Schmuck von Kutschen und Pferden oder verboten den Import bestimmter Waren. In der Frühen Neuzeit geht man allein für die deutschsprachigen Gebiete von weit über tausend Kleiderordnungen aus, ohne dass aber jederzeit und überall solche Regeln gegolten hätten. Die Ordnungen unterschieden sich in ihren Inhalten, Zielgruppen, Absichten sowie der Umsetzung teils beträchtlich.

Der hier wiedergegebene Text steht am Ende einer langen Reihe Nürnberger Kleiderordnungen, die mindestens bis in das frühe 14. Jahrhundert zurückreichte. Gleich zu Beginn werden die Hintergründe für den Erlass einer neuen Ordnung genannt. Erstens richtete sie sich gegen Hoffart, also gegen Dünkel und anmaßendes Verhalten. Zweitens wird bemängelt, dass die Standesgrenzen verwischten, da das Äußere keinen sicheren Rückschluss mehr auf die Standeszugehörigkeit zulasse. Drittens werden die gegenwärtigen „kümmerlichen und nahrungslosen Zeiten" angeführt, die nach Sparsamkeit und Mäßigung, nicht nach Verschwendung verlangten. Viertens verstoße der zur Schau gestellte Kleiderluxus gegen die guten Sitten, die Moral und – hier nicht mit abgedruckt – auch gegen den göttlichen Willen, denn Prunk und Verschwendung galten als Sünde. Fünftens schließlich hatten sich die Bürger*innen der Stadt Nürnberg anscheinend nicht an die bisherigen Vorschriften gehalten, sodass der Rat eine Mahnung in Form einer neuen Ordnung für geboten hielt.

Der Aufbau folgt einem festen Muster. Vom ersten bis zum fünften Stand und bis zu den Handwerksgesellen und Dienstknechten werden zunächst für die Männer, dann auch für deren Frauen und Töchter, die Grenzen des Erlaubten festgelegt. Es geht um Kopfbedeckungen, Krägen, Tücher, Hosen, Wämser, Strümpfe, Handschuhe, Ketten, Knöpfe, Schmuck, Bänder, Röcke, Schürzen, Mäntel, Schuhe, aber auch um Sättel, Halfter und die Ausstattung von Kutschen. Die Vorgaben beziehen sich auf Materialien, Wert, Farbe, Größe, Anzahl, Verzierungen und Schnitt.

Kleiderordnungen wie diese zeigen, wie wichtig das Äußere für die Herstellung gesellschaftlicher Hierarchien in der Frühen Neuzeit war. Verstöße konnten als Anmaßung und Überschreitung der Standesgrenzen ausgelegt werden. Die Ordnungen sind aber auch eine wichtige Quelle der Konsumgeschichte, denn sie geben Aufschluss über Konsummöglichkeiten und Konsumverhalten. Nur was für zumindest Teile der Bevölkerung verfügbar war, bedurfte der Regulierung. Wandelten sich Warenwelten, Besitz- und Machtverhältnissen, mussten auch die Kleiderordnungen angepasst werden. Sie geben daher Hinweise über den gesellschaftlichen Auf- und Abstieg verschiedener Gruppen sowie über die materielle Ausstattung der

frühneuzeitliche Kleiderordnungen

Bürger*innen. Die vielen Belege für Verstöße gegen bestehende Kleiderordnungen wiederum zeigen, dass Menschen aus allen Schichten anscheinend lieber ein Verbot übertraten, als auf ein modisches Äußeres oder die Zurschaustellung ihrer Besitztümer zu verzichten.

Eine zweite Sorge betraf die Verschwendung wertvoller Ressourcen durch unnötige Pracht. Konsum sorgte in dieser Perspektive für einen doppelten Abfluss von Vermögen, nämlich von Geld und von Materialien. In frühneuzeitlicher Perspektive waren beide verloren, wenn sie einmal ausgegeben bzw. verarbeitet worden waren. Dies war keine Privatangelegenheit. Konsumausgaben und zumal Verschwendung verminderten aus frühneuzeitlicher Sicht das Vermögen des ganzen Landes und drohten das Gemeinwesen zu belasten. Gerieten Einwohner*innen nämlich in Not, mussten sie im Zweifel von der Gemeinschaft unterhalten werden.

Darüber hinaus spielten sittlich-moralische Bedenken eine große Rolle. Eitelkeit und Prunksucht galten als verwerflich, als unchristlich und unmoralisch. Gerade Frauen standen unter besonderer Beobachtung. Frühneuzeitliche Quellen verweisen häufig auf weibliche Eitelkeit und Verschwendungssucht oder beschreiben den Kontakt zwischen Kundinnen und männlichen Verkäufern als unschicklich. Solche Texte sind jedoch auch als Spiegel zeitgenössischer Ängste und Sorgen zu lesen, nicht unbedingt als Beschreibung tatsächlicher geschlechtsspezifischer Praktiken und Einstellungen.

3.1 Konsum in der Frühen Neuzeit

allmählich wachsende Bedeutung von Konsum

Kleider- und Luxusordnungen geben also Einblicke in das beobachtete, erhoffte und befürchtete Konsumverhalten ihrer Zeit. Aufschluss über den Ding-Haushalt der Frühen Neuzeit geben auch Gemälde, Inventare, Testamente, Auftragsbücher von Handwerkern, Ausgabenbücher oder Zollakten. So lückenhaft und interpretationsbedürftig diese Quellen sind, zeigen sie doch eines ganz deutlich: Der Besitz an Dingen nahm in vielen europäischen Regionen zu, im deutschsprachigen Gebiet insbesondere im Verlauf des 18. Jahrhunderts. Grundsätzlich galt dies für alle Bevölkerungsschichten, wenn auch die individuellen und regionalen Unterschiede teils beträchtlich waren. Frühneuzeitliche Gesellschaften waren agrarische Gesellschaften, die Unterschiede zwischen städtischen und ländlichen Regionen waren sehr viel größer als heutzutage. Auf dem Land war Selbstversorgung von zentraler Bedeutung, wobei Dinge wie Salz oder manche Handwerksprodukte auch hier gekauft wurden. Doch selbst in kleineren Dörfern wuchs im Verlauf der Frühen Neuzeit der Besitz an – auch modischen – Kleidungsstücken, Geschirr, Besteck, Tisch- und Bettwäsche, Fächern, Büchern oder sogar Uhren. Noch früher im Umlauf waren Artikel wie Seidenbänder, die vor allem aus Italien kamen und seit etwa der Mitte des 16. Jahrhunderts in ganz Europa und auch in Amerika als Accessoires verwendet wurden.

Konsumgüter kamen zwar zumeist aus dem näheren Umfeld, doch das Wissen über fremde Dinge nahm zu. Mit der Ausweitung internationaler Handelsströme stieg auch die Zahl global gehandelter Waren, und Reisende berichteten über Moden, Trag- und Verwendungsweisen von Dingen. Sehr wohlhabende Kreise konsumierten exotische Genuss- und Luxusgüter wie Kaffee, Tee, Tabak, Seide oder Baumwolle (vgl. Kapitel 4). Manche Käufe führten zu weiterem Konsum: Wer Zucker oder Kaffee konsumierte, kaufte oftmals auch Utensilien und Geräte für Zubereitung und Genuss, die wiederum Truhen, Schränke oder Regale zur Aufbewahrung notwendig machten. Und auch das soziale Leben veränderte sich mit den neuen Dingen. So wie der Fernseher Mitte des 20. Jahrhunderts die Wohnzimmermöbel neu ausrichtete und Freizeit in das Haus zurückverlegte, führten Dinge wie Kaffee, Teetassen oder Tabakspfeifen zu neuen Formen der Geselligkeit.

Etliche der neuen Konsumgüter wie Bänder, Fayencen oder anderes Geschirr waren für breitere Kreise erschwinglich, wenn auch nicht für Arme. Der Wert dieser neuen Güter lag oftmals nicht im Materialwert, sondern auch in ihrer modischen Attraktivität. Dafür verschlissen einige (aber längst nicht alle) dieser Güter schneller als die Dinge früherer Zeiten, sowohl in modischer als auch in materieller Hinsicht.

Märkte und Handel

Kaufen konnten die Menschen solche Artikel in der wachsenden Zahl an Buden, Läden und Märkten, bei Hausierer*innen und Straßenhändler*innen. Hinzu kamen Jahrmärkte, Messen und andere temporäre Orte des Kaufens und Verkaufens. Neue Orte des Konsums führten vielfach zu Verunsicherung. Wer durfte wann, wo, was und wie einkaufen, ohne gegen Anstand und gute Sitten zu verstoßen? Die lokalen Sitten unterschieden sich dabei stark. Während beispielsweise in England oder den Niederlanden auch Frauen einkauften, blieb dies in Norditalien weitgehend eine Domäne der Männer. Auch darüber berichteten Reisende und brachten damit

Informationen über Konsumgepflogenheiten anderer Gesellschaften in Umlauf.

Mit der Verbreitung des Buchdrucks kamen zudem Journale, Reiseberichte und andere Publikationen auf den Markt, die regelmäßig über Kleidung, Möbel, nützliche und dekorative Dinge sowie Moden informierten. Abbildungen gaben einen Eindruck auch von bisher unbekannten Gegenständen. Bereits im 18. Jahrhundert dienten Journale auch der Werbung. Annoncen wiesen darauf hin, wo man Dinge wie Arzneimittel, Bücher, Geschirr oder Brandspritzen kaufen konnte. *Wedgwood*, eine 1759 im englischen Stoke-on-Trent gegründete Steingut- und Töpferwarenmanufaktur, nutzte besonders vielfältige und innovative Vermarktungsstrategien, angefangen von Anzeigen, Ladenschildern und Katalogen bis zu Preisnachlässen, Werbegeschenken und sogar Strategien der Informationsgewinnung über die Kundschaft, die man als frühe Aktivitäten im Bereich der Marktforschung interpretieren kann (Abb. 3.1). *Wedgwood* war eine Ausnahme im Hinblick auf Umfang und Ausmaß solcher Maßnahmen, doch Untersuchungen zeigen, dass auch andernorts Praktiken und Formen des Werbens und der Kundeninformation spätestens ab dem 18. Jahrhundert aufkamen.

Grenzen des Konsums

Während die Frühe Neuzeit also einen festen Platz in der Konsumgeschichtsschreibung hat, so muss doch betont werden, dass sich Umfang und Formen des Konsums beträchtlich von den Massenkonsumgesellschaften des 20. Jahrhunderts unterschieden. Für den Großteil der Bevölkerung waren Geld, Materialien und lokale Einkaufsmöglichkeiten knapp. Dinge waren lange im Gebrauch und sollten es auch sein, sie wurden geflickt, verändert, vererbt und oftmals so lange verwendet, bis sie buchstäblich auseinanderfielen. Kaufen als Shopping, also Einkaufen als Hobby und als reine Lust am Neuen, war quasi unbekannt. Erst mit dem Aufkommen fertiger Kleidung im 18. Jahrhundert sowie günstiger Accessoires, vor allem Bänder oder Tücher, wurden Modezyklen allmählich wichtiger. Die Produktion im Haushalt für den eigenen Ver- und Gebrauch blieb von zentraler Bedeutung. Neben dem Angebot an Neuwaren bestand ein umfangreicher Gebrauchtwarenmarkt, auf dem nicht nur *second hand*, sondern auch Dinge aus dritter oder vierter Hand gehandelt wurden. Nicht zuletzt war Konsum eingehegt durch strenge, oftmals religiös fundierte Moralvorstellungen. Und auch konsumzentrierte Praktiken wie Werbung waren weit von den Tätigkeiten einer professionellen Werbe- und

Marketingbranche entfernt, die erst im späten 19. und vor allem im 20. Jahrhundert entstand. Die geschichtswissenschaftliche Forschung unterscheidet mitunter zwischen exklusiven und inklusiven Konsumgesellschaften, an denen also entweder nur eine kleine Minderheit oder aber der Großteil der Bevölkerung teilhatte. Vormoderne Gesellschaften waren ganz klar exklusive Konsumgesellschaften. Dennoch bleibt zu konstatieren, dass Konsum in der Frühen Neuzeit bedeutsam war und im Alltagsleben zunahm.

3.2 Eine „Konsumrevolution"?

Es ist daher kein Zufall, dass drei britische Historiker in den 1980er Jahren die Furore machende These aufstellten, die „Geburt" der Konsumgesellschaft sei in der Frühen Neuzeit zu verorten, genauer: im England des 18. Jahrhunderts. Das einflussreiche Buch von Neil McKendrick, John Brewer und J.H. Plumb: *The Birth of a Consumer Society* (1982) inspirierte eine Vielzahl von Studien zum Handel und Besitz von Konsumgütern, die den Beginn des Konsumzeitalters immer weiter zurückverlegten, teils bis ins Mittelalter.

"Geburt der Konsumgesellschaft"

Wie begründeten die Autoren ihre These einer „Konsumrevolution"? In England, so lautete das Argument, habe noch vor der Industrialisierung im 18. Jahrhundert ein Nachfrageschub eingesetzt. Indem er die Nachfrageseite betonte (dies genauer zu untersuchen hatten schon andere vor ihm angeregt), trug insbesondere McKendrick dazu bei, die Geschichtsschreibung auf den Kopf zu stellen. Den bisherigen geschichtswissenschaftlichen Darstellungen zufolge hatte zunächst eine industrielle Revolution stattgefunden, die billige Massengüter auf den Markt gebracht und somit den Konsum stimuliert bzw. erst ermöglicht habe. Nun erschien umgekehrt der Konsum als Antriebsfaktor für Veränderungen im Bereich der Produktion.

Eine ähnliche Perspektive nimmt der US-amerikanische Historiker Jan de Vries (2009) ein. Er popularisierte den Begriff der *industrious revolution*, der Verfleißigung, den der Historiker Akira Hayami bereits Mitte der 1970er Jahre zur Beschreibung der wirtschaftlichen Entwicklung in Japan verwendet hatte. De Vries erklärte die Produktivitätssteigerungen in Regionen wie England, den Niederlanden oder in Nordfrankreich mit den gestiegenen Konsumwünschen in der Bevölkerung. Dank verbesserter landwirtschaftlicher Verfahren und neuer, protoindustrieller Produktionsformen hatten die Menschen vermehrt Zugang zu Konsumgütern. Um ihre Konsumwünsche zu erfüllen, seien sie bereit gewesen, länger und intensiver zu arbeiten, um Dinge für den Verkauf herzustellen. Das so erwirtschaftete Geld konnten sie für Konsumartikel ausgeben. Die Ende des 17. Jahrhunderts einsetzende *industrious revolution* habe also die *industrial revolution* hervorgebracht, der Konsum sei der Produktion vorgelagert.

Verfleißigung

Die enorme Bedeutung von Nachfrage und Verfleißigung für die Entwicklung von Wirtschaft und Konsum ist mittlerweile unumstritten. Doch es gibt auch Kritik an McKendrick und de Vries. Viele Studien haben nachgewiesen, dass Kleidung, Fayencen, Spiegel und andere Artikel sowie die damit verbundene Nachfrage bereits deutlich früher verbreitet waren, sodass die Metapher der „Geburt", die einen klar definierbaren Ursprung „der" Konsumgesellschaft suggeriert, irreführend ist. Vielmehr ist von langen Phasen der Veränderung und großen regionalen Unterschieden auszugehen. Zum anderen führten oftmals Notlagen und nicht Konsumwünsche zu einer steigenden Nachfrage und längeren Arbeitszeiten. Sanken die Reallöhne, wie es beispielsweise in England der Fall war, mussten die Menschen länger arbeiten, um ihren Grundbedarf decken zu können. Sie kauften Dinge wie Kerzen oder Zucker, um die längeren Arbeitszeiten ermöglichen zu können. Dennoch: Beide Bände haben wichtige neue Perspektiven auf die Konsumgeschichte der Frühen Neuzeit eröffnet.

Die deutschsprachigen Gebiete waren Nachzügler. Hier konsumierten die Menschen deutlich später und weniger als in Regionen wie England, Flandern, den Niederlanden, Nordfrankreich und Norditalien. Reiseberichte zeigen dies eindrücklich. Deutsche Reisende berichteten staunend von den Konsumangeboten, dem Arrangement der Waren und den Läden im Ausland, insbesondere in Städten wie Paris und London. Ausländische Besucher*innen bemerkten hingegen, dass es in deutschen Gebieten vieles nicht gab, was sie von zuhause gewohnt waren. Die Deutschen besaßen verhältnismäßig wenige gekaufte Kleidungsstücke oder welche aus importierten Stoffen, und auch der Konsum von Kaffee, Tee oder Zucker lag deutlich unter dem in Ländern wie England, wo diese Genüsse bereits im Verlauf des 17. Jahrhunderts in der breiteren und auch der ländlichen Bevölkerung verbreitet waren.

Deutsche Länder als Nachzügler

Die Unterschiede lagen jedoch nicht an einem Mangel an Konsumwünschen oder Fleiß der Deutschen. Auch hier war die Bevölkerung an Neuerungen und Moden interessiert, wie das Beispiel der Kleiderordnung gezeigt hat. Eine erste Ursache für die ausbleibende Konsumrevolution lag in den Zunft- und Gemeindeordnungen der deutschen Staaten. Sie hinderten Frauen daran, ein Gewerbe auszuüben und benachteiligten sie auch bei der Entlohnung. Aber auch Männer, insbesondere jüngere oder Angehörige von Randgruppen, wurden durch die Zünfte eingeschränkt. Deren Mitglieder hatten oftmals wenig Interesse, ihren elitären Kreis zu erweitern. Manche Bevölkerungsgruppen konnten also ihre Kräfte und Ideen nicht in dem Maße für den Markt einsetzen, wie sie es gerne getan hätten. Sie hatten dementsprechend weniger Geld für Konsumausgaben zur Verfügung, und das Angebot der marktgehandelten Güter blieb unter dem Niveau, das bei einer liberaleren Politik hätte erreicht werden können.

Vorschriften behinderten zweitens eine Ausweitung des Handels. Die Kaufmannsgilden pflegten eine restriktive Vergabe von Konzessionen, hinzu kamen obrigkeitliche Bedenken, steigende Konsummöglichkeiten könnten die Bevölkerung zu übermäßigen und unnützen Ausgaben verführen. Die Einschränkungen betrafen wiederum vor allem Frauen, Ortsfremde oder jüdische Händler*innen. In den deutschen Gebieten lag die Einzelhandelsdichte deutlich unter der in Flandern, den Niederlanden oder England. Dementsprechend gab es für die deutsche Bevölkerung weniger Möglichkeiten, in Kontakt mit Konsumgütern zu kommen, zumal gerade der Handel mit kostengünstigen Dingen, die Hausierer*innen, Wanderhändler*innen oder Budenbetreiber*innen bis in die ländlichen Regionen brachten, oft verboten war. Auch der Gebrauchtwarenhandel, vielerorts eine Domäne der Frauen, wurde um Verlauf des 17. und 18. Jahrhunderts immer stärker reguliert, sodass Händlerinnen zunehmend marginalisiert wurden.

Als dritter Faktor sind die oben näher vorgestellten Kleider- und Luxusordnungen zu nennen. Sie galten in manchen Gebieten bis ins 19. Jahrhundert, auch wenn dies die große Ausnahme war. Doch in Italien, Flandern und England waren sie oftmals schon Jahrhunderte zuvor abgeschafft worden oder, wie in den Niederlanden, nie erlassen worden, sodass dem Konsum in dieser Hinsicht keine Grenzen gesetzt waren. Die engen rechtlichen Bestimmungen, getragen von den Privilegien und Interessen bestimmter Gruppen, schränkten also die Möglichkeiten für Konsum in den deutschsprachigen Gebieten stark ein.

3.3 Region, Stand, Moral: Konsumgeschicht(en) der Frühen Neuzeit

Die europäische Konsumgeschichte der Frühen Neuzeit ist gekennzeichnet von einer großen Bandbreite an Konsumstandards, -formen und -möglichkeiten. Zwar gab es durchaus übergreifende Entwicklungen: Warenhandel und -besitz nahmen zu, global gehandelte Dinge hielten vermehrt Einzug in die Privathaushalte, und überall wurde Konsum im Zusammenhang mit Fragen der Moral und gesellschaftlicher Ordnung diskutiert. Der Zeitpunkt des intensivierten Konsums, sein Ausmaß und seine Bewertung unterschieden sich jedoch beträchtlich. Wie bereits gezeigt, erfasste die „Konsumrevolution" des 17. und 18. Jahrhunderts nur manche Regionen Europas. Doch auch innerhalb der jeweiligen Regionen gab es mitunter große Unterschiede. Das gilt auch für die deutschen Gebiete. Messe-, Handels- und Residenzstädte wie Leipzig, Nürnberg, Dresden oder Frankfurt boten vielfältige Konsummöglichkeiten und ein breites Warensortiment, das auch exotische Lebensmittel oder Stoffe umfasste. In Regionen wie Württemberg hingegen blieben solche Dinge teilweise bis ins 19. Jahrhundert hinein Luxusgüter für eine kleine Oberschicht, und auch die Zahl der Einzelhändler lag deutlich unter dem im internationalen Vergleich ohnehin niedrigen Schnitt der deutschen Länder.

regionale Unterschiede

Aber auch eine pauschale Unterscheidung in Stadt und Land führt nur bedingt weiter. Städte waren zwar zentrale Orte des Konsums, denn hier waren Angebot und Nachfrage hoch, sodass ein ausdifferenziertes Warensortiment entstand. Auch waren Stadtbewohner*innen seltener Selbstversorger*innen als die ländliche Bevölkerung, und Konsumgüter dienten in stärkerem Maße als auf dem Land der Distinktion. Neue Produkte kamen zuerst in Städten auf, bevor sie sich auf dem Land durchsetzten. Doch Stadt war nicht gleich Stadt, sondern die Unterschiede zwischen Hauptstädten und Handelszentren einerseits sowie kleineren ländlichen Städtchen andererseits waren groß. Gleiches gilt für ländliche Gegenden. Der europäische Vergleich zeigt, dass die englische oder niederländische Landbevölkerung schon im 17. Jahrhundert konsumierte, was in deutschen Dörfern oftmals erst im 19. Jahrhundert zur Normalität wurde. Auch zwischen den ländlichen Regionen eines Landes konnten die Unterschiede enorm sein.

Lokalstudien zeigen zudem, dass Unterschiede in Konsumverhalten und Besitzverhältnissen auch nach Konsumgut, Standeszugehörigkeit und Geschlecht differierten. In England besaßen städtische Haushalte im 17. und 18. Jahrhundert zwar durchschnittlich mehr Konsumgüter als ländliche Haushalte, doch der Unterschied fiel beim Besitz von Alltagsgegenständen deutlich geringer aus als bei teureren Dingen wie Büchern und Spiegeln oder gar Luxusgütern, die neu auf den Markt kamen. Und auch die Berufs- bzw. Standeszugehörigkeit spielte eine Rolle. Englische Kaufleute besaßen Dinge wie Spiegel, Porzellan oder Bilder oftmals in einem größeren Umfang als Landadelige, obwohl diese einen höheren gesellschaftlichen Rang innehatten. Baumwollstoffe waren in der Mittelschicht weit verbreitet, bevor die Angehörigen der Oberschicht sie trugen. Diese Befunde zeigen, dass niedrigere Stände nicht immer die Konsumtrends höhergestellter sozialer Gruppen nachahmten (obwohl dies oftmals der Fall war), sondern durch ihre Konsumvorlieben auch eigene Werte und Standards ausdrückten. Noch einmal anders gelagert war der Konsum des Adels. Adelige mussten einen standesgemäßen Lebensstil pflegen, zu dem auch Repräsentation und die Zurschaustellung von Besitz zählten – einer der Gründe, warum viele Adelige eine Sammelleidenschaft pflegten. Gleichzeitig predigte die Hausväterliteratur des 16. bis 18. Jahrhunderts das Ideal der Sparsamkeit, sodass adelige Familien unterschiedliche Ansprüche an ihre Lebensweise miteinander vereinbaren mussten.

Schließlich trugen auch Veränderungen im Bereich der Ideen und der Moralvorstellungen zur Pluralisierung von Konsumgeschichten der Frühen Neuzeit bei. Wie in der Einleitung beschrieben, wandelte sich in der Frühen Neuzeit das Begriffsverständnis von Konsum fundamental. Seit dem späten 17. und vor allem seit dem 18. Jahrhundert galt Konsum nicht mehr als Verschwendung und Verbrauch, sondern zunehmend als Teil der Wertschöpfung. Dieser Wandel erforderte eine Neubewertung des Konsums in moralischer Hinsicht. Was der Wirtschaft diente, konnte nicht mit den gleichen Argumenten verdammt werden wie bisher.

Werte und Moral

Auch der Wandel von der ständischen zur bürgerlichen Gesellschaft sowie die Ideen von Individualität und Gleichheit, verkörpert vor allem durch die Revolutionen in Nordamerika und Frankreich am Ende des 18. Jahrhunderts, sind eng mit veränderten Sichtweisen auf Konsumhandeln verbunden. Veränderungen im politischen und ökonomischen Denken und Handeln beeinflussten sich dabei wechselseitig. Auch hier hilft die Begriffsgeschichte weiter. Ende des 18. Jahrhunderts verschwand der Begriff der Notdurft zunehmend aus dem öffentlichen Sprachgebrauch. Stattdessen kam der Begriff des Bedürfnisses auf und verwies auf psychologische Komponenten wie Freude, Befriedigung oder Stolz, die mit dem Kauf und Besitz von Dingen einhergingen. Individualisierter Konsum und individuelle Konsumwünsche erfuhren eine Aufwertung, wenn auch die Sorgen um die überwältigende, sittengefährdende Verführungskraft der Dinge weiter bestanden.

Konsum, so zeigt der Überblick über die Frühe Neuzeit, war keine reine Privatsache, sondern gesellschaftlich und politisch reguliert. Die staatliche Einmischung in das private Konsumverhalten stieß am Ende des 18. Jahrhunderts jedoch zunehmend auf Ablehnung, wie das Beispiel Preußen zeigt. Dort bestand ein staatliches Kaffeemonopol, um zu verhindern, dass die Bevölkerung zu viel Geld für teure, importierte Luxusgüter ausgab und damit das preußische Geld außer Landes brachte. Als Friedrich der Große 1780 einige Hundert „Kaffeeriecher" einstellte, die nach verbotenerweise importiertem Kaffee suchen sollten, gerieten diese Schnüffler schnell in Misskredit. Das Eindringen staatlicher Akteure in den Privathaushalt galt in der Öffentlichkeit als illegitim, und durch Kaffeeschmuggel umgingen viele das als unzulässig erachtete Verbot. Mit dem Tod Friedrichs 1786 verschwanden auch die Kaffeeriecher.

Gesellschafts- und Geschlechterordnung

Als eine letzte Transformation im Bereich des Konsums seit dem späten 18. Jahrhundert sei auf die Kategorie des Geschlechts verwiesen. Zusammen mit dem Aufstieg des Bürgertums setzte sich die Idee von Geschlechtscharakteren durch, wonach Männern und Frauen nicht wie bisher einfach unterschiedliche Arbeitsbereiche zugewiesen, sondern auch unterschiedliche ‚natürliche' Eigenschaften zugeordnet wurden. Frauen waren demnach die Hüterinnen des Hauses und verantwortlich für das Familienleben, sie besaßen Stilempfinden und einen Sinn für das Schöne und Gute. Während dem Mann die Sphäre der Produktion zugewiesen wurde, war die Frau für den Verbrauch und den Konsum des vom Mann Geschaffenen zuständig. Eine Rollenverteilung, die im 19. und 20. Jahrhundert zu neuen Kontroversen rund um das Thema Konsum führte.

3.4 Quellen und Vertiefung

3.4.1 Wedgwood: Catalogue of Cameos, Intaglios, Medals, Bas-Reliefs, Busts and Small Statues, Etruria 1787

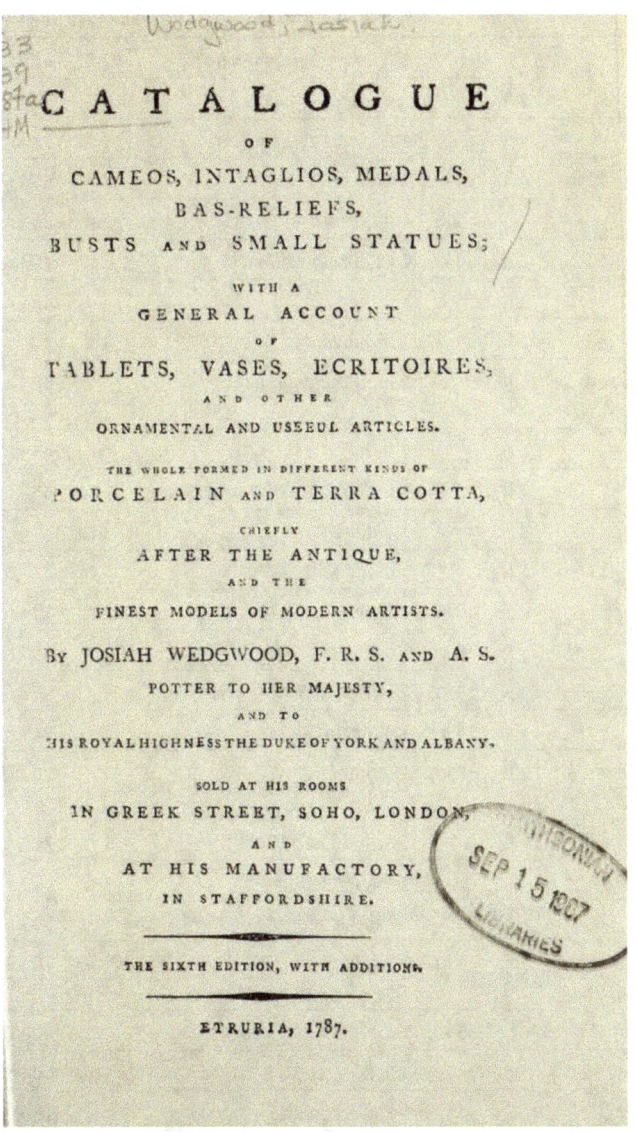

Abb. 3.1: Titelseite des Wedgewood Katalogs von 1787. Quelle: Smithsonian Institution.

3.4.2 Inventar eines Tagelöhners und seiner Frau, 1799

Tab. 3.1: Kleidungsstücke aus dem Zubringensinventar des Tagelöhners Johann Georg Autenrieth und seiner Ehefrau Anna Riek 1799 [in Laichingen, heutiges Baden-Württemberg].

Kleidung des Mannes			Kleidung der Frau		
1 blau tüchen Rok	7 fl.		1 schwarz zeugenen Rok	2 fl.	45 kr.
1 blau tüchen Camisol	2 fl.		1 ferner	2 fl.	
1 roth tüchen Brusttuch	4 fl.		1 schwarz zeugweißen	1 fl.	12 kr.
1 schwarz barch. Kittel	4 fl.	30 kr.	1 dito		45 kr.
1 alten zwilch Kittel		45 kr.	1 grün zeugenen	2 fl.	30 kr.
2 Wams, a. 1 fl. & 40 kr.	1 fl.	40 kr.	1 grün zeugweißen	1 fl.	10 kr.
1 rot tüchen Brusttuch	2 fl.		1 ferner		40 kr.
1 alts dito	1 fl.		1 braunen dito	1 fl.	
1 pr. neu hirschlederne Hosen samt Träger	5 fl.		1 blau zeugweißen		50 kr.
1 pr. dito	6 fl.		1 ferner		45 kr.
1 pr. ferner	4 fl.		1 ferner		55 kr.
1 pr. mittelm. lederne Hosen	2 fl.		1 Wifling Rok	1 fl.	
1 neuen Huth 1 fl.	1 fl.		1 blaue Kutt	2 fl.	
1 mittelm. samt Flohr		50 kr.	1 ferner	1 fl.	12 kr.
1 lederne Kapp		20 kr.	1 schwarz zeugen Bieble		45 kr.
1 ferner		15 kr.	2 ferner, a. 30 & 24 kr.		54 kr.
1 alte Belz Kapp		24 kr.	1 einfachs Bieble		34 kr.
2 schwarz seidene Halstücher, a. 1 fl. 30 kr. & 1 fl. 12 kr.	2 fl.	42 kr.	1 ferner		20 kr.
10 neue Hemder, a. 1 fl.	10 fl.		1 roth tüchen Mieder	1 fl.	20 kr.
4 neue Hemder, a. 1 fl.	4 fl.		1 braun tüchen	1 fl.	
3 mittelm. dito, a. 20 kr.	1 fl.		1 charlachen		50 kr.
4 pr. weiß gestrikte Strümpf, a. 36 kr.	2 fl.	24 kr.	1 braun tüchen	1 fl.	10 kr.
1 pr. schwarzwullene Strümpf		36 kr.	1 rots		40 kr.
2 pr. weiß baumwollene a. 30 kr.	1 fl.		2 Schürz, a. 30 & 20 kr.		50 kr.
2 Schnupptücher, a. 15 kr.		30 kr.	1 abwerken dito		16 kr.
2 pr. Schuh, a. 1 fl. 30 kr. & 1 fl.	2 fl.	30 kr.	1 gefütterts Bieble		20 kr.
			2 halbseidene Hauben, a. 36 kr.	1 fl.	12 kr.

Tab. 3.1 (fortgesetzt)

Kleidung des Mannes	Kleidung der Frau		
	2 ⅓ seiden, a 40 kr.	1 fl.	20 kr.
	4 kattonene Hauben, a. 12 kr.		
	3 creppene, a. 8 kr.		24 kr.
	2 Pariser Hauben, a. 20 & 24		44 kr.
	4 halbseidene Halstücher, a. 24 kr.	1 fl.	36 kr.
	2 baumwollene, a. 15 kr.		30 kr.
	3 gefarbte crepene Goller, a. 15 kr.		45 kr.
	1 halbseides		20 kr.
	2 schwarze, a. 8 kr.		16 kr.
	6 neue Hemder, a. 45 kr.	4 fl.	30 kr.
	6 mittelm. a 24 kr.	2 fl.	24 kr.
	7 weiße Goller, a. 15 kr.	1 fl.	45 kr.
	1 pr. wullene Strümpf		24 kr.
	1 pr. Flokken Strümpf		30 kr.
	13 pr. gestrikt leinene Strümpf, a. 15 kr.	3 fl.	15 kr.
	13 pr. baumwollene a. 24 kr.	5 fl.	12 kr.
	2 pr. neue Schuh, a. 1 fl. 30 kr.	3 fl.	
	1 Holländisch Mieder	1 fl.	12 kr.
	1 Leible		20 kr.
	1 schwarz tüchen Mieder		30 kr.
	2 Nuster, a. 15 & 12 kr.		27 kr.

Quelle: Hans Medick: Weben und Überleben in Laichingen 1650–1900. Lokalgeschichte als allgemeine Geschichte, Göttingen ²1997, 430f. [dort auch weitere Informationen und Interpretation].

3.4.3 Edikt vom 14. Juni 1757

Obwohlen Wir Burgermeistere und Rath dieser des Heil. Reichs Stadt Frankfurt am Mayn der guten Hoffnung gelebet, es würde Unser wegen des ohnerlaubten Handels und Wandels fremder Juden und sich dabey geäusserten großen Unfugs unterm 16ten Octobris 1738. publicirt den 16ten

Martii 1755. renovirt und öffentlich angeschlagene Edict alles seines Innhalts genau beobachtet werden, und die in großer Menge, zum merklichen Schaden, sowohl der Burgerschaft, als auch insbesondere derer hiesigen in der Ståttigkeit stehenden Juden, tåglich in die Stadt kommende Juden sich demselben gemäß bezeiget haben; So ist Uns jedoch, wider bessere Zuversicht, die beschwerende Anzeige geschehen, und es hat auch die tågliche Erfahrung gegeben, daß nur ermeldete fremde in der Nåhe herum wohnende Juden Morgens in aller Frühe, und gleich nach Eröffnung der Thoren, in die Stadt hereinkommen, den ihnen verbotenen Handel ohngescheuter treiben, und mit Månteln, als ob sie hiesige Schutzjuden wåren, alle Straßen durchlaufen, mit allerhand Waaren von Haus zu Haus, und auch in die Gasthåuser, gehen, was ihnen vorkommt, es seyen gestohlene, oder andere Sachen, einkaufen und verkaufen, und sich nicht entblöden, auf denen Straßen die ihnen begegnende ankommende Fremde anzurufen und laut zu schreyen, ob man etwas zu handlen habe. [...] Nicht weniger aber haben Wir mißfållig vernommen, daß einige Zeit her viele fremde Juden, sowohl in der Stadt, als in der Judengaß, auch mit Weib und Kindern, sich aufhalten, Zimmer und Wohnungen, Kauflåden, Gewölber und Niederlagen, zu verschiedenen Waaren in Zinß und Bestand haben, mit hiesigen Juden in Compagnie stehen, ihnen zu ihrer Handlung, unter mancherley theilnehmenden Bedingungen, Geld vorschießen, und mit dem Vorwand eines Handlungsbedienten in ihrem Namen handlen und allerhand Gewerben treiben.

Gleichwie Wir aber allem diesem zum merklichen Schaden und Nachtheil [...] ein. vor allemahl nachdrücklich abgeholfen wissen und nicht långer gestatten wollen, daß durch solcherley einschleichende fremde Juden Unsern Burgern und Schutzangehörigen Juden die Nahrung und das Brod vor dem Mund entzogen werde;

[...]

Verordnen und befehlen demnach durch gegenwårtiges alles Ernstes, daß

1tens) Von nun an und in das Künftige kein fremder Jude, unter was Schein es auch immer seyn möge, weder in der Judengaß, noch ausser derselben in der Stadt, Wohnungen, Kauflåden, Gewölber oder Niederlagen fernerhin haben solle; [...]

3tens) Befehlen wir in Kraft dieses, daß keinem fremden benachbarten Juden ausser denen gewöhnlichen Markttågen, um Handel und Gewerb zu treiben, in die Stadt zu kommen gestattet werden solle [...]

Wornach sich also ein jeder zu richten, und vor Strafe zu hüten wissen wird.

Geschlossen bey Rath,

Dienstags den 14. Junii 1757.

Renovatum de 22. Junii 1790.

Quelle: Johann Conradin Beyerbach: Sammlung der Verordnungen der Reichsstadt Frankfurt. Vierter Theil: Commerziengesetze, Frankfurt a.M. 1798, 662–664.

3.4.4 Fragen und Anregungen

- Quellen zeigen, dass vielerorts Menschen – auch ärmere – gegen die Kleider- und Luxusordnungen verstießen, obwohl darauf Strafen standen. Überlegen Sie, warum viele Menschen diese Strafen in Kauf nahmen, manche sogar mehrfach, und sich nicht an die Regeln hielten.
- Was spricht für die These, dass der Beginn der Konsumgesellschaft in der Frühe Neuzeit zu verorten ist? Was spricht dagegen?
- Zu den wichtigsten Quellengattungen, die Aufschluss über frühneuzeitlichen Konsum geben, zählen Inventare, Testamente und Gemälde. Überlegen Sie, welche Erkenntnisse aus diesen Quellengattungen jeweils gewonnen werden können und welche Fragen sie unbeantwortet lassen.

Weiterführende Literatur

De Vries, Jan: The Industrious Revolution. Consumer Behaviour and the Household Economy, 1650 to the Present, Cambridge 2008. *(Studie zum Verhältnis von Industrialisierung und Nachfrage nach Konsumgütern)*

Fontaine, Laurence (Hrsg.): Alternative Exchanges. Second-Hand Circulation from the Sixteenth Century to the Present, New York 2008. *(Bedeutung des Konsums von Gebrauchtwaren)*

McKendrick, Neil /Brewer, John/ Plumb, J.H.: The Birth of a Consumer Society. The Commercialization of Eighteenth-Century England, Bloomington 1982. *(Pionierstudie zur Bedeutung von Nachfrage)*

Riello, Giorgio/Rublack, Ulinka (Hrsg.): The Right to Dress. Sumptuary Laws in a Global Perspective, c. 1200–1800, Cambridge u. a. 2019. *(Globale Vielfalt der Aufwands- und Kleiderordnungen)*

Schmidt-Funke, Julia (Hrsg.): Materielle Kultur und Konsum in der Frühen Neuzeit, Wien u. a. 2019. *(Objektstudien zum frühneuzeitlichen Konsum)*

Welch, Evelyn: Shopping in the Renaissance. Consumer Cultures in Italy, 1400–1600, New Haven/London 2005. *(Studie zur materiellen Kultur der Renaissance)*

4 Konsum und die Anfänge der Globalisierung

Abb. 4.1: Banyan (Herrenmantel) aus bedrucktem Chintz. Ursprung England, Ende des 18. Jahrhunderts. Quelle: Winterthur Collection.

Calico-Textilien aus bedruckten Baumwollstoffen waren im 17. und 18. Jahrhundert in Nordwesteuropa heißbegehrt. Typisch waren die bunten Farben und komplexe, florale Muster wie bei diesem Herrenmantel aus der Mitte des 18. Jahrhunderts aus England (oder den Niederlanden), der wahrscheinlich als Hausmantel für einen wohlhabenden Bürger diente (Abb. 4.1). Als Artefakte sind solche Gebrauchsgegenstände eine wichtige Quelle für die frühe Konsumgeschichte. Dinge wie Kleidungsstücke, Möbel oder Geschirr gewähren uns Einblicke in die materielle Lebenswelt vergangener Jahrhunderte. Dabei zeigen Sammlungen und Museen wie die Winterthur Collection in Wilmington nur einen kleinen, selektiven Ausschnitt dieser Welt. Was die Jahrhunderte überdauert hat, war häufig von der Materialqualität abhängig, vom Wert der Gegenstände für ihre Besitzer*innen oder von deren sozialer Stellung. Manchmal bestimmte auch schlicht der Zufall. Dennoch erlangen wir durch Artefakte zumeist ein besseres Bild der Konsumstandards der gesellschaftlichen Eliten als jener der sozialen Unterschicht. Gleichwohl lässt sich aus materiellen Quellen auch viel über die Entwicklung von Konsumgesellschaften im Allgemeinen erschließen. Zugleich helfen sie wie im Falle dieses Hausmantels, die lange Geschichte globaler Verflechtungen durch Handel und kulturellen Austausch zu dokumentieren, mit der sich dieses Kapitel beschäftigt.

Der sogenannte „Calico-Craze", die Begeisterung für bedruckte Chinz-Stoffe im frühneuzeitlichen Europa, schlägt sich in unzähligen Quellen dieser Zeit nieder. Neue Handelsmuster und Kolonialismus brachten seit dem 16. Jahrhundert neue Güter und Konsumpraktiken in den europäischen Raum und veränderten hier Verbrauch und Produktion grundlegend. Seidenstoffe aus China gehörten zu begehrten Waren des Fernhandels, der Europa schon im Mittelalter mit Asien und der arabischen Welt verband. Zu Beginn des 17. Jahrhunderts verbreiteten sich dann auch indische Baumwollstoffe, besonders aus dem Südwesten des Landes und der Stadt Kozhikode (eng. Calicut), die den Calico-Stoffen ihren Namen verlieh. Indische Baumwollstoffe ließen sich besser und farbenprächtiger bedrucken als europäisches Leinen und die wechselnden, kunstvollen Muster stifteten bald saisonale Modetrends in europäischen Metropolen.

Calico-Craze

Die Nachfrage nach den indischen Stoffen stieg gewaltig: Die englische Ostindienkompagnie steigerte ihren Import auf über eine Millionen Ballen Stoff pro Jahr in den 1680er Jahren. Besonders in England wurden diese Waren zunehmend nicht nur von Adel und Oberschicht nachgefragt, sondern auch vom städtischen Bürgertum. Im 18. Jahrhundert verbreiteten sich bedruckte Baumwollstoffe sogar bei den Unterschichten; der Konsum von Calico-Stoffen durch Dienstbotinnen wurde in London kontrovers diskutiert. Während indische Stoffe in der Kleidungsmode zuerst beim *Banyan*, dem hier abgebildeten Haus- oder Morgenrock für Männer, auftraten, wurde gerade Frauen die Vorliebe für exotische Stoffe vielfach als verschwenderische Geltungssucht zum Vorwurf gemacht. Die Konsumimporte stellten eine Herausforderung für etablierte ständische oder gesellschaftliche Ordnungen in Europa dar, wie sie am Beispiel der Kleiderordnungen im vorhergehenden Kapitel thematisiert wurden. Politisch galten die globalen Textilimporte zudem als Bedrohung für die heimische Textilbranche und etliche Länder wie Frankreich, England, Spanien und Russland reagierten mit Einfuhrverboten zum Schutz ihrer Woll- und Leinenweber. Dies führte einerseits zu Schmuggel und einem blühenden Schwarzmarkt für die begehrten exotischen Waren, beförderte andererseits aber auch eine eigenständige europäische Baumwollindustrie mit vielfältigen Innovationen etwa im Textildruck. Wenngleich von indischen Vorbildern in Verarbeitung und Muster inspiriert, ist der hier betrachtete Mantel so auch „nur" eine europäische „Nachahmung", die dem Kontext einer entstehenden Weltwirtschaft mit regen materiellen und kulturellen Austauschprozessen in der Frühen Neuzeit entsprang.

4.1 Konsum und die Ursprünge der Weltwirtschaft in der Frühen Neuzeit

Baumwolle wurde im Übergang zur Neuzeit das erste globale Massenkonsumgut und seine Geschichte wird uns über die folgenden Kapitel immer wieder begleiten. „King Cotton," so der Historiker Sven Beckert, wurde zu einem zentralen Bindeglied einer entstehenden Weltwirtschaft, die europäische Konsument*innen mit neuen Manufakturen und Industriezentren sowie mit Arbeiter*innen und Sklav*innen in Übersee verband. Die koloniale Metropole London und die englische Textilindustrie nahmen in dieser entstehenden Welt von exotischen Waren und kosmopolitem Konsum einen besonderen Platz ein, doch die Effekte der globalen Vernetzung berührten den europäischen Kontinent als Ganzes. Wie Forschungen etwa für die Schweiz belegen, verbreiteten sich neue Baumwollstoffe im 18. Jahrhundert auch hier, wenngleich indische Muster und Importe zumeist eher indirekt und vermittelt durch lokale Produzenten wirkten. Im Folgenden sollen die Verbreitung neuer Waren und die Auswirkungen des entstehenden globalen Konsums auf die Beziehung zwischen Europa und dem Rest der Welt näher beleuchtet werden.

globaler Fernhandel   Der globale Fernhandel mit Luxusgütern hat eine lange Geschichte, die bis weit ins Mittelalter und sogar bis in die Antike zurückreicht. Er verband weite Teile Eurasiens und Afrikas über „Seidenstraßen" und „Gewürzrouten" miteinander. Indischer Pfeffer, chinesisches Porzellan oder Elfenbein aus Afrika fanden ihren Weg nach Europa, das jedoch gegenüber Asien und dem arabischen Raum lange eher eine periphere Randlage in diesen Handelsnetzwerken einnahm. Bis in die Frühe Neuzeit lässt sich dabei noch nicht von einer integrierten Weltwirtschaft sprechen, sondern vielmehr von mehreren, miteinander verknüpften Weltwirtschaften mit regionalen Schwerpunkten in Europa, den arabischen Ländern und in Süd- und Ostasien (F. Braudel). China war im 15. und 16. Jahrhundert die wohlhabendste Volkswirtschaft, unterhielt durch seine Handelsflotte regen Austausch mit Indien und Südostasien über die Straße von Malakka und betrieb Handel entlang der afrikanischen Küste sowie mit dem arabischen Raum. Europa unterteilte sich als Handelsraum in zwei Subsysteme. Im Mittelmeerraum dominerten die oberitalienischen Handelsstädte wie Genua und Venedig den Handel mit Luxuswaren. Nördlich der Alpen gab es ebenfalls bedeutende Handelsstädte, die sich zum Teil in Netzwerken wie der Hanse verbunden hatten. Vom 13. bis zum 17. Jahrhundert förderte die Hanse zwischen Nord- und Ostseeraum den Austausch mit Konsumgütern wie Wolle und Leinen, Heringen und Salz sowie Bernstein und Pelzen von England und Antwerpen bis nach Skandinavien und Russland.

Dass aus diesen regionalen Handelsräumen ab dem 16. Jahrhundert eine integrierte „kapitalistische Weltwirtschaft" (Wallerstein 2011) entstand, war eng mit der kolonialen Expansion Europas verbunden, die nicht zuletzt durch das wachsende europäische Interesse an fernen Handelswaren vorangetrieben wurde. Die Blockade traditioneller Handelswege durch die osmanische Eroberung Konstantinopels 1453 sowie technische Innovationen in Schiffbau und Nautik beförderten europäische Experimente in der Seeschifffahrt, die über die afrikanischen Küsten in den Indischen Ozean führten. Portugal etwa entwickelte – finanziell unterstützt durch italienische und süddeutsche Handelshäuser (Fugger, Welser) – ab den 1580er Jahren Handelsstützpunkte vor allem auf der arabischen Halbinsel (Muscat), in Indien (Goa) und Südostasien (Malakka), die nun einen direkten Austausch mit jenen Gewürzen, Textilien und Handwerkswaren ermöglichten, die das wachsende städtischen Bürgertum Europas zunehmend nachfragte.

Europa war nicht die einzige Weltregion, die dem materiellen Konsum eine wachsende kulturelle und soziale Bedeutung zumaß. Wie Frank Trentmann gezeigt hat, herrschte beispielsweise auch im China der frühen Neuzeit ein stärkeres Interesse an Handelswaren jenseits der heimischen Porzellan- und Seidenproduktion. Gewerbliche Güter aller Art wurden in China zunehmend konsumiert und spätestens im 18. Jahrhundert fanden sich dort auch europäische Uhren und Textilien oder neue Genussmittel wie Tabak. Zeitgenössische chinesische Beobachter kommentierten das Aufkommen wechselnder neuer Moden in einer Gesellschaft, deren materieller

Konsum in China

Lebensstandard bis zum Beginn der „Great Divergence" (Kenneth Pomeranz 2000), dem substantiellen Auseinanderdriften der ostasiatischen und europäischen Wirtschaftsentwicklung in den Jahrzehnten um 1800, in vieler Hinsicht über demjenigen Europas lag. Dass Europa sich jetzt zunehmend dynamischer entwickelte, lag unter anderem daran, dass hier die Konsumgesellschaft bald weite Kreise der Bevölkerung umfasste, während in China kulturelle und soziale Restriktionen das Konsumwachstum einhegten. Gleichzeitig verhalf die Verbindung von staatlicher Expansionspolitik und handelswirtschaftlichen Interessen den Europäer*innen zu einer zunehmend dominanten Stellung im Welthandel mit Konsum- und anderen Gütern.

4.2 „Kolonialwaren:" Wirtschaftliche Expansion und politische Macht

koloniale Handelsgesellschaften

Neue Handelsgesellschaften zeigten die enge Verknüpfung von militärischer und wirtschaftlicher Expansion besonders deutlich. Portugal und Spanien zeichneten für die Anfänge der europäischen Wirtschaftsexpansion verantwortlich und der iberische Kronkapitalismus fasste nicht nur in Asien, sondern auch auf den – für die Europäer neu „entdecken" – amerikanischen Kontinenten Fuß. Um 1600 kam zunehmend Konkurrenz aus Nordwesteuropa, insbesondere aus England und den Niederlanden hinzu. Im Jahre 1602 wurde die „Vereinigte Ostindische Compagnie" (VOC) mit Sitz in Amsterdam gegründet. Die VOC wurde von der niederländischen Regierung mit hoheitlichen Befugnissen ausgestattet und erhielt ein Monopol für den gesamten Asienhandel. Börsennotiert und gemeinschaftlich getragen von Gesellschaftern aus den führenden Handelsstädten des Landes unterhielt die VOC bald Stützpunkte in Indien und Südostasien (Batavia) und stellte eine frühe Form eines multinationalen Unternehmens dar. Auch England hatte seine eigene „East India Company" und stattete im 17. Jahrhundert vermehrt Handelsgesellschaften mit Monopolen und Privilegien aus. So begannen Europäer*innen auf den innerasiatischen Handel Einfluss zu nehmen und den Import asiatischer Konsumgüter wie Tee oder der erwähnten Calico-Baumwollstoffe massiv auszubauen.

Atlantikhandel und Columbian Exchange

Auch der neue atlantische Handel wuchs ab dem 17. Jahrhundert stark an. Während Silber aus der neuen Welt bald weite Teile des europäischen Handels mit Asien finanzierte, hatten andere Güter einen nachhaltigen Einfluss auf europäische Konsumgewohnheiten. Der sogenannte „*Columbian Exchange*", so der Umwelthistoriker Alfred Crosby (1972), zog einen weitreichenden Austausch der Tier- und Pflanzenwelt zwischen den Amerikas einerseits und Eurasien und Afrika andererseits nach sich. So grundlegende Nahrungsmittel wie Kartoffeln und Mais, aber auch viele Bohnen- und Kürbissorten, Sonnenblumen, Paprika, Kakao, Vanille und Tabak fanden durch diesen transatlantischen Austausch ihren Weg in europäische Haushalte und Küchen. In den Amerikas traten im Gegenzug nicht nur zahlreiche Infektionskrankheiten zum ersten Mal auf, auch Nutztiere wie Pferde und Rinder, Schweine, Schafe, Hühner und Honigbienen waren dort bis dahin unbekannt. Reis- und viele Getreidesorten kamen mit den Europäer*innen über den Atlantik ebenso sowie eine Reihe von Pflanzen, die für die weitere wirtschaftliche Entwicklung der amerikanischen Kontinente und die dort entstehende Plantagenwirtschaft von großer Bedeutung sein sollten: z. B. Bananen, Kaffee und vor allem Zucker.

Das Herzstück des kolonialen atlantischen Wirtschaftskreislaufes der Frühen Neuzeit bildeten die entstehenden Monokulturplantagen in den nord- und südamerikanischen Kolonien. Europa exportierte vornehmlich Gewerbeprodukte und Alkohol in komplexe und reziproke atlantische Handelsnetzwerke, die lange vereinfachend als „Dreieckshandel" zwischen Europa, Afrika und den Amerikas beschrieben wurden, während aus Afrika Millionen gewaltsam gefangener und verkaufter Sklaven*innen als günstige Arbeitskräfte kamen. Die Plantagenwirtschaften Brasiliens, der Karibik und der nordamerikanischen Kolonien lieferten hingegen wachsende Mengen von Zucker, Reis, Indigo, Kaffee, Tabak und später Baumwolle. Hier wurden kommerzielle Nutzpflanzen proto-industriell und mit kapitalistischer Rechenhaftigkeit kultiviert: sogenannte „*cash-crops*" die vor allem für zumeist ferne Märkte bestimmt waren. Sie ermöglichten schon im 18. Jahrhundert Mengenökonomien, die diese Waren für europäische Verbraucher*innen zunehmend erschwinglich machten. Dies bildete einen wichtigen weltwirtschaftlichen Kontext für die entstehenden Konsumgesellschaften der Frühen Neuzeit. Die Bedeutung neuer Konsumgüter lässt sich oft nur in globalhistorischen Zusammenhängen wirklich verstehen. In seiner viel beachteten Studie „Sweetness and Power" (1985) hat der historische Anthropologe Sidney Mintz am Beispiel des Zuckers das Entstehen globaler

Plantagenwirtschaft

Warenketten gezeigt, die von den Plantagen Südamerikas und der Karibik bis in Metropolen Europas und später in die entferntesten Winkel des Kontinents reichten. Mintz' Buch bereitete den Weg für weitere Konsumgeschichten, die das Konsumgut selber ins Zentrum der Aufmerksamkeit stellten, so z. B. über Bananen, aber auch über weniger exotische Produkte wie Salz und Kabeljau. Gemeinsam ist diesen Studien in der Regel der Verweis auf die enge Verknüpfung von sich wandelnden europäischen Konsummustern und deren wirtschaftliche, politische und ökologische Wechselwirkungen für andere Erdteile; Zusammenhänge, die auch uns heute immer wieder begegnen und die eine lange Geschichte haben.

4.3 Gesellschaftlicher und politischer Wandel durch „globalen" Konsum

Die wirtschaftliche Entwicklung dieser Warenströme war eng mit gesellschaftlichen und politischen Prozessen verwoben. Zucker etwa wandelte sich im 18. Jahrhundert von einem Luxusgut zu einer Alltagsware, die Backwaren und Essgewohnheiten (z. B. Pudding als Nachspeise und Marmelade zum Frühstück) genauso umformte wie Praktiken des gesellschaftlichen Umgangs. So wurde die *Teatime* im 18. Jahrhundert zu einem wichtigen sozialen Distinktionsmerkmal der englischen Mittelschichten, die in häuslichen Gesellschaften (aber auch am Arbeitsplatz) gesüßten Tee konsumierten. Gleichzeitig wurden Kaffeehäuser zu zentralen Institutionen des öffentlichen Lebens. Im London um 1700 galten sie (nicht immer ganz zu Recht) als neue Orte des zivilen politischen und intellektuellen Austausches und als Alternative zum Alkoholkonsum in Tavernen. Die stimulierende Wirkung des Kaffees wurde nicht nur von kulturellen und gesellschaftlichen Eliten geschätzt, spätestens im 19. Jahrhundert wurde er auch von der Fabrikarbeiterschaft zunehmend konsumiert. Im deutschsprachigen Raum etablierten sich seit dem ausgehenden 17. Jahrhundert ebenfalls Kaffeehäuser von Wien bis in norddeutsche Hafenstädte wie Bremen, obgleich manchen Europäern das ursprünglich aus dem arabischen Raum stammende Getränk suspekt blieb und als potentiell gesundheitsschädlich galt. Wie kontrovers neue Genussmittel diskutiert wurden, zeigt die Geschichte des Tabaks. Der englische König James I hatte sich 1604 in einem Pamphlet („A Counterblaste to Tobacco") zunächst gegen die aus Amerika kommende „Unsitte" des Rauchens gewandt, da es schlecht für die Lungen sei und „hateful to the nose". Die Regierung verhängte daher einen Einfuhrzoll auf Tabak, unterwarf dessen Produktion ab 1624 dann aber einem königlichen Monopol, so dass die Krone an den Profiten des wachsenden Handels mit Tabak aus amerikanischen Kolonien wie Virginia durchaus einen regen Anteil haben sollte.

Den global gehandelten Konsumgütern kam in verschiedener Hinsicht auch eine politische Bedeutung zu. Zum einen versuchten frühneuzeitliche Staaten im Sinne einer merkantilistischen Handelspolitik durch Zölle, Privilegien und Monopole ihre jeweilige Wirtschaft zu fördern und die Einnahmen für die eigene Staatskasse zu steigern. Friedrich II. etablierte in Preußen von 1766 bis 1787 ein staatliches Kaffeemonopol und untersagte die private Einfuhr und das Rösten von Kaffee. Monopole zur heimischen Produktion traditioneller Importgüter und staatliche Manufakturen waren ebenso Teil dieser Strategie. Ein berühmtes Beispiel ist die Gründung der Königlich-Polnischen und Kurfürstlich-Sächsischen Porzellan-Manufaktur im Jahre 1710 mit ihrer Produktionsstätte in Meißen. Lange hatten Europäer nach einer Rezeptur für Porzellanmasse geforscht und Meissener Porzellan gehörte zu den ersten Porzellanwaren in Europa, die in ihrer Qualität mit den chinesischen Originalen mithalten konnten. Ähnlich bekannt sind Versuche der französischen Krone seit dem 17. Jahrhundert, Maulbeerbaumplantagen anzulegen und Seidenraupen zu züchten, um Frankreich von asiatischen Seidenimporten unabhängig zu machen. Zum Teil gelang es mit solchen wirtschaftspolitischen Maßnahmen, neue Industrien zu etablieren, die die neuen Konsumbedürfnisse bedienten.

Merkantilistische Handelspolitik

Importbeschränkungen und Handelszölle gehörten zu den Grundpfeilern einer merkantilistischen Außenwirtschaftspolitik, aber auch die Spionage. Staaten hüteten arkanes Wissen um koloniale Güter und Produktionsmethoden, entsandten gleichzeitig botanische Expeditionen und etablierten botanische Gärten, um pflanzliches Wissen aus anderen Weltregionen zu sammeln. Im späten 18. Jahrhundert schmuggelte der französische Botaniker Thierry de Menonville einige Exemplare der Cochenillelaus nach Saint Domingue in der französischen Kolonie Haiti mit dem Ziel, sie dort zu züchten. Die Cochenillelaus diente zur Gewinnung eines kostbaren, karminroten Farbstoffs, der schon seit den 1680er Jahren in Europa sehr begehrt war, da er intensiver und leuchtender war als andere Rottöne. Die Produktion dieses Farbstoffs blieb trotz Menonvilles Expedition bis ins 19. Jahrhundert ein Monopol der spanischen Krone, die die Cochenillelaus auf Opuntien in Mexico kultivierte und das Geheimnis der erfolgreichen Herstellung weitgehend bewahren konnte.

Konsumproteste und amerikanische Revolution

Merkantilistische Kontrollen des Handels mit Konsumgütern beförderten verschiedene koloniale Konflikte. Der amerikanische Unabhängigkeitskrieg von 1775 bis 1783 Jahren entzündete sich unter anderem auch am Handel mit Kolonialgütern. Die sogenannten *Navigation Acts* hatten die zentrale Rolle des britischen Mutterlandes im atlantischen Güterverkehr festgeschrieben und den freien Handel der Kolonien untereinander stark beschränkt bzw. mit hohen Zöllen belegt. In Kombination mit weiteren Steuergesetzten führten die Handelsrestriktionen zu Protesten unter den nordamerikanischen Händlern und Kolonisten, die sich 1773 in der berühmten *Boston Tea Party* Bahn brachen. Kritiker*innen der kolonialen Steuerpolitik stürmten an Bord eines Teefrachters der Britischen „East India Company", um gegen die Zölle und das Handelsmonopol britischer Handelshäuser zu protestieren und sie entleerten den geladenen Tee des Schiffes in das Hafenbecken. Der amerikanische Historiker Timothy Breen (1988) hat gezeigt, wie stark der folgende Unabhängigkeitskonflikt über Konsumgüter ausgetragen wurden. Verfechter*innen der Unabhängigkeit riefen zu Boykotten britischer Importgüter auf, deren Produktion den Kolonien untersagt war. Britische Gewerbeprodukte wie *Wedgwood*s Geschirr und edle Textilien galten Händler*innen und Verbraucher*innen in den amerikanischen Kolonien nun als „Baubles of Britain" (Britischer Tand) und wurden als unpatriotische Luxusgüter boykottiert. Gleichzeitig verbreiteten sich Teekannen und andere Güter, die mit Slogans der Unabhängigkeitsbewegung verziert waren. So trugen Konsumpraktiken laut Breen zur Etablierung und Verbreitung eines neuen amerikanischen Nationalbewusstseins bei.

4.4 Globale Gütermärkte und die weltwirtschaftliche Dimension der Industrialisierung

Im Laufe des 19. Jahrhunderts lässt sich dann ein Wandel zu einer immer stärker integrierten Weltwirtschaft beobachten. Die Wirtschaftshistoriker Kevin O'Rourke und Jeffrey Williamson sprechen

4.4 Globale Gütermärkte und die weltwirtschaftliche Dimension — 55

für die Zeit ab den 1820er Jahren von einem nachhaltigen Regimewandel im globalen Handel. Neben kostbaren Stoffen, edlen Konsumgütern und exotischen Genussmitteln wurden zunehmend auch alltägliche Nahrungsmittel wie Getreide und (mit einsetzender Kühltechnologie) auch Fleisch global verschifft. Hinzu kamen die Rohstoffe der voranschreitenden Industrialisierung von Baumwolle über Erze bis hin zu Gummi, der zunächst in den Regenwäldern Brasiliens und Afrikas und später auf Plantagen in Südostasien gewonnen wurde. Die Preise für solche Handelsgüter konvergierten auf den verschiedenen Handelsplätzen der Welt nun immer stärker. Neben steigenden, grenzübergreifenden Handelsvolumen ist diese Preiskonvergenz ein guter Indikator für eine globale Marktintegration.

Die historische Forschung spricht in der Zeit von der Mitte des 19. Jahrhunderts bis zum Beginn des Ersten Weltkriegs von einer ersten Phase der Globalisierung. Mit Blick auf internationale Warenströme, Migrationsbewegungen und grenzüberschreitende Kapitalinvestitionen finden wir in dieser Zeit Verhältnisse, die in ähnlichem Ausmaß erst wieder in der zweiten Phase der Globalisierung ab etwa den 1970er Jahren anzutreffen sind. Diese Entwicklung hatte mehrere Gründe: Zum einen ermöglichten technische Innovationen im Transport, wie die Eisenbahn und die Dampfschifffahrt, einen sehr viel schnelleren und kostengünstigeren Warentransport auch über Kontinente und Ozeane hinweg. Auf einmal rechnete es sich ökonomisch, Massengüter wie Getreide im Mittleren Westen der USA anzubauen, um damit nicht nur Städte an der Ostküste des Landes, sondern bald auch Verbraucher*innen in Europa zu versorgen. Kommunikationsinnovationen wie der Telegraf ermöglichten es zudem, binnen kürzester Zeit Informationen über ferne Märkte zu erhalten. Dies waren Grundvoraussetzungen für die Globalisierung von Börsenhandel und Warenmärkten in der Zeit.

Beschleunigung der Globalisierung durch Transportrevolution

Ein weiterer Faktor war der Wandel im handelspolitischen Denken. Der koloniale Merkantilismus der Frühen Neuzeit wich einem wachsenden Glauben an die Macht des Freihandels. Für liberale Ökonomen wie Adam Smith war der Konsum der Bevölkerung – mehr noch als die Stärkung der Staatsschatulle – letztendliches Ziel allen Wirtschaftens; und arbeitsteilige Märkte waren eine Grundvoraussetzung dafür. David Riccardo entwickelte Anfang des 19. Jahrhunderts die wirtschaftstheoretischen Grundlagen für den Freihandel aufbauend auf seiner Idee des komparativen Kostenvor-

Freihandelsbewegung

teils. Jedes Land sollte sich auf die Produktion jener Güter spezialisieren, so seine Argumentation in Kürze, die es mit Blick auf Ressourcen, Bevölkerung, oder Klima am besten produzieren könne. Freier Handel in einer solchen arbeitsteiligen Weltwirtschaft diente so allen Marktteilnehmer*innen gleichermaßen und war für Riccardo damit kein Nullsummenspiel; merkantilistische Zölle fügten hingegen in seinen Augen den Volkswirtschaften und ihrem Wachstum mehr Schaden als Nutzen zu. Ein Meilenstein bei der Durchsetzung dieses neuen Denkens war die Abschaffung der sogenannten *Corn Laws* in Großbritannien im Jahr 1846. Diese Getreidezölle zum Schutze der britischen Landwirtschaft vor Agrarimporten waren liberalen Gegnern lange ein Dorn im Auge gewesen, da sie die Kosten von Lebensmitteln für Verbraucher*innen und insbesondere für die wachsende Zahl von Industriearbeiter*innen in den Städten des Landes anhoben zum Schutze eines schrumpfenden Agrarsektors. Nach dem Ende der *Corn Laws* wurde Großbritannien mit seinem globalen Empire und seiner dynamischen Wirtschaft zur führenden Freihandelsnation der Welt.

Transportrevolution und Freihandel führten dazu, dass Warenketten im Zuge dieser ersten Phase der Globalisierung immer weltumspannender wurden. Industrielle Rohstoffe für die Konsumgüterproduktion wurden zunehmend standardisiert und über festgelegte Güteklassen vergleichbar gemacht, wie Alexander Engel (2009) an der Geschichte des Handels mit Farbstoffen verdeutlicht hat. Neu gegründete Börsenplätze beförderten ebenso wie große Hafenanlagen eine weitere Marktintegration. Zukünftige Ernten von Exportgütern in Asien, Afrika oder Lateinamerika wurden nun in den kommerziellen Zentren Europas und Nordamerikas bestellt, gehandelt, angelandet und weiterverarbeitet. Auch Deutschland wurde so in die Weltmärkte integriert. In Bremen etwa entstand 1872 eine Baumwollbörse und im Jahre 1887 eröffnete in Hamburg eine Börse für Kaffee. Die Historikerin Laura Rischbieter (2011) hat den Hamburger Kaffeemarkt des ausgehenden 19. Jahrhunderts als eine Mikroökonomie der Globalisierung beschrieben. Kaffeeterminhandel, Großhandel und Röster verbanden die Wirtschaft der Stadt mit dem Weltmarkt, während gleichzeitig neue Konsumpraktiken – von bürgerlichen Kaffeekränzchen bis zum Kaffeeausschank in der Industriekantine – den Lebenswandel der Hamburger*innen veränderte. Doch Deutschland importierte nicht nur. Konsumgüter „Made in Germany" (ursprünglich ein Warnlabel vor vermeintlich minderwertigen deutschen Importen, entstanden durch den britischen *Merchandise Mark Act* von 1887) fanden zunehmend ihren Weg auf den Weltmarkt – oft aus scheinbar provinziellen Kleinstädten, wie etwa der Exporterfolg von Mundharmonikas der württembergischen Firma Hohner aus Trossingen ab den 1880er Jahren demonstrierte (Berghoff 1997).

Auch die Konsumgüterproduktion wurde also zunehmend globaler und Ende des 19. Jahrhunderts entstanden die ersten multinationalen Unternehmen. Die Nähmaschinenfirma *Singer* etwa entwickelte sich nach dem amerikanischen Bürgerkrieg zunächst zum Marktführer in den USA, expandierte dann aber bald nach West-, Süd und Zentraleuropa sowie nach Russland und Japan. *Singer* Nähmaschinen fanden sich im pazifischen Raum ebenso wie in Lateinamerika und sie wurden nach einem einheitlichen Prinzip produziert und vermarktet. Werbeposter in verschiedenen Landessprachen, lokale Niederlassungen für die Reparatur und der Vertrieb auf Raten machten *Singer* um 1900 zum Weltmarktführer. Andere Unternehmen wie die amerikanische *United Fruit* bauten zur selben Zeit transkontinentale Warenketten auf, die von Bananen-Plantagen in Mittel- und Südamerika über Hafenanlagen und eine „weiße Flotte" von Kühlschiffen bis hin zum Vertrieb der tropischen Früchte in den Vereinigten Staaten reichte. In Grundzügen hatte sich hier jene globale Konsumwirtschaft herausgebildet, die wir auch heute kennen.

frühe multinationale Unternehmen

Ob Bananen, Schokolade oder Kaffee, die massenhafte Vermarktung neuer „Kolonialwaren" in Europa und Nordamerika ging für europäische Verbraucher*innen oft mit dem Versprechen des „Exotischen" einher. Orientalische Motive auf Zigarettenschachteln um 1900 oder die Verwendung von (oft rassistisch überzeichneten) „Mohren"-Köpfen oder Darstellungen indigener Figuren in der Werbung für Genussmittel zeugten aber nicht nur von einer zeitgenössischen Faszination für ferne Länder und Kulturen, sondern auch von der kolonialpolitischen Durchdringung dieses Weltmarkts für Konsumgüter (Abb. 4.2).

4.5 Machtgefälle: Konsum und globale Ungleichheit

Das Entstehen globaler Märkte für Konsumgüter war, wie bereits gesehen, eng mit kolonialer Ausbeutung und globalen Machtgefällen verbunden. In der jüngeren Geschichtswissenschaft hat dieser Aspekt besondere Aufmerksamkeit erfahren, zumal er Problemen der Gegenwart wie dem Bemühen um Fair Trade und einen nachhaltigen und ethischen Konsum eine historische Perspektive verleiht. Bei allen Fortschritten in Handel und grenzübergreifender Wirtschaftsintegration verdeckte die liberale Ideologie des Freihandels auch neue Abhängigkeiten. Es entstand ein globales Wohlstandsgefälle, das sich aus der regionalen Arbeitsteilung zwischen Rohstofflieferanten und konsumgüterproduzierenden Ländern ebenso ergab wie aus den imperialen Machtverhältnissen der Zeit.

Sklaverei und globaler Konsum

Die Arbeitsbedingungen bei der Gewinnung von Rohstoffen für unseren Konsum sind dabei schon seit Jahrhunderten ein zentraler Punkt in der Diskussion. Der amerikanische Historiker Philip Curtin (1999) hat gezeigt, wie sich das Modell der „modernen" Sklaverei im Einklang mit der Entwicklung kommerzieller Plantagenwirtschaft entwickelt hat. Von ihrer frühen Erscheinung auf Plantagen im Mittelmeerraum fand die Sklaverei in der Frühen Neuzeit ihren Weg über den Atlantik und erfuhr bei der Ernte von Zuckerrohr, Tee und später auf Baumwollplantagen ab dem 18. Jahrhundert in Südamerika, der Karibik und den USA eine neue, brutale Ausprägung. Millionen Menschen wurden über den oben erwähnten atlantischen Sklavenhandel von Afrika auf die Plantagen der Neuen Welt befördert. Im Gegensatz zu den meist feudalen Agrarbetrieben der Zeit arbeiteten diese Plantagen oft nach den Kriterien kapitalistischer Rechenhaftigkeit – sie produzierten Güter in Skalenökonomien unter brutalem Einsatz menschlicher Arbeitskraft. Ohne diese Plantagenwirtschaft und die günstigen Rohstoffe, die sie hervorbrachte, seien die Industrialisierung und die folgende Entwicklung des modernen Kapitalismus im 19. Jahrhundert kaum denkbar. So jedenfalls argumentiert Sven Beckert (2014) mit Blick auf die Bedeutung der großen Baumwollplantagen für die Entwicklung der Textilindustrie in England und anderswo in Europa und Nordamerika. Er beschreibt einen globalen Gewaltkapitalismus, der auf der Ausbeutung durch Sklaverei sowie der gewaltsamen Landnahme von indigenen Völkern beruhte.

Sklaverei und Sklavenhandel waren schon seit dem 18. Jahrhundert hoch umstritten, und auf dem Wiener Kongress setzte Großbritannien 1815 ein allgemeines Verbot des Handels mit afrikanischen Sklav*innen durch. Plantagensklaverei existierte jedoch weiter;

in den USA bis zum Ende des Bürgerkriegs 1865 und in Brasilien sogar bis 1888. Sogenannte Abolitionist*innen kämpften auch mit Konsumgüterboykotten gegen die Sklaverei. In Großbritannien gab es ab den 1790er Jahren wiederholt Plantagenzucker- und Rumboykotte, die von Sklavereigegner*innen in landesweiten Kampagnen organisiert wurden. In den USA forderte die „Free Produce"-Bewegung ab den 1830er Jahren, Baumwollstoffe aus Sklavenproduktion zu ächten, und warb für den Verbrauch von teureren Produkten aus „freier" Lohnarbeit (Abb. 4.1). Solch frühe Formen des ethischen Konsums und des Verbraucherprotests bleiben jedoch Randphänomene im 19. Jahrhundert und waren selten von Erfolg gekrönt. Koloniale Formen der Landnahme für Plantagen in Afrika oder andere unfreie Arbeitsverhältnisse wie die Ausbeutung der sogenannten „Kulis", Kontraktarbeiter*innen zumeist ostasiatischer Herkunft, beschäftigten europäische Verbraucher*innen im 19. Jahrhundert in der Regel nicht. Auch die oft extralegale und gewaltsame Landnahme oder die Verdrängung indigener Farmer in Lateinamerika durch multinationale Großunternehmen wie *United Fruit* wurden bei der Verbreitung neuer globaler Konsummuster in der ersten Phase der Globalisierung selten mitreflektiert. Für die meisten Menschen in Deutschland und Europa stand im langen 19. Jahrhundert zunächst einmal die Verbesserung des eigenen, oft noch sehr niedrigen Lebensstandards im Vordergrund.

4.6 Quellen und Vertiefung

4.6.1 King James: A Counterblaste to Tobacco, 1604

> That the manifolde abuses of this vile custome of *Tobacco* taking, may the better be espied, it is fit, that first you enter into consideration both of the first originall thereof, and likewise of the reasons of the first entry thereof into this Countrey. For certainely as such customes, that haue their first institution either from a godly, necessary, or honorable ground, and are first brought in, by the meanes of some worthy, vertuous, and great Personage, are euer, and most iustly, holden in great & reuerent estimation and account, by all wise, vertuous, and temperate spirits: So should it by the contrary, iustly bring a great disgrace into that sort of customes, which having their originall from base corruption and barbarity, doe in like sort, make their first entry into a Countrey, by an inconsiderate and childish affectation of Noueltie, as is the true case of the first invention of *Tobacco*

taking, and of the first entry thereof among vs. For *Tobacco* being a cōmon herbe, which (though uunder divers names) growes almost euery where, was first found out by some of the barbarous *Indians*, to be a Preseruatiue, or Antidot against the Pockes, a filthy disease, whereunto these barbarous people are (as all men know) very much subiect, what through the uncleanly and adust constitution of their bodies, and what through the intemperate heate of their Climat: so that as from them was first brought into Christendome, that most detestable disease, so from them likewise was brought this vse of *Tobacco*, as a stinking and unsavorie Antidot, for so corrupted and execrable a Maladie, the stinking Suffumigation whereof they yet vse against that disease, making so one canker or venime to eate out another.

And now good Countrey men, let vs (I pray you) consider, what honour or policie can mooue vs to imitate the barbarous and beastly maners of the wilde, godlesse, and slauish *Indians*, especially in so vile and stinking a custome? Shall wee that disdaine to imitate the maners of our neighbour *France* (hauing the stile of the first Christian Kingdom) and that cannot endure the spirit of the Spa|niards (their King being now comparable in large|nes of Dominions, to the great Emperor of *Turkie*) Shall wee, I say, that have bene so long civill and wealthy in Peace, famous and inuincible in Warre, fortunate in both, we that haue bene euer able to aide any of our neighbours (but neuer deafed any of their eares with any of our supplications for assistance) shall we, I say, without blushing, abase our selues so farre, as to imitate these beastly *Indians*, slaues to the *Spaniards*, refuse to the world, and as yet aliens from the holy Covenant of God? Why doe we not as well imitate them in walking naked as they doe? in preferring glasses, feathers, and such toyes, to golde and precious stones, as they do? yea why do we not denie God and adore the Devill, as they doe?

[...]

With the report of a great discovery for a Conquest, some two or three Sauage mē, were brought in, together with this Sauage custome. But the pitie is, the poore wilde barbarous men died, but that vile barbarous custome is yet aliue, yea in fresh vigor: so as it seemes a miracle to me, how a custome springing from so vile a ground, and brought in by a father so generally hated, should be welcomed vpon so slender a warrant. For if they that first put it in practise heere, had remembred for what respect it was vsed by them from whence it came, I am sure they would haue bene loath, to haue taken so farre the imputation of that disease vpon them as they did, by vsing the cure thereof. For *Sanis non est opus medico*, and counterpoisons are neuer vsed, but where poyson is thought to precede.

[...]

Haue you not reason then to bee ashamed, and to forbeare this filthie noueltie, so basely grounded, so foolishly received, and so grossely mistaken in the right use thereof? [...] A custome lothsome to the eye, hatefull to the

Nose, harmefull to the braine, daungerous to the Lungs and in the blacke stinking fume thereof, neerest resembling the horrible Stigian smoke of the pit that is bottomelesse.

Quelle: James I, King of England (1566–1625): A counterblaste to tobacco, London 1604 (https://quod.lib.umich.edu/e/eebo/A04242.0001.001?view=toc).

4.6.2 Angus Maddison: Historische Statistiken zur Weltwirtschaft

Tab. 4.1: Levels of Per Capita GDP: World and Major Regions, 1000–2001 (1990 international dollars)

	1000	1500	1820	1870	1913	1950	1973	2001
Western Europe	400	771	1 204	1 960	3 458	4 579	11 416	19 256
Western Offshoots	400	400	1 202	2 419	5 233	9 268	16 179	26 943
Japan	425	500	669	737	1 387	1 921	11 434	20 683
West	405	702	1 109	1 882	3 672	5 649	13 082	22 509
Asia (excluding Japan)	450	572	577	550	658	634	1 226	3 256
Latin America	400	416	692	681	1 481	2 506	4 504	5 811
Eastern Europe & f. USSR	400	498	686	941	1 558	2 602	5 731	5 038
Africa	425	414	420	500	637	894	1 410	1 489
Rest	441	538	578	606	860	1 091	2 072	3 377
World	436	566	667	875	1 525	2 111	4 091	6 049

Tab. 4.2: Globalisation Ratio: Comparative Growth in Volume of World Trade and GDP, 1500–2001
(annual average compound growth rates)

	World Trade	World GDP	Col.1/2
1500–1820	0.96	0.32	3.0
1820–70	4.18	0.93	4.5
1870–1913	3.40	2.11	1.6
1913–50	0.90	1.82	0.5

Tab. 4.2 (fortgesetzt)

	World Trade	World GDP	Col.1/2
1950–73	7.88	4.90	1.6
1973–2001	5.22	3.05	1.7
1820–2001	3.93	2.22	1.8

World trade volume 1500–1820 derived from estimated growth in tonnage of the world merchant fleet with a 50 per cent upward adjustment for technical improvements which augmented effective carrying capacity; 1820–1870. Quelle: Angus Maddison: „Contours of the World Economy and the Art of Macromeasurement, 1500–2001", Ruggles Lecture, Cork 2004 (http://www.ggdc.net/maddison/articles/ruggles.pdf).

4.6.3 Konsum im Kontext von Sklaverei und Kolonialismus

Abb. 4.2: Zuckerschale aus Glas mit Inschrift: „East India Sugar / not made by / Slaves", Ursprung Bristol, England, ca. 1820–1830. Quelle: British Museum.

Abb. 4.3: Werbung für Krellhaus Kaffee, 1909. Quelle:Ciarlo (2021).

4.6.4 Fragen und Anregungen

- Welche Parallelen und welche Unterschiede lassen sich erkennen zwischen der entstehenden globalen Konsumgesellschaft des 17. bis 19. Jahrhunderts und unserer Gegenwart?
- Welche Auswirkungen hatten zunehmend globale Warenketten auf die Entwicklung europäischer Konsumgesellschaften? Wie hat die frühe „Globalisierung" den Konsum in Europa geprägt und verändert?
- Kolonialwaren und ihre Geschichte sind bis heute Gegenstand kontroverser gesellschaftlicher Debatten. Auf welche Weise waren die frühen Konsumgesellschaften und der europäische Kolonialismus miteinander verwoben? Welche Ansätze kennen Sie, um sich mit dieser Geschichte auseinanderzusetzen?

Weiterführende Literatur

Beckert, Sven: King Cotton: Eine Globalgeschichte des Kapitalismus. München 2014. (*Studie zur Bedeutung der Baumwolle für die globale Entwicklung des Kapitalismus*)

Kleinschmidt, Christian. Wirtschaftsgeschichte der Neuzeit: die Weltwirtschaft, 1500–1850; München 2017. (*Einführung in die Geschichte der Weltwirtschaft in der Frühen Neuzeit*)

Mintz, Sidney. Sweetness and Power, New York, 1985. (*Klassische Studie zum Warenkettenansatz am Beispiel des Zuckers*)

Trentmann, Frank. Herrschaft der Dinge die Geschichte des Konsums vom 15. Jahrhundert bis heute, München 2018. *(Gesamtdarstellung der Entwicklung moderner Konsumgesellschaften aus globaler Perspektive)*

Wallerstein, Immanuel. Mercantilism and the Consolidation of the European World-Economy, 1600–1750, Berkeley 2011. (*Einflussreiche Deutung der Rolle des europäischen Kolonialismus in der Entwicklung der Weltwirtschaft*)

5 Industrialisierung und Konsum im langen 19. Jahrhundert

Im düstern Auge keine Träne,
Sie sitzen am Webstuhl und fletschen die Zähne:
Deutschland, wir weben dein Leichentuch,
Wir weben hinein den dreifachen Fluch –
Wir weben, wir weben!

Ein Fluch dem Gotte, zu dem wir gebeten
In Winterskälte und Hungersnöten;
Wir haben vergebens gehofft und geharrt,
Er hat uns geäfft und gefoppt und genarrt –
Wir weben, wir weben!

Ein Fluch dem König, dem König der Reichen,
Den unser Elend nicht konnte erweichen,
Der den letzten Groschen von uns erpreßt
Und uns wie Hunde erschießen läßt –
Wir weben, wir weben!

Ein Fluch dem falschen Vaterlande,
Wo nur gedeihen Schmach und Schande,
Wo jede Blume früh geknickt,
Wo Fäulnis und Moder den Wurm erquickt –
Wir weben, wir weben!

Quelle: H. Heine. Die schlesischen Weber, in: Vorwärts! Pariser deutsche Zeitschrift, Nr. 55, 10. Juli 1844, 1.

Baumwolle wurde in der Neuzeit nicht nur zu einem globalen Gut, sondern veränderte auch die Textilproduktion mit tiefgreifenden lokalen Konsequenzen. Heinrich Heines bekanntes Gedicht „Die schlesischen Weber" nimmt Bezug auf den Aufstand von Baumwollweber*innen im Schlesischen Eulengebirge im Jahr 1844. Der „Weberaufstand" gilt als ein zentrales Ereignis des sogenannten deutschen Vormärz im Vorfeld der Revolution von 1848 und wurde – nicht zuletzt durch Heines lyrische Darstellung – zu einem wichtigen Mythos der frühen sozialistischen Bewegung in Deutschland. In der hier abgedruckten Form erschien das Gedicht zuerst im *Vorwärts!*, der Zeitung radikaler deutscher Exilant*innen in Paris, redigiert durch den jungen Karl Marx. Dieser und seine Mitstreiter sahen in den Protesten der Weber*innen die Anfänge einer selbstbewussten Rebellion eines neuen Proletariats in Deutschland und einer Revolution gegen die entstehende bürgerliche Wirtschaftsordnung und Klassengesellschaft. Auch Heine betont die politische Dimension des Weber*innenprotests, der sich bei ihm zu einem „dreifachen Fluch" auf König, Gott und Vaterland als Grundpfeiler eines preußischen Patriotismus verband und damit die konservative alte Ordnung in Frage stellte. Er verweist aber gleichzeitig auf die schlechten Lebensbedingungen der Weber*innen im Zeitalter der einsetzenden Industrialisierung, die in seinem Gedicht Hunger und Kälte erleiden. Die gewerbliche Produktion neuer Konsumgüter war auch in der Wahrnehmung der Zeit eng verbunden mit der Frage nach den Lebens- und Konsumstandards breiter Schichten der Bevölkerung.

Was war passiert? Im Sommer 1844 hatten Baumwollweber*innen in Peterswaldau und Langenbielau gegen ihre Arbeits- und Lebensbedingungen protestiert. Der Zorn der Weber*innen, die Baumwollstoffe in Heimarbeit webten, richtete sich insbesondere gegen einige ihrer „Verleger", Fabrikanten wie die Brüder Ernst Friedrich und August Zwanziger, die ihnen immer schlechtere Löhne für ihre gewebten Stoffe zahlten. Die beiden Nachbarorte waren typische schlesische Industriedörfer, in denen Garne, Leinen- und Baumwollstoffe von Arbeiter*innen in mühsamer und abhängiger Auftragsarbeit angefertigt wurden. Die regionale Textilwirtschaft litt schon seit Jahrzehnten unter der wachsenden internationalen Konkurrenz, seit dem Ende der Kontinentalsperre insbesondere durch Exporte der zunehmend mechanisierten englischen Textilindustrie. Im Gegensatz zu den Beschäftigten in der Garnspinnerei und dem niedergehenden Leinengewerbe ging es den Baumwollweber*innen lange noch vergleichsweise gut. Doch das Aufkommen mechanischer Webstühle und der Import günstiger, durch Sklavenarbeit gewonnener amerikanischer Baumwolle erhöhten auch hier bald den Wettbewerbsdruck durch die britische Konkurrenz. Lohnkürzungen waren die Folge, die den Widerstand der Weber*innen hervorriefen.

Proteste der Weber*innen 1844 Als der Konflikt eskalierte, wurden die Proteste durch den preußischen Staat gewaltsam niedergeschlagen. Wenigstens elf Weber verloren in Langenbielau ihr Leben, viele mehr wurden verletzt. Trotz Staatsgewalt und Gerichtsverfahren breiteten sich die Proteste in andere Bezirke des Landes, in die Hauptstadt Berlin und auch ins benachbarte Böhmen aus. Marx' späterer Kollaborateur Friedrich Engels, selber Sohn eines Wuppertaler Baumwollspinnereibesitzers, schrieb über die Weber- und Textilindustrie in England, wo er sich in den 1840er Jahren aufhielt, um die Lebens- und Arbeitsverhältnisse englischer Textilarbeiter*innen zu studieren. Engels veröffentlichte eine englische Übersetzung von Heines Gedicht und erklärte dessen politische Bedeutung dem britischen Publikum. Sozialisten und bürgerliche Beobachter*innen der Zeit diskutierten am Beispiel der Weber über einen neuen „Pauperismus", wachsende Armut und Hungerelend, die oft in Bezug zu neuen industriellen Produktionsmethoden in Europa gesetzt wurden. Die einen hofften auf eine kommende Revolution, die anderen fürchteten sie.

Eine Revolution hatten die protestierenden Weber*innen selbst wohl eher nicht im Sinn gehabt. Die Historikerin Christine von Hodenberg (1998) warnt davor, das heroische Bild einer frühen Arbeiterrevolution, welches durch Heines Gedicht sowie spätere dramatische Darstellungen (u. a. das Theaterstück „Die Weber" [1892] von Gerhard Hauptmann oder den bekannten Bilderzyklus von Käthe Kollwitz) erschaffen wurde, mit der historischen Realität zu verwechseln. Anders als von Marx und späteren sozialistischen Interpret*innen gedacht, waren es wohl weniger Klassenbewusstsein und Systemkritik, die die Arbeiter*innen antrieben, sondern moralische Vorstellungen eines gerechten Lohns, der ihnen von einigen – aber keineswegs allen – Fabrikanten versagt worden war. Im Gegensatz zu den englischen „Maschinenstürmern" der Zeit wandten sich die Weber*innen auch nicht direkt gegen die neuen Dampfwebstühle, deren Rationalisierungsgewinne ihre eigene Arbeitskraft zunehmend entwerteten.

Schließlich war es auch nicht der schiere Hunger, welcher nach manchen „bürgerlichen" Interpretationen die Baumwollweber*innen antrieb. Viele Weber*innen waren arm, doch im Gegensatz zu den arbeitslosen Wollspinner*innen und Leinenweber*innen anderer Regionen ging es ihnen verhältnismäßig besser. Justizquellen der Zeit zeigen, dass die meisten der im Laufe des Aufstands verhafteten Weber gut genährt und großteils gut gekleidet waren. Sie trugen Schuhe, Hüte, bunte Halstücher und karierte Hemden. Sie rebellierten weniger aus Not und Verzweiflung, sondern weil sie etwas zu verlieren hatten und den Lebensstandard ihrer Familien verteidigen wollten. Zeitgenössische Quellen kolportieren, der Verleger Zwanziger habe gesagt, seine Weber*innen könnten für Quarkbrote arbeiten oder gar „Gras fressen." Für die Weber*innen muss dies eine empörende und demütigende Vorstellung gewesen sein. Sie stand damaligen Auffassungen einer moralisch gerechten Wirtschaft mit Löhnen, die den materiellen Lebensunterhalt einer Familie sichern konnten, diametral entgegen.

5.1 Konsum und Arbeit: die Verzahnung von Verbrauch und Produktion in der entstehenden Industriegesellschaft

Arbeiteraufstände wie der Weberaufstand gewähren uns Einblicke in die transformative Kraft der Industrialisierung in Deutschland und Europa in der Zeit vom ausgehenden 18. Jahrhundert bis zum Ersten Weltkrieg. Traditionelle Produktions- und Herrschaftsverhältnisse wichen in diesem „langen" 19. Jahrhundert einer neuen, kapitalistischen Wirtschaftsordnung mit zunehmend industrieller Produktionsweise. Wie in England war auch in manchen Regionen Deutschlands die Textilindustrie wegweisend in diesem Prozess. Technische Innovationen ermöglichten bald eine zunehmend mechanisierte Produktion, und dörfliche Heimarbeit wich der Fabrikarbeit in wachsenden Städten. Die Weber*innen in Heines Gedicht können uns helfen, das langsame Entstehen einer Industriearbeiterschaft zu verstehen. Lohnarbeit und marktförmige Versorgung verdrängten zunehmend die Selbstversorgung in traditionalen Herrschaftsverhältnissen. Die materielle Versorgung der wachsenden städtischen Arbeiterschaft sollte zu einer der großen sozialen Fragen der neuen Industriegesellschaften werden.

Verbindung von Arbeit und Konsum

Arbeit und Konsum lassen sich auch hier kaum voneinander trennen. Die Geschichte der Industrialisierung wurde lange vor allem als eine Geschichte neuer Produktions- und Arbeitsweisen erzählt, doch war sie auch eine Geschichte des Konsums und neuer Konsumerwartungen. Das Kapitel zu Konsum in der Frühen Neuzeit hat bereits unter Verweis auf die Arbeiten von Jan De Vries und seinen Begriff der „Fleiß-Revolution" gezeigt, wie sehr die wachsende Haushaltsnachfrage nach kommerziell produzierten Gütern wie etwa Baumwolltextilien eine industrielle Produktion erst möglich und ökonomisch sinnvoll machte. Ebenso wie ein technischer Wandel in der Produktion neue Formen des Konsums ermöglichte, war der Wandel in der Nachfrage grundlegend für industrielles Wachstum. Gleichzeitig schuf die Industrialisierung natürlich nicht nur soziale Notlagen wie im Beispiel der Weber*innen, sondern Fortschritte in der Lebensmittelindustrie und die zunehmende Verbreitung günstiger Industriewaren ermöglichten auch eine Verbesserung des materiellen Lebensstandards für breite Schichten.

Durch die Industrialisierung wandelten sich ab dem frühen 19. Jahrhundert die Arbeits- und Lebensgrundlagen für einen wachsenden Teil der Bevölkerung. Der Übergang zu Lohn- und Fabrikarbeit änderte in den Augen vieler Zeitgenossen die Beziehung der Menschen zu den Dingen, die sie produzierten und konsumierten. Zur Industrialisierung gehörte nicht nur das Wachstum anonymer städtischer Märkte, sondern auch eine grundlegende Veränderung der Stadt-Land Beziehungen mit neuen agrarwirtschaftlichen Potentialen. Marktproduktion von industriellen Gütern und Lebensmitteln ermöglichten im Laufe des Jahrhunderts eine signifikante Verbesserung des Lebensstandards. In der entstehenden Klassengesellschaft war der Zugang zu neuen Konsummöglichkeiten jedoch sehr ungleich verteilt. Arbeiter*innen und Bürger*innen lebten in sehr unterschiedlichen Welten und soziale Konflikte der Zeit drehten sich oft um die Verteilung von Zeit und Geld. Gerade in den Augen sozialistischer Kritiker*innen schien der industrielle Kapitalismus die Arbeiterschaft von den materiellen Erträgen des technischen Fortschrittes auszuschließen.

Die Industrialisierung war keine schlagartige Revolution der Produktionsverhältnisse, sondern ein langgezogener Wandlungsprozess weg von vornehmlich agrarisch geprägten Ökonomien, der sich mit regional sehr unterschiedlicher Geschwindigkeit vom späten 18. bis ins frühe 20. Jahrhundert vollzog. Die industrielle Entwicklung war dabei auch – aber keineswegs allein! – das Ergebnis technischen Fortschritts. Im konsumwirtschaftlich wichtigen Bereich der Textilwirtschaft, einem Führungssektor der Industrialisierung, ermöglichte zunächst die Mechanisierung des Handspinnens („*Spinning Jenny*") ab den 1770er Jahren eine Produktivitätssteigerung in der englischen Tuchindustrie. In einem folgenden Schritt ersetzten mechanische Webstühle die Handarbeit im Webprozess für Woll-, Leinen- und Baumwollstoffe. Wasserkraft war anfangs die wichtigste Energiequelle der einsetzenden Maschinenproduktion, doch zunehmend schwerere Maschinen und die Weiterentwicklung der Dampfkraft beförderten allmählich die Durchsetzung von Dampfwebstühlen. Dieser Wandel berührte auch die Arbeitsorganisation. Die proto-industrielle Textilproduktion geschah noch weitgehend in ländlicher Heimarbeit, organisiert durch Verleger. Die

Industrialisierungsprozesse

Investition in große und teure Maschinen machte hingegen die Produktion in einer Fabrik sinnvoll, in der zudem die Arbeitsabläufe zentralisiert und besser kontrollierbar waren.

Als Vorreiter dieses industriellen Mechanisierungsprozesses profitierte Großbritannien von reichhaltigen Rohstoffvorkommen wie Kohle, Wolle und importierter Baumwolle sowie von günstigen Transportkosten und einer großen Zahl potentieller Arbeitskräfte. Zu Beginn des 19. Jahrhunderts produzierten so mehr und mehr englische Textilfabriken Stoffe zu Preisen, die anderorts in Europa kaum zu realisieren waren. In der englischen Textilregion Lancashire mit Industriestädten wie Manchester und Liverpool arbeiteten in den 1830er Jahren ungefähr 250.000 Menschen in der Baumwollspinnerei und waren damit für mehr als die Hälfte der britischen Baumwollindustrie und einen großen Teil des Exports in andere Länder verantwortlich. Diesen Wettbewerb bekamen unter anderem die schlesischen Weber*innen zu spüren. Im Laufe des Jahrhunderts setzten sich industrielle Produktionsmethoden in vielen Regionen des Kontinents durch. In europäischen Textilregionen wie Flandern, der Ostschweiz, aber auch in Schlesien, an der Ruhr und in Westfalen nahm die Zahl der mechanischen Spinnereien und Textilfabriken ab den 1840er und 50er Jahren zu. Dies war ein langsamer Wandel und selbst in Großbritannien waren um 1850 nur etwa die Hälfte aller Industriearbeiter*innen in Fabriken beschäftigt. Gleichwohl lässt sich um die Mitte des Jahrhunderts in vielen Regionen Europas durch die Textilproduktion ein breiterer „Take-Off" der Industrialisierung beobachten mit Investitionen in diverse Folgeindustrien von Nähereien über den (Textil-)Maschinenbau bis hin zur chemischen Farbstoffindustrie.

Versorgung durch den Markt und Kommodifizierung

Dieser Industrialisierungsprozess beförderte eine zunehmende Verschiebung von der häuslichen Eigenversorgung zur Marktversorgung. Viele Haushalte wurden im Laufe des 19. sowohl in ihren Einkommen als auch in ihrer Güterversorgung von kommerziellen Marktbeziehungen abhängig. Frühe Sozialisten wie Marx und Engels kämpften dabei gegen die aus ihrer Sicht ungleichen Machtverhältnisse zwischen Arbeit und Kapital bei der neuen Lohnarbeit in Fabriken oder gegen die schlechten Arbeitsbedingungen der Industriearbeiterschaft. Viele junge Frauen und auch ganze Familien arbeiteten in langen Schichten in den Fabriken, um ein angemessenes Haushaltseinkommen zu sichern, und gerade in der Textilindustrie verbreitete sich die Kinderarbeit. Zeitgenossen kritisierten auch den Beziehungswandel zwischen den Menschen und den Dingen, die sie produzierten und konsumierten. Marx sprach von „Entfremdung" der Menschen von den Gütern, die sie herstellten, aufgrund von steigender Arbeitsteiligkeit und kapitalistischen Eigentumsverhältnissen. Während traditionelle Handwerker den Herstellungsprozess noch weitgehend eigenständig durchführten, seien abhängig beschäftigte Industriearbeiter*innen rechtlich und emotional von den Produkten ihrer Arbeit „entfremdet" gewesen.

Familien, die in der Industrie arbeiteten, waren dabei zunehmend auf den Kauf gewerblich produzierter Güter angewiesen. Diese kommerziellen Waren wurden laut Marx zunehmend mit einer monetären Bedeutung aufgeladen, die nicht ihrem eigentlichen Nutzwert entsprach („Warenfetisch"). Der Marktpreis (und nicht der Nutzen) wurde so zum Maßstab der Dinge und ihrer Bewertung. Ein solch marktförmiger Konsum stand aus kritischer Perspektive in einem Spannungsverhältnis zu den Bedürfnissen einer wachsenden Schicht von Menschen, die immer stärker von Lohn- und Preisentwicklungen für die Sicherung ihrer materiellen Versorgung abhängig wurden. Ohne die Fürsorgemechanismen traditioneller dörflicher Gemeinschaft und Grundherrschaft war der Industriekapitalismus – wie im Fall der Umwälzungen im Textilgewerbe, als der Markt Produkte entwertete und lebensnotwendige Löhne fielen – häufig von neuem sozialen Elend begleitet. In zahlreichen Regionen stieg zudem die Zahl derer, die sich als Wanderarbeiter*innen verdingten, um Wirtschaftskrisen zu überstehen, oder die in der Emigration in die USA oder andere Weltregionen einen Ausweg aus ihrer wirtschaftlichen Notlage suchten.

Gleichzeitig zeigte das immense Bevölkerungswachstum im 19. Jahrhundert aber auch, dass die neuen Wirtschafts- und Produktionsmethoden die materiellen Bedürfnisse einer immer größeren Zahl von Menschen prinzipiell befriedigen konnten. In den deutschen Teilen Preußens etwa verdoppelte sich die Bevölkerung zwischen 1815 und 1864 beinahe von 8 auf 15 Millionen. Mittel- und Großstädte wuchsen; der Anteil der deutschen Bevölkerung, der in ländlichen Gemeinden oder Kleinstädten unter 10.000 Einwohnern lebte, fiel von etwa 90 % zu Beginn des 19. Jahrhunderts auf unter 50 % hundert Jahre später. Diese Urbanisierung war zum Teil Konsequenz des beschriebenen Industrialisierungsprozesses, bedurfte

Bevölkerungswachstum und Urbanisierung

aber auch eines fundamentalen Wandels in der Landwirtschaft, die die städtische Bevölkerung nun mitversorgen musste.

In der Tat war die landwirtschaftliche Agrarrevolution für den Wandel des materiellen Lebenswandels im 19. Jahrhundert ähnlich entscheidend wie die industrielle Produktion. Eine Intensivierung der Landwirtschaft durch neue Nutzpflanzen und Techniken des Ackerbaus sowie neue Züchtungen in der Viehwirtschaft trug ebenso wie die Ausweitung agrarischer Nutzflächen zu einer deutlichen Produktivitätssteigerung im Agrarsektor bei. In den Jahrzehnten um 1900 kam es dann durch den Einsatz neuer Saatzüchtungen, Neuerungen im Pflanzenschutz und vor allem durch Mineral- und Kunstdünger zu weiteren Ertragssteigerungen. Neben solchen technischen Innovationen fand in Deutschland ebenso wie in anderen Teilen Europas und der Welt im Verlauf des Jahrhunderts eine „Marktrevolution" in ländlichen Gebieten statt: Die dörfliche Wirtschaft richtete sich weniger auf Subsistenzwirtschaft als auf die Produktion für regionale und z. T. sogar globale Märkte aus. Eisenbahn und Schifffahrt senkten zudem die Transportkosten für Nahrungsmittel und überregionale Getreidemärkte konnten regionalen Missernten entgegenwirken. So stieg die Nahrungsmittelsicherheit: Obgleich ein wachsender Teil der europäischen Bevölkerung in Städten und Industrieregionen von Lebensmittelimporten abhängig war, gehörten Hungerkrisen nach den 1840er Jahren weitgehend der Vergangenheit an.

Ernährung und Lebensmittelindustrie

Die Lebensmittelindustrie war ein wichtiger Sektor der frühen Industrialisierung. Mehr noch als die Menge wandelten sich die Qualität und Beschaffenheit der Ernährung. Konservenfabriken gehörten ähnlich wie Brauereien oft zu den ersten mechanisierten Industriebetrieben in vielen Städten. Die Erfindung der Konservendose sowie neue Konservierungsverfahren (z. B. Justus Liebigs Fleischextrakt, 1840er) und neue Kühltechnologien (z. B. Carl Lindes Kältemaschine, 1873) ermöglichten es, Lebensmittel saisonal unabhängiger und für immer größere Märkte zu immer günstigeren Preisen zu vermarkten. Mechanisierung und neue Produktionsverfahren beförderten die zunehmende Bedeutung industriell hergestellter und auf neuen wissenschaftlichen Erkenntnissen basierender „künstlicher Kost", wie der Historiker Uwe Spiekermann (2018) gezeigt hat. So wurde Deutschland etwa durch die Raffinade von Rübenzucker zu einem weltweiten Zuckerexporteur. Ab den 1840er Jahren war die Lebensmittelindustrie ein wichtiger aber häufig wenig beachteter Vorreiter der industriellen Konsumgesellschaft und bereitete den Weg für einen fundamentalen Wandel in Ernährungs- und Konsummustern.

5.2 Zeit und Geld: Konsum in der Klassengesellschaft

Die zeitgenössische Statistik hat sich ebenso wie die moderne Sozialgeschichte intensiv mit dem Wandel der Lebensbedingungen im Zeitalter der Industrialisierung auseinandergesetzt. In der Klassengesellschaft des 19. Jahrhunderts waren „klassenspezifische Konsummuster" (Tenfelde 1997) stark durch die soziale Stellung eines Haushalts bestimmt. Während Arbeiterhaushalte vielfach unter Ressourcenknappheit litten und begrenzte Wahlmöglichkeiten im Konsum hatten, konnten gerade etablierte bürgerliche Familien mit disponiblen Einkommen viel stärker von den Wahlmöglichkeiten einer kommerziellen Konsumgesellschaft Gebrauch machen. Neben der Frage, inwiefern die Industrialisierung die allgemeinen gesellschaftlichen Lebensbedingungen verbesserte, beschäftigten sich die Zeitgenossen also auch mit der Frage von Konsumunterschieden und Verteilungsgerechtigkeit.

Verbrauchsstatistiken und Haushaltsrechnungen gewannen in der sozialpolitischen Diskussion seit der Jahrhundertmitte an Bedeutung. Staatliche statistische Ämter, selbst eine Neuerung der Zeit, begannen Daten über den Verbrauch und die Versorgung der Bevölkerung zu sammeln. Dabei wurden insbesondere Arbeiterhaushalte, denen man zum Teil Defizite bei der rationalen Haushaltsführung unterstellte, dazu angehalten, über ihre monatlichen Ausgaben Buch zu führen. In dieser Zeit sind die Anfänge von statistischen Erhebungen zu Konsumentwicklungen zu finden, die spätere Vorstellungen eines messbaren gesellschaftlichen Lebensstandards prägten. Durch die weitgehende Beschränkung auf städtische Arbeiterhaushalte waren solche Erhebungen zunächst allerdings wenig repräsentativ für die Gesamtbevölkerung. Auch Preisentwicklungen werden in den frühen Statistiken kaum berücksichtigt, dennoch gewähren sie uns wertvolle Eindrücke in den Wandel von Konsumgewohnheiten.

Verbrauchsstatistiken und Haushaltsrechnungen

Zu den ersten Ergebnissen der statistischen Konsumforschung gehört das sogenannte „Engelsche Gesetz" der sinkenden Bedeutung

Das Engelsche Gesetz

von Ernährungsausgaben bei steigenden Einkommen. Der Statistiker Ernst Engel hatte 1857 anhand der Untersuchung des Verbrauchs sächsischer Arbeiterhaushalte festgestellt, dass diese Haushalte einen großen Teil ihres Einkommens (ca. 60 %) für die Ernährung ausgaben. Zusammen mit anderen notwendigen Ausgaben wie Kleidung, Wohn- und Heizkosten machte der „starre" Bedarf für die Grundversorgung bei diesen Haushalten gut 90 % des Gesamtbudgets aus (Abb. 5.1). Bei wohlhabenderen Familien, etwa in Beamtenhaushalten oder bei Familien aus dem Bürgertum sinkt hingegen der relative Anteil insbesondere der Ernährung an den Ausgaben bei steigender Einkommenselastizität. Diese statistische Beobachtung über soziale Ungleichheit in Konsummustern lässt sich übrigens – vereinfacht gesprochen – auch in der allgemeinen Entwicklung von Konsumgesellschaften bei steigendem Wohlstandsniveau beobachten. Machte Ernährung in der Zeit des Kaiserreichs durchschnittlich noch weit über 50 % aller Haushaltsausgaben aus, lag dieser Wert in den 1950er Jahren in der Bundesrepublik Deutschland bei nur noch gut 40 % und liegt heute bei knapp 14 %.

klassenspezifische Konsummuster

Auch jenseits solcher Zahlen lassen sich in vielen Quellen Hinweise auf gravierende schichtenspezifische Unterschiede im Verbrauch im 19. Jahrhundert finden. Die Lebensumstände von städtischen Arbeiterfamilien waren oft durch beengte Wohnverhältnisse in schlecht unterhaltenen Mietwohnungen geprägt (Abb 5.2). Mehrere Generationen vielköpfiger Familien teilten sich wenige Zimmer und eine Wohnküche. Bettstellen wurden in Schichten genutzt oder gar an „Schlafgänger" für einige Stunden untervermietet. Heizmaterial wie Brennholz oder Kohle zählte für zahlreiche Familien zu den knappen Ressourcen – die Winterkälte, die Heine in seinem Gedicht über die Weber erwähnt, gehörte für viele Menschen zur Lebenserfahrung der Zeit. Trotz des Aufkommens industriell gefertigter Textilien war der Besitz an Kleidungsstücken meist begrenzt – Wintermäntel und feste Schuhe waren wichtige Konsumgüter, die auf Jahre halten mussten. Auch wenn der Hunger in den meisten Arbeiterhaushalten selten akut war, blieb ihre Ernährung vergleichsweise einfach. Stärkehaltige Speisen dominierten den Alltag, während Eiweiß und Fleisch seltener waren. So standen Kartoffel-, Gersten-, Brot- oder Gemüsesuppen ebenso wie Bohnen und Kartoffeln häufig auf dem Speiseplan und wurden durch Gemüse und Obst aus eigenem Anbau ergänzt. Butterbrote, Fleisch und Fisch blieben hingegen zumeist die Ausnahme, obgleich auch

Arbeiter*innen gelegentlich an neuen Konsumgenüssen wie etwa Kaffee teilhatten.

Der Konsum bürgerlicher Familien stellte sich hingegen sehr anders dar. Ausgaben für Nahrungsmittel machten hier einen prozentual kleineren Anteil der Haushaltsausgaben aus, dennoch war die Ernährung vielseitiger und reichhaltiger und griff auch stärker auf kommerzielle Angebote etwa von Konditoreien oder Kolonialwarengeschäften zurück. Höhere Einkommen, aber auch soziokulturelle Motive des Statuskonsum prägten die Ausgaben bürgerlicher Haushalte. Entgegen der einfachen Annahme eines Rückgangs von Ausgaben für vermeintlich starren Wohn- und Kleidungsbedarf bei steigenden Einkommen, finden wir schichtenspezifisch erhöhte Ausgaben in diesen Bereichen. Bürgerliche Familien des 19. Jahrhunderts gaben verhältnismäßig viel Geld für repräsentativen Wohnraum aus, der auch den Anforderungen der gesellschaftlichen Unterhaltung (z. B. Abendgesellschaften) genügen musste. Präsentable Kleidung, die modischen Ansprüchen genügte, war für die soziale Distinktion ebenfalls wichtig. Die Wahlmöglichkeiten waren für bürgerliche Haushalte in der Regel größer und sie verfügten auch früher als andere gesellschaftliche Schichten über Elektrizität und neue Gebrauchsgegenstände wie Grammophone oder Staubsauger. Aus heutiger Sicht bemerkenswert waren zudem die signifikanten Budgetposten für Dienstleistungen (z. B. Wäscherei) und Personalausgaben, die ebenfalls zum Haushaltskonsum zu zählen sind.

Die neuere Konsumforschung warnt allerdings vor einer zu starken Vereinfachung, wie im oben gezeigten Kontrast von Arbeiter- und Bürgerhaushalten. Erstens gilt es die Vielzahl der Schattierungen in sozialen Schichten in den Blick zu nehmen. Ob Bergarbeiterfamilien im Ruhrgebiet oder schlesische Weber*innen, je nach Industrie und Region entwickelten sich die Lebensumstände unterschiedlich und Tagelöhner lebten anders als qualifizierte Facharbeiter*innen. Die Haushaltsbudgets des Bildungsbürgertums unterschieden sich von denen einer Handwerker- oder Beamtenfamilie. Auch die um 1900 wachsende Schicht der Angestellten fügt sich in den oben aufgezeigten Kontrast eher schwierig ein, ebenso wie die große Masse der ländlichen Bevölkerung im deutschen Reich. Zweitens ist eine weitere Differenzierung der Konsummuster angezeigt. So finden sich starke regionale Unterschiede im Konsum etwa von Genussmitteln wie Kaffee, der in Norddeutschland stärker verbraucht wurde, oder Bier, das in Süddeutschland beliebter war. Innerhalb des Nahrungsmittelkonsums kam es zu wichtigen Verschiebungen, es lässt sich verallgemeinernd von einem „aufsteigenden Konsum" und einer kalorienreicheren Ernährung sprechen. Proteinhaltige Speisen wie Fleisch und Milchprodukte gewannen an Bedeutung ebenso wie Zucker und Genussmittel. Schließlich bildeten sich, wie der Historiker Hendrik Fischer (2011) gezeigt hat, schon gegen Ende des 19. Jahrhunderts differenzierte Konsumstile heraus, die sich nicht einfach durch Einkommensunterschiede oder allein durch soziale Schichten – etwa den vermeintlichen proletarischen oder bürgerlichen Konsum – erklären lassen.

Konsumproteste

Wenigstens ein gewisses Maß an Wahlmöglichkeiten ergab sich im Laufe der Industrialisierung für Verbraucher*innen fast aller sozialen Schichten. Dies war nicht zuletzt auch das Ergebnis von Protesten der Arbeiterbewegung. „Teuerungsunruhen" und „Brotkrawalle" wichen im Laufe der Industrialisierung zunehmend organisierten Streiks, bei denen die Forderung nach verbesserten Löhnen eine zentrale Rolle spielte. Wie die schlesischen Weber*innen versuchten abhängig Beschäftigte immer wieder einen Lohn zu erstreiten, der ihnen „angemessen" erschien und mehr als das Überlebensnotwendige ermöglichte. Im Kaiserreich etablierte sich das Konzept des sogenannten „Familienlohns" (angelehnt an das anglo-amerikanische *living wage*) als gewerkschaftliche Forderung, die es einem männlichen Alleinverdiener ermöglichen sollte, eine ganze Familie zu unterhalten. So verfestigten sich neue Geschlechterrollen mit Blick auf Arbeit und Konsum. Zu den Streikgründen zählte jedoch ebenso der Ruf nach einer Begrenzung des Arbeitstages auf höchstens 10 oder 11 Stunden. Um 1850 währte ein durchschnittlicher Arbeitstag in der Industrie 14 bis 18 Stunden. Die Forderung nach einem 8-Stundentag findet sich bereits im Eisenacher Programm der Sozialdemokratischen Partei von 1869, wurde dann aber erst 1918 als gesetzliche Norm festgeschrieben. So ging es um Geld und Zeit: Die Teilhabe an einer expandierenden Konsumgesellschaft setzte nicht nur finanzielle Ressourcen, sondern auch ein Mindestmaß an freier Zeit voraus.

5.3 Maschinen und Arbeitsteilung: Anfänge der Massenproduktionsgesellschaft

Im letzten Drittel des 19. Jahrhunderts nahm die Industrialisierung noch einmal an Dynamik zu und veränderte ihren Charakter, so dass sich von einer zweiten Phase sprechen lässt. Deutschland schloss ebenso wie die USA durch neue Branchen in der wirtschaftlichen und technischen Entwicklung zu Großbritannien auf. Waren in den Jahrzehnten zuvor Bereiche wie die Textil- und Eisenindustrie Vorreiter der industriellen Entwicklung gewesen, setzten jetzt Branchen wie der Maschinenbau sowie die neue elektrotechnische und chemische Industrie Innovationsimpulse. Beiderseits des Atlantiks entstanden zudem neue Großunternehmen, unterstützt von einem wachsenden Banken- und Finanzsektor. *Siemens* (gegründet 1847) und *AEG* (1883) in der Elektrotechnik oder die Chemieproduzenten *Bayer* (1863) und *BASF* (1865) gehören zu den Unternehmen, die diese Phase der Industrialisierung und – durch Produktinnovationen wie *Osram*-Glühbirnen oder *Aspirin*-Schmerztabletten – die moderne Konsumwirtschaft in Deutschland mitprägten.

Hier finden sich die Anfänge eines arbeitsteiligen Massenproduktionssystems, das Hersteller und ihre Kund*innen zunehmend direkt verband. Viele Markenproduzenten und führende Unternehmen der Konsumgüterindustrie im 20. Jahrhundert nahmen ihren Ausgang in den Jahrzehnten um 1900. Die neuen Großunternehmen wuchsen, indem sie sowohl Zulieferer als auch Absatz- und Vertriebswege in ihre Strukturen integrierten und effiziente Management- und Organisationsstrukturen aufbauten. Ihr größter Wettbewerbsvorteil lag jedoch oft in einer Senkung der Stückkosten durch Mengenökonomien (*Economies of Scale*), die durch Investitionen in neue Maschinen mit hoher Produktionsleistung ermöglicht wurden. Ein Beispiel ist die *Bonsack*-Maschine in der Zigarettenproduktion, die 1881 patentiert wurde. Während ein erfahrener Zigarettendreher etwa vier Zigaretten in der Minute anfertigen konnte, schaffte die neue Maschine gut 200 Stück pro Minute und konnte diese Produktionsgeschwindigkeit bei konstanter Qualität über Stunden aufrechterhalten. Trotz eines hohen Kapitalaufwandes für die Mechanisierung ließ sich der Preis für Konsumgüter wie Zigaretten so signifikant senken.

Während die Produktivität der Unternehmen stieg, schwand so die Bedeutung qualifizierter Handarbeit im industriellen Bereich

Aufstieg der Konsumgüterindustrie

allmählich. Maschinell gefertigte Waren waren zunächst oft qualitativ minderwertig. Frühe maschinengewebte Textilien etwa wurden vor allem zu grober Arbeitskleidung verarbeitet. Nach und nach ließen sich jedoch auch feinere Stoffe, wie englische Musselins, aus industrieller Baumwolle herstellen. Ein zentraler Faktor bei der Durchsetzung der Massenproduktion war das Aufkommen von Präzisionsmaschinen, die normierte und standardisierte Komponenten und Teile produzierten, die auch von ungelernten Arbeiter*innen passgenau zusammengesetzt werden konnten. Dieser Einsatz austauschbarer Teile – bekannt als das *American System of Manufacturing* – fand frühe Verwendung in amerikanischen Waffenschmieden wie der *United States Amory* in Harpers Ferry in Virginia. Von der Waffenindustrie breitete sich die Produktionsweise ab den 1870er Jahren auch im Konsumgütersektor aus, unter anderem bei Taschenuhren, Fahrrädern und in der Nähmaschinenproduktion. Das global führende Nähmaschinenunternehmen *Singer* weitete seine Produktion so von gut 10.000 Stück im Jahr 1859 auf über 250.000 Maschinen im Jahr 1876 aus.

„Fordistische" Massenproduktion und ihre Grenzen

Der Ausweitung der Massenproduktion waren im 19. Jahrhundert allerdings noch viele Grenzen gesetzt. Nicht alle Gegenstände ließen sich sinnvoll maschinell herstellen und viele Branchen wie etwa die Möbelindustrie blieben bis weit ins 20. Jahrhundert bei der Serienproduktion mit begrenzten Stückzahlen. Kundenwünsche nach Modellvielfalt und wechselnde Moden in der Gestaltung standen hier einer standardisierten Maschinenproduktion im Wege. Dennoch bemühten sich viele Unternehmen in den Jahrzehnten nach 1900 um eine weitere Rationalisierung der Produktion durch immer höhere Arbeitsteiligkeit und maschinell geprägte Arbeitsabläufe.

Der Höhepunkt dieser Entwicklung war in vieler Hinsicht das nach dem amerikanischen Autobauer Henry Ford benannte fordistische Produktionsmodell. Die *Ford Motor Company* war 1913 zur Massenfabrikation von Automobilen am Fließband übergegangen und Fords hochstandardisiertes „Model T" mit einem Verkaufspreis von ca. $500,- war auch für manche Industriearbeiter erschwinglich. In dieser Verbindung von Massenproduktion und dem Versprechen von Massenkonsum durch günstige Industrieprodukte und eine verhältnismäßig gute Bezahlung auch geringqualifizierter Fließbandarbeiter (ab 1914 zahlte Ford für damalige Verhältnisse spektakuläre $5 am Tag) lag der Reiz des amerikanischen

„Fordismus". Hier schien das Spannungsverhältnis des 19. Jahrhunderts zwischen neuen Konsummöglichkeiten durch industriell hergestellte Güter einerseits und den Lebensverhältnissen jener Industriearbeiterschaft, die diese Güter produzierte, andererseits, weitgehend aufgelöst. Hatten frühe Sozialisten wie in Heines Gedicht in der industriellen Produktion und im marktförmigen Konsum einen Ursprung der sozialen Probleme ihrer Zeit gesehen, erschien der industrielle Massenkonsum bei Henry Ford und vielen seiner Zeitgenossen zu Beginn des 20. Jahrhunderts als Lösung der sozialen Fragen des Industriezeitalters.

5.4 Jenseits von Arbeit und Kapital: Verbraucher*innen als politische Subjekte

Lange erschienen die gesellschaftlichen Konflikte des Industriezeitalters vor allem als ein Gegensatz von Arbeit und Kapital. Im ausgehenden 19. Jahrhundert wurde jedoch deutlich, dass Konsument*innen eine immer wichtigere Interessengruppe in modernen Gesellschaften darstellten. Verbraucher*innen wurden somit selbst zu politischen Subjekten, die an der Ausgestaltung der industriellen Konsumgesellschaft teilhatten, indem sie sich organisierten und auf staatliches Handeln Einfluss nahmen.

Verbrauchermärkte regelten sich keineswegs von selbst, sondern bedurften zahlreicher zivilgesellschaftlicher Initiativen und staatlicher Regulierung, um Herstellungsbedingungen, Produktqualität oder Vertriebsmethoden zu kontrollieren. In den USA gründete sich 1899 die „National Consumers League" als eine landesweite Verbraucherorganisation mit dem Ziel, Auswüchse des Industriekapitalismus wie Kinderarbeit und schlechte Arbeitsbedingungen zu bekämpfen. Konsumgüter, die bestimmten Maßgaben „ethischer" Produktion entsprachen, konnten mit einem weißen Siegel der Organisation gekennzeichnet werden. Erste Präsidentin des Verbandes war die Reformaktivistin Florence Kelley. Weibliche Aktivistinnen wie Kelley waren zu Beginn des 20. Jahrhunderts besonders aktiv im Kampf für Konsumreform. Eine Aufsicht über Nahrungsmittelsicherheit sowie die staatliche Kontrolle von kommerziell erhältlichen Medikamenten gehörten zu den ersten Erfolgen der amerikanischen Verbraucherbewegung. In Großbritannien wurde der Kampf für saubere, hygienische Milch auf ähnliche Weise zu einem Sinnbild

Verbrauchergesetzgebung

des zivilgesellschaftlichen Strebens für besseren Konsum. Auch wenn der Begriff noch keine Verwendung fand, schärfte sich hier ein frühes gesellschaftliches Bewusstsein für die Bedeutung der sozialen und ökologischen Nachhaltigkeit industrieller Konsumgesellschaften.

Verbraucherinteressen und Konsumgenossenschaften

In Deutschland finden sich erste Ansätze einer Verbraucherpolitik ebenfalls schon im ausgehenden 19. Jahrhundert, auch wenn den Verbraucher*innen hier noch nicht die gleiche gesellschaftliche und politische Stellungwie wie in den angelsächsischen Demokratien zukam (siehe auch Kapitel 10). Die Sozialdemokratische Partei gerierte sich zum Teil als Verbraucherpartei, indem sie neben höheren Löhnen immer wieder auch das Preisniveau mit in die politische Debatte (etwa um Einfuhrzölle) brachte. Die Figur autonomer Verbraucher*innen, die souveräne Konsumentscheidungen trafen, blieb hingegen im deutschen politischen Diskurs noch lange eine Ausnahme. Allerdings bildeten sich Konsumgenossenschaften als weitere neue verbraucherpolitische Organisationen heraus, die besonders seit den 1890er Jahren auf die Stärkung der Verbraucherposition in der Industriegesellschaft und auf eine Reform des Handels- und Distributionssektors zielten, der im Zentrum des folgenden Kapitels steht.

5.5 Quellen und Vertiefung

5.5.1 Karl Marx: Das Kapital – Die Waare, 1867

Der Reichthum der Gesellschaften, in welchen kapitalistische Produktionsweise herrscht, erscheint als eine „ungeheure Waarensammlung", die einzelne Waare als seine *Elementarform*. Unsere Untersuchung beginnt daher mit der Analyse der Waare.

Die Waare ist zunächst ein äusserer Gegenstand, ein Ding, das durch seine Eigenschaften menschliche Bedürfnisse irgend einer Art befriedigt. Die Natur dieser Bedürfnisse, ob sie z. B. dem Magen oder der Phantasie entspringen, ändert nichts an der Sache [...] Jedes nützliche Ding, wie Eisen, Papier u. s. w., ist unter doppeltem Gesichtspunkt zu betrachten, nach *Qualität* und *Quantität*. Jedes solche Ding ist ein Ganzes vieler Eigenschaften und kann daher nach verschiedenen Seiten nützlich sein. [...]

Die Nützlichkeit eines Dings für das menschliche Leben macht es zum *Gebrauchswerth*. Abkürzend nennen wir das nützliche Ding selbst oder den *Waarenkörper*, wie Eisen, Weizen, Diamant u. s. w., *Gebrauchswerth*, Gut, Artikel. [...] Der Gebrauchswerth verwirklicht sich nur im Gebrauch oder der Consumtion. Gebrauchswerthe bilden *den stofflichen Inhalt des Reichthums*, welches immer seine *gesellschaftliche Form* sei. In der von uns zu betrachtenden Gesellschaftsform bilden sie zugleich die stofflichen Träger des — *Tauschwerths*.

Der Tauschwerth erscheint zunächst als das *quantitative Verhältniss*, die Proportion, worin sich Gebrauchswerthe einer Art gegen Gebrauchswerthe anderer Art austauschen, ein Verhältniss, das beständig mit Zeit und Ort wechselt. Der Tauschwerth scheint daher etwas Zufälliges und rein *Relatives*, ein der Waare innerlicher, immanenter Tauschwerth (valeur intrinsèque) also eine contradictio in adjecto Betrachten wir die Sache näher. [...]

Als *Werthe* sind die Waaren nichts als *krystallisirte Arbeit*. Die Masseinheit der Arbeit selbst ist die *einfache Durchschnittsarbeit*, deren Charakter zwar in verschiednen Ländern und Kulturepochen wechselt, aber in einer vorhandnen Gesellschaft gegeben ist. Komplicirtere Arbeit gilt nur als *potenzirte* oder vielmehr *multiplicirte* einfache Arbeit, so dass z. B. ein kleineres Quantum komplicirter Arbeit gleich einem grösseren Quantum einfacher Arbeit. *Wie* diese Reduktion geregelt wird, ist hier gleichgültig. *Dass* sie beständig vorgeht, zeigt die Erfahrung. Eine Waare mag das Produkt der komplicirtesten Arbeit sein. Ihr *Werth* setzt sie dem Produkt einfacher Arbeit gleich und stellt daher selbst nur ein bestimmtes Quantum einfacher Arbeit dar. Ein Gebrauchswerth oder Gut hat also nur einen *Werth*, weil *Arbeit* in ihm *vergegenständlicht* oder *materialisirt* ist. [...]

Eine *Waare* scheint auf den ersten Blick ein selbstverständliches, triviales Ding. Ihre Analyse ergiebt, dass sie ein sehr vertracktes Ding ist, voller metaphysischer Spitzfindigkeit und theologischer Mucken. Als blosser *Gebrauchswerth* ist sie ein sinnliches Ding, woran nichts Mysteriöses, ob ich sie nun unter dem Gesichtspunkt betrachte, dass ihre Eigenschaften menschliche Bedürfnisse befriedigen oder dass sie erst als *Produkt* menschlicher Arbeit diese Eigenschaften erhält. Es liegt absolut nichts räthselhaftes darin, dass der Mensch durch seine Thätigkeit die Formen der Naturstoffe in einer ihm nützlichen Weise verändert. Die Form des Holzes z. B. wird verändert, wenn man aus ihm einen Tisch macht. Nichtsdestoweniger bleibt der Tisch Holz, ein ordinäres sinnliches Ding. Aber sobald er *als Waare* auftritt, verwandelt er sich in ein sinnlich übersinnliches Ding. Er steht nicht nur mit seinen Füssen auf dem Boden, sondern er stellt sich allen andern Waaren gegenüber auf den Kopf und entwickelt aus seinem Holzkopf Grillen, viel wunderlicher, als wenn er aus freien Stücken zu tanzen begänne.

Der mystische Charakter der Waare entspringt also nicht aus ihrem Gebrauchswerth. Er entspringt ebenso wenig aus den *Werth* Bestimmungen, für sich selbst betrachtet.[...] Woher also der räthselhafte Charakter des Arbeitsprodukts, sobald es die *Form der Waare* annimmt?

Wenn die Menschen ihre Produkte auf einander *als Werthe* beziehn, sofern diese Sachen für *bloss sachliche Hüllen* gleichartig menschlicher Arbeit gelten, so liegt darin zugleich umgekehrt, dass ihre verschiednen Arbeiten nur als gleichartige menschliche Arbeit gelten in *sachlicher Hülle*. Sie beziehn ihre verschiednen Arbeiten auf einander als menschliche Arbeit, indem sie ihre *Produkte auf einander als Werthe* beziehn. Die persönliche Beziehung ist versteckt durch die *sachliche* Form. Es steht daher dem Werth nicht auf der Stirn geschrieben, *was* er ist. Um ihre Produkte auf einander als Waaren zu beziehn, sind die Menschen gezwungen, ihre verschiednen Arbeiten abstrakt menschlicher Arbeit gleichzusetzen. Sie wissen das nicht, aber sie *thun* es, indem sie das materielle Ding auf die Abstraktion *Werth* reduciren.[...] Was nun ferner die *Werthgrösse* betrifft, so werden die unabhängig von einander betriebenen, aber, weil Glieder der *naturwüchsigen Theilung der Arbeit*, allseitig von einander abhängigen Privatarbeiten dadurch fortwährend auf ihr gesellschaftlich proportionelles Mass reducirt, dass sich in den zufälligen und stets schwankenden *Austauschverhältnissen ihrer Produkte* die zu deren Produktion gesellschaftlich nothwendige *Arbeitszeit* als regelndes *Naturgesetz* gewaltsam durchsetzt, wie etwa das Gesetz der Schwere, wenn einem das Haus über dem Kopf zusammenpurzelt.

Die Bestimmung der Werthgrösse durch die Arbeitszeit ist daher unter den erscheinenden Bewegungen der relativen Waarenwerthe verstecktes Geheimniss. [...]

Die Privatproduzenten treten erst in gesellschaftlichen Contakt vermittelst ihrer Privatprodukte, der Sachen. Die gesellschaftlichen Beziehungen ihrer Arbeiten *sind* und *erscheinen* daher nicht als unmittelbar gesellschaftliche Verhältnisse der Personen in ihren Arbeiten, sondern als *sachliche Verhältnisse* der Personen oder *gesellschaftliche Verhältnisse der Sachen*. Die erste und allgemeinste Darstellung der Sache als eines *gesellschaftlichen Dings* ist aber die Verwandlung des *Arbeitsprodukts* in *Waare*. Der Mysticismus der Waare entspringt also daraus, dass den Privatproduzenten die *gesellschaftlichen* Bestimmungen ihrer *Privat*arbeiten *als gesellschaftliche Naturbestimmtheiten der Arbeitsprodukte*, dass die *gesellschaftlichen Produktionsverhältnisse der Personen* als *gesellschaftliche Verhältnisse der Sachen* zu einander und zu den Personen erscheinen.

Quelle: Karl Marx: Das Kapital. Erstes Buch: Der Produktionsprozess des Kapitals, Hamburg 1867.

5.5.2 Tabelle: Verbrauchsstatistik nach Haushaltsbüchern, Sachsen 1857

7. Consumtionszwecke.	Procentverhältniss unter den Ausgaben: einer **bemittelten Arbeiterfamilie** in Belgien ohne Vertheilung der Ausgaben für Werkzeuge und Geräthe		einer **bemittelten Arbeiterfamilie** in Sachsen nach Vertheilung der Ausgaben für Werkzeuge und Geräthe		einer Familie des **Mittelstandes** nach Vertheilung der Ausgaben für Werkzeuge und Geräthe		einer Familie des **Wohlstandes** nach Vertheilung der Ausgaben für Werkzeuge und Geräthe	
1	2		3		4		5	
1. Nahrung	61,0		62,0		55,0		50,0	
2. Kleidung	15,0		16,0		18,0		18,0	
3. Wohnung	10,0	95,0	12,0	95,0	12,0	90,0	12,0	85,0
4. Heizung und Beleuchtung	5,0		5,0		5,0		5,0	
5. Geräthe und Werkzeuge	4,0		.		.		.	
6. Erziehung, Unterricht etc.	2,0		2,0		3,5		5,5	
7. Oeffentliche Sicherheit etc.	1,0	5,0	1,0	5,0	2,0	10,0	3,0	15,0
8. Gesundheitspflege etc.	1,0		1,0		2,0		3,0	
9. Persönliche Dienstleistung	1,0		1,0		2,5		3,5	

Abb. 5.1: Verbrauchsstatistik von Haushalten in Sachsen, 1857. Quelle: Ernst Engel: Die Productions- und Consumptionsverhältnisse des Königreichs Sachsen, Zeitschrift des statistischen Bureaus des Königlich Sächsischen Ministerium des Inneren, Nr. 8 und 9, 1857.

5.5.3 Wohnverhältnisse einer Berliner Arbeiterfamilie (1910)

Abb. 5.2: Arbeiterfamilie in Berliner Mietswohnung um 1910.
Quelle: Deutsches Historisches Museum.

5.5.4 Fragen und Anregungen

- Welche Rolle spielten technologische Innovationen beim Entstehen der modernen Massenkonsumgesellschaft? Setzen Sie die Bedeutung technischer Erfindung in Bezug zu ökonomischen, sozialen oder kulturellen Faktoren, die den industriellen Konsum im 19. Jahrhundert beeinflusst haben.
- Die Industrialisierung hat den Lebensstandard der Menschen grundlegend verändert. Hat sie ihn auch verbessert – welche Kriterien und Maßstäbe lassen sich hier anlegen?
- Lebensstandard und Konsummuster waren im 19. Jahrhundert stark durch soziale Ungleichheit geprägt. Inwieweit finden sich

auch heute noch solche sozialen Differenzierungen im Konsum, inwieweit hat sich die Konsumgesellschaft seitdem verändert und wie lassen sich Kontinuitäten bzw. Veränderungen erklären?
- Diskutieren Sie die entstehende industrielle Konsumgesellschaft in Hinblick auf ihre soziale und ökologische Nachhaltigkeit. Wie verändert sich das Verhältnis der Bevölkerung zu den Dingen und der materiellen und sozialen Umwelt im Laufe des 19. Jahrhunderts?

Weiterführende Literatur

Ditt, Karl: Zweite Industrialisierung und Konsum: Energieversorgung, Haushaltstechnik und Massenkultur in Großbritannien und Deutschland 1880–1939, Paderborn 2011. (*Studie zum Wandel von Konsummöglichkeiten in der Zweiten Industrialisierung*)

Fischer, Hendrik: Konsum im Kaiserreich. Eine statistisch-analytische Untersuchung privater Haushalte im wilhelminischen Deutschland, Berlin 2011. (*Untersuchung schichtenspezifischer Konsummuster im Kaiserreich*)

v. Hodenberg, Christina: Aufstand der Weber. Die Revolte von 1844 und ihr Aufstieg zum Mythos, Bonn 1998. (*Studie zum Weberaufstand und dessen Rezeption*)

Hounshell, David: From the American System to Mass Production, 1800–1932. The Development of Manufacturing Technology in the United States, Baltimore 1991. (*Klassische Darstellung der Entwicklung des amerikanischen Massenproduktionssystems*)

Nonn, Christoph: Verbraucherprotest und Parteiensystem im wilhelminischen Deutschland, Düsseldorf 1996. (*Studie zur frühen Konsumpolitik im deutschen Kaiserreich*)

Spiekermann, Uwe: Künstliche Kost. Ernährung in Deutschland, 1840 bis heute, Göttingen 2018. (*Grundlegend für die Geschichte der Ernährung und der Nahrungsmittelindustrie in Deutschland seit der Industrielaisierung*)

6 Werben und Verkaufen: Massendistribution als „Basis der Konsumgesellschaft"

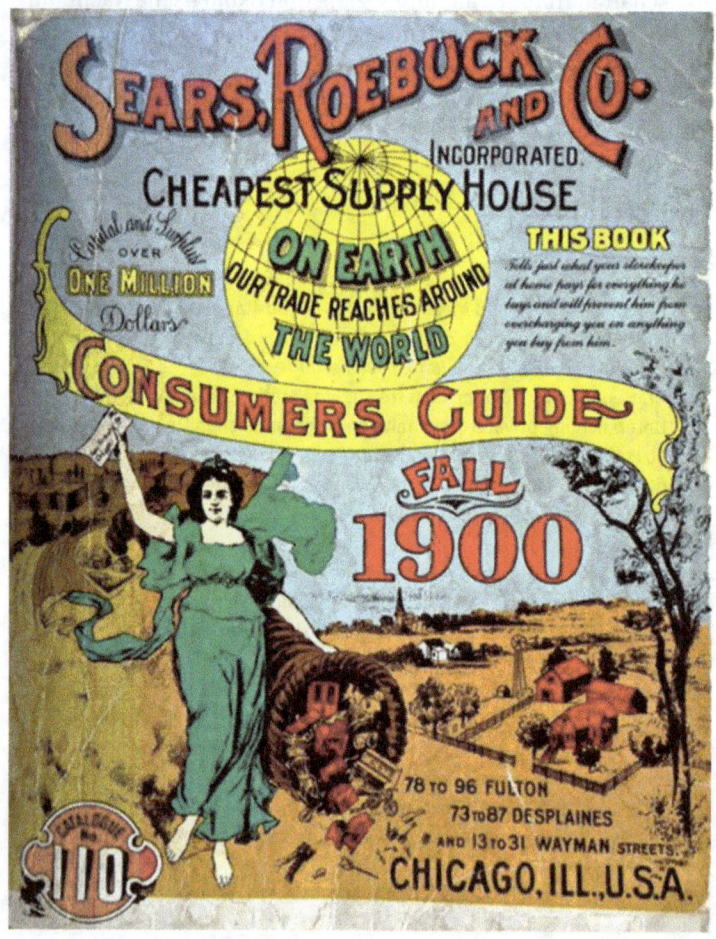

Abb. 6.1: Herbstkatalog von Sears & Roebuck 1900. Quelle: Sears & Roebuck Co., Consumers Guide, Nr. 110, Chicago 1900.

Das Titelblatt des *Consumer Guide* von *Sears & Roebuck* aus dem Herbst 1900 versprach amerikanischen Verbraucher*innen, das Füllhorn der industriellen Massenproduktion über ihnen auszuschütten (Abb. 6.1). Pianos, Fahrräder, Möbel, Bücher, Kleidungsstücke, Spielzeug, Haushaltsbedarf und sogar Schusswaffen – all diese Dinge konnten günstig und bequem über den Versandkatalog per Post bestellt werden. Waren aus der gesamten Welt, so die Handelsfirma aus Chicago, konnten auch an die entlegenste Farm der Vereinigten Staaten geliefert werden. Der Katalog verrate seiner Leserschaft die Bezugspreise ihrer lokalen Einzelhändler*innen, erklärt der Werbetext, und garantiere damit, dass Kund*innen nicht durch den stationären Handel übervorteilt würden. Materieller Fortschritt für die amerikanische Gesellschaft, hier bildlich symbolisiert durch die grün gekleidete Columbia, drückte sich in der Lesart des Katalogs durch effiziente Massendistribution aus. Die Fülle der angebotenen Waren, der Modus des anonymen Versandbetriebs und der Preiswettbewerb mit dem lokalen Handel erinnern dabei an das Auftreten von Internethändlern wie Amazon in jüngster Zeit. Händler*innen und Verkäufer*innen wurden schon um 1900 zu zunehmend mächtigen Akteur*innen in der entstehenden Massenkonsumgesellschaft.

Die Versandkataloge waren dabei nur eine, wenngleich sehr wegweisende Ausdrucksform neuer Distributionsstrukturen, die urbane aber zunehmend auch nationale Märkte versorgten. *Sears* war 1886 zunächst als ein Uhrengeschäft gegründet worden, das seine Waren per Zeitungsannonce und Post vertrieb. Wand- und Taschenuhren galten gerade in der ländlichen Gesellschaft der Zeit als besondere Statussymbole. In den folgenden Jahren kamen dann immer neue Waren ins Sortiment, von Öfen über Geschirr und Puppen bis hin zu Automobilen. Im Jahr 1894 gab das Unternehmen seinen ersten Katalog mit mehreren hundert Seiten heraus. Die Einführung kostengünstiger Postzustellung auch in entlegenen ländlichen Bereichen in den 1890er Jahren beförderte das neue Vertriebsmodell ungemein. Neben günstigen Preisen durch Massenumsatz lag im Kundenservice ein weiterer Schlüssel des Erfolgs der Versandhäuser. Sie warben mit großzügigen Qualitäts- und Umtauschgarantien um das Vertrauen ihrer Kundschaft, die bei Mängeln und Problemen ihr Geld zurückerhielt. So ließen sich auch ohne persönliche Kontakte dauerhafte Kundenbindungen erreichen. Zu Beginn des 20. Jahrhunderts kontrollierten *Sears* und *Montgomery Ward* riesige Lagerhäuser und Versandzentren und der *Sears* Katalog war 1902 schon auf über eintausend Seiten angewachsen. Abgesehen von frischen Lebensmitteln war so ziemlich alles erhältlich, was das Verbraucherherz begehrte.

Versandhandel und Massenabsatz in Stadt und Land

Auch in Europa und Deutschland verbreiteten sich Versandkataloge seit dem späten 19. Jahrhundert. Die Senkung von Versandkosten (für Kataloge, Bestellungen und Versandpakete) durch Eisenbahnausbau und Postreformen hatten in Deutschland ab etwa den 1870er Jahren Versandbetriebe möglich gemacht. Die Leipziger Firma *Mey & Edlich*, 1870 als Stoffwäschefabrik gegründet, ist ein wichtiges Beispiel für ein frühes Versandgeschäft. Zunächst wurden Stoff- und Papierwäsche (z. B. Hemdkragen) annonciert und versandt, später kamen auch Schmuck und Lederwaren, Reisebedarf und vieles mehr hinzu. Um die Jahrhundertwende war das Sortiment mit den amerikanischen Pendants vergleichbar, wenn auch der Umsatz deutlich geringer ausfiel. Die Einbecker Firma *August Stukenbrok* – zunächst auf den Fahrradhandel spezialisiert – war ein weiteres frühes Versandhaus auf dem deutschen Markt. *Stukenbroks* illustrierter Katalog hatte um 1910 eine Auflage von gut einer Million Exemplaren und das Unternehmen hatte nach eigenen Angaben etwa 700.000 Kund*innen in ganz Deutschland (Abb. 6.2). Mit Blick auf solche Zahlen betont der Historiker Uwe Spiekermann, dass der Versandhandel auch hierzulande schon vor dem Ersten Weltkrieg eine signifikante Bedeutung im Handelssektor hatte.

In den USA schränkte die Verbreitung des Automobils ab den 1920er Jahren die relative Bedeutung des Versandhandels wieder ein. Auch ländliche Kund*innen konnten jetzt neu errichtete, große Einzelhandelsgeschäfte erreichen, die nun selbst in Mittel- und Kleinstädten zunehmend zu finden waren. Sears selber begann neben dem Versandgeschäft eigene Filialen in Einkaufszentren zu eröffnen und zählte bis zur Pleite des Unternehmens im Jahr 2018 zu den führenden Warenhausketten der USA. Beiderseits des Atlantiks blieben Versandkataloge jedoch durch das 20. Jahrhundert hindurch ein wichtiger Vertriebszweig für die Massendistribution. In den Nachkriegsjahrzehnten sollten sie eine weitere Blütephase erleben. Der *Sears*-Katalog entwickelte sich zu einem Aushängeschild für den amerikanischen Lebensstandard in der Ära des Kalten Kriegs und wurde sogar in Ausstellungen zur Überlegenheit des westlichen Wirtschaftssystems gezeigt. In der Bundesrepublik Deutschland symbolisierten die Kataloge von Versandhäusern wie *Quelle*, *Otto* oder *Neckermann* in den 1950er und 60er Jahren den neugewonnenen Wohlstand der Wirtschaftswunderjahre. Generell wurden Kataloge, Läden und die Werbung des Einzelhandels seit dem ausgehenden 19. Jahrhundert zu einer wichtigen Projektionsfläche für die Potentiale und Verheißungen der modernen Konsumgesellschaft.

Als Quelle verweisen Versandkataloge auf drei zentrale Kategorien der Geschichte des Verkaufens, die in diesem Kapitel genauer beleuchtet werden sollen: das Entstehen neuer Konsumräume, den Wandel in den sozialen Bezugsrahmen des Einkaufens, und die wachsende symbolische Bedeutung der Dinge in modernen Konsumgesellschaften.

6.1 Konsumtempel: Neue Räume des Konsums

Neue Konsumräume, Läden und Warenhäuser waren ein ganz wesentlicher Aspekt des Entstehens moderner Konsumgesellschaften. Hier war die neue Vielfalt kommerzieller Waren nicht nur zu erwerben, sie wurde gleichzeitig erfahrbar und erlebbar. Die Entwicklung von Distributionsstrukturen im Groß- und Einzelhandel war eine grundlegende Voraussetzung für die Durchsetzung der Massenproduktion, doch jenseits des Vertriebs kam auch dem Handel eine bedeutende Rolle bei der Dynamisierung neuer kultureller Muster und Praktiken zu. Schaufenster und Ladeninterieurs zeigten die neue Vielfalt der Konsummöglichkeiten und die Geschäfte stellten eine soziale Bühne des Konsums dar – wo man kaufte, konnte ebenso wichtig sein wie was man kaufte.

In mittelalterlichen und frühneuzeitlichen Städten war der Handel mit Gütern eng begrenzt. Handwerker unterhielten zum Teil offene Ladengeschäfte, zumeist fand der Handel jedoch auf nicht-stationären Märkten statt. Diese fanden zumeist in einem bestimmten wöchentlichen oder gar jährlichen Rhythmus statt und boten ein spezifisches Set an Waren, wie Lebensmittel, Fische, Holzwaren, Töpfereiprodukte oder etwa Eisenwaren an. Auf dem Lande übernahmen Hausierer oder sogenannte Kiepenkerle die Versorgung der Bevölkerung mit Produkten aus gewerblicher Produktion. Erst um 1800 finden sich dann verbreitet Krämer- und Gemischtwarenläden sowie in den größeren Städten Deutschlands auch spezialisierte Ladengeschäfte und größere Magazine.

Läden als „Basis" der Konsumgesellschaft

Das feste Ladengeschäft als zentrale Innovation des modernen Handels wurde zur „Basis der Konsumgesellschaft" (U. Spiekermann) im 19. Jahrhundert. So verdoppelte sich die Zahl der Handelsunternehmen in Preußen von etwa 70.000 im Jahr 1820 auf gut 140.000 im Jahr 1860, gefördert durch die Einführung der Gewerbefreiheit und die Liberalisierung des Einzelhandels. Mit wachsender Breite und Tiefe des Sortiments nahmen die Spezialisierung von Geschäften sowie die Zahl ihrer Mitarbeiter*innen zu. Im Kaiserreich fanden sich vereinzelt schon Großgeschäfte mit über 1.000 Beschäftigten, die Mehrzahl der Läden waren jedoch kleinere Fachhändler und Familienbetriebe mit Kundschaft aus der umliegenden Nachbarschaft. Gerade in den wachsenden Großstädten etablierte sich ein zunehmend dichtes Netz nachbarschaftlicher Versorgung durch Bäcker, Fleischer, Obst- und Gemüsehändler, Blumen- und anderer Händler für den Alltagsbedarf. Gleichzeitig entstanden innerstädtische Einkaufsstraßen mit Textil- und Lederfachhandel für den gehobeneren Bedarf sowie mit Schreibwarengeschäften, Buchhandlungen, Juwelieren und anderen Spezialgeschäften.

Kauf- und Warenhäuser

Im Zentrum dieser neuen innerstädtischen Einkaufsbereiche standen zumeist die großen Kauf- und Warenhäuser. Eine Pionierrolle spielten hier Textilkaufhäuser, die ab der Mitte des 19. Jahrhunderts aus großen Magazinen wie *Gersons Waarenlager zu Berlin* und aus Basaren hervorgingen. Während viele Magazine noch selber handwerklich produzierten, waren Basare rein auf den Vertrieb ausgerichtet. Sie waren zumeist Großbetriebe, die mit günstigen und fest ausgezeichneten Preisen sowie mit einem breiten Sortiment an Gütern eine zum Teil überregionale Kundschaft anzogen. Kaufhäuser übernahmen dieses Geschäftsmodell, setzten jedoch zumeist auf qualitativ höherwertigere Waren und tiefere Sortimente mit viel Auswahl in einem speziellen Bereich wie Textilien oder Möbel. Die großen Warenhäuser hingegen handelten mit Waren aus verschiedensten Bereichen und sie waren in der Regel in weitgehend eigenständige Abteilungen unter einem Dach organisiert. In den Metropolen Europas und in den USA entstanden spektakuläre Großkaufhäuser wie das *Au Bon Marche* in Paris, *Harrods* und *Selfridge* in London, *Macy's* und *Bloomingdales* in New York oder *Wertheim* in Berlin.

Solche Warenhäuser galten den Zeitgenoss*innen als „Tempel des Konsums" (P. Lerner) und als Symbol der aufkommenden Konsumgesellschaft. Historiker haben die moderne Warenhausarchitektur analysiert und zum einen auf den frühen Einsatz neuer Technologien wie Fahrstühle, Rolltreppen und Rohrpostsysteme hingewiesen. Gleichzeitig erinnerte die Gestaltung der Innenräume tatsächlich an sakrale Bauten wie Tempel und Kirchen; *Wanamaker's Department Store* in Philadelphia ließ 1904 sogar eine große Orgel installieren. Warenhäuser waren Orte des Staunens – nicht zuletzt über die Vielfalt der dargebotenen Waren. Eindrücklich beschrieb der französische Schriftsteller Emile Zola 1883 in seinem Roman *Das Paradis der Damen* die Faszination, die große Warenhäuser bei vielen Zeitgenossen auslösten. Im Gegensatz zu anderen gehobenen Geschäften der Zeit waren Kaufhäuser dabei für ein breites städtisches Publikum zugänglich. Über sozialen Grenzen der Klassengesellschaft hinweg konnte hier die Welt der Konsumgüter in Augenschein genommen werden. Auch wenn sich viele Betrachter*innen die in Auslagen und aufwendig dekorierten Schaufernstern zur Schau gestellten Waren nicht leisten konnte, trugen Kauf- und Warenhäuser um die Jahrhundertwende wohl trotzdem zu einer gewissen „Demokratisierung" (William Leach) materieller Konsumwünsche bei.

Gleichzeitig waren Warenhäuser jedoch auch hoch umstritten. In Deutschland entbrannte im späten Kaiserreich eine regelrechte „Warenhausdebatte", die sich bis in die Weimarer Republik und in den Nationalsozialismus hinzog. Dabei ging es Kritikern zum einen um den Schutz kleinerer Läden und des gewerblichen Mittelstandes gegenüber der Konkurrenz durch große Warenhäuser, und einige deutsche Staaten (aber auch Frankreich) begannen ab den 1880er Jahren eine erhöhte Warenhaussteuer zu erheben. Da manche prominenten Warenhäuser jüdische Besitzer*innen hatten, enthielten die Warenhausproteste auch eine antisemitische Komponente, die besonders in der Zwischenkriegs- und NS-Zeit an Bedeutung gewann. Gleichzeitig spiegelte sich in der Warenhausdebatte ein allgemeines, konservatives Unbehagen mit gesellschaftlichen und kulturellen Veränderungen durch moderne Konsumpraktiken wider. Dies tangierte nicht zuletzt den Wandel von Geschlechterrollen. Frauen traten im Warenhaus nicht nur als selbstbewusste Kundinnen auf, sondern arbeiteten dort auch und stellten einen großen Teil des Personals. Sorge über diese neuen Rollen drückte sich unter anderem in zeitgenössischen Debatten über Ladendiebstahl und „Kleptomanie" aus, in denen dem vermeintlich willensschwachen weiblichen Geschlecht unterstellt wurde, den Reizen und Verlockungen des Warenhausangebots nicht widerstehen zu können.

Modernisierung durch Filialgeschäfte und Einkaufsgenossenschaften

Kauf- und Warenhäuser waren nur ein, wenngleich prominenter Aspekt eines breiteren Wandlungs- und Modernisierungsprozesses im Einzelhandel um die Jahrhundertwende. Zum einen professionalisierte sich der Fachhandel. Verbände, Fachjournale und kaufmännische Ausbildungen steigerten die Wettbewerbsfähigkeit auch manch kleiner Geschäfte, die ihre Buchführung verbesserten und Ladeninnenräume und Kundenservice rationalisierten. Analog zur Massenproduktion trug auch die Rationalisierung im Einzelhandel entscheidend zu einer allgemeinen Preisreduktion von Konsumgütern bei. Moderne Distributionsstrukturen profitierten immer wieder von Kostendegression durch Größenwachstum und hohe Umsätze. Ein wichtiges Beispiel ist hier die Zunahme von Filialgeschäften wie *Tengelmann* oder *Kaiser's*, die ab dem späten 19. Jahrhundert regionale Einzelhandelsketten zum Vertrieb von Kolonialwaren wie Tee und Kaffee etablierten. Hinzu kamen sogenannte Einkaufsgenossenschaften wie die 1898 gegründete Einkaufsgenossenschaft der Kolonialwarenhändler (*Edeka*) in Berlin oder der Kölner Revisionsverband der Westkauf-Genossenschaften (kurz *Rewe*). Es handelte sich bei diesen Formen des Filialbetriebs wohlgemerkt noch nicht um Supermärkte oder Discountgeschäfte – diese Vertriebsformen verbreiteten sich in Deutschland erst nach dem Zweiten Weltkrieg und besonders ab den 1960er Jahren. Dennoch finden sich schon in der Zwischenkriegszeit erste Geschäfte mit dem Selbstbedienungsprinzip, zuerst in den USA (*Piggly-Wiggly* in Memphis) und 1938 auch in Deutschland (Herbert Eklöh, Osnabrück).

Insgesamt war der Einzelhandel im frühen 20. Jahrhundert von einem intensiven Wettbewerb geprägt. Dazu gehörten Sonderangebote zu Feiertagen, Rabattaktionen und eine wachsende Zahl von Ausverkäufen. Einzelhandelsverbände und staatliche Stellen in Deutschland waren vielfach bemüht, diesen als betriebswirtschaftlich und gesellschaftlich schädlich diskutierten Wettbewerb einzuschränken und zu regulieren. Hier spielten Ladenschlussregelungen eine wichtige Rolle. Neben der allgemeinen, religiös begründeten Sonntagsruhe gab es ab 1891 zusätzliche gesetzliche Regelungen zu Geschäftsöffnungszeiten. Ein Gesetz von 1919 bestimmte dann einen generellen werktäglichen Ladenschluss zwischen 19 Uhr abends und 7 Uhr morgens. Solche Bemühungen entsprangen sozialpolitischen Überlegungen zum Arbeitsschutz ebenso wie einem konservativen Protektionismus gegenüber dem gewerblichen Mittelstand und einer eher paternalistischen deutschen Verbraucherpolitik in Kaiserreich und Weimarer Republik. Gleichzeitig trugen solche Einschränkungen aber auch der Erkenntnis Rechnung, dass der Einzelhandel weit mehr als eine wirtschaftliche Distributionsstruktur darstellte, da er zugleich in soziale und kulturelle Kontexte eingebunden war.

6.2 Der Händler ihres Vertrauens? Soziale und finanzielle Beziehungsgeflechte des Ein- und Verkaufens

Mit Einzelhandel um 1900 verbinden sich oft nostalgische Vorstellungen des kleinen Ladens an der Ecke, in dem sich die Nachbarschaft traf und in dem Verkäufer*innen und Kund*innen sich kannten und persönliche Beziehungen pflegten. In der Tat waren Geschäfte eng in soziale Netzwerke und Beziehungsgeflechte eingebunden und Stammkund*innen konnten zum Beispiel bei ihrem Nachbarschaftsladen „anschreiben" lassen, d. h. Dinge auf spätere Rechnung (etwa zum Monatsende) kaufen. Einkaufen ist eine soziale Praxis, die unseren Konsum schon zum Zeitpunkt des Erwerbs in gesellschaftliche Zusammenhänge einordnet. Wer kauft wann, was, und wo – dies wurde von Verkäufer*innen und Kund*innen in Geschäften genau beobachtet und vielfach moralisch bewertet. In Debatten über Datenschutz beim Einkaufen und „gläserne Kunden" wird heute oft übersehen, wie stark der individuelle Konsum schon in vergangenen Jahrhunderten gesellschaftlicher Kontrolle und zum Teil starkem sozialen Druck unterlag.

Beim Einkaufen ergaben sich schon um 1900 komplexe Beziehungszusammenhänge. Zum einem waren die großen städtischen Märkte mit ihrer Massenkundschaft und einer Vielzahl konkurrierender Einzelhändler viel anonymer und unüberschaubarer als ländliche Märkte der vorindustriellen Zeit. Händler mussten daher zunächst um das Vertrauen ihrer Kundschaft werben und sich mit Serviceangeboten, verlässlicher Qualität oder auch mit günstigen Preisen eine Reputation aufbauen. Gleichzeitig verfügten Einzelhändler über eine gewisse Machtposition gegenüber ihrer Kundschaft, die sie gelegentlich durchaus ausnutzten. Kunden wurden übervorteilt (etwa durch den Finger auf der Waage oder durch Waren minderer Qualität) und nicht alle Kund*innen wurden immer gleichbehandelt. Seit dem späten 19. Jahrhundert begannen Gewerbeordnungen daher, einige verlässliche Grundregeln für den Handel zu formulieren und Verbraucher*innen (sowie Mitbewerber*innen) sollten insbesondere vor unlauterem Wettbewerb und vor Betrug durch Hausierer und bei Haustürgeschäften geschützt werden.

frühe Verkaufsautomaten

Der zunehmend anonyme Charakter von Einkaufsbeziehungen wird besonders beim Aufkommen der eingangs besprochenen Versandkataloge deutlich. Ebenso muss hier auf die Verbreitung des Automatenhandels seit dem späten 19. Jahrhundert verwiesen werden. Verkaufsautomaten gehörten sicherlich zu den revolutionärsten Handelsinnovationen des Kaiserreichs. Schon in den 1880er Jahren fanden sich im öffentlichen Raum großer Städte mehrere tausend fest installierte Automaten, in denen Süßwaren oder Zigaretten zum Teil aber auch frische Lebensmittel wie Milch, Eier und andere Getränke erworben werden konnten. Vereinzelt gab es um 1900 auch Automaten für Parfüm oder Haushaltsartikel und in einigen Städten Europas und der USA begannen erste Versuche mit Automatenrestaurants, in denen fertige Gerichte aus Klappen entnommen werden konnten. Ein persönlicher Kontakt zwischen Verkäufer und Käufer entfiel bei dieser Vertriebsform völlig und für einige Markenartikelproduzenten, wie den Kölner Schokoladenfabrikanten *Stollwerck*, stellten die Automaten eine frühe Möglichkeit dar, ihre Produkte direkt an die Kundschaft zu bringen. Dennoch blieben Automaten ein Randphänomen, zumal das beim Einkaufen so wichtige kommunikative Erlebnis fehlte.

Besonders klar wird die soziale Dimension des Einkaufens bei der Entwicklung von Kreditverkäufen und Absatzhandel. Neben Pfandleihen bot im 19. Jahrhundert zunehmend auch der stationäre Einzelhandel frühe Formen des Konsumentenkredits an. Anders als bei Marktständen oder den meisten fahrenden Händlern konnte man Lebensmittel oder auch Textilien in Geschäften anschreiben lassen. Dazu bedurfte es als Kunde einer gewissen Bonität und des Rufs, seine Ausstände verlässlich zu begleichen. Systematischer wurde Kredit als Geschäftsmodell von sogenannten Abzahlungsbasaren angeboten, die Kleidung, Tischdecken, Bettzeug etc. gerade an ärmere Arbeiter*innen in wachsenden Städten und auf dem Land verkauften, für die die Einrichtung eines eigenen Hausstandes anders oft kaum erschwinglich war. Bei Zahlungsrückständen kam es daher auch immer wieder zu Lohnpfändungen oder

Pfändungen der Ware selber. Auch bürgerliche Haushalte kauften regelmäßig auf Kredit. Nach zeitgenössischen Schätzungen wurde Mitte der 1890er Jahre nur etwa ein Viertel aller langlebigen Konsumgüter bar bezahlt. Durch neu eingeführte Ratenzahlungsverträge ermöglichten Hersteller wie *Singer & Co.* die Verbreitung von Nähmaschinen und anderen hochpreisigen Gütern (z. B. Pianos) in vielen Familien. Auch Waren- und Versandhäuser boten Grammophone, Fotoapparate oder Fahrräder auf Raten an, wie Kataloge der Zeit zeigen.

Die Kreditbeziehungen im Handel formalisierten sich in der ersten Hälfte des 20. Jahrhunderts immer weiter. Einerseits unterhielten gerade ländliche Einzelhändler weiterhin dichte, informelle Kreditnetzwerke, wie sie die Historikerin Ira Spieker am Beispiel eines Dorfladens im westfälischen Raum nachgezeichnet hat. Andererseits entwickelten große Kaufhäuser jedoch zunehmend professionelle Kreditabteilungen, die das Konsumverhalten ihrer Kunden genau beobachteten. In den USA bildeten sich landesweite Netzwerke von Kreditauskunfteien heraus und in Deutschland wurde 1927 die Schufa gegründet, um Kundenbonität zu prüfen sowie Betrugsrisiken zu vermindern. In den 1920er Jahren entstanden zudem spezialisierte Teilzahlungsbanken, die ihren Kund*innen Ratenschecks auf Kredit zur Verfügung stellten, welche dann bei teilnehmenden Einzelhändlern in Berlin und anderen Städten eingelöst werden konnten. Die „Gesellschaft für Kundenkreditfinanzierung" (GeFi) bot zahlungskräftigen Kunden, die das Bezahlen mit den sozial stigmatisierten Ratenschecks vermeiden wollten, eine Alternative an, indem sie Kreditfinanzierung direkt über partizipierende Einzelhändler vermittelte. Ähnlich den Emblemen für Kreditkartenanbietern, die sich heute auf Geschäftstüren finden, wiesen teilnehmende Geschäfte auf diese Zahlungsoption durch ein dezentes Gefi-Logo im Ladenfenster hin.

Der Konsum auf Kredit blieb in der Zwischenkriegszeit aber auch hoch umstritten. Zeitgenössische Zahlen unterstreichen die Bedeutung des Kreditverkaufs, der konservativ auf 2–3 % des Gesamtumsatzes im Einzelhandel geschätzt wurde. Um 1930 wurden für immerhin etwa 1,5 Milliarden Reichsmark Möbel, Automobile und andere Waren auf Raten verkauft. Kritiker sahen darin ein „über die Verhältnisse Leben" bei Verbrauchern, das Vordringen eines „amerikanischen" Materialismus und eine allgemeine Bedrohung für die

Ratengeschäfte und Kreditverkäufe

moralische Integrität der deutschen Wirtschaft. Schon das Gesetz über Abzahlungsgeschäfte von 1894 hatte versucht, das expandierende Kreditwesen zu regulieren und Missstände bei Pfändungen zu korrigieren. Immer wieder wurde in der Folge der Schutz vermeintlich „solider" Barzahler vor den Verlockungen und Kosten der Kreditwirtschaft gefordert. Dies gilt besonders für die Zeit des Nationalsozialismus. Nach 1933 findet sich eine verstärkte Rhetorik der Kreditkritik mit Slogans wie „erst sparen – dann kaufen" und völkischen Appelle an das sogenannte „eiserne Sparen" in der Kriegszeit. Tatsächlich nahm jedoch das Geschäft mit Verbraucherkrediten auch auf Betreiben des NS-Staates in den 1930er Jahren weiter zu, zumal die Berliner GeFi nun auch den Absatz von „Volksempfängern" und anderen Radiogeräten auf Raten finanzierte.

Boykotte und Diskriminierung im Nationalsozialismus

Die Zeit des Nationalsozialismus akzentuierte auch auf andere Weise den sozialen Charakter von Geschäften als Räumen gesellschaftlicher Inklusion und Exklusion. Im späten 19. und frühen 20. Jahrhundert waren Geschäfte und ihre Kundschaft zumeist stark sozial segmentiert sowohl mit Blick auf soziale Klassen- und Milieuzugehörigkeit als auch – dies galt besonders für die USA, aber auch für europäische Städte mit hohem Migrationsanteil – mit Blick auf ethnische Zugehörigkeit. Diskriminierungen und Ungleichbehandlungen waren für viele Menschen alltäglicher Bestandteil der Einkaufserfahrung. Nach 1933 wurden Läden in NS-Deutschland dann in mancher Hinsicht zu einer Bühne einer neuen „Volksgemeinschaft", in der nach Ideologie des Regimes die alten gesellschaftlichen Grenzen von Klasse und Religion aufgehoben sein sollten. Einkaufsstraßen und Schaufenster wurden nun zu bestimmten Anlässen mit Hakenkreuz-Flaggen und politischen Motiven geschmückt. Der Historiker Andrew Bergerson hat am Beispiel Hildesheims beschrieben, wie sich die politische Ideologie und Machtstruktur des NS-Regimes auch in alltäglichen Handlungen wie dem Einkaufen manifestierte, z. B. durch die Verwendung politischer Grußformeln in Geschäften. Zugleich nahmen Exklusion und Diskriminierung insbesondere für die jüdische Bevölkerung Deutschlands extreme Züge an. Jüdische Konsument*innen erfuhren massive Diskriminierung. Tausende von jüdischen Ladenbesitzer*innen wurden in den 1930er Jahren zunächst Opfer staatlich organisierter Boykotte und Gewalt, um dann später – oft mit tatkräftiger Hilfe konkurrierender Einzelhändler – enteignet zu werden.

Neben jüdischen Geschäften wurden in den Jahren des Nationalsozialismus auch Konsumgenossenschaften enteignet, die ein besonderes, gemeinwirtschaftliches Modell des Handels darstellten. Die Wurzeln der Konsumvereine und -genossenschaft reichen zu den Anfängen der Genossenschaftsbewegung in den 1840er Jahre zurück und sie wuchsen danach besonders als Selbsthilfeorganisationen der städtischen Arbeiterschaft zur günstigen Beschaffung von Lebensmitteln. 1870 gab es bereits über 700 Konsumgenossenschaften in Deutschland, deren Läden von Verbraucher*innen als gemeinschaftlichen Eigentümer*innen selbst getragen wurden. Vor dem Ersten Weltkrieg stieg der Marktanteil solcher Konsumvereine bis auf 5 %. Sie waren damit ein bedeutender wirtschaftlicher Faktor im Handel und Ausdruck einer breiteren Verbraucher- und Reformbewegung gegen zu hohe Preise und für erschwingliche Qualität. Die Kritik der Konsumvereine richtete sich in erster Linie gegen den traditionellen Kleinhandel und dessen Rolle als „Mittelsmann" zwischen Produzent*innen und Verbraucher*innen. Gerade in Krisenzeiten wie Krieg und Inflation wurde dem Handel vielfach vorgeworfen, aus seiner wirtschaftlichen Stellung ungebührlich Profit zu schlagen. Aus Sicht des Handels wiederum galten die Konsumgenossenschaft und ihr Preiswettbewerb als eine Gefahr für den Lebensunterhalt ehrbarer Kaufleute, sie wurden daher zunehmend scharf, und in den 1920er und 1930er Jahren zum Teil auch mit Gewalt, bekämpft. Solche Konflikte sollten uns – ebenso wie die beschriebenen Erfahrungen von Ausgrenzung oder von finanziellen Abhängigkeiten durch Kredit – davor warnen, allzu nostalgisch auf den traditionellen Handel als sozialen Raum zu schauen.

Konsumgenossenschaften

6.3 Symbolische Welt der Dinge: Werbung und Gestaltung

Die Geschichte des Verkaufens in der entstehenden Konsumgesellschaft umfasst mehr als die Entwicklung des Einzelhandels. Zu den wichtigsten konsumwirtschaftlichen Innovationen des ausgehenden 19. Jahrhunderts zählen die Anfänge der modernen Werbung und die Vorläufer des Marketings, das neben Vertrieb und Reklame auch Bereiche wie die Kundenforschung und die Produktgestaltung mit umfasste. Werbung und Marketing dienten nicht nur der Absatzsteigerung, sondern sie dynamisierten konsumgesellschaftliche Entwicklungen und verliehen einzelnen Produkten symbolische Bedeutung. Der Reklame, die zunächst neue Wareangebote und ihre Nutzungsmöglichkeiten erklären sollte, kam spätestens seit dem frühen 20. Jahrhundert eine zunehmend prägende gesellschaftliche und kulturelle Rolle zu.

Markenartikel — Ein wichtiger Impuls ging hierbei von den Konsumgüterherstellern selber aus, die ab der zweiten Hälfte des 19. Jahrhunderts vermehrt damit begannen, ihre Produkte als „Markenartikel" überregional zu bewerben. Die Etablierung bekannter Marken half Produzenten, ihre Waren vor Nachahmern zu schützen und ihre Position gegenüber dem Handel zu stärken, da sie über Markenprodukte nun direkter mit ihren Kund*innen in Verbindung treten konnten. Statt anonyme Handelswaren zu kaufen, fragten Verbraucher*innen nun im Geschäft nach spezifischen Marken. Erfolgreichen Marken gelang es zudem, Konsument*innen langfristig zu binden, indem sie Vertrauen in die Qualität, Verlässlichkeit oder gesellschaftliche Reputation eines Produkts aufbauten. Dies galt besonders für den industriellen Nahrungsmittelbereich, in dem ein Vertrauen auf gleichbleibenden Geschmack sowie Frische und Hygienestandards besonders wichtig war. In Deutschland gehörten *Dr. Oetker* Backpulver, *Bahlsen* Kekse, *Kupferberg* Sekt aber auch *Persil* Waschpulver, *Pelikan* Federhalter oder *Continental* Fahrradreifen zu den frühen Markenprodukten, die von ihren Herstellern (zum Teil mit eigenen Werbeabteilungen) landesweit vertrieben wurden. Eingängige Markennamen, Verpackungen mit Wiedererkennungswert und eigens kreierte Logos erhöhten dabei den medialen Symbolcharakter der Markenprodukte in der Konsumkultur der Jahrhundertwende.

Aufkommen von Werbeagenturen — Befördert wurde dieser Wandel im Vertrieb durch das Aufkommen professionalisierter Werbeagenturen. Während die Forschung mittlerweile darauf verweist, dass Werbung schon in der Frühen Neuzeit zur Anwendung kam, spielte die Reklame im öffentlichen Raum erst ab den 1850er Jahren mit dem Aufkommen der Litfaßsäulen eine wichtigere Rolle. Das Wachstum auflagenstarker Printmedien im späten 19. Jahrhundert ebnete dann ab den 1870er Jahren den Weg für sogenannte Annoncenagenturen, die Reklame für Produkte oder Geschäfte in Zeitungen und Zeitschriften gestalteten und platzierten. In den USA entstanden schon um die Jahrhundertwende richtige Werbeagenturen mit breitem Dienstleistungsangebot. Diese planten eigenständig ganze Werbekampagnen und konnten die Einführung neuer Produkte von der Marktforschung bis zur Verpackungsgestaltung mit begleiten. Nach dem Ersten Weltkrieg setzten sich solche „Full-Service"-Agenturen zunehmend auch in Deutschland durch und die Werbung professionalisierte sich weiter. Reklamefachleute gründeten Berufsverbände und Werbeforschung wurde nun vereinzelt Bestandteil universitärer Lehre. Doch die Werbebranche litt in Deutschland bis weit ins 20. Jahrhundert hinein an einem Reputationsproblem, wie der Historiker Gerulf Hirt (2013) gezeigt hat. So sehr die Absatzforschung zunehmend einen Anspruch auf Wissenschaftlichkeit erhob, galt die Werbung vielen zeitgenössischen Beobachtern weiterhin als eine eher unseriöse Kunst.

Dabei veranschaulicht die Werbekunst des frühen 20. Jahrhunderts besonders gut die künstlerische Seite der „modernen" Konsumgesellschaft. Viele Maler*innen und Gestalter*innen der künstlerischen Moderne nahmen auch gewerbliche Auftragsarbeiten an. Sie gestalteten Werbeanzeigen, kreierten neue Formen der Licht- und Leuchtreklame oder übernahmen Schaufenstergestaltung und Ladendekoration. In einer „modernen" Gestaltung trafen sich oft künstlerischer Anspruch und ein kommerzielles Interesse an einem zeitgemäßen oder gar zukunftsweisenden Auftreten gegenüber der potentiellen Kundschaft. Ein Beispiel sind die neuen Werbeplakate von Künstlern wie Lucian Bernhard oder Ludwig Hohlwein, die Produkte wie *Priester* Streichhölzer oder Damenschuhe des Berliner Schuhhauses *Stiller* im Stil der Neuen Sachlichkeit darstellten und so den Symbolcharakter und die „Modernität" dieser Marken unterstrichen (Abb. 6.3).

Ähnlich den Werbekünstler*innen hatte sich eine neue Gruppe von Industriedesigner*innen das Schaffen von ästhetisch ansprechender Industrieware zum Ziel gesetzt. Der 1907 gegründete *Deutsche Werkbund* brachte unter der Führung des Architekten und Designers Hermann Muthesius zu diesem Zweck Künstler*innen und Unternehmen zusammen. So gestaltete der frühe Industriedesigner Peter Behrens nicht nur Lampen und Produkte für die *Allgemeine Elektricitäts-Gesellschaft (AEG)*, sondern zugleich das gesamte unternehmerische Erscheinungsbild einschließlich von Werkhallen, Schriftzüge, Logos etc. In den 1920er Jahren gehörten dann auch die Künstler des Bauhauses in Weimar (und später Dessau) zu den deutschen Vordenkern moderner Formgebung unter den Bedingungen der industriellen Massenproduktion. Industriedesign sollte standarisierte Produkte schaffen, die die physiologischen und

Werbekunst und Produktdesign

psychologischen Ansprüche der Menschen optimal befriedigten. Gleichzeitig hatten Unternehmen aber auch ein Interesse daran, durch „modernes" Design neue Wünsche und Begehrlichkeiten zu schaffe. Werbekunst und Design sollten helfen, die Phantasie der Konsument*innen zu beflügeln.

6.4 Nachfrage stimulieren: Kundenforschung und Konsumpsychologie

Beim Verkaufen ging es spätestens in der Zwischenkriegszeit um mehr als nur eine optimale Distribution der wachsenden Menge kommerzieller Konsumgüter. Produzenten, Händler und Werbende setzten sich zunehmend mit den Möglichkeiten auseinander, Nachfrage zu stimulieren und zu schaffen. Unter den Bedingungen der Weltwirtschaftskrise popularisierten die amerikanischen Werbefachleute Roy Sheldon und Egmont Arens 1932 in einem Buch den Begriff des *„Consumer Engineerings."* Durch systematisches Marketing, so das Konzept, sollte die Kundennachfrage angeregt und gesteigert werden, um die Absatzkrise zu überwinden. Damit das Füllhorn der industriellen Massenproduktion (das uns eingangs auch auf dem *Sears*-Katalog begegnet ist), beständig weiter sprudeln kann, so die Autoren, bedürfe es modernen Designs und psychologischer Einflussnahme.

Marktforschung und Konsumpsychologie als "Consumer Engineering"

Ein Kernkonzept des *Consumer Engineerings* war die Idee der „Obsoleszenz": Kontinuierliche Designinnovationen sollten zum Kauf immer neuer, „moderner" Produkte verleiten. Nicht alle Unternehmen übernahmen derartige Ideen, doch der neue und expandierende Bereich des Marketings setzte in den 1920er und 1930er immer stärker auf wissenschaftliche Erkenntnisse aus Bereichen der Psychologie, der Soziologie und der Statistik. Marktforschungsagenturen begannen, Absatzmärkte und Kundenverhalten genau zu vermessen. Konsumpsychologen führten Umfragen und analytische Tiefengespräche durch, um selbst unterbewusste Kaufmotive und Konsumwünsche zu ergründen. Sowohl in den USA als auch etwas später in Europa gewannen solche Formen der Konsumforschung in Werbeagenturen und neuen Marketingabteilungen von Großunternehmen ab den 1930er Jahren an Bedeutung.

Welche Konsequenzen hatte das Aufkommen solcher Verkaufsmethoden für die Verbraucherschaft? Waren Konsument*innen wirklich jene große, manipulierbare Masse, als die sie in der älteren Konsumkritik zum Teil erscheinen? Frühe Werbepsycholog*innen hielten Verbraucher*innen tatsächlich für potentiell formbar und experimentierten – ähnlich wie Ivan Pavlov in seinen Hundestudien – mit Formen der psychologischen Konditionierung durch Werbestimuli. Schon in den 1930er Jahren wurde jedoch deutlich, dass Verbraucher*innen keineswegs willenlose Rezipient*innen waren und den Werbebotschaften durch ihre Empfänger*innen in unterschiedlichen sozialen Kontexten sehr eigene Bedeutungen zugemessen werden konnten. Die Verbraucherschaft war keine uniforme Masse, sondern zerfiel schon Anfang des 20. Jahrhunderts in eine Vielzahl von „Marktsegmenten", die durch Alter, Geschlecht, soziale Stellung, aber auch durch kulturelle Einstellungen und psychologische Dispositionen mitgeprägt waren. So sehr sich Konsumforschung und Unternehmen bemühten, Konsument*innen in ihrem Verhalten zu analysieren und zu beeinflussen, so sehr blieb dieses auch durch weitere Faktoren determiniert. Dazu zählten die Ebenen der individuellen Haushalte sowie die Rolle gesellschaftlicher Leitbilder und politischer Rahmensetzungen des Konsums, die jeweils in den folgenden Kapiteln behandelt werden sollen.

6.5 Quellen und Vertiefung

6.5.1 Warenvielfalt im Versandkatalog um 1910

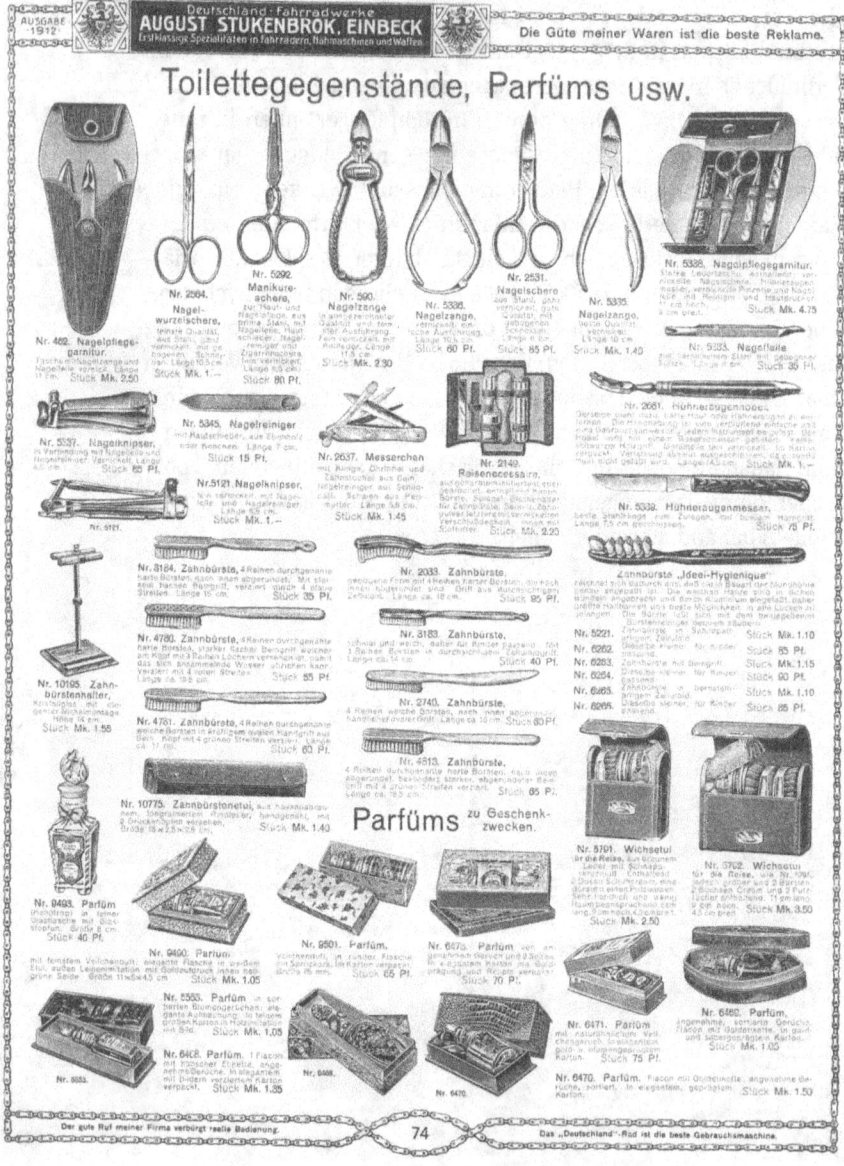

Abb. 6.2: Auswahl an Parfums und Hygieneprodukten im Versandkatalog. *Quelle*: Hauptkatalog August Stukenbrock 1912, 73. (http://www.digitalis.uni-koeln.de/Stuken/stuken_index.html).

6.5.2 Emile Zola: Das Paradies der Damen, 1883

Denise kam mit ihren beiden Brüdern zu Fuß vom Bahnhof Saint-Lazare. Sie waren eben erst von Cherbourg angekommen und hatten die ganze Nacht auf der harten Bank eines Eisenbahnwagens dritter Klasse zugebracht. Sie führte den kleinen Pépé an der Hand, während Jean ihr folgte; alle drei waren müde von der Reise und fühlten sich wie verloren in dieser ungeheuren Stadt Paris. [...]. Als sie endlich auf der Place Gaillon ankamen, blieb das Mädchen überrascht stehen.

»Schau einmal, Jean!« rief sie. [...] »Ist das ein Geschäft!« fügte sie nach einer Weile bewundernd hinzu.

Es war ein Modewarenhaus an der Ecke der Rue de la Michodière und der Rue Neuve-Saint-Augustin, dessen Auslagen im milden Licht dieses Oktobermorgens in hellen Farben erstrahlten. Vom Kirchturm von Saint-Roch schlug es eben acht; auf dem Bürgersteig sah man nur Leute, die ihrer Arbeit nachgingen: Beamte, die in ihre Büros hasteten, Hausmädchen, die in den Läden Einkäufe zu besorgen hatten. Vor dem Eingang des Warenhauses standen zwei Gehilfen auf einer Doppelleiter und waren dabei, verschiedene Wollwaren auszuhängen. In einer Auslage nach der Rue Neuve-Saint-Augustin kniete ein anderer Gehilfe mit dem Rücken zum Fenster und legte blauen Seidenstoff sorgfältig in Falten. Im Innern des Geschäfts, in dem noch keine Kunden zu sehen waren und wo auch das Personal erst nach und nach eintraf, summte es aber schon wie in einem erwachenden Bienenkorb.

»Donnerwetter!« rief Jean. »Da kann Valognes sich ja verstecken ... Dein Geschäft war lange nicht so schön.«

Denise nickte zustimmend. Sie hatte bei Cornaille, dem ersten Modewarenhändler von Valognes, zwei Jahre gearbeitet. Als sie jetzt plötzlich vor diesem Haus, vor diesem großartigen Geschäft stand, vergaß sie in ihrem Staunen alles übrige. An der stumpfen Ecke, die auf die Place Gaillon ging, befand sich eine hohe Glastür, die bis zum Zwischenstock reichte, umrahmt von kunstvoll zusammengesetztem, reich vergoldetem Zierat. Zwei sinnbildliche Figuren, lachende Frauengestalten, entrollten ein Band, auf dem zu lesen war: »*Zum Paradies der Damen*«. Dann folgte die Reihe der Auslagen längs der Rue de la Michodière und der Rue Neuve-Saint-Augustin, wo sie außer dem Eckgebäude noch je zwei Häuser einnahmen, die zu Erweiterungszwecken angekauft und vor kurzem erst eingerichtet worden waren. Das Geschäft erschien fast endlos mit seinen Schaufenstern im Erdgeschoß und seinen Spiegelscheiben im Zwischenstock, hinter denen man geschäftiges Treiben beobachten konnte.

»Zum Paradies der Damen«, las Jean und lachte vor sich hin. Er war ein hübscher Junge, der in Valognes schon seine kleinen Weibergeschichten gehabt hatte. »Das zieht die Leute an!«

Doch Denise stand immer noch versunken vor der Auslage zu seiten des Haupteingangs. Hier lag, sozusagen auf dem Gehsteig, ein ganzer Haufen von billigen Waren, Gelegenheitsartikel, welche die Kunden im Vorbeigehen anziehen sollten. Lange Bahnen der verschiedensten Stoffe ergossen sich aus dem Zwischenstock herab und flatterten wie Fahnen in allen Farben, schiefergrau, meerblau, olivgrün. Daneben hingen gleichsam als Umrahmung des Eingangs schmale Pelzstreifen als Kleiderbesatz herab. Unten schließlich waren in Fächern und auf Tischen mitten unter Stößen von Stoffresten Berge von Waren aufgestapelt, die für eine Kleinigkeit zu haben waren: gewirkte Handschuhe und Schals, Kopftücher, Leibchen, eine förmliche Ausstellung von Wintersachen in bunten, scheckigen, gestreiften Mustern. Es war ein riesiger Jahrmarkt; das Geschäft schien vor Überfülle bersten und seinen Überfluß auf die Straße ausschütten zu wollen.

[...]. Selbst der kleine Pépé, der keinen Augenblick die Hand seiner Schwester losließ, riß erstaunt die Augen auf. Ein rollender Wagen zwang sie alle drei, die Mitte des Platzes, wo sie bisher gestanden hatten, zu verlassen; unwillkürlich wandten sie sich der Rue Neuve-Saint-Augustin zu, folgten den Schaufenstern und blieben vor jeder Auslage stehen. Die letzte aber übertraf alles, was sie bisher gesehen hatten. Hier war eine Ausstellung von Seiden-, Atlas- und Samtstoffen in den prächtigsten Farben gezeigt: ganz oben die Samte, vom tiefsten Schwarz bis zum zarten Milchweiß; weiter unten die Atlasstoffe in Rosa, in Blau, in weichen Farbtönen; noch tiefer schließlich die Seidenstoffe, eine ganze Skala des Regenbogens, da ein Stück zu einer Schleife aufgebauscht, dort ein anderes in Falten gelegt, wie zum Leben erwacht unter den geschickten Händen der Dekorateure. Zu beiden Seiten aber waren in ungeheuren Stößen jene beiden Seidenarten aufgehäuft, die eine ausschließliche Spezialität des Hauses bildeten: »Pariser Glück« und »Goldhaut«, zwei Artikel, die eine Umwälzung im Modehandel hervorrufen sollten.

»Ach, diese Seide zu fünf Franken sechzig!« rief Denise, ganz hingerissen von dem »Pariser Glück«, aus. Jean begann sich zu langweilen. [...]

Quelle: Emile Zola: Das Paradies der Damen (übers. Armin Schwarz), Altenmünster 2015, 1–2.

6.5.3 Werbung für Zündkerzen der Marke *Bosch* im Stil des modernen Sachplakats, 1914

Abb. 6.3: Sachplakat. Werbeposter von Lucian Bernhard für Zündkerzen der Firma *Bosch*, 1914. Quelle: Museum of Modern Art.

6.5.4 „Consumer Engineering" als Reaktion auf die Weltwirtschaftskrise, 1932

> In the face of this surprising state of affairs, Henry Ford filled a depressed business world with incredulity when he exclaimed, "There is no such thing as overproduction." What he meant was that there is only underconsumption. The change of emphasis is important. In its implications may lie the salvation of our whole business structure. The consumption of goods is still far below what it conceivably might be. The reason is not far to find. It is because to date most of the high-powered thinking has been production-minded. But if a consumption technique were developed as scientific and well organized as our production technique, the balance between producing and consuming would be reestablished. Assuredly such a technique would simulate the flow of goods from maker to user and inaugurate that most satisfactory state of affairs – good business. [...]
>
> Instead of waiting for obsolescence to overtake it we find one corporation after another changing the nature of its product, getting out of a dying market into a growing one. [...] Industrial production is forever converting waste dumps into gold mines and by-products into new industries. Rayon

and cellulose products have changed women's clothes and are displacing wood, hardware, glass in innumerable instances. Dry ice from CO_2 gas, medicines from coal, [...] and quick freezing of fish, fruits, and vegetables are typical of our changing industrial picture. These swift changes that have taken place in industry in response to new consumer demands, often in anticipation of them, are examples of this tendency we are calling consumer engineering. It is a business tendency that is rapidly crystallizing into a science. [...]

Obsolescence outwitted

General Electric, du Pont, General Foods, U.S. Steel, the Aluminum Company, and many other corporations are concrete examples of the flexibility and ingenuity of business as producer. The trend is toward more rapid and more intelligent responsiveness on the part of the manufacturer to changing markets. Obsolescence in production processes is anticipated. [...]

One other characteristic of present-day production stands out as typical of the consumer engineer's technique – the speed with which new materials and new uses for old ones are developed. A new welding process makes possible the extension of pipelines from 250 miles to 1.300 today and who knows how far tomorrow? Quick freezing of foods, dry ice, packaged meats, stainless steel, bakelite, cellophane, rayon, are but a few of these useful strangers. Television is already being broadcast daily from several stations, will Radio City become our greatest newspaper, university, talkie?

The rapid change in business methods characteristic of this era is particularly noticeable in the revolutionary changes that are now taking place in the machinery of retailing. While manufacturing costs have been steadily decreasing, distribution costs have been rising. Here is another place where the consumer engineer will be asked to create economies. Some of the changes we are witnessing in retailing procedure have some so suddenly that pessimists see nothing but chaos. A new synthesis is indicated.

The Battle of the Brands

With this diversification of outlets, this horizontal distribution of magazines, novelties, potato chips, fountain pens, medicines, cigarettes, there grew up a new completion for retail outlets. Those chains which were first in the field reaped a rich reward by making it easy and quick to shop. They learned the trick of turning their merchandise with amazing speed, increasing the effectiveness of each clerk, handling a steady stream of buyers in a minimum of space.

In order to secure such retailers and profit by the increased volume sold, manufacturers were willing to make special prices to the chains. The chains passed on this reduction to their customers in lower prices and in cut-price sales. The toothpaste nationally advertised and sold for fifty cents was suddenly cut to thirty-nine cents or two tubes for fifty-one cents. Stores sprang up which sold cut-rate goods exclusively. The battle of the brands started when the chains, who handled familiar trade-marked products, began selling their own packaged goods. Beside then familiar packages of gelatin, peas, or peaches a newcomer suddenly appeared, bearing the mark of the chain – distributors began advertising their private brands in competition with "advertised brands".

Quelle: Egmont Arens/Roy Sheldon: Consumer Engineering: A New Technique for Prosperity, New York 1932, 15–29.

6.5.5 Fragen und Anregungen

- Welche Rolle spielte der Handel beim Entstehen der modernen Massenkonsumgesellschaft? Wie hat sich die Rolle des Handels zwischen Konsumgüterproduzenten und Verbraucher*innen u. a. durch das Aufkommen von Markenprodukten gewandelt?
- Der Ladenschluss war lange ein kontroverses gesellschaftliches Thema. Welche Argumente lassen sich aus historischer Perspektive für eine Begrenzung der Einkaufszeiten anführen und welche Nachteile birgt diese?
- Konsumgenossenschaften waren zu Beginn des 20. Jahrhunderts eine wichtige Handelsform. Welche Probleme und Potentiale hatten genossenschaftliche Vertriebsmodelle in der modernen Konsumgesellschaft?
- Datenschutz ist ein zentraler Aspekt heutiger Verbraucherpolitik, um die Anonymität von Kunden*innen zu schützen und Marktmanipulationen zu begrenzen. Ob im Dorfladen, durch die Kreditabteilungen von Kaufhäusern oder durch frühe Marktforschungsorganisationen – ein Blick in die Geschichte des Verkaufens zeigt, dass Kundenverhalten schon lange beobachtet und analysiert wurde. Welche Parallelen und Unterschiede lassen sich beim Einkaufen um 1920 und zu Beginn der 2020er Jahre ziehen?

Weiterführende Literatur

Hirt, Gerulf: Verkannte Propheten?: zur „Expertenkultur" (west-)deutscher Werbe-kommunikatoren bis zur Rezession 1966/67, Leipzig 2013. (*Geschichte der frühen Werbewirtschaft in Deutschland und deren Professionalisierung*)

Langer, Lydia: Revolution im Einzelhandel. Die Einführung der Selbstbedienung in Lebensmittelgeschäften der Bundesrepublik Deutschland (1949–1973), Köln u. a. 2015. (*Studie zur Einführung der Selbstbedienung in Deutschland*)

Lerner, Paul: The Consuming Temple. Jews, Department Stores, and the Consumer Revolution in Germany, 1880–1940, Ithaca 2015. (*Studie zu Warenhäusern in Deutschland aus der Perspektive der jüdischen Geschichte*)

Logemann, Jan: Engineered to Sell. European Emigres and the Making of Consumer Culture, Chicago 2020. (*Transnationale Geschichte des Marketings, Industriedesigns und der Marktforschung in Europa und den USA der 1920er bis 1960er Jahre*)

Prinz, Michael: Brot und Dividende. Konsumvereine in Deutschland und England vor 1914, Göttingen, 1996. (*Vergleichende Arbeit zur Geschichte der Konsumvereine in Deutschland und England bis zum Ersten Weltkrieg*)

Spiekermann, Uwe: Basis der Konsumgesellschaft. Entstehung und Entwicklung des modernen Kleinhandels in Deutschland 1850–1914, München 1999. (*Grundlagenwerk zur Entwicklung des Einzelhandels im 19. und frühen 20. Jahrhundert*)

7 Haushalte zwischen Konsum und Produktion

Abb. 7.1: Titelblatt der ersten Ausgabe von *Selbst ist der Mann*, 1957. Quelle: Selbst ist der Mann, Nr. 1, November 1957.

In den 1950er Jahren hielten zwei neue Begriffe Einzug in die deutsche Sprache: Do-it-yourself und, etwas später, Heimwerken. Sie bildeten Sammelbegriffe für Tätigkeitsfelder, die bisher in Reparieren, Basteln, Bauen oder Instandhaltung unterschieden worden waren, und boten gleichzeitig eine Neuinterpretation solcher Aktivitäten an. Das Werkeln am und im Haus erschien nicht mehr als reine Notwendigkeit, sondern als Hobby. Schon lange bevor Zeitschriften wie *Selbst ist der Mann* auf den Markt kamen, gab es bereits Bau- und Reparaturanleitungen (Abb. 7.1). Sie waren eine einmalige Anschaffung und wurden dann im Bedarfsfall konsultiert, wohingegen eine Zeitschrift jeden Monat neue Anregungen und Anleitungen lieferte und Do-it-yourself als Freizeitbeschäftigung präsentierte, für die es immer neue Anlässe gab.

Das Titelblatt der ersten Ausgabe von *Selbst ist der Mann* zeigt die unterschiedlichen Versorgungsmöglichkeiten für Privathaushalte exemplarisch. Kaufen oder Selbermachen? Diese Frage hatte seit Beginn der Industrialisierung und infolge der Massenproduktion von Kleidung, Lebensmitteln, Möbeln, Spielzeug und vielen anderen Dingen des täglichen Bedarfs massiv an Bedeutung gewonnen. Beginnend in den 1950er und dann vor allem seit den 1960er und 1970er Jahren erfasste diese Entwicklung auch handwerkliche Tätigkeiten. Hersteller entdeckten Privatpersonen als Zielgruppe, die nun Produkte wie tropffreie Farbe, Materialien in kleinen Packungsgrößen, elektrische Bohrmaschinen, Spachtelmasse aus der Tube und nicht zuletzt Handbücher und Zeitschriften wie *Selbst ist der Mann* kaufen konnten. Eine konsumfreie Zone war das Selbermachen also keineswegs, sondern der Markt verlagerte sich vom Bezug handwerklicher Dienstleistungen zum Kauf von Heimwerkerprodukten.

Haushaltsproduktion als Markt

„Mach's billiger – mach's besser – mach's selbst!": Mit diesen Hinweisen ließ die Zeitschrift keinen Zweifel daran, dass sich Heimwerken lohnte. Gerade das Versprechen, Zeit oder Geld sparen zu können, war für die Entscheidung zwischen Selbermachen und Kauf bedeutsam. Wer sich für das Selbermachen entschied, ging jedoch das Risiko ein, zu scheitern. Umso wichtiger war es, potenziellen Kund*innen Mut zuzusprechen: „Was dieser Mann kann... können Sie auch", hob *Selbst ist der Mann* daher prominent auf dem Titel hervor. Um dieses Versprechen zu halten, mussten die Anleitungen funktionieren. Andernfalls drohten Kund*innen zu scheiterten und wieder zum Kauf fertiger Produkte oder der Beauftragung professioneller Handwerker*innen überzugehen.

Das westdeutsche Publikum musste erst lernen, was mit dem amerikanisch anmutenden Heimwerken und Do-it-yourself gemeint war. Die Idee des Heimwerkens traf in Deutschland auf lokale Bastler-, Bau- und Reparaturtraditionen, doch bei der Kommerzialisierung des Heimwerkens orientierten sich Zeitschriften, Hersteller* innen und Händler*innen vielfach an den USA. Ein Beispiel sind die Baumärkte, die sich seit den späten 1960er Jahren in der Bundesrepublik nach dem Vorbild US-amerikanischer Märkte verbreiteten. Umfragen zufolge, deren Zahlen allerdings nur bedingt miteinander vergleichbar sind und die quellenkritisch gelesen werden müssen, waren in den 1960er Jahren etwa die Hälfte bis zwei Drittel der westdeutschen Männer heimwerkend tätig und gaben dafür mehrere Milliarden DM aus; in den 1980er Jahren gingen Schätzungen von über 50 bis zu 90 % der Haushalte und einem Marktvolumen von über 25 Milliarden DM aus.[1]

Das Zusammenspiel von Konsum und Produktion innerhalb des Privathaushaltes wird immer wieder als „Prosumieren" bezeichnet und als abgrenzbare Versorgungsstrategie zwischen Selbstversorgung und Marktversorgung analysiert.[2]

Prosumieren

7.1 Konkurrierende Versorgungsweisen im Privathaushalt

Die Aufforderung „Do it yourself!" ist ein relativ junges Beispiel für eine spezifische Form der Konkurrenz um die Kaufkraft von Privathaushalten. Haushalte wählten nicht nur zwischen Fabrikaten und Marken, sondern zunächst einmal zwischen konkurrierenden Versorgungsweisen. Je nach Wahl der Versorgungsstrategie rückten unterschiedliche Waren in den Fokus der Käufer*innen.

Auch schon lange vor dem Zeitalter der industriellen Massenproduktion trafen Menschen Entscheidungen zwischen Kauf und

Kaufen oder Selbermachen?

---

[1] Zahlen nach Institut für Freizeitwirtschaft: Marktanalyse Do-it-yourself 1986. Ergebnisbericht, München 1986, 13; Jonathan Voges: „Selbst ist der Mann". Do-it-yourself und Heimwerken in der Bundesrepublik Deutschland, Göttingen 2017, 387.
[2] Vgl. Birgit Blättel-Mink/Kai-Uwe Hellmann (Hrsg.): Prosumer Revisited. Zur Aktualität einer Debatte, Wiesbaden 2010; Silvia Rief: Jenseits der Trennung von Produktion und Konsum: Begriffliche Konzepte zur Analyse der gesellschaftlichen Institutionalisierung von Versorgungsweisen und Versorgungsprozessen, in: Österreichische Zeitschrift für Geschichtswissenschaften 30 (2019), Nr. 1, 20–51.

Selbstherstellung. Ob Backwaren, Kleidung, Möbel, Werkzeuge oder Bier: Vielerorts gab es Gegenstände oder Dienstleistungen zu kaufen. Doch die Zahl der marktgehandelten Güter war verhältnismäßig gering, die regionalen Unterschiede beträchtlich und auch aus finanziellen Gründen kam Kauf für viele nicht in Betracht. Antike, mittelalterliche und frühneuzeitliche Haushalte praktizierten daher überwiegend Selbstversorgung.

Mit der Industrialisierung änderten sich die Rahmenbedingungen der häuslichen Versorgung grundlegend. Erstens kam durch die industrielle Massenproduktion eine schnell wachsende Zahl an Gütern des täglichen Bedarfs auf den Markt, die für immer breitere Bevölkerungskreise erschwinglich und dank moderner Transport- und Verkaufsinfrastrukturen auch räumlich in greifbare Nähe rückten. Zweitens stieg durch Urbanisierung und Industrialisierung der Bedarf an käuflichen Produkten. In den Städten war Selbstversorgung nur in eingeschränktem Maße möglich, und durch die steigende Erwerbstätigkeit von Frauen in Heim- oder Fabrikarbeit stand oftmals weniger Zeit für die Haushaltsproduktion zur Verfügung. Drittens setzte sich nun der Geldlohn endgültig flächendeckend durch, während die Teilentlohnung in Naturalien fast vollständig verschwand. Damit wuchs die Möglichkeit, aber auch die Notwendigkeit, sich über den Einkauf von Waren und Dienstleistungen zu versorgen.

Veränderung der Haushaltsproduktion

Mit der Ausweitung der Produktpalette vervielfältigten sich die Versorgungsoptionen innerhalb kurzer Zeit und veränderten das Verhältnis von Konsum und Produktion im Haushalt. Ein Teil des neuen Warenangebots verdrängte früher selbstverständliche Formen der Haushaltsproduktion. Seifen und Waschmittel waren beispielsweise lange ein Luxusprodukt gewesen. Mithilfe neuer chemischer Verfahren wurden sie zu einem Massenkonsumgut und die Herstellung von Reinigungsmitteln verschwand allmählich aus den Privathaushalten. Ein weiteres Beispiel: Als die neue Kleidung von der Stange für breite Bevölkerungskreise erschwinglich wurde, verloren Nähen und Stopfen an Bedeutung (auch wenn sie weiterhin wichtig blieben).

Andere neue Produkte erleichterten hingegen Haushaltsproduktion oder ermöglichten sie gar erst, beispielsweise Back- und Puddingpulver oder Farben zum häuslichen Färben von Textilien, wie sie seit dem späten 19. Jahrhundert etwa die Firmen *Brauns* und *Heitmann* auf den Markt brachten. Ein anderes Beispiel sind Einkochapparate, wie sie unter anderem die Firma *Weck* seit dem Jahr 1900 anbot. Sie funktionierten nach demselben Prinzip, das auch die Industrie bei der Herstellung von Obst-, Gemüse- und Fleischkonserven anwandte. Mehrere Gründe machten das häusliche Einkochen attraktiv. Industriell hergestellte Konserven waren zunächst recht teuer, und das häusliche Einkochen erlaubte die Verarbeitung von Lebensmitteln aus dem eigenen Garten oder Stall. Anders als beim Dörren oder Pökeln blieben die Lebensmittel beim Einkochen fast unverändert erhalten, und vor allem konnte man sicher sein, was in die Gläser hineingekommen war. Käufliche Konserven, deren Inhalt man beim Kauf nicht sehen konnte, lösten hingegen vielfach Misstrauen aus, was die Qualität der Zutaten und der Verarbeitung anging.

Einige Produkte standen zwischen den Sphären von Eigen- und Massenproduktion. Ein Beispiel ist die Nähmaschine, die sich, ausgehend von den USA, in Deutschland vor allem seit den 1860er Jahren durchsetzte. Sie erleichterte und beschleunigte die häusliche Herstellung von Kleidung enorm. In den ersten Jahrzehnten nähten die meisten Besitzerinnen einer Nähmaschine – ganz überwiegend waren es Frauen – jedoch nicht (nur) für sich und ihre Familien, sondern auf in Ratenzahlung gekauften Maschinen in Heimarbeit für die Kleidungsindustrie und verhalfen so der Konfektionsware zum Durchbruch. Das galt vor allem für ungelernte Mädchen und Frauen der Arbeiterklasse, aber auch Frauen aus dem Kleinbürger- und dem Bürgertum verschafften sich mit der Nähmaschine einen Nebenverdienst. Nähmaschinen waren also gleichermaßen „Produktionsmittel und Konsumgut",[3] sie verdrängten bisherige Formen der Selbstversorgung und erleichterten sie gleichzeitig.

So entstanden Märkte sowohl für das gewünschte Endprodukt wie Kleidung oder Konserven als auch für Hilfsmittel zur deren eigenhändigen Herstellung. In jüngster Zeit haben 3D-Drucker eine neue Diskussion über die Möglichkeiten der Haushaltsproduktion angestoßen. Beispiele für die (versuchte) Verdrängung des Selbermachens aus den Privathaushalten sind hingegen Kleidung von der Stange, Produkte wie Babynahrung im Glas, Tiefkühlgerichte sowie Elektrogeräte, die so gebaut sind, dass sie kaum noch zuhause repariert werden können.

neue Produktwelten

---

[3] Karin Hausen: Technischer Fortschritt und Frauenarbeit im 19. Jahrhundert. Eine Sozialgeschichte der Nähmaschine, in: Geschichte und Gesellschaft 4 (1978), Nr. 2, 148–169, hier 148.

All diese Produkte wurden seit dem ausgehenden 19. Jahrhundert mit charakteristischen Werbeversprechen beworben, die bis heute weit verbreitet sind: Werbung für Produkte, die die häusliche Eigenherstellung ersetzen, verwies vor allem auf die Zeitersparnis und Bequemlichkeit, auf die hohe Qualität und die professionelle Herstellung, auf die damit einhergehende Sicherheit bzw. Haltbarkeit sowie auf die große Vielfalt bei der Auswahl von Stil- oder Geschmacksrichtungen. Auch in der Werbung für Hilfsmittel zum Selbermachen wurden Zeit- und häufiger noch Geldersparnis ins Feld geführt, außerdem die Unabhängigkeit von Läden und deren Auswahl. Viel mehr könnten, so das Versprechen, eigene Wünsche, was Qualität und Aussehen betrifft, umgesetzt werden. Von zentraler Bedeutung war darüber hinaus das Versprechen von Gefühlserlebnissen wie Freude, Spaß und Stolz, die mit der eigenhändigen Herstellung einhergingen.

7.2 Versorgungsstrategien und die Ordnung der Gesellschaft

Entscheidungen im Spannungsfeld von Konsum und Selbstversorgung mit dem weiten Feld des Prosumierens dazwischen sind Entscheidungen über den Einsatz von Zeit, Geld und Materialien. Die konkreten Entscheidungen über den Einsatz dieser Ressourcen waren nie nur von wirtschaftlichen Gesichtspunkten geprägt, sondern immer auch von moralischen Überlegungen und Fragen der gesellschaftlichen Ordnung. Wessen Zeit oder Geld sollte darauf verwendet werden, etwas zu kaufen oder in Haushaltsproduktion herzustellen? Wie würden Zeit und Geld bei der Wahl einer alternativen Versorgungsstrategie eingesetzt werden? Welche Materialien galten als knapp und daher wertvoll?

Zeit oder Geld? Mit der Industrialisierung standen die bisherigen Formen des Ressourceneinsatzes in Frage. Zum Arbeitsort wurden Fabriken und Büros, die Arbeitszeiten waren verbindlich geregelt. Für Kinder entstanden neue unbeaufsichtigte Zeiträume, wenn beide Eltern arbeiten mussten, und insbesondere die mögliche Erwerbstätigkeit von Frauen löste Sorgen über einen drohenden Niedergang von Erziehung und Familienleben aus. Aus dieser sorgenvollen Perspektive heraus entstanden im letzten Drittel des 19. Jahrhunderts Erziehungsprogramme auf der Basis bürgerlicher Wertvorstellungen. Sie setzten auf Haushaltsproduktion als gesellschaftliches Heilmittel und wandten sich zumindest gegen Teile der neuen Konsummöglichkeiten.

Kinder bildeten eine erste Zielgruppe. In den Schulen, vor allem den Volksschulen, sollten praktische Fächer wie Werken, Handarbeiten, Hauswirtschafts- und Kochunterricht gefördert werden. Jungen und Mädchen sollten lernen, wie sie Dinge des täglichen Bedarfs herstellten, und sie sollten auch lernen, dass selbstgemachte Dinge besser waren als gekaufte. Dementsprechend rückten zweitens Frauen der ärmeren Schichten in den Fokus von Erziehungsprogrammen. Eine gute Hausfrau und Mutter, so propagierten es Bücher, Pamphlete und Kurse, war nicht erwerbstätig und verschwendete das knappe Geld nicht, um fertig einzukaufen, was die Familie benötigte. Vielmehr kochte sie die Mahlzeiten selbst, nähte selbst und flickte, was zerrissen war. Drittens galten – in geringerem Maße – ähnliche Ansprüche für Männer. Auch sie waren aufgefordert, in ihrer freien Zeit zu reparieren und zu basteln (idealerweise mit ihren Kindern). In der Bundesrepublik galt Heimwerken als gesunde Form der Freizeit, die Männern in der neu entstehenden Fünf-Tage-Woche der 1960er Jahre eine sinnvolle Beschäftigung gab.

Wenn sich alle Familienmitglieder an diesem Ideal orientierten, war das gesunde Familienleben gesichert. Andernfalls drohten Verwahrlosung, Verschwendung und damit eine Schwächung der Familien, die wiederum die Gesellschaft als Ganzes schwächte. Diese Sichtweise spiegelte bürgerliche Ängste und Ideale wider, die aber vor allem mit Blick auf unterbürgerliche Schichten diskutiert wurden und zu entsprechenden Erziehungsversuchen führten. Es ging also weniger darum, wie funktional oder ästhetisch gekaufte oder selbstgemachte Dinge waren, sondern um eine Erziehung zum als richtig erachteten Zeitgebrauch. Aus diesen Zusammenhängen entstand das Ideal der nicht erwerbstätigen Hausfrau, die in Eigenarbeit herstellte, was auch hätte gekauft werden können. Noch in der zweiten Hälfte des 20. Jahrhunderts und teilweise bis heute vertraten viele Politiker*innen, Wissenschaftler*innen und Medien die Auffassung, Kinder benötigten mittags ein selbstgekochtes Essen, sodass Frauen höchstens halbtags erwerbstätig sein sollten mit allen daraus folgenden Ungleichheiten in der sozialen Absicherung und im sozialen Status. In der DDR, wo Arbeitskräfte knapp und Frauen ganz überwiegend berufstätig waren, gab es diese Vorbehalte nicht. Essen in der Mensa oder Kantine, Fertiggerichte und

Pädagogisierung und Moralisierung der Versorgung

Babynahrung im Glas waren nicht verpönt, sondern wurden als Zeit- und Kraftersparnis begrüßt.

Auseinandersetzungen rund um die Optionen Konsum, Prosumieren oder Selbstversorgung waren also moralisch aufgeladen und basierten auf Vorstellungen über Schicht, Geschlecht und Generation. Änderten sich die Rahmenbedingungen von Versorgungshandeln, beispielsweise das Warenangebot oder die Wohnverhältnisse, mussten Rollenzuschreibungen und Identitäten neu ausgehandelt werden. Die neuen Möglichkeiten des Prosumierens stellten sogar die Unterscheidung in Laien und Expert*innen in Frage. Wenn man mit der Hilfe von selbstklebender Tapete, Plastikdübeln, Handstrickapparaten, Nähmaschinen, Schnittmustern oder Backmischungen vieles selbst herstellen konnte, warum dann teure Fachleute in Anspruch nehmen? Was unterschied Laien und Profis, wenn sich die Ausstattung an Werkzeugen, Zutaten und Materialien annäherte? Etliche Werbekampagnen für Hilfsmittel zum Selbermachen leisteten dieser Wahrnehmung vor allem seit den 1970er Jahren Vorschub, indem sie die Käufer*innen als Profis ansprachen und ihnen eine Profi-Ausrüstung versprachen.

Aufgrund der vielfältigen Verbindungslinien zwischen Versorgungshandeln, Moralvorstellungen und Rollenbildern waren Entscheidungen zwischen Konsum, Prosumieren und Selbstversorgung keine reine Privatangelegenheit, sondern hatten eine gesellschaftspolitische Dimension. Über die Fragen von Konsum und Selbstversorgung wurden Aufgabenverteilungen, Moralvorstellungen und Werte sowie Identitäten verhandelt. Neben ökonomischen Faktoren beeinflusste auch diese normative Aufladung von Versorgungsoptionen, wie und womit Menschen sich versorgten.

7.3 Konjunkturen im Bereich der Versorgungsstrategien

Die Konjunkturen im Bereich des häuslichen Versorgungshandelns waren von vielen Faktoren abhängig. Wirtschaftliche Rahmenbedingungen spielten eine Rolle, aber auch sich wandelnde Moralvorstellungen oder Geschlechterbilder sowie politische Vorgaben. Das bedeutet nicht, dass zu einem bestimmten Zeitpunkt nur eine Versorgungsstrategie möglich gewesen wäre, denn zu allen Zeiten herrschte ein buntes Nebeneinander. So wie sich Menschen innerhalb einer Gesellschaft auf unterschiedliche Weise versorgten, herrschte auch innerhalb einzelner Haushalte eine große Vielfalt an Versorgungsstrategien, die auf individuellen Vorlieben und Möglichkeiten basierte. Wer sein Haus selbst in Schuss hielt, konnte trotzdem sein Auto in der Werkstatt reparieren lassen oder Tiefkühlgerichte aufwärmen, und wer gerne kochte, stopfte vielleicht niemals Socken. Dennoch lassen sich für das 19. und 20. Jahrhundert Konjunkturen im Versorgungshandeln unterscheiden. Sie sollen hier nur in groben Zügen und in ihrer gesamtgesellschaftlichen Dimension skizziert, aber in späteren Kapiteln noch einmal aufgegriffen werden.

Mit der Industrialisierung haben wir bereits einen Zusammenhang kennengelernt, der Versorgungshandeln massiv veränderte, indem Tätigkeiten entweder aus dem Haushalt herausgenommen oder aber neu in ihn hineingeholt wurden. Damit einher gingen veränderte Vorstellungen angemessener Versorgung und damit gesellschaftliche Erwartungen, die manche Teile der Haushaltsproduktion als überholt ansahen, andere aber von Frauen und Männern erwarteten.

Ein zweiter Transformationszusammenhang sind Zeiten des kollektiven Mangels wie Kriegs- und Nachkriegszeiten. Mit der Umstellung auf Kriegswirtschaft und der kriegsbedingten Ressourcenknappheit griffen Regierungen (im Deutschen Reich ebenso wie in vielen anderen kriegsführenden Staaten) seit dem Ersten Weltkrieg tief in die Funktionsmechanismen der Märkte ein. Sie setzten in vielen Bereichen die Mechanismen von Angebot und Nachfrage außer Kraft, reglementierten Produktion und Konsum und versuchten so, die Versorgung der Truppen sowie der Bevölkerung sicherzustellen. Kleider- und Lebensmittelkarten sowie andere Formen der Rationierung beschränkten den Konsum, doch auch die Selbstversorgung wurde reglementiert, um die Ressourcenverteilung zu kontrollieren (dazu Kapitel 10). Während manche Formen der Selbstversorgung eingeschränkt wurden (z. B. Hausschlachtungen oder Butterherstellung), war die Bevölkerung aufgefordert, sie an anderer Stelle auszuweiten, beispielsweise bei Reparaturen am Haus oder an Kleidungsstücken. Erinnerungen an die Kriegs- und Nachkriegsjahre sind daher häufig Erinnerungen an veränderte Versorgungsstrategien. Gewohnte Konsumgüter waren nicht mehr erhältlich, also griff ein Großteil der Bevölkerung zu Notbehelfen: zur Selbstherstellung, zu Praktiken des

Kriegswirtschaft und Mangelerfahrung

Umarbeitens und Reparierens. Ähnlich reagierten Menschen auch jenseits von Kriegszeiten, wenn Konsumgüter knapp waren. So führte die Knappheit mancher begehrter Waren auch in der DDR zu einer ausgeprägten Kultur des Selbermachens, des Umfunktionierens und Instandsetzens.

Drittens beeinflussten Gesundheits- und Umweltfragen das Versorgungshandeln zwischen Konsum und Selbstversorgung. Die Lebensreformbewegung des späten 19. und frühen 20. Jahrhunderts kritisierte die Lebensweise, insbesondere aber auch die Produktionsweisen des modernen Industriezeitalters als ungesund (dazu Kapitel 9). Sie lehnte vor allem die industrielle Lebensmittelverarbeitung ab und setzte auf Selbstherstellung. Statt das Brot zu kaufen, investierten die Anhänger*innen der Lebensreform in Getreidemühlen und schroteten selbst Getreide, um dann ihr eigenes Brot zu backen. Statt Konserven und Säfte im Laden zu erwerben, verarbeiteten sie Obst und Gemüse selbst, wie auch grundsätzlich frisch zubereitete und möglichst unverarbeitete Lebensmittel hoch im Kurs standen. Diese Bedürfnisse führten jedoch nicht nur zu Konsumvermeidung und Eigenproduktion, sondern auch zu neuen Konsuminfrastrukturen wie den Reformhäusern, die ab 1900 unter diesem Namen Lebensmittel, Kleidung, Hygieneartikel und andere Produkte anboten. Auch vegetarische Restaurants, Versandgeschäfte für Naturheilmittel sowie eigene Verlage und Zeitschriften zählten zu dieser Infrastruktur. Nur eine kleine Minderheit der Bevölkerung kaufte hier ein, doch die Themen der Lebensreformbewegung, darunter insbesondere der Fokus auf die Gesundheit von Lebensmitteln, strahlten weit über diesen Kreis hinaus.

Selbermachen als alternativer Lebensstil

Seit den 1970er und 1980er Jahren war es dann die Umweltbewegung, die den Zusammenhang zwischen Konsum und Gesundheit wieder prominent machte, erweitert nun um das Stichwort Umwelt. Konsumverzicht, ressourcenschonendes Verhalten und mehr Selbstversorgung sollten dazu beitragen, die Erde sowie die eigene Gesundheit zu bewahren (dazu Kapitel 14). Auch aus dieser Bewegung entstand ein Mix aus neuen Initiativen zur Haushaltsproduktion und zur Reparatur sowie neuen Produkten, die bei der Selbstherstellung halfen oder sie durch gesundheits- und umweltbewusste käufliche Varianten ersetzten.

Moden

Schließlich sind Moden zu nennen. So kann der Heimwerker-Boom der 1960er bis 1980er Jahre auch als eine Modeerscheinung gedeutet werden; in den 1980er Jahren war Selbstgestricktes ebenso „in" wie die handgemachten Outfits der Punks, die alsbald von der Modeindustrie aufgegriffen wurden. Seit den 2000er Jahren boomen dann Plattformen für Selbstgemachtes wie Etsy, Zeitschriften und YouTube-Kanäle präsentieren Selbstgemachtes und auch Firmen werben für Produkte aller Art mit Hinweisen wie „wie selbstgemacht" oder in DIY-Ästhetik. Ein Rückgang des Konsums ist mit diesen Moden des Selbermachens nicht verbunden.

Zu den Konjunkturen zählen auch die regelmäßig erscheinenden Prognosen, die Zukunft gehöre der konsumgestützten Haushaltsproduktion. So forderte der Sozialphilosoph Ivan Illich eine „konvivale Gesellschaft" (1975), die sich u. a. durch eine Abkehr von Wachstums- und Technikfixiertheit auszeichnete und in der die Menschen das Recht reklamierten, ihre Umwelt und damit auch ihre dingliche Umgebung wieder selbst zu gestalten. Zwei Jahre später präsentierte der Soziologe Jonathan Gershuny in einem Text zur „Self-service economy" (1977) die These, der technische Fortschritt würde künftig immer mehr Versorgungsleistungen in den Privathaushalt verlagern, wenn beispielsweise die Waschmaschine die Reinigung oder Zugehfrau ersetzte und der Fernseher den Gang ins Kino. Der Futurologe Alvin Toffler sah 1980 sogar ein neues Zeitalter anbrechen, in dem Produktion und Konsum, die durch die Industrialisierung getrennt worden waren, im Privathaushalt wieder zusammengeführt würden. Auch er benannte technische Entwicklungen als entscheidende Voraussetzung, denn sie ermöglichten es Laien, Dinge und Dienstleistungen selbst her- oder bereitzustellen. Im deutschsprachigen Raum ist als neuere Publikation das von Holm Friebe und Thomas Ramge verfasste Buch *Die Marke Eigenbau* (2008) zu nennen, in dem sie den „Aufstand der Massen gegen die Massenproduktion" und eine „Rebellion des Selbermachens" prognostizieren.[4]

Versorgung als Zukunftsthema

Ob aus einer optimistischen oder pessimistischen Sichtweise heraus geschrieben: Texte wie diese verweisen auf ein beobachtetes oder ersehntes Unwohlsein am Massenkonsum. Gefordert bzw.

---

4 Vgl. Ivan Illich: Selbstbegrenzung. Eine politische Kritik der Technik, Reinbek 1975; Jonathan Gershuny: The self-service economy, in: Universities Quarterly 32 (1977), Nr. 1, 50–66; Alvin Toffler: Die Zukunftschance. Von der Industriegesellschaft zu einer humaneren Zivilisation, München 1980; Holm Friebe/Thomas Ramge: Marke Eigenbau. Der Aufstand der Massen gegen die Massenproduktion, Frankfurt a.M. 2008.

beschrieben wird keine Rückkehr zu vorindustriellen Formen der Selbstversorgung, sondern eine konsum- und technikgestützte individualisierte Form der Haushaltsproduktion, die wiederum dabei helfen soll, die Gesellschaft zu einer besseren zu machen. Bisher haben sich diese Prognosen nicht bewahrheitet, doch zeigen sie deutlich die Verbindungslinien zwischen Versorgungsstrategien, Wirtschaftsformen, Wertvorstellungen und gesellschaftlicher Ordnung.

7.4 Quellen und Vertiefung

7.4.1 Longin Roßteuscher: Der Knabenhandfertigkeitsunterricht in der Volksschule, 1892

[...] Wie wird in einigen Jahren, wenn der Unterricht seine Blüten entfaltet und Früchte zeitigt, alles an den langen Winterabenden zu Hause sitzen und arbeiten! Wie viel wird da erspart werden! Die Restaurants und Vergnügungslokale werden geschlossen werden, die Spielkarten wandern ins Feuer. Zu Hause aber pappen, schnitzen und hobeln die Knaben, Jünglinge und Männer, die Mädchen und Frauen drehen die Spindeln und führen die Nadel, dazwischen erzählt der Großvater eine schnurrige Episode aus seinem Leben [...] Da kommt doch wieder einmal die Häuslichkeit mit ihrer ganzen Gemütlichkeit zur Geltung. Ich freue mich wirklich jetzt schon königlich auf diese goldene Zeit. Und welch erhebendes Gefühl muss den Städter beschleichen bei dem Gedanken, künftig eine kleine Werkstätte über seinem Kopfe zu haben! Doch Scherz bei Seite! Versetzen wir uns aufs Land! Da werden wir in der That die Früchte des Unterrichts ersprießen sehen. Schon sind mir Beispiele bekannt, daß Bauern ohne weitere Vorbildung während der Winterzeit sich Bettstätten, Blumenbretter etc. fertigen; in welchem Umfange wird dies Pfuschen erst überhand nehmen, wenn der Bauernjunge schon in der Schule Unterricht in den Hobelbankarbeiten u.s.w. erhält! [...] Und dadurch soll dem Pfuschen ins Handwerk nicht Vorschub geleistet werden? So glaubt man das Handwerk zu heben? Müssen nicht Handfertigkeitsschüler [...] sich für fertige Handwerker halten? [...] Erwägen wir noch, daß viele der im gewöhnlichen Leben verwendeten Dinge zu billigem Preise fabrikmäßig, andere nach Einführung des Handfertigkeitsunterrichts fast in jedem Hause ausgeführt werden, was wird dann dem Geschäftsmanne noch übrig bleiben? [...]

Quelle: Longin Roßteuscher: Der Knabenhandfertigkeitsunterricht in der Volksschule, in: Bayerische Lehrerzeitung 26 (1892), Nr. 45, 589–591.

7.4.2 Rosa Kempf: Das Leben der jungen Fabrikmädchen in München. Die soziale und wirtschaftliche Lage ihrer Familie, ihr Berufsleben und ihre persönlichen Verhältnisse, 1911

V. Der Lohn als bestimmender Faktor im Leben der Mädchen. Einzelne Gründe für seinen Tiefstand.

Woher mag es kommen, daß der Lohn der Frauen in den Fabriken, der jungen Mädchen wie der Erwachsenen, ein so tiefer ist, daß er schon der einzelnen Arbeiterin keine kräftige Ernährung sichert, für ihre Pflichten als Mutter aber ganz unzureichend bleibt? [...]

Es gehörte zu den Ausnahmen, wenn ich Sonntag früh die Fabrikmädchen anders als beim Waschen, Bügeln, Putzen oder Kochen beschäftigt fand. Und abends, nach 9-10stündiger Fabrikarbeit: Flicken, Stopfen, Spülen. Das alles drückt selbstverständlich in hohem Grad auf ihre Leistungsfähigkeit in der Fabrik und die Freude an ihrer Berufsarbeit. Während der gleichalterige Bruder in den arbeitsfreien Zeiten sich erholt, sich unterhält, seine Gesundheit im Freien pflegt oder sich weiterbildet, muß das Mädchen nicht nur für sich selbst, sondern auch für die anderen Familienglieder arbeiten. [...]

[D]a der Glaube an den tiefen „Standard of life" der Frauen allgemein verbreitet ist, muß [...] der Frage nachgegangen werden, inwieweit eine größere Bedürfnislosigkeit der Frau lohndrückend wirkt. Wir treffen auf dieser Linie auch tatsächlich auf einen der wichtigsten Gründe, die den Lohn der Frauen von den ersten Jahren ihrer gewerblichen Tätigkeit an wie in den Jahren ihrer vollen Leistungsfähigkeit so tief halten. Es ist dies die noch weit verbreitete Gewohnheit, daß auch die vollarbeitende Frau nicht ihren gesamten Bedarf mit dem Einkommen aus der beruflichen Arbeitsleistung, also mit Lohneinkommen deckt, sondern daß sie außer ihrer Berufsarbeit stets noch andere wirtschaftlich wertvolle Arbeit für ihren und der Ihrigen Lebensunterhalt leistet; und die allgemeine Meinung geht dahin, die Frau müsse, solle und könne solches leisten. Nehmen wir z. B. einen 18jährigen ungelernten Fabrikarbeiter und eine ebenso alte ungelernte Fabrikarbeiterin, beide aus irgendwelchem Grunde auf sich selbst gestellt. Jedermann wird dann annehmen, daß der junge Bursche seine Wäsche irgendwo um Geld waschen läßt, daß er Kleidung und Leibwäsche um Bezahlung flicken läßt, daß er alles, was er trägt, fertig kauft, also die Arbeitsleistung der Herstellung im Preis mit bezahlt, daß er die Reinigung seines Zimmers von anderen besorgen läßt und daß er alle Nahrungsmittel fertig gekocht ersteht und daher auch hier die Kosten der genußfertigen Herstellung mit Geld zu entlohnen hat. [...] Man gliedert den arbeitenden Mann vollständig ein in die arbeitsteilige Verkehrswirtschaft; er leistet ein bestimmtes scharf umgrenztes Arbeitsquantum und dieses soll ihm soviel Einkommen liefern, daß er im Austausch dafür seinen Konsum ohne weitere eigene Arbeitsleistung vollständig zu decken vermag. Ganz anders nimmt man für die junge, im selben Alter stehende Arbeiterin an, welche die gleichlange Arbeitszeit in der Fabrik steht und vielleicht eine ihren Organismus nicht weniger anstrengende Arbeit dort zu leisten hat, deren Bedürfnis nach Rast am Abend nicht geringer ist und die es zudem in besonderem Maße nötig hätte, ihren Körper für die kommenden Lasten der Mutterschaft zu stärken. Von ihr wird man nicht nur erwarten, daß sie ihre Kleider und ihr Zimmer selbst rein hält, daß sie ihre Wäsche selbst besorgt und die Löcher ihrer Kleidungsstücke selbst stopft: man wird auch damit rechnen, daß sie einen Teil ihrer Kleidung selbst näht und sich vor allem ihre Nahrung ganz oder doch größtenteils selbst kocht; man erwartet also, daß alle die Geldausgaben bei ihr wegfallen, welche die halbfertigen Waren konsumtionsreif machen und welche die vollständige Eingliederung in die arbeitsteilige Verkehrswirtschaft für den Mann beim täglichen Konsum bedingen. [...]

Vollwertig wird auch das junge Mädchen und auch die erwachsene Frau für die Industriearbeit erst werden, wenn sie so bezahlt ist, daß sie sich bezüglich des Konsums in ähnlicher Weise entlasten kann, und umgekehrt wird sie auch erst dann voll bezahlt werden, wenn sie gelernt hat, ihre volle Arbeitskraft dem Erwerbsleben zu schenken.

Quelle: Rosa Kempf: Das Leben der jungen Fabrikmädchen in München. Die soziale und wirtschaftliche Lage ihrer Familie, ihr Berufsleben und ihre persönlichen Verhältnisse, Leipzig 1911, 186, 189, 193–195.

7.4.3 Werbeanzeige Herbana, 1962

Gerade jetzt in der kalten Jahreszeit ist es kaum möglich, jeden Tag junges, frisches Gemüse im Haus zu haben. Kellergemüse ist nicht das richtige für den wachsenden Organismus des Kindes; und Gemüse, daß Sie in ihrer Küche zubereiten, verliert so viele Vitamine. Deshalb geben viele kluge Mütter ihrem Kinde Herbana: jungen, erntefrischen Blattspinat, feine vitaminreiche Karotten und sonnenreifes Edelobst. Alles ist nach modernsten vitaminerhaltenden Verfahren eingemacht. Sie bekommen es löffelfertig in dem preisgünstigen großen Glas für zwei bis drei Mahlzeiten. Der Inhalt eines geöffneten Glases bleibt acht Tage frisch. Vom sechsten Monat an gehört auch ein wenig Fleisch auf den Speisezettel. Herbana Fleischkost, zart und saftig, hilft wachsen und Blut bilden. Und sie bekommt so gut, weil sie speziell für den Säugling, nach seinen Bedürfnissen und seinem Geschmack, zubereitet ist. Fragen Sie in Ihrer Apotheke oder in Ihrer Drogerie nach Herbana! *Besser kann keine Mutter es machen.*

Quelle: Brigitte (1962), Nr. 3, 60 [Hervorhebung im Original].

7.4.4 Erinnerungen an die Kindheit in den 1950er Jahren

Winter – wir Kinder waren nun öfter in der Wohnung, und die Kniestrümpfe lagen im Kleiderschrank. Ich trug wieder ein Leibchen, rechts und links Gummibänder, die am unteren Ende eine aufklappbare Metallöse und einen dicken Gummiknopf hatten. Mit dieser Vorrichtung befestigte man die langen, selbstgestrickten Wollstrümpfe und hinderte sie so am Abrutschen. Die Strümpfe waren warm, aber sie kratzten saumäßig. Ich erinnere mich genau daran, daß ich damals auch _ein_ Paar hatte, die wohl gekauft wurden, und diese Strümpfe kratzten überhaupt nicht, und ich zog sie am liebsten an. Nur, wenn sie gewaschen wurden, waren erstmal tagelang wieder die selbstgestrickten an der Reihe. Davon gab es ja mehrere Paare – Oma und Mutter strickten viel an langen Winterabenden.

Quelle: Joachim Hessenius: Die Kinderjahre in Steenfelderfeld, erschienen im Selbstverlag 2013, 165 [Hervorhebung im Original].

7.4.5 Fragen und Anregungen

- Ist Haushaltsproduktion ein Teil der Konsumgeschichte oder nicht? Warum?
- Häufig wurden selbstgemachte und gekaufte Dinge miteinander verglichen und dabei auch bewertet, z. B. von Privatpersonen, Wissenschaftler*innen in der Werbung oder Politiker*innen. Überlegen Sie, von welchen Faktoren die Bewertung gekaufter und selbstgemachter Dinge in unterschiedlichen historischen Kontexten abhängig gewesen sein könnte.
- Welchen Beitrag leistet der Blick auf Versorgungsweisen zwischen Konsum und Haushaltsproduktion zur Gesellschaftsgeschichte? Welchen Beitrag leistet der Blick auf unterschiedliche Versorgungsweisen zur Wirtschaftsgeschichte?

Weiterführende Literatur

Gelber, Steve M.: Do-it-yourself: Constructing, Repairing and Maintaining Domestic Masculinity, in: American Quarterly 49 (1997), Nr. 1, 66–112. *(Zeigt den Zusammenhang von Heimwerken und Männlichkeitsvorstellungen in den USA)*

Gordon, Sarah A.: „Make it yourself". Home Sewing, Gender, and Culture, 1890–1930, New York 2009. *(Haushaltsproduktion als Geschichte von Arbeit und Geschlecht)*

Harris, Richard: Building a Market. The Rise of the Home Improvement Industry, 1914–1960, London/Chicago 2012. *(Heimwerken als Industriezweig in den USA)*

Hausen, Karin: Technischer Fortschritt und Frauenarbeit im 19. Jahrhundert. Zur Sozialgeschichte der Nähmaschine, in: Geschichte und Gesellschaft 4 (1978), Nr. 2, 148–169. *(Untersuchung zur Nähmaschine als Konsumgut und Produktionsmittel)*

Kreis, Reinhild: Selbermachen. Eine andere Geschichte des Konsumzeitalters, Frankfurt a.M./New York 2020. *(Studie zum Zusammenspiel von Konsum und Produktion in Privathaushalten)*

Voges, Jonathan: „Selbst ist der Mann". Do-it-yourself und Heimwerken in der Bundesrepublik Deutschland, Göttingen 2017. *(Geschichte des Heimwerkens seit den 1950er Jahren)*

8 Konsumvisionen: Widerstreitende Gesellschaftsentwürfe für die Konsummoderne

Dr. Leete und seine Frau waren offenbar nicht wenig erstaunt, als sie bei ihrem Eintritt hörten, dass ich diesen Morgen ganz allein in der Stadt gewesen […]. »Ihr Spaziergang ist jedenfalls sehr interessant gewesen«, sagte Frau Leete, als wir uns zum Frühstück gesetzt hatten. »Sie müssen viel Neues gesehen haben.«

»Ich habe sehr wenig gesehen, was nicht neu war«, erwiderte ich. »Aber was mich am meisten überraschte, war, dass ich weder Läden noch Banken in den Straßen fand. Was haben Sie mit den Kaufleuten und Bankiers gemacht? Haben Sie sie vielleicht aufgehängt, wie es zu meiner Zeit die Anarchisten wollten?«

»So schlimm nicht«, entgegnete Dr. Leete. »Wir haben sie ganz einfach abgeschafft. Ihre Tätigkeit ist in der neuen Welt veraltet.«

»Wer verkauft Ihnen, was Sie zu kaufen wünschen?« fragte ich.

»Heutzutage wird weder verkauft noch gekauft; die Verteilung der Waren geschieht auf andere Weise. Was die Bankiers betrifft, so brauchen wir diese Herren nicht, da wir kein Geld haben.« […]

»Sie waren erstaunt«, bemerkte er, »als ich sagte, wir brauchten weder Geld noch Handel, aber einiges Nachdenken wird Ihnen sagen, dass zu Ihrer Zeit beide lediglich existierten, weil das Geschäft des Produzierens in Privathänden war, dass sie aber gegenwärtig überflüssig sind.«

»Diese Folgerung kann ich im Augenblick nicht verstehen«, sagte ich.

»Das ist sehr einfach«, erwiderte Dr. Leete. »Solange unzählige unabhängige Leute, zwischen denen kein Zusammenhang bestand, die verschiedensten für Leben und Komfort nötigen Dinge produzierten, waren endlose Tauschmittel für die einzelnen Individuen erforderlich, damit sie sich mit dem, was sie bedurften, versehen konnten. Diese Tauschmittel bildeten den Handel, und das Geld war notwendig als Medium. Sobald aber die Nation einziger Produzent aller Arten von Bedürfnissen wurde, brauchten die Individuen keine Tauschmittel mehr, um zu erlangen, was sie nötig hatten. Alles war an einer Quelle zu haben und nichts konnte von anderswoher bezogen werden. Ein System direkter Verteilung im nationalen Warenlager trat an die Stelle des Handels, und dazu war Geld unnötig.«

»Wie wird diese Verteilung gehandhabt?« fragte ich. »Nach dem denkbar einfachsten Plan«, erwiderte Dr. Leete. »Am Anfang jeden Jahres wird jedem Bürger in den öffentlichen Geschäftsbüchern ein Betrag als Kredit gutgeschrieben, welcher seinem Anteile an dem jährlichen Erwerb der

Nation entspricht, und er erhält eine Kreditkarte, mittelst deren er in den öffentlichen Niederlagen, die es in jedem Gemeinwesen gibt, zu jeder Zeit erhält, was er braucht. Sie sehen, diese Einrichtung macht jeden Geschäftsverkehr zwischen Individuen und Konsumenten unnötig. Vielleicht möchten Sie wissen, wie so eine Kreditkarte aussieht?«

»Sie bemerken«, fuhr er fort, während ich neugierig die Karte betrachtete, die er mir gegeben hatte, »dass diese Karte auf einen gewissen Betrag in Dollars ausgestellt ist. [...] Der Wert dessen, was ich mir geben lasse, wird auf der Karte von dem Beamten vorgemerkt, welcher aus diesen Reihen und Feldern den Preis dessen, was ich bestelle, ausstanzt.«

[...] »Nach unseren Begriffen ist Kaufen und Verkaufen in allen seinen Bestrebungen ganz entschieden unsozial. Es ist ein Bestreben, auf Kosten anderer einen Gewinn zu machen, und keine Gesellschaft, deren Bürger eine solche Schule durchgemacht haben, kann sich über einen auch nur sehr tiefen Grad der Zivilisation erheben.«

»Wie ist es, wenn Sie in einem Jahre mehr ausgeben, als Ihnen die Karte erlaubt?« fragte ich. »Die Verwilligung ist so reichlich bemessen, dass es viel wahrscheinlicher ist, dass wir nicht alles brauchen«, entgegnete Dr. Leete. »Aber wenn ungewöhnliche Ausgaben sie einmal erschöpfen sollten, so können wir einen bestimmten Vorschuss auf den Kredit des nächsten Jahres erhalten; dies wird jedoch nicht gerne gesehen und für den Vermerk eines solchen Vorschusses wird ein großer Abzug berechnet.«

»Wenn Sie die Verwilligung nicht aufbrauchen, so vermute ich, häuft sie sich an?« »Das ist bis zu einem gewissen Grade erlaubt, wenn eine besondere Ausgabe bevorsteht. Aber, wenn nicht das Gegenteil angemeldet wird, so setzt man voraus, dass der Bürger, der über seinen Kredit nicht völlig verfügt, keine Veranlassung dazu hatte, und die Differenz fällt dem allgemeinen Überschuss zu.«

»Dieses System stachelt die Bürger aber nicht zur Sparsamkeit an«, bemerkte ich.

»Dies ist auch gar nicht die Absicht«, war die Antwort. »Die Nation ist reich und wünscht nicht, dass das Volk sich irgendeinen Genuss versagt. In Ihren Tagen musste man Vorräte und Geld aufstapeln auf die Zeit des Mangels und für die Kinder. Diese Notwendigkeit macht aus Sparsamkeit eine Tugend. Aber gegenwärtig würde sie nicht einen so löblichen Zweck haben, und da sie ihren Nutzen verloren hat, hört sie auf, als Tugend angesehen zu werden. Niemand ist mehr besorgt für das Morgen, weder seiner selbst noch seiner Kinder wegen, denn die Nation kommt für Nahrung, Erziehung und behaglichen Unterhalt eines jeden Bürgers auf von der Wiege bis zum Grabe.«

Quelle: Edward Bellamy: Ein Rückblick aus dem Jahr 2000, Leipzig 1890 [zuerst erschienen 1887].

Der 1887 veröffentlichte utopische Roman *Looking Backward* beschreibt die Erfahrungen des jungen Amerikaners Julian West, der nach 113 Jahren Schlaf im Boston des Jahres 2000 wieder aufwacht. Den zeitgenössischen Leser*innen wird die Vision einer zukünftigen Wohlstandsgesellschaft eröffnet, in der alle Bürger*innen gleichermaßen eine gesicherte materielle Grundversorgung und Freizeit genießen und an einer vielfältigen Warenwelt teilhaben können. In vielem ähnelt dieser Zukunftsentwurf heutigen Konsumgesellschaften. Der Roman erwähnt zum Beispiel Telefonanlagen, die ähnlich den modernen Streaming-Angeboten eine große Auswahl an Unterhaltungsmusik in Wohn- und Schlafzimmer bringen. Zahlungen für die Güterversorgung erfolgen, wie wir in dem Ausschnitt oben lernen, bargeldlos über Kreditkarten. Das Einkaufen ist über riesige Selbstbedienungswarenhäuser organisiert, die wie in heutigen Shopping-Centern die Vielfalt des Warenangebots präsentieren. Dort werden die Waren jedoch nur ausgestellt, Haushalte erhalten die Konsumgüter dann über einen Bestellservice (per Rohrpost) schnell und direkt ins Haus geliefert. Scheinbar grenzenloser Konsum ist in dieser Zukunftsvision möglich und erwünscht, er unterliegt kaum staatlichen oder gesellschaftlich-moralischen Restriktionen.

Die Wohlstandsgesellschaft in *Looking Backward* beruhte sowohl auf technischen als auch auf sozialen Innovationen. Neben rationalisierten Produktions- und Distributionstechnologien entdeckt Julian West Formen der wirtschaftlichen und sozialen Organisation, die sich radikal von der entstehenden Konsumgesellschaft des ausgehenden 19. Jahrhunderts unterschieden. Dieses Gesellschaftsmodell sei, so erfährt West im weiteren Verlauf des Romans, zunächst in den Vereinigten Staaten von Amerika entstanden. Im Laufe des 20. Jahrhunderts habe es sich dann global verbreitet, so dass eine amerikanische Kreditkarte im Jahr 2000 auch in Berlin und anderswo alles besorgen könne, was benötigt wird. Hier ging es allerdings nicht um die globale Durchsetzung kapitalistischer Wirtschafts- und Konsumformen. Im Gegenteil: Kaufen und Verkaufen, Banken und Handel, ja sogar das Geld selber gehörten in dieser im Wortsinn „utopischen" Welt der Vergangenheit an.

Edward Bellamy, der Autor des Buches, stand politisch der amerikanischen *Populist*-Bewegung des ausgehenden 19. Jahrhunderts nahe, die weitgreifende soziale Reformen und staatliche Eingriffe in die Wirtschaft forderte. Im Gegensatz zu dem, was wir gemeinhin mit dem „amerikanischen Modell" verbinden, zeichnete Bellamy eine Welt ohne Werbung und ohne Schaufenster. Die Bostoner Einzelhandelsbetriebe in seiner Utopie waren sämtlich in Staatseigentum, und Pläne (nicht Preise) steuerten die Produktion. Bellamy entwarf mit Anleihen bei Denkern wie August Bebel eine sozialistische Vision einer egalitären Konsumgesellschaft. Obgleich Mode offenbar noch als „Damenthema" galt, beschrieb Bellamy zudem eine weitgehende Geschlechtergleichheit bei Arbeit und Haushaltsaufgaben. Familien versorgten sich über kommunale Küchen und Wäschereien sowie über gemeinschaftliche Konsumvereine. Bellamys Leser*innen waren sicherlich von den technischen Innovationen seiner Zukunftsvision fasziniert, auch wenn frühe Kreditkarten oder auch Rohrpost- und Telefonsysteme in Metropolen wie Boston und Berlin prinzipiell bekannt waren. Am radikalsten war für viele Zeitgenoss*innen jedoch wahrscheinlich die Vorstellung, dass die Wunder der Konsumgesellschaft für alle Menschen gleichermaßen erreichbar sein sollten. Bellamys Konsumvision ist dabei gleichzeitig auch eine Konsumkritik, denn er prangert implizit Missstände und Mangel, Ungleichheit und Verschwendung in der Marktwirtschaft seiner Zeit an.

Modellhafte Konsumentwürfe wie das genannte Beispiel stehen im Zentrum dieses Kapitels. Neben weltanschaulich motivierten Gesellschaftsentwürfen, sollen dabei auch die Vorstellungen und Kritiken sozialer Bewegungen wie etwa der Frauen- oder Lebensreformbewegung berücksichtigt werden. Nicht nur vordergründig politische Texte geben Auskunft über gesellschaftliche Konsumvisionen, diese finden sich auch in Märchen und Liedern, Romanen und nicht zuletzt in Filmen und Science-Fiction. Die hier vorgestellten Visionen bzw. Gesellschaftsentwürfe sind also genreübergreifend und die Grenzen zwischen Literatur, politischer Programmatik oder gesellschaftlicher Analyse verwischen wie oben bei Bellamy vielfach. Gemeinsam war den Entwürfen jedoch eine normative Vorstellung, wie eine erwartete Massenkonsumgesellschaft zu gestalten sei. Einige von ihnen versprachen individuelle Wahlfreiheit und Selbstverwirklichung, während andere die Bedeutung der Verteilungsgerechtigkeit betonten oder den Konsum gesellschaftlichen bzw. nationalen Zielen unterordnen wollten. Sollten Zugangsmöglichkeit zu privatem Eigentum und Besitz politisch gefördert werden, oder besser Formen des öffentlichen Konsums oder gar des Gemeinschaftseigentums? Solche Ansätze und Fragen helfen uns, die Entwicklung und Spannbreite der gesellschaftlichen

Vorstellungen von Konsum zu vermessen und zeitgenössische Wahrnehmungen der Probleme und Chancen einer neuen Konsumgesellschaft zu verstehen.

8.1 Individuelle Vielfalt und demokratische Teilhabe: Konsumversprechen der liberalen Marktwirtschaft

Die wohl dominanteste Vision für konsumgesellschaftliche Entwicklung in der Neuzeit beruhte auf dem Versprechen gesellschaftlichen Wohlstands durch kapitalistische Marktprozesse und individuelle Wahlfreiheit für Konsument*innen. In marktliberalen Entwürfen der Konsumgesellschaft wurde Konsum seit dem 19. Jahrhundert als ökonomisches Handeln immer an Markttransfer, Geldwirtschaft und den Erwerb von Privateigentum gekoppelt, zugleich aber mit Versprechen sozialen Wandels verknüpft. Gegenüber den ökonomischen und sozialen Restriktionen des ständischen Wirtschaftens mit Zunft- und Kleiderordnungen, sollte eine kapitalistische Konsumwirtschaft größtmögliche individuelle Wahlmöglichkeit bieten. Im Sinne einer demokratischen Teilhabe sollte marktwirtschaftliche Effizienz zudem einer stetig wachsenden Bevölkerungsschicht zugänglich werden. Spätestens ab Mitte des 20. Jahrhunderts wurde dieser Massenkonsum zugleich zu einer Grundvoraussetzung von liberalen Wachstumsmodellen: Stetiger und wachsender Konsum galt als Voraussetzung für dauerhafte wirtschaftliche Prosperität. Konsum war dabei mehr als reine Versorgung in dieser Sichtweise, die Verbraucher*innen als „souveränen" Marktakteuren durchaus eine aktive Entscheidungs- und Gestaltungsrolle zumaß.

Das Potential einer arbeitsteiligen, marktförmigen Wirtschaft zur Steigerung von Produktion und Konsum betonten schon die klassischen Ökonomen. Adam Smith etwa sah im Konsum den „einzigen Sinn und Zweck aller Produktion." Dennoch blieb Konsum in der bürgerlichen Weltsicht des 19. Jahrhunderts weiterhin stark in gesellschaftliche und moralische Normen eingehegt. Nur langsam setzte sich eine liberale Sicht durch, die Konsum nicht in erster Linie als Ressourcenvernichtung und potentiell frivolen Luxus betrachtete, sondern dessen gesellschaftliche Potentiale herausstrich. Im Zuge der „marginalistischen Revolution" in den Wirtschaftswissenschaften kam dem Konsum ab den 1870er Jahren dann eine immer

Wohlstand durch Märkte: Konsum in der klassischen und neoklassischen Ökonomie

größere Bedeutung in der liberalen Sicht auf die Wirtschaft zu. Der „Verbraucher" erschien nun zunehmend als rational agierender *homo oeconomicus*, dessen Handeln den eigenen und mittelbar auch den gesamtgesellschaftlichen Nutzen steigerte. Der Ökonom Ludwig v. Mises fasste diese Sichtweise rückblickend so zusammen: „Die kapitalistische Marktwirtschaft ist eine Demokratie, in der jeder Groschen eine Wahlstimme gibt. Der Reichtum erfolgreicher Geschäftsleute ist das Ergebnis eines Plebiszits der Konsumenten."[1]

Versprechen individueller Wahlfreiheit

Legitimiert wurden solche Entwürfe einer liberalen Marktgesellschaft unter anderem durch das Versprechen individueller Wahlfreiheit und breiter demokratischer Teilhabe am marktförmigen Konsum. Dies wurde schon seit Ende des 19. Jahrhunderts insbesondere mit den Vereinigten Staaten von Amerika und der U.S.-amerikanischen Wirtschaft verbunden, und der deutsche Ökonom Werner Sombart schrieb 1906 über den hohen Lebensstandard der amerikanischen Arbeiterschaft. Sombart sah in der amerikanischen Konsumgesellschaft eine Stütze der dortigen kapitalistischen Marktwirtschaft, da sie radikale und sozialistische Bestrebungen unter amerikanischen Arbeiter*innen schwäche. Die Verbreitung des in Kapitel 5 beschriebenen „fordistischen" Modells von Massenproduktion und -konsumption sicherte der amerikanischen Konsumgesellschaft auch in der Zwischenkriegszeit internationale Aufmerksamkeit zu. Neben der Teilnahme an kulturellen „Amerikanismen" wie Jazz und Kaugummi, diskutierten Beobachter*innen in der Weimarer Republik über das Potential der US-Wirtschaft, neue Konsumgüter, Automobile und sogar Eigenheime einer breiten Bevölkerung zugänglich zu machen. Schließlich gelang es den USA, die materiellen Errungenschaften ihrer kapitalistischen Wirtschaft zu einem internationalen Maßstab für das neue Konzept eines Lebensstandards zu machen, der sich insbesondere an der materiellen Versorgung der Bevölkerung bemaß. „Amerika" wurde so zum Referenzpunkt liberaler Wohlstandsvisionen im 20. Jahrhundert.

Im Kontext des Kalten Krieges erhielten marktliberale Konsumentwürfe noch einmal eine zusätzliche gesellschaftspolitische Bedeutung. Wieder spielten die USA eine zentrale Rolle, da in der amerikanischen „Konsumrepublik" der Nachkriegszeit eine

---

[1] Ludwig v. Mises: Ursachen der Wirtschaftskrise, Tübingen 1931, 6, zit. n. Tanner: Konsumtheorien, 341.

Ausweitung des Konsums mit demokratischer Teilhabe und mit dynamischem Wirtschaftswachstum gleichgesetzt wurde. Der Zugang zu technisch hochentwickelten Konsumgütern von Autos bis hin zu Kühlschränken galt als Zeichen der Überlegenheit des kapitalistischen Gesellschaftsmodells. Der amerikanische Supermarkt wurde als Symbol für die Fülle der individuellen Wahlmöglichkeiten und für privatwirtschaftliche Leistungsfähigkeit gefeiert, wie der Historiker Shane Hamilton jüngst gezeigt hat. Neoliberale Ökonomen wie Milton Friedman popularisierten im letzten Drittel des 20. Jahrhunderts eine nahezu utopische Sicht auf das Potential kapitalistischer Marktgesellschaften. Privatbesitz und uneingeschränkte Wahlmöglichkeiten für Bürger*innen als Konsument*innen standen im Zentrum dieser Vision, die sich insbesondere von den vermeintlich eintönigen sozialistischen „Mangelgesellschaften" abgrenzen sollte.

Solch liberale Entwürfe einer Konsumgesellschaft hatten im 20. Jahrhundert jedoch zahlreiche Kritiker*innen. Konservative Stimmen sorgten sich vor dem Niedergang traditioneller Werte und gesellschaftlicher Ordnungsvorstellungen durch liberalisierten und individualisierten Konsum. Eine Kritik an materialistischen „Amerikanismen" in der Werbung oder in der Jugendkultur, die vermeintlich die europäische Kultur bedrohten, zieht sich durch die Debatten um Konsum und Gesellschaft von der Weimarer Republik bis in die Gegenwart. Die ordoliberale soziale Marktwirtschaft in der Bundesrepublik griff nach dem Zweiten Weltkrieg einerseits zentrale Elemente liberaler Konsumvisionen auf. Bundeswirtschaftsminister Ludwig Erhard und andere wollten die Bedeutung von Marktwettbewerb und Kundensouveränität stärken und deutsche Bürger*innen sollten zu rational handelnden Marktsubjekten erzogen werden, die individuelle (aber gesellschaftlich verantwortliche) Entscheidungen trafen. Auch privates Eigentum – insbesondere das Eigenheim – galt als eine zentrale Grundlage zukünftigen Wohlstands in einer demokratischen Konsumgesellschaft. Gleichzeitig behielten sich die konsumgesellschaftlichen Entwürfe im Deutschland der sozialen Marktwirtschaft jedoch auch einen Platz für staatliche Rahmensetzung und soziale Absicherung vor. Damit sollte auf zentrale Probleme der kapitalistischen Konsumgesellschaft reagiert werden, die vielen Beobachter*innen am amerikanischen Beispiel besonders augenfällig erschien: ihr Potential für krasse Ungleichheit und die mangelnde individuelle Absicherung vor sozialen Härten.

Versprechen der "sozialen Marktwirtschaft" im Kalten Krieg

8.2 Geteilte Ressourcen: Sozialistische Konsumvisionen

Sozialistische Konsumvisionen wie die von Bellamy setzten in der Regel an genau dieser Stelle an. Nicht individuelle Auswahl und Privatbesitz, sondern die Deckung von Bedürfnissen durch staatliche und kollektive Anstrengungen standen hier im Vordergrund. Neue Konsumpraktiken wurden dabei häufig mit gesellschaftlichen Reformbestrebungen verbunden wie der Überwindung von sozialen Klassenunterschieden oder von traditionellen Familien- und Geschlechtermodellen. Ziele und Methoden unterschieden sich dabei: Während manche auf genossenschaftliche und kooperative Methoden setzten, favorisierten andere staatliche Planwirtschaft und zentrale Ressourcenverteilung. Gemeinsam war diesen Ansätzen hingegen die Betonung von solidarischem Handeln und Verteilungsgerechtigkeit sowie das Bemühen, die kapitalistische Konsumwirtschaft zu überwinden.

genossenschaftliche und kommunale Konsumstrukturen

In der Geschichte des frühen Sozialismus im 19. Jahrhunderts finden sich eine Reihe von utopischen Gemeinschaften und kommunalen Experimenten, bei denen neben der gemeinschaftlichen Produktion auch der gemeinschaftliche Verbrauch eine Rolle spielte. Im Zentrum stand hier zumeist die Eigenversorgung mit Lebensmitteln und handwerklichen Produkten. Der französische Frühsozialist Charles Fourier etwa entwarf das Konzept der „Phalanx"-Kommunen, das ab den 1830er Jahren vor allem in den USA von einigen utopischen Gemeinden auch umgesetzt wurde. Diese kannten zwar ein bescheidenes Maß an Privatbesitz, doch Leben und Konsum spielten sich vor allem um gemeinschaftliche Wohnunterkünfte und Speisesäle herum ab. Der individuelle Haushalt – so zentral für die Konsumgeschichte der Moderne wie im vorangegangenen Kapitel gesehen – löste sich hier oft in kommunalen Strukturen auf oder wurde durch diese ergänzt. Karl Marx war kein Freund solch ländlicher Kommunen, doch seine Entwürfe für die kommunistische Gesellschaft waren ebenfalls geprägt von Vorstellungen gemeinschaftlicher Verteilungsgerechtigkeit. In der zukünftigen Industriegesellschaft, so Marx 1875 in seiner Kritik des Gothaer Programms der Sozialdemokratischen Partei, sollten die „Springquellen des genossenschaftlichen Reichtums voller fließen." Dabei prägte er mit Blick auf die Verknüpfung von Arbeit und Konsum die Maxime „Jeder nach seinen Fähigkeiten, jeder nach seinen Bedürfnissen."[2]

Neben der sozialen Gerechtigkeit ging es dabei auch im 19. Jahrhundert schon um die Geschlechtergerechtigkeit. Der Sozialist August Bebel (1879) etwa forderte in seinem Buch *Die Frau im Sozialismus* eine technisch hochgerüstete und gemeinschaftlich organisierte „kommunistische Küche". „Die Beseitigung der Privatküche," so Bebel im Jahr 1879, „wird für ungezählte Frauen eine Erlösung sein." Im Rahmen der Diskussionen um Massenspeisungen im Ersten Weltkrieg wurden solche Ideen dann in der Forderung nach „Volksküchen" wieder aufgenommen. Prinzipiell strebte Bebel wie viele Sozialist*innen die „Sorglosigkeit der Existenz" an: Ob Jugend oder Alte, Kranke oder Invalide, niemand sollte sich um die Sicherung seiner Grundbedürfnisse (in einem „vernünftigen" Rahmen) sorgen müssen. Not und Mangel gehörten ebenso wie „Schlemmerei und Lotterleben" der Vergangenheit an. Verbraucher*innen sollten ihren individuellen Neigungen folgen und von öffentlichen Einrichtungen in Bereichen der Kunst, Kultur und Erholung profitieren. Geld und das Streben nach materiellen Gütern spielte wenigstens in einem Teil der sozialistischen Konsumvisionen gegenüber neuen Möglichkeiten von Freizeit und Erholung eine untergeordnete Rolle.

kommunistische Küche und der Ruf nach Geschlechtergerechtigkeit

Das Ziel eines solch grundlegenden Wandels in Konsum und Gesellschaft wurde nicht von allen in der Arbeiterbewegung geteilt. Gerade im gewerkschaftlichen Lager lag der Fokus vielfach eher auf Lohn- und Einkommensverbesserungen für private Arbeiterhaushalte mit dem Mann als „Brotverdiener" für die Familie. Gleichwohl waren die Konsumvorstellungen der Bewegung durch Ideale der Klassensolidarität und der gemeinwirtschaftlichen Orientierung geprägt. Freizeitentwürfe orientierten sich an Arbeitervereinen im Sport oder in der Musik. Genossenschaftliche Organisationen wie die bereits angesprochenen Konsumvereine oder auch Versicherungen auf Gegenseitigkeit bemühten sich, den Lebensstandard von Arbeiter*innen zu heben und abzusichern. Konkret fassbar wurden solche Bestrebungen während der Weimarer Republik vor allem auf kommunaler Ebene. In Frankfurt etwa entwarfen Stadtplaner und kommunale Behörden Zukunftsmodelle für den Wohnungsbau

---

[2] Karl Marx: Kritik des Gothaer Programms, in Karl Marx/Friedrich Engels: Werke, Bd. 19, 13–32.

in Arbeitersiedlungen wie der Römerstadt. Funktionale Küchen und standardisierte Einrichtung sollten hier eine Verbesserung des allgemeinen Lebensstandards erwirken. Insbesondere in der Zwischenkriegszeit zielte der „Munizipalsozialismus" zudem auf den allgemeinen Ausbau öffentlicher Infrastrukturen. Die Versorgung der Verbraucher*innen mit Strom, Wasser und anderen Gütern sollte nicht allein dem Markt überlassen werden. Gleiches galt für den Zugang zum öffentlichen Nahverkehr, zu Schwimmbädern oder auch zu Kinos, Theatern und anderen Kultureinrichtungen. Solch kommunal und sozialstaatlich organisierter öffentlicher Konsum prägte bis in die Bundesrepublik sozialdemokratische Konsumvorstellungen, die sich auch im gewerkschaftlichen Wohnungsbau der Nachkriegszeit (z.B. Neue Heimat) niederschlugen.

vom Munizipalsozialismus zur Planwirtschaft

Die Einführung der Planwirtschaft stellte hingegen den weitreichendsten sozialistischen Alternativentwurf einer Konsumgesellschaft im 20. Jahrhundert dar. Die Idee einer zentralstaatlich geregelten Warenproduktion und -distribution hat eine lange Geschichte und findet sich auch in Bellamys eingangs beschriebener Vision. In den 1920er Jahren entwickelte sich aus der Debatte um die relativen Vorteile von Plan- oder Marktwirtschaft unter anderem das Modell eines „Konkurrenzsozialismus". Manche zeitgenössischen Ökonomen argumentierten, dass ein staatliches Verteilungssystem, das auf umfangreichen Informationen über Produktionskapazitäten und Verbraucherpräferenzen aufbaute, effizienter als der Markt agieren könne. Im großen Stil nahm die Planwirtschaft in der Zwischenkriegszeit zuerst in der Sowjetunion Gestalt an, wo nicht nur Industrie- und Landwirtschaftsproduktion verstaatlicht wurden, sondern auch Warenhäuser und Geschäfte. Planwirtschaften, die nach dem sowjetischen Vorbild ab der Mitte des 20. Jahrhunderts entstanden, waren jedoch stärker zentralisiert und weniger flexibel als im Modellentwurf. Die planwirtschaftlichen Entwürfe des Ostblocks waren zudem durch die Schwerindustrie geprägt. Erst in den späten 1950er Jahren nahm auch die Rolle des Konsums und der Konsumgüterindustrie in den staatlichen Plänen zu. Das Ziel, westliche Konsumgesellschaften zu überholen, ohne sie zu imitieren, beinhaltete dabei nach wie vor alternative Leitvorstellungen: Kollektiv- statt Privateigentum standen ebenso wie eine garantierte staatliche Grundsicherung im Vordergrund sozialistischer Konsumvorstellungen. Unterhaltungselektronik, Plastikprodukte und andere technische Errungenschaften der Konsummoderne konnten auch planwirtschaftlich produziert werden. Gleichzeitig kritisierten sozialistische Gesellschaftsvorstellungen weiterhin die Konstruktion vermeintlich „falscher" individueller Bedürfnisse durch Werbung und Markenwettbewerb.

Solche (real-)sozialistischen Konsumvisionen erfuhren auch lebhafte Kritik. Ökonomen verwiesen seit der Zwischenkriegszeit auf die Mängel staatlicher Konsumplanung ohne die Preisbildungsfunktion der Märkte. Dynamische Nachfrageentwicklungen ließen sich nur schwer antizipieren und führten so immer wieder zu Fehlallokationen und Verknappungen. Auch die Enteignung von Privateigentum galt vielen als Schreckensszenario, während sozialistische Kollektivangebote beim Wohnen oder Kochen bestenfalls auf verhaltenen Zuspruch stießen. Wünsche nach Privatheit und individueller Wahlfreiheit brachen sich immer wieder Bahn, ebenso wie ein Verlangen der Verbraucher*innen nach modischem Wandel und Variation im Angebot. Hier stießen sozialistische Konsumvorstellungen mit ihren oft starren Konzepten von rationalem Verbrauch und „wahren" Bedürfnissen vielfach an ihre Grenzen. Jüngere historische Arbeiten zum Ende der sozialistischen Regime im Ostblock legen nahe, dass diese Gesellschaften und Planwirtschaften auch an ihrem Unvermögen gescheitert sind, Konsumentenbedürfnisse adäquat zu befriedigen. Dies bedeutete jedoch keineswegs das Ende von sozialistischen Konsumvisionen. Diese setzen sich heute etwa in Debatten um ein bedingungsloses Grundeinkommen oder in neuen, lokalen Formen solidarischen Wohnens und Lebens fort, begegnen dabei jedoch allzu großformatigen modernistischen Planungsszenarien skeptischer als in der Vergangenheit.

8.3 Verbrauch im Namen des Volkes: Konsum und Nation

Sozialistische Gesellschaftsentwürfe stellten nicht die einzigen Alternativen zum marktwirtschaftlichen Konsumindividualismus im 19. und 20. Jahrhundert dar. Auch nationalistische Bewegungen entwarfen neue Vorstellungen davon, welche Konsumpraktiken und -güter erstrebenswert waren und welche nicht. Die historische Nationalismusforschung der vergangenen Jahrzehnte hat herausgearbeitet, dass Nationen „imaginierte Gemeinschaften" (B. Anderson) sind, die in der Neuzeit durch staatliche Interventionen, durch Schulen und Medien, durch geteilte Geschichtserzählungen und gemeinsame Feiertage und nicht zuletzt auch durch bestimmte Konsumpraktiken sozial konstruiert wurden. So identifizierten und unterschieden sich Franzosen und Deutsche etwa nicht nur durch ihre Sprache, sondern auch durch als national spezifisch wahrgenommene Esskulturen und Konsummuster. In nationalistischen Konsumvisionen wurden Produkte, Firmen und Praktiken entsprechend national kodiert und Verbrauch sollte sich an den Interessen eines imaginierten Volkes bzw. von Staat und Volkswirtschaft orientieren.

patriotischer Verbrauch im Kontext von Nationalismus und Unabhängigkeitsbewegungen

Frühe Formen solch nationalistischer Konsumideologien finden sich schon im 18. Jahrhundert, als z. B. amerikanische Patriot*innen im Zuge des Unabhängigkeitskrieges britische Güter boykottierten. Nationaler Konsum verband sich hier oft mit Importrestriktionen für bestimmte Güter, mit merkantilistischen Vorstellungen staatlicher Stärke durch Außenhandelsüberschüsse und mit der Bevorzugung von Waren aus „heimischer" Produktion. Moralisch aufgeladene Appelle zum „patriotischen" Verbrauch fanden sich auch im Rahmen der französischen Revolution. Schon Aufklärer wie Jean-Jacques Rousseau warnten vor den Gefahren des Luxuskonsums für republikanische Gemeinwesen und Revolutionäre zeigten ihre Gesinnung durch Kleidung und andere „national" kodierte Güter. Der Bedeutungsgewinn aggressiver, wettbewerbsorientierte Nationalismen seit dem späten 19. Jahrhundert und im Zuge des Ersten Weltkriegs schlug sich ebenfalls in Konsumvorstellungen nieder. In ähnlicher Weise setzten auch Antikolonialbewegungen (wie z. B. die indische Swadeshi-Bewegung) auf Boykotte und nutzten den Ruf nach einem nationalbewussten Konsum in der ersten Hälfte des 20. Jahrhunderts als Waffe im Kampf für nationale Unabhängigkeit. Auch spezifische Marken und Produkte wurden vielfach mit nationalem Symbolcharakter aufgeladen. Gerade in kleineren und exportorientierten Ländern kam es so teilweise zu einer Verknüpfung von Nationalbewusstsein und bestimmten Konsumgütern, wie der Historiker Roman Rossfeld am Beispiel der Schweizer Schokolade gezeigt hat.

„Deutscher" Konsum im Nationalsozialismus

Eine besonders umfassende, nationalistische Konzeption der Konsumgesellschaft findet sich in der deutschen Geschichte vor allem im Nationalsozialismus. Dabei ist zunächst einschränkend festzuhalten, dass die NS-Ideologie auch in Bezug auf Konsum oft sehr heterogen war und zudem von der praktischen Konsumpolitik und Konsumentwicklung in den 1930er Jahren unterschieden werden muss. Konsumvisionen des Regimes wie das Versprechen einer allgemeinen Versorgung mit „Volksprodukten" wie dem „Volksempfänger", dem „Volkskühlschrank" oder dem „Volkswagen" blieben größtenteils staatliche Propaganda. Gleichwohl lag ihnen die Vision einer „Volksgemeinschaft" zugrunde, deren Lebensstandard jenseits traditioneller Klassengrenzen verbessert werden sollte. „Deutscher" Konsum nach nationalsozialistischer Lesart beinhaltete aber auch die Unterstützung wirtschaftlicher Autarkiebestrebungen z. B. durch den Kauf heimischer Äpfel statt importierter Südfrüchte. Als „deutsch" verstandene Schrifttypen (z. B. Fraktur), Symbole und Begriffe sollten in der Vorstellung von Ideologen die Werbesprache prägen. Das „Knusperchen" sollte beispielsweise den „Keks" als vermeintlichen Anglizismus („cakes") ersetzen. Von viel entscheidenderer Bedeutung war hingegen der biologistische und rassistisch-exklusive Charakter nationalsozialistischer Konsumvisionen. Die Teilhabe an der Konsumgesellschaft war nach rassischen Kriterien begrenzt. Und „völkischer" Konsum – dies zeigten Kampagnen für gesundes Vollkornbrot ebenso wie gegen Tabakprodukte – sollte immer auch der Stärkung des kollektiven „Volkskörpers" dienen. Individueller Konsum im Nationalsozialismus, das hat die wirtschaftshistorische Forschung der vergangenen Jahrzehnte gezeigt, war nie Selbstzweck, sondern blieb immer den vermeintlichen Interessen der Nation sowie den Rüstungsanstrengungen des Staates untergeordnet.

Die Bedeutung nationalistischer Konsumvisionen nahm im Kontext des Kalten Krieges und der liberalen Globalisierung in der zweiten Hälfte des 20. Jahrhunderts ab. Verschwunden waren diese jedoch nie. „Buy American" forderten amerikanische Gewerkschaften mit Vehemenz in den 1970er Jahren angesichts wachsender Konkurrenz durch europäische und japanische Produkte. Auch in der Bundesrepublik wurden weiterhin Produkte explizit mit dem Hinweis auf „aus deutscher Produktion" beworben. Besonders in Krisenzeiten und unter Globalisierungsskeptiker*innen fand (und findet) der ökonomische Nationalismus auch mit Blick auf Konsumvorstellungen seine Anhänger*innen.

8.4 Weniger, bewusster, besser: Konsumverzicht und alternative Entwürfe

Jenseits von Nation und Klassenideologie gab es in der neueren und neuesten Geschichte noch eine Vielzahl weiterer Ansätze, Alternativen zur marktförmigen Konsumgesellschaft zu entwerfen. Neben religiös-moralisch geleiteten Konsumpraktiken ist hier zunächst an die Lebensreformbewegung um 1900 zu denken. Auch soziale Bewegungen entwickelten gesellschaftliche Leitvorstellungen für den „richtigen" Konsum, die sich ab den 1960er und 1970er Jahren in den Lebensstilen des sogenannten „alternativen" Milieus Bahn brachen. Dabei gingen systemische Konsumkritik und individuelle Lebensentwürfe oft Hand in Hand mit dem Ziel, besser oder bewusster zu konsumieren und ggf. den eigenen und den gesamtgesellschaftlichen Verbrauch zu reduzieren und einzuschränken.

Lebensreformbewegungen

Solche Bestrebungen der Konsumreform stehen oft in einer religiös-moralischen Kontinuität, die bis in die Frühe Neuzeit zurückreicht. Sonntagsruhe und Ladenschluss sollten dem Kommerz im 19. Jahrhundert Grenzen setzen und Bewegungen wie die antialkoholischen Abstinenzler verbanden religiöse Konsumkritik mit gesundheitlichen Erwägungen. Die „ganzheitliche" Gesundheit des Menschen trat insbesondere bei der Lebensreformbewegung in den Vordergrund. Vegetarismus, Freikörperkultur und Naturheilkunde wurden in verschiedenen Ausprägungen zu relevanten Randphänomenen in europäischen und amerikanischen Konsumgesellschaften. Zu Beginn des 20. Jahrhunderts verband sie in der Regel eine Kritik an technik- und wissenschaftsorientierten „modernen" Lebensentwürfen. Schon im Kaiserreich hatte sich der Deutsche Vegetarier-Bund gegründet, dessen Mitglieder zwar den Verzehr getöteter Tiere aus ethischen Gründen ablehnten, vor allem aber eine „naturgemäße" Lebensweise anstrebten. Um 1900, so die Historikerin Florentine Fritzen, entstanden in Frankfurt und anderen Städten auch erste Reformhäuser, die Produkte auf pflanzlicher Basis, Schrotmühlen, naturheilkundliche Literatur und vieles mehr vertrieben.

In alternativen Gesellschaftsentwürfen ging es vielfach um sehr grundlegende Neukonzeptionierungen menschlichen Lebens, etwa um das Verhältnis von Arbeit und freier Zeit oder um Geschlechterbeziehungen. Die Konsumvorstellungen der Lebensreform wurden in der Weimarer Republik weiter popularisiert. Sie wiesen zum Teil gewisse Schnittmengen mit der völkischen Ideologie des Nationalsozialismus auf, doch blieben sie ein gesellschaftliches Randphänomen. Erst in Folge der kulturellen Umbrüche der 1960er Jahre und des entstehenden alternativen Milieus der 1970er und 80er Jahre fanden sie weitere Verbreitung. In den USA etwa gaben spirituelle und kulturelle Impulse aus Asien nun Anstöße für ein Aufleben von Alternativkostbewegungen, während die entstehende Umweltbewegung auf die Grenzen der modernen Konsumgesellschaft und ihren Ressourcenverbrauch verwies. Kommunales Leben auf dem Land und ein beginnendes Interesse an biologischer Landwirtschaft waren ebenso wie neue Kulturen des Selbermachens Bestandteile neuer gesellschaftlicher Konsumentwürfe im Alternativmilieu der Bundesrepublik.

Das Verhältnis zwischen individuellem Konsum und gesellschaftlichem Reformstreben gestaltete sich dabei vielfach spannungsreich. Einerseits sahen neue soziale Bewegungen wie die afroamerikanische Bürgerrechtsbewegung oder die Frauenbewegung in gewandelten Konsumpraktiken und in neuen Konsumräumen wie z. B. den Frauenbuchläden eine Chance, ihre Ziele voranzutreiben und gesellschaftliche Strukturen zu verändern. Andererseits erkannten viele Aktivist*innen der 1960er und 70er Jahre im Konsum selber eine wesentliche Ursache gesellschaftlicher Probleme. Die Hoffnung auf Alternativen zur materiellen Konsumkultur der Nachkriegsjahrzehnte einte Teile einer Protestgeneration, die von einer postmateriellen Konsumkultur träumte, in welcher Freizeit, Erfahrungen und individuelle Selbsterfüllung höher bewertet würden als Geld und käufliche Besitztümer. In seiner radikalsten Form gipfelte dieser Kampf gegen den „Konsumterror" in Brandanschlägen auf Kaufhäuser wie 1968 in Berlin durch spätere Gründungsmitglieder der Rote Armee Fraktion (RAF).

Der Konsumprotest der 68er-Generation und des entstehenden alternativen Milieus hat die Konsumvisionen der folgenden Jahrzehnte sicher verändert, doch kaum gebremst. Die neuen Jugend- und Protestkulturen zeichneten sich weniger durch Konsumverzicht als durch neue Konsummuster aus. Der durchaus auch hedonistische Anspruch auf Selbstverwirklichung ist dabei durch die Werbeindustrie und neue Formen des Lifestyle-Marketings in neue Konsumversprechen überführt worden. Ob vegan, woke oder fair-trade, der reformierte Konsumkapitalismus an der Wende des

Protestkulturen und alternative Milieus

21. Jahrhunderts geriert sich individuell, flexibel und allen Ansprüchen gerecht werdend. Sogar der religiöse, wertkonservative Konsum ist mittlerweile ein spezifisches, aber durchaus normales Marktsegment geworden, das in den USA etwa von Unternehmen wie *Walmart* oder der Schnellrestaurantkette *Chick-a-filet* bewusst bedient wird. Vorstellungen vom rigorosem Konsumverzicht – egal ob sozial, ökologisch oder moralisch motiviert – stießen im langen 20. Jahrhundert hingegen nur auf begrenzten gesellschaftlichen Widerhall. Der 1992 erstmals in Kanada initiierte „Buy Nothing Day" existiert zwar auch knapp 30 Jahre später noch, doch wird er von der Mehrheit der Gesellschaft kaum wahrgenommen.

8.5 Traum vom Füllhorn: Konsum als Science-Fiction

Nicht alle Konsumvisionen, dies sei abschließend erwähnt, sind und waren vordergründig politisch. Literatur und Populärkultur entwarfen Wunschvorstellungen einer zukünftigen Konsumgesellschaft, die sich zumeist eine wundersame Lösung gesellschaftlicher Mangel- und Notsituationen erträumten. Das mythische Symbol des Füllhorns versprach schon in der klassischen Antike einen Überfluss an Nahrungsmitteln und eine unendliche Ernte. Auch Märchen wie das „Tischlein deck dich", in dem sich der schlichte Tisch eines armen Schreinerlehrlings auf Kommando magisch mit köstlichen Speisen und Getränken füllt, zeugen von der populären Sehnsucht nach gesicherter Versorgung und endlosem Genuss. In Krisenzeiten kam solchen Vorstellungen eine besondere Bedeutung zu. Im Nachklang der Weltwirtschaftskrise schaffte es das Lied von den *Big Rock Candy Mountains* 1939 an die Spitze der amerikanischen Charts. Im Text besang ein Landstreicher seine Vorstellung eines Paradieses in den „großen Zuckerbergen", wo Zigarettenbäume an Alkohol-Bächlein standen und Hennen weichgekochte Eier legten. Die konkreten Ausprägungen solcher Visionen vom Schlaraffenland wandelten sich im Laufe der Zeit, doch das Motiv der wundersamen Versorgung blieb konstant.

Träume von Schlaraffenland und technologische Utopien

Ähnlich bedeutend sind für die Moderne technische Machbarkeitsvisionen, wie wir sie auch im eingangs zitierten Text von Bellamy finden. *Looking Backward* gehört dabei zu den frühen Vertretern einer Science-Fiction Literatur, die in technologischen Erfindungen die Lösung aller oder wenigstens vieler konsumgesellschaftlicher Probleme sehen. Ressourcenknappheit und Verteilungskämpfe etwa werden in diesen Visionen durch technische Neuerungen hinfällig. Als Beispiel sei hier nur auf die Welt der Science-Fiction Reihe *Star Trek* verwiesen, die seit den 1960er Jahren in den USA entstand. Auch in dieser Zukunftsvision ist Geld (wie bei Bellamy) weitgehend obsolet, denn nahezu unerschöpfliche Energiequellen ermöglichen allen Gesellschaftsmitgliedern ein materielles Auskommen. Sogenannte Replikatoren können zudem wie molekulare 3-D Drucker alle möglichen Lebensmittel und Konsumgüter in beliebiger Vielfalt nach individuellen Vorgaben replizieren, und holographische Projektionen bieten eine schier unendliche Variationsmöglichkeit von Unterhaltungs- und Freizeitangeboten. Die Lösung von Versorgungsproblemen ermöglicht in solchen Science-Fiction Utopien in der Regel individuelle Selbstverwirklichung und gesellschaftlichen Frieden.

In dystopischen Erzählungen schlugen solche Versorgungsträume hingegen schnell in ihr Gegenteil um. Märchen verhandeln immer wieder die Konsequenzen menschlicher Gier bzw. der Pleonexie (das Mehr-haben-wollen), die schon Aristoteles kritisierte. In dem 1978 erschienen Kinderbuch *Cloudy with a Chance of Meatballs* verdichten sich z. B. die scheinbar paradiesisch vom Himmel regnenden Mahlzeiten über die Zeit zu bedrohlichen Nudelregen und Pfannkuchenbergen, die die Welt zunehmend unbewohnbar machen. Sinisterer ist die Konsumvision des Romans *Brave New World* (1932) von Aldous Huxley, in der Verbraucher*innen durch Massenkonsum und Designerdrogen in willenlose Drohnen verwandelt werden, die ihrem Führer „Ford" folgen. Das utilitaristische Ziel der Glückmaximierung durch neue Konsumtechnologien zerstört in Huxleys Dystopie den eigentlichen Kern der Menschlichkeit. Die Abwesenheit individueller Wahlmöglichkeiten und eine uniforme Gleichheit des Konsums, schließlich, sind ein wichtiges Charakteristikum dystopischer und totalitärer Gesellschaftsentwürfe. Dieses Phänomen deutet nicht zuletzt auf die Wirkmacht hin, die liberal-marktförmige Entwürfe einer Gesellschaftsordnung über die letzten 150 Jahre entfaltet haben. Gegen diese konnten sich alternative Visionen einer Konsumgesellschaft vielfach nur schwer behaupten.

8.6 Quellen und Vertiefung

8.6.1 Heinrich Hoffmann v. Fallersleben: Vom Schlaraffenlande, 1853

Kommt, wir wollen uns begeben
Jetzo ins Schlaraffenland!
Seht, da ist ein lustig Leben
Und das Trauern unbekannt.
Seht, da läßt sich billig leben
Und umsonst recht lustig sein.
Milch und Honig fließt in Bächen,
Aus den Felsen quillt der Wein.
Und von Kuchen, Butterwecken
Sind die Zweige voll und schwer;
Feigen wachsen in den Hecken,
Ananas im Busch umher.
Keiner darf sich mühn und bücken,
Alles stellt von selbst sich ein.
O wie ist es zum Entzücken!
Ei, wer möchte dort nicht sein!
Und die Straßen aller Orten,
Jeder Weg und jede Bahn
Sind gebaut aus Zuckertorten
Und Bonbons und Marzipan.
Und von Brezeln sind die Brücken
Aufgeführt gar hübsch und fein.
O wie ist es zum Entzücken!
Ei, wer möchte dort nicht sein!
Ja, das mag ein schönes Leben
Und ein herrlich Ländchen sein.
Mancher hat sich hinbegeben,
Aber keiner kam hinein.
Ja, und habt ihr keine Flügel,
Nie gelangt ihr bis ans Tor,
Denn es liegt ein breiter Hügel
Ganz von Pflaumenmus davor.

Quelle: Dieter Richter: Schlaraffenland, Frankfurt a.M. 1989, 232–233.

8.6.2 August Bebel: Die Frau im Sozialismus, 1879

Kommunistische Küche

Bei der Nahrung handelt es sich aber weit mehr um die *Qualität* als die Quantität, viel hilft nicht, wenn das Viele nicht gut ist. Die Qualität wird aber durch die Art und Weise der Zubereitung bedeutend verbessert. *Nahrungszubereitung muß ebenso wissenschaftlich betrieben werden wie andere menschliche Tätigkeiten*, soll sie möglichst vorteilhaft sein. *Dazu gehört Wissen und Einrichtung.* Daß unsere Frauen, welchen gegenwärtig die Nahrungszubereitung hauptsächlich zufällt, dieses Wissen oft *nicht* besitzen und nicht besitzen können, bedarf keines Beweises mehr. Die Technik der großen Küchen hat schon gegenwärtig eine Vollkommenheit erreicht, welche die aufs beste eingerichtete Familienküche nicht kennt. Insbesondere ist es die mit Elektrizität für Heizung und Beleuchtung eingerichtete Küche, die dem Ideal entspricht. Kein Rauch, keine Hitze, keine Dünste mehr; die Küche gleicht mehr einem Salon als einem Arbeitsraume, in dem alle möglichen technischen und maschinellen Einrichtungen vorhanden sind, welche die unangenehmsten und zeitraubendsten Arbeiten spielend erledigen. Da sind die elektrisch betriebenen Kartoffeln- und Obstschäler, die Entkernungsapparate, Würstestopfer, Speckpresser, Fleischhacker, Fleischröster, Bratapparate, Kaffee- und Gewürzmühlen, die Brotschneideapparate, Eiszerkleinerer, Korkzieher, Korkpresser und hundert andere Apparate und Maschinen, die einer verhältnismäßig kleinen Zahl Personen mit mäßiger Anstrengung ermöglichen, für Hunderte von Tischgästen die Speisen zu bereiten. Dasselbe ist mit den Spül- und Reinigungseinrichtungen der Fall.

Die Privatküche ist für Millionen Frauen eine der anstrengendsten, zeitraubendsten und verschwenderischsten Einrichtungen, bei der ihnen Gesundheit und gute Laune abhanden kommt und die ein Gegenstand der täglichen Sorge ist, namentlich wenn, wie bei den allermeisten Familien, die Mittel die knappsten sind. Die Beseitigung der Privatküche wird für ungezählte Frauen eine Erlösung sein. Die Privatküche ist eine ebenso rückständige und überwundene Einrichtung, wie die Werkstätte des Kleinmeisters, beide bedeuten die größte Unwirtschaftlichkeit, eine große Verschwendung an Zeit, Kraft, Heiz- und Beleuchtungsmaterial, Nahrungsstoffen usw.

Der Nährwert der Speisen wird durch ihre leichte Assimilierfähigkeit erhöht; diese ist entscheidend. Die Assimilierfähigkeit der Speisen für den einzelnen ist maßgebend. Niemeyer, Gesundheitslehre. Eine naturgemäße Nährweise aller kann also auch erst die neue Gesellschaft ermöglichen. Cato rühmt vom alten Rom, daß es bis zum sechsten Jahrhundert der Stadt (200 vor Christo) wohl Kenner der Heilkunde gab, aber es an Beschäftigung fehlte. Die Römer lebten so nüchtern und einfach, daß Krankheiten selten vorkamen und der Tod durch Altersschwäche die gewöhnliche Form des

Todes war. Erst als Schlemmerei und Müßiggang, kurz, das Lotterleben auf der einen, Not und Überarbeit auf der anderen Seite um sich griffen, wurde es gründlich anders. Die Schlemmerei und das Lotterleben sollen künftig unmöglich sein, aber auch Not, Elend und Entbehrung. Es ist für alle genug vorhanden. Sang doch schon Heinrich Heine:

Es wächst hienieden Brot genug
Für alle Menschenkinder,
Auch Rosen und Myrthen, Schönheit und Lust,
Und Zuckererbsen nicht minder.
[...]

Umwandlung des häuslichen Lebens

Wie in der Küche, so wird die Revolution im gesamten häuslichen Leben sich vollziehen und zahllose Arbeiten erübrigen, die heute noch ausgeführt werden müssen. Wie künftig durch die Zentralnahrungsbereitungsanstalten in vollkommenster Weise die häusliche Küche überflüssig gemacht wird, so fallen durch die Zentralheizung, die elektrische Zentralbeleuchtung alle Arbeiten, die bisher die Instandhaltung der Feuerung in den Öfen, die Instandhaltung der Lampen und Beleuchtungsapparate erforderten, weg. Die Warmwasserleitung neben der Kaltwasserleitung ermöglicht einem jeden Waschungen und Bäder in beliebiger Weise, ohne Zuziehung einer Hilfsperson. Die Zentralwaschanstalten und Zentraltrockeneinrichtungen übernehmen die Reinigung und das Trocknen der Wäsche; die Zentralreinigungsanstalten die Reinigung der Kleider und Teppiche. [...] Kehricht und Abfälle aller Art werden ähnlich wie das benützte Wasser durch Leitungen aus den Wohnungen befördert (Müllschlucker). In den Vereinigten Staaten, in manchen europäischen Städten, zum Beispiel in Zürich, Berlin und seinen Vororten, London, Wien, München, gibt es bereits solche mit allem Raffinement eingerichtete Häuser, in denen zahlreiche, wohlsituierte Familien – andere können die Kosten nicht tragen – wohnen und einen großen Teil der geschilderten Vorteile genießen. [...]

In und um Berlin bestehen auch bereits mehrere große Einküchenhäuser. Hier wird in der gemeinsamen Küche das Essen für sämtliche Hausbewohner hergestellt. So trägt die bürgerliche Gesellschaft bereits auf allen Gebieten die Keime für die sozialistische Umgestaltung der Gesellschaft in sich: »Die Gartenstadt der Zukunft wird neben dem Gemeindehaus mit der Gas-, Elektrizitäts- und Heizungszentrale, den Schulen und Versammlungsräumen auch die Zentralküche der ganzen Gemeinde aufzuweisen haben. Unmöglich ist dann nicht, daß die Gänge, in denen die Lichtkabel und die Heizröhren liegen, zu rechteckigen Schächten erweitert werden, in denen das Essen auf automatischen kleinen Wagen, ähnlich wie die geplanten elektrischen unterirdischen Briefposten zwischen den Hauptämtern in den Großstädten, direkt auf telefonischen Anruf in die Wohnungen befördert wird. [...]

Quelle: August Bebel: Die Frau im Sozialismus, Stuttgart 1879 (https://www.projekt-gutenberg.org/bebel/frausoz/frau2731.html).

8.6.3 Rudolf Doernach: Handbuch für bessere Zeiten, 1983

Vorwort

Dieses „Handbuch" bringt [...] eine ganze Skala von Möglichkeiten der Selbstversorgung in Erinnerung. Es soll aber nicht nur Reaktion auf die Krise des Industrialismus sein, sondern diese Krise als kreative Erlebniswelt eröffnen. Nicht nur konsumierbares „Vorwärts zur Natur" wird angepeilt, sondern eine Vielzahl von Produkten und für das Überleben in Dorf und Stadt.

Warum eigentlich dämmert der Urtraum der Selbstversorgung, der Selbständigkeit, die Realität vom Bauern und Bauen, immer erst in Notzeiten? Warum suchen wir nicht gleich – ohne Zwang – das biologisch Sinnvolle, das allein dem Menschen wirklich tiefgründig Selbstvertrauen bringt: Die Partnerschaft mit Pflanzen, Tieren und Natur – auch in der Stadt, auch in dichten Quartieren?

„Small is beautiful", das war eine der großen Anregungen der siebziger Jahre, die vielen geistig jungen den Weg aus einem in die Krise geratenen Industrialismus gewiesen hat. Unsere Handbücher zur Selbstversorgung wollen nicht theoretisch fixieren, was nun wirklich „klein" und „ideal" ist, sie wollen ganz einfach praktisch weiterführen, nicht wertfrei, aber möglichst ideologiefrei. Deswegen bieten sie ganz bewußt ein möglichst großes Spektrum von wirklich konsumierbaren Details für Viele. [...]

Vielleicht ist das wirkliche Ziel dieser „Mini-Bibliothek für Selbstversorger" nicht einmal der Weg zu den Früchten, sondern hauptsächlich die Erhaltung oder gar Entstehung von „Wald", dem Träger der Lebensfreundschaft zwischen Pflanzen, Tieren und Menschen.

Selbstversorgung in Stadt und Land

Der Städter hat triefgründende Sehnsüchte nach dem Land, und umgekehrt zieht es auch heute noch nicht Wenige vom Land in die Stadt: Jeder schätzt eben das, was er nicht hat. So können diese Handbücher einerseits dem Städter helfen, mit wenigstens einem Bein seinen Sehnsüchten auf dem Land zu frönen, andererseits fördert es „grüne Ideen" vom Land auch in der Stadt.

Selbstversorgung und damit ein gutes Stück Selbstverwirklichung scheint vordergründig eher auf dem Lang möglich, da gibt es mehr Flächen und mehr Grün. Aber gerade vom Lande verpendeln täglich viele gewaltig viel Zeit und Geld auf dem Weg in die Stadt und erreichen so ihr teures „Grünparadies" nur noch erschöpft und nervös. Viele Städter dagegen wohnen in der Nähe ihrer Arbeitsplätze und haben deswegen mehr Zeit und Geld, einen Kleingarten, eine Grünfassade oder Kleintiere zu hegen und zu pflegen – zwar auf wenig Fläche, aber Mangel macht eben immer erfinderisch. Auf welchem Dachraum gäbe es keinen Platz für ein Taubenhaus und wie viele Keller stehen leer – ohne Pilzkultur und Mostfaß!

Im Prinzip sind beinahe alle der über 130 alternativen Vorschläge sowohl auf dem Land als auch in der Stadt möglich – nur eben auf jeweils andere Art. [...]

Wer auch immer Neigungen für Selbstversorgung entwickelt, mag wissen wollen, daß kleine Lösungen, die klein bleiben, auch auf dem Lande richtiger sind, weil sonst unwirtschaftliche Überproduktion und damit Mangel an wirklicher Frei-Zeit ins Biohaus stehen. Häuser in Stadt und Land, alle haben sie Keller, Dachräume, Wände, Balkone und Terrassen, also Frei-Räume, Grün-Räume für Selbstversorgung, die der Staat nicht reglementieren kann. Warum aber sind bislang viele Städter nicht echte Erntehelfer, Waldernster, Waldpfleger, Teepflücker, Wildpflanzer ... sondern nur passive „Naherholer"? Ist die Not noch nicht groß genug oder ist vieles nicht eher und einfach Einstellungssache: Statt passiver un-Zeit bei Maschinenmusik aktive Bio-Zeit?

Ein neuer Gruß: „Kommt Zeit – kommt Bio!" Das „Warum-wie-wo-wer-womit-wann" der Selbstversorgung und Selbstverwirklichung ist in den letzten Jahren nur teilweise verloren gegangen. Jetzt ist die Zeit gekommen, die „Biodiversität" des Selbstlernens ohne Titelsucht und Prüfscheine wieder zu suchen. [...] In natürlichen, kreisläufigen Systemen hängt eben alles mit allem zusammen, so sind auch Stadt und Land untrennbar. Die Zusammenhänge, die Flüsse, zu suchen und zu finden, das ist Leben, lebenswertes Leben, sinnvolles Leben. Wer wollte das nicht?

Und wenn die erwartete Superkrise nicht kommt, bleibt dann Selbstversorgung ein Thema für Opas, Frauen und Freaks? Sicher nicht! Denn selbst versorgen heißt letztlich selbstbestimmt, losgelöst vom „Großen Bruder", selbst leben.

Quelle: Rudolf Doernach: Handbuch für bessere Zeiten: Nahrung – Tiere – Energie – Bio-Mobile, Stuttgart 1983 [Hervorhebung im Original].

8.6.4 Fragen und Anregungen

– Was zeichnete ‚erfolgreiche' Konsumvisionen mit gesellschaftlicher Prägekraft aus und wie wandelten sich diese im Laufe des 19. und 20. Jahrhunderts?

- In welcher Hinsicht waren Alternativentwürfe zur marktförmigen Konsumgesellschaft erfolgreich? In welcher Hinsicht sind sie gescheitert?
- Welche historischen Faktoren können uns helfen, die Konjunkturen von Konsumvisionen und Konsumkritik im 19. und 20. Jahrhundert zu verstehen? Welche Aspekte und Motive erscheinen zeitgebunden, welche eher zeitlos?

Weiterführende Literatur

Cross, Gary: Time and Money: The Making of Consumer Culture, London 1993. (*Vergleichende Studie zu Debatten über Lohn- und Arbeitszeitentwicklung im späten 19. und frühen 20. Jahrhundert*)

Fritzen, Florentine: Gesünder leben. Die Lebensreformbewegung im 20. Jahrhundert, Stuttgart 2006. (*Überblick über alternative Lebens- und Konsumentwürfe in der deutschen Geschichte*)

Horowitz, Daniel: The Morality of Spending: Attitudes Toward the Consumer Society in America, 1875–1940, Chicago 1992. (*Untersuchung zur sich wandelnden moralischen Wertung des Konsums in den USA seit dem ausgehenden 19. Jahrhundert*)

Kühschelm, Oliver/Eder, Franz X./Siegrist, Hannes (Hrsg.): Konsum und Nation. Zur Geschichte nationalisierender Inszenierungen in der Produktkommunikation, Bielefeld 2014. (*Sammelband zum Phänomen des national-bewussten Konsums und seiner Geschichte*)

Nolan, Mary: Visions of Modernity. American Business and the Modernization of Germany, Oxford 2011. (*Analyse deutscher Amerikanisierungs-Debatten in Hinblick auf Arbeit und Konsum in der Zwischenkriegszeit*)

9 Konsumpolitik

Abb. 9.1: Werkschor. Arbeiter-Festspiele der DDR, 13. Juni 1959.
Quelle: Bundesarchiv.

Am Abend des 12. Juni 1959 wurden die ersten Arbeiter-Festspiele der DDR eröffnet. Zum Festprogramm gehörten Tanz- und Musikdarbietungen, unter anderem trat der große gemischte Chor des VEB Filmfabrik Agfa Wolfen und des VEB Leuna-Werke „Walter Ulbricht" auf, der im Bild zu sehen ist (Abb. 9.1). Gastgeber waren die Chemischen Werke Buna in Schkopau, die zum traditionsreichen Chemierevier des Deutschen Reiches und dann der DDR zwischen Halle, Merseburg und Bitterfeld gehörten. Es war kein Zufall, dass die ersten Arbeiter-Festspiele im Bezirk Halle stattfanden, denn der chemischen Industrie kam große Bedeutung zu. Erst ein Jahr zuvor waren Ende 1958 auf der „Chemiekonferenz" in Leuna der Ausbau und die Neuausrichtung der chemischen Industrie der DDR beschlossen worden. Dies entsprach der neuen wirtschaftspolitischen Programmatik der DDR, künftig nicht mehr nur in die Schwerindustrie, sondern verstärkt in die Konsumgüterproduktion zu investieren. Die chemische Industrie spielte als Erzeugerin von „Plasten und Elasten", wie Plastik-Kunststoffe und elastische synthetische Fasern in der DDR hießen, eine bedeutsame Rolle in diesen Plänen, denn sie waren für die Herstellung vieler Konsumgüter unabdingbar.

„Chemie gibt Brot – Wohlstand – Schönheit", so lautete die verkürzte Zusammenfassung einer Losung, die Walter Ulbricht, das Staatsoberhaupt der DDR, als Wohlstandsvision ausgegeben hatte. Die beiden Bilder hinter dem Chor zeigten zwei dieser konsumorientierten Versprechen. Kunstdünger sollte die landwirtschaftlichen Erträge erhöhen, also Brot bereitstellen; Roh-, Werk- und Kraftstoffe dienten zur Her- und Bereitstellung verschiedenster Güter, schufen also Wohlstand; und als Beispiel für Schönheit führte die Kampagne synthetische Fasern an, die zu attraktiven Kleidungsstücken verarbeitet werden konnten. Im Bild war für alle Betrachtenden zu sehen, was damit gemeint war: Wohlstand bedeutete Lohnerhöhungen – grafisch dargestellt durch die steigende Kurve und die Geldstücke, die zum Beispiel für den Kauf eines Fernsehgerätes eingesetzt werden konnten, und aus den Flüssigkeiten des Erlenmeyerkolbens entstand Mode.

Das Versprechen von Brot, Wohlstand und Schönheit war ein politisches Versprechen. Erstens entschieden in der zentralisierten Planwirtschaft der DDR weder die Produktionsbetriebe noch die Nachfrage darüber, welche Konsumgüter erhältlich waren, sondern von der Regierung festgelegte Wirtschaftspläne. In diesen Plänen war beispielsweise auch verfügt worden, dass für den „Aufbau des Sozialismus" in den ersten Jahren nach der Gründung der DDR die Konsumgüterproduktion zugunsten der Schwerindustrie zurückstehen sollte. Zweitens lagen Produktion und Verkauf nicht in privater Hand, sondern waren ganz überwiegend in der Form verstaatlichter volkseigener Betriebe (VEB) bzw. der volkseigenen Handelsorganisation (HO) sowie als Konsumgenossenschaften organisiert. Drittens schließlich basierte auch die Umorientierung hin zu einer stärker auf Konsum ausgerichteten Wirtschaftsplanung auf politischen Erwägungen. Die wirtschaftliche Leistungskraft und der Lebensstandard der Bevölkerung galten während des Kalten Krieges als wichtige Indikatoren für die Überlegenheit des jeweiligen Systems. Im geteilten Deutschland öffnete sich in den 1950er Jahren die Schere zwischen den beiden Teilstaaten, und vielen Bürger*innen der DDR standen die im Vergleich besseren Konsummöglichkeiten der Bundesrepublik deutlich vor Augen. Der andauernde Blick in den Westen veranlasste auch die DDR-Führung, der Konsumgüterproduktion mehr Bedeutung einzuräumen.

Konsum in der Planwirtschaft

Das Chemieprogramm der DDR war zwar mit etlichen Problemen behaftet, doch in seinem Gefolge kam eine Vielzahl von Konsumartikeln aus Kunststoff in den Handel, flankiert von einer großen Werbekampagne. Sie inszenierte „Plaste"-Produkte als Ausdruck einer modernen sozialistischen Lebensweise und versuchte so, Vorbehalte gegenüber Kunststoffprodukten abzubauen. Denn in der Bevölkerung wurden diese häufig noch mit den Ersatzstoffen der Kriegszeit assoziiert. Ab Mitte der 1960er Jahre setzten sich „Plaste und Elaste" dann in nahezu allen Bereichen des Alltags durch, von Haushaltswaren bis zur Kleidung.

9.1 Politische, ideologische und moralische Leitvorstellungen

Das Beispiel der DDR zeigt, wie tief staatliches Handeln in das Spiel von Angebot und Nachfrage eingreifen konnte. Der ostdeutsche Staat war jedoch keineswegs eine Ausnahme in seinem Bestreben, die Rahmenbedingungen von Konsum aktiv zu gestalten. In unterschiedlicher Intensität und mit wechselndem Erfolg betrieben Staaten Konsumpolitik im weitesten Sinne, machten also Konsum zu einem Gegenstand politischen Handelns (ohne dass dies notwendigerweise im Rahmen einer so auch genannten Konsumpolitik geschah). Ein- und Ausfuhrverbote, Steuern auf bestimmte Güter, Preisbindungen oder die Vergabe von Konzessionen für Händler*innen und Produzent*innen haben eine lange, epochenübergreifende Tradition. Andere Formen des Eingriffs verschwanden mit der Zeit, beispielsweise die Kleider- und Luxusordnungen, die Konsummöglichkeiten an die Standeszugehörigkeit gekoppelt hatten. Regierungen entwickelten immer wieder neue Instrumente, um Konsum zu regulieren und je nach Anlass zu stimulieren, zu bremsen oder auf bestimmte Warengruppen und Konsumformen zu lenken.

politische Leitvorstellungen

Konsumpolitik basierte dabei auf mehr oder weniger stark ausgeprägten politisch-ideologischen Leitvorstellungen, die das staatliche Handeln in diesem Bereich strukturierten und legitimieren sollten. Der Historiker Claudius Torp unterscheidet drei „politisch verfasste Konsummodelle", die für unterschiedliche Ziele und Legitimationen von Konsumpolitik seit dem späten 19. Jahrhundert stehen: erstens Wachstum (von Wirtschaft und Wohlstand), zweitens Sicherheit (beispielsweise als Versorgungssicherheit oder gerechte Versorgung), drittens Moral (als moralische Aufladung von Konsum, die Konsument*innen als politische Akteur*innen begreift, und damit verbundenen Erziehungsversuchen).[1] Diese Ziele, die ihrerseits wiederum unterschiedlich ausdeutbar waren, lösten einander nicht ab, sondern bestanden parallel zueinander und traten zu verschiedenen Zeitpunkten in den Vordergrund bzw. Hintergrund.

So etwas wie Konsum- oder Verbraucherpolitik begann sich erst seit dem letzten Drittel des 19. Jahrhunderts in Deutschland ganz allmählich zu entwickeln. Noch gab es allerdings keine Vorstellung von Konsument*innen als einer zusammengehörigen Gruppe und als einer identitätsbildenden Kategorie der Selbst- und Fremdbezeichnung. Konsum wurde noch kaum als Antriebskraft der Wirtschaft interpretiert, es herrschte weiterhin das Ideal der Sparsamkeit. Staatliche Eingriffe in den Bereich des Konsums waren reaktiv und bestanden aus isolierten Maßnahmen, die einzelne Waren- oder Personengruppen betrafen. Meist ging es dabei nicht um Konsum an sich, sondern um andere, wirtschafts- oder gesellschaftspolitische Ziele. So sollte die agrarprotektionistische Zollpolitik des Kaiserreichs die einheimische Landwirtschaft schützen – zu Lasten der Konsument*innen, die, vertreten vor allem durch die SPD, erfolglos eine Öffnung zum Weltmarkt und günstigere Lebensmittelpreise forderten. Ein anderes Beispiel sind die Zensurbestimmungen der Weimarer Republik gegen „Schmutz und Schund" in Kinos und Literatur. Sie sollten den Schutz der Jugendlichen vor sittlicher Gefährdung gewährleisten und schränkten darum deren Zugriffsmöglichkeiten auf das entsprechende Konsumangebot ein.

Deutschland war hierbei keine Ausnahme. Auch viele andere Länder setzten Konsumverbote mit sittlich-moralischen Begründungen ein. Ein bekanntes Beispiel ist die Prohibition in den USA, also das Verbot der Herstellung und des Verkaufs von Alkohol zwischen 1920 und 1933. Ähnlich wie der deutsche Versuch zur Eindämmung von „Schmutz und Schund" scheiterte die Prohibition am Unwillen der Bevölkerung, sich bestimmte Genüsse verbieten zu lassen. Und auch protektionistische Eingriffe waren international weit verbreitet. Neben Zöllen sind beispielsweise *buy national*-Kampagnen zu nennen. Deren Anfänge lassen sich bis in die Frühe

Konsumverbote

---

1 Torp: Wachstum.

Neuzeit zurückverfolgen (allerdings nicht unter Bezugnahme auf den Begriff der Nation, was erst im 19. Jahrhundert geschah), und bis heute gibt es immer wieder Aufrufe, patriotisch zu konsumieren. Solche Kampagnen nahmen zu, als im ersten Drittel des 20. Jahrhunderts in vielen Staaten wirtschaftliche Krisenerscheinungen, der Bedeutungszuwachs von Konsum im Alltag, die Etablierung neuer Marketingtechniken, Globalisierungsprozesse und die Herausbildung einer Konsumentenidentität zusammenfielen. Die Bevölkerung sollte inländische Waren kaufen, um so die einheimische Wirtschaft anzukurbeln und Arbeitsplätze zu sichern. In unterschiedlichen Konstellationen standen Regierungen, Produzent*innen und Handel hinter den Aufrufen. Die protektionistische Logik war dabei für Imperien wie Großbritannien genauso attraktiv wie für exportabhängige kleine Staaten, beispielsweise die Schweiz oder Österreich (Abb. 9.3). Und auch Unabhängigkeitsbestrebungen ließen sich mit Aufrufen zum Kauf „eigener" Waren verbinden, wie die Beispiele der amerikanischen Unabhängigkeitsbewegung des späten 18. Jahrhunderts und die indische Swadeshi-Bewegung zeigen, die zum Boykott britischer und zum Kauf einheimisch Produkte aufrufen.

Konsumpolitik im Ersten Weltkrieg

Eine systematische Konsumpolitik entstand in Deutschland erst im Gefolge des Ersten Weltkrieges, der mit tiefen staatlichen Eingriffen in Produktion und Konsum verbunden war. Zum einen hatte der Staat während des Krieges das Recht und damit auch die Verpflichtung an sich gezogen, die Versorgung zu regeln und zu gewährleisten. Er war damit zum Ansprechpartner in Konsumfragen geworden und galt als zuständig für die Grundversorgung der Bevölkerung. Zum anderen hatte sich vor diesem Hintergrund „Konsument*in" oder „Verbraucher*in" zu einer Kategorie der Selbstbeschreibung und der Gruppenidentität entwickelt. Als solche waren Konsument*innen adressierbar, sie konnten aber auch zunehmend kollektiv politischen Druck auf Regierungen ausüben.

Konsumversprechen des Nationalsozialismus

In der nationalsozialistischen Ideologie kam dann Konsumversprechen eine wichtige Rolle zu. Die Wohlstandsvision war eine Verheißung für die Zukunft, nicht unbedingt für die Gegenwart. Bevor Visionen zur Realität werden konnten, in denen die „Volksgemeinschaft" mit dem eigenen Auto von der gut ausgestatteten Wohnung aus in den Urlaub fuhr, musste die Bevölkerung zu Sparsamkeit und Verzicht ermahnt werden, um Kriegsvorbereitungen und Kriegsführung zu ermöglichen. Die Versprechen galten freilich nur für die „Volksgemeinschaft". Die Steigerung des Lebensstandards der „Arier*innen" sollte auf rassistisch legitimierter Ausbeutung und Vernichtung basieren, insbesondere auf der Eroberung von „Lebensraum" und dessen rücksichtsloser Ausplünderung sowie auf der Beraubung und Vernichtung der jüdischen Bevölkerung. Dazu zählten auch die behördlichen und parteilichen Aufrufe, jüdische Geschäfte zu boykottieren.

Nach 1945 entstanden auf deutschem Boden zwei sehr unterschiedliche Vorstellungen von den erstrebenswerten Zielen und Maßnahmen im Bereich des Konsums. Die Bundesrepublik setzte seit den 1950er Jahren auf „Wohlstand für alle", wie der Titel des 1957 erschienenen Buches von Wirtschaftsminister Ludwig Erhard (CDU) lautete. Der Weg dorthin war durchaus umstritten, doch insgesamt gingen die Bundesregierungen allesamt von massenhaftem Konsum und Bedürfnisweckung als Bedingung wie auch als Folge von Wirtschaftswachstum und Wohlstand aus. Unter den Vorzeichen des Kalten Krieges setzte auch die DDR auf Wohlstandsversprechen und, wenn auch später als die Bundesrepublik und unter dem wachsenden Druck aus der Bevölkerung, auf einen Ausbau der Konsummöglichkeiten.

Konsumpolitik im geteilten Deutschland

Eine Konsumgesellschaft westlicher Art wollte die DDR jedoch nicht sein. Repräsentations- und Geltungskäufe, so die Ethnologin Ina Merkel, sollten im Konsumleben der DDR keinen Platz haben. Die ideale sozialistische Gesellschaft war egalitär. Die Bedürfnisse aller sollten erfüllt werden, ohne dass der Geldbeutel darüber entschied. „Bedürfnisse" meinte in der sozialistischen Ideologie jedoch nicht einfach Wünsche, sondern die „wahren" Bedürfnisse des Menschen. Kaufen um des Kaufens willen, das massenhafte Horten von Konsumgütern, die Zurschaustellung von Besitz zur Disktinktionszwecken – all das war in der DDR als westliches, kapitalistisches Verhalten verpönt. Ziel der SED und der Regierungsorgane der DDR war es also, erzieherisch auf die Bevölkerung einzuwirken, um ein Bewusstsein für die „richtigen" Bedürfnisse zu schaffen und deren Erfüllung dann mithilfe der sozialistischen Planwirtschaft zu gewährleisten. Ein solcher Wertewandel brauchte Zeit. Viele Bürger*innen wünschten sich jedoch Konsumverhältnisse wie im westlichen Ausland. Die Planwirtschaft war nicht in der Lage, diese Wünsche zu erfüllen, doch ignorieren konnte sie die Regierung auch nicht, wollte sie nicht die Unzufriedenheit der Bevölkerung riskieren. Aus diesem Spannungsfeld erwuchs die widersprüchliche Konsumpolitik der DDR.

Die unterschiedlichen Konsumtraditionen und -verhältnisse in Ost und West sind teilweise bis heute als Unterschiede im Konsumverhalten sichtbar.

9.2 Handlungsfelder und Instrumente staatlicher Konsumpolitik

gesetzliche Rahmenbedingungen für Konsum

Im Alltag werden staatliche Eingriffe in den Bereich des Konsums oft kaum als solche wahrgenommen. Ladenschlussgesetze, Zugangsbeschränkungen wie die Apothekenpflicht für Medikamente, die unterschiedliche Besteuerung von Warengruppen oder auch verpflichtende Packungsaufdrucke zur Information der Kund*innen sind nur einige Beispiele für die politisch-rechtliche Gestaltung der Rahmenbedingungen für Konsum. Auch die Bereitstellung und der Unterhalt von Konsuminfrastrukturen durch die öffentliche Hand wird nur selten als Konsumpolitik wahrgenommen. Wasser- und Elektrizitätsversorgung, Kultur- und Sporteinrichtungen, Nahverkehr, Krankenhäuser und Müllbeseitigung sind nur einige Beispiele für Infrastrukturen, die in Deutschland seit dem ausgehenden 19. Jahrhundert zunehmend als öffentliche Aufgabenbereiche definiert wurden. In anderen Staaten wie den USA werden sie überwiegend durch privatwirtschaftliche Anbieter bereitgestellt. Die Unterschiede, Vor- und Nachteile der verschiedenen Ansätze waren immer wieder Gegenstand der öffentlichen Debatte sowie wissenschaftlicher Untersuchungen.

Während Strukturpolitik und rechtliche Rahmenbedingungen also gewöhnlich nicht bewusst als Konsumpolitik reflektiert werden, haben sich staatliche Eingriffe in Ausnahmezeiten, beispielsweise Phasen des kollektiven Mangels, tief im Bewusstsein verankert und wurden intensiv diskutiert. Um solche Maßnahmen geht es im Folgenden, bevor dann im nächsten Schritt einige Felder staatlicher Konsumpolitik in Zeiten jenseits von Mangel und Knappheit vorgestellt werden. Aufgrund der immensen Vielfalt konsumbezogenen politischen Handelns kann dies nur exemplarisch geschehen.

Konsum und Kriegswirtschaft

Im Deutschland des 20. Jahrhundert waren es vor allem Kriegs- und Nachkriegszeiten, die kollektive Mangelerfahrungen mit sich brachten. Im Unterschied zu früheren Jahrhunderten wurden die beiden Weltkriege als totale Kriege geführt. Alle Lebensbereiche wurden den Erfordernissen des Krieges untergeordnet, die Kriegsanstrengungen betrafen also nicht nur die Front, sondern auch die nun so genannte „Heimatfront". In beiden Weltkriegen wurde die Produktion auf Kriegswirtschaft umgestellt, die Versorgung der Front mit Waffen, Uniformen und Nahrungsmitteln stand an oberster Stelle. Die Versorgungssituation zu Beginn des Ersten Weltkrieges wurde durch zwei weitere Faktoren erschwert. Zum einen schnitt die alliierte Seeblockade Deutschland von den internationalen Rohstoff- und Produktlieferungen ab. Zum anderen war die Regierung des Deutschen Reiches denkbar schlecht auf die sich rasch abzeichnenden Versorgungskrisen vorbereitet.

Um die Versorgung der Bevölkerung sicherzustellen, griff die Regierung zu drastischen Mitteln der Zwangsbewirtschaftung und Rationierung. Etliche Grundnahrungsmittel waren legal ab 1915 nur auf Bezugsschein erhältlich, und eine wachsende Zahl an neuen Behörden auf lokaler wie auf Reichsebene reglementierte die Produktion, den Verkauf und die Verwendung von Lebensmitteln. Doch die Maßnahmen waren unzulänglich, sodass die Versorgung schlecht blieb, und zum Ende des Krieges litten viele Deutsche erheblich unter der mangelhaften Versorgungslage, vor allem im Bereich der Ernährung. Die Stadtbevölkerung war von der allgemeinen Knappheit sehr viel stärker betroffen als das Land, und Ärmere litten weitaus mehr als Wohlhabendere, die sich vieles über den Schwarzmarkt oder andere Beziehungen illegal beschaffen konnten. In anderen Ländern wie etwa Frankreich und England war die Versorgungslage während des Krieges zwar besser als im Deutschen Reich, doch auch hier gab es Rationierungen, staatlich festgelegte Höchstpreise und wachsenden öffentlichen Druck auf die Regierungen, im Sinne der Konsument*innen zu intervenieren. Auch die Russische Revolution 1917 wurzelte nicht zuletzt in der massenhaften Erfahrung von Hunger und Mangel sowie in dem kommunistischen Versprechen auf eine bessere und gerechtere Versorgung.

Neben der Rationierung des Vorhandenen beteiligte sich der deutsche Staat an der Erforschung von Ersatzstoffen. Sie sollten das Deutsche Reich unabhängiger von Importen machen und die Versorgungslage verbessern. Betroffen waren alle Produktionsbereiche, die Lebensmittelindustrie ebenso wie die Textilindustrie, die Materialforschung wie die Schwerindustrie. Auch findige Unternehmer*innen brachten sogenannte Kriegsprodukte auf den Markt. Allein im Bereich der Lebensmittel gab es bis Kriegsende etwa 11.000 Ersatzlebensmittel, von Kunsthonig bis zu Hunderten Sorten Kriegsbrot und fleischlosem Wurstersatz. Flankiert wurden all diese Maßnahmen von einer staatlichen Propagandainitiative, die die Bevölkerung dazu aufrief, sparsam zu wirtschaften, Reste zu verwerten und auf unnötige Käufe zu verzichten.

Die staatlichen Eingriffe waren äußerst unbeliebt, auch wenn die Mehrheit der Bevölkerung anerkannte oder gar forderte, dass der Staat angesichts des Mangels regulierend eingreifen musste. Die als ungerecht empfundene Rationierungs- und Verteilungspolitik führte vielerorts zu Protesten. Im Alltag wurden die rechtlichen Bestimmungen millionenfach hintergangen. Geschah dies in einem moderaten Umfang und zur Sicherung der eigenen Grundversorgung, konnten Hamsterer, Schwarzhändler*innen und Schwarzschlachter*innen mit dem Verständnis ihrer Mitmenschen (wenn auch nicht unbedingt der Staatsorgane) rechnen, während die sogenannten „Kriegsgewinnler", die durch „Schieberei" reich geworden waren und nun in Saus und Braus lebten, allgemein verhasst waren. Auch die meisten Ersatzstoffe und -produkte wie Papiergewebe, Seifenersatz, Kriegsschuhe oder Kriegsbrot waren wenig beliebt und verschwanden, sobald sich die Versorgungssituation entspannte.

Da die Lage auch nach Kriegsende angespannt war, blieben etliche Einschränkungen wie Rationierungen bis in die frühen 1920er Jahre zum Unmut der Bevölkerung weiter bestehen. Auch angesichts der horrenden Preissprünge während der Inflation zu Beginn der 1920er Jahre erschien der Staat weitgehend hilflos. Die sich im Verlauf des Krieges verschlechternde und in der Nachkriegszeit nur langsam verbessende Versorgungslage führte zu großer Unzufriedenheit und delegitimierte die Regierung in den Augen der Bevölkerung. Die nationalsozialistische Regierung setzte daher alles daran, eine ähnliche Entwicklung zu vermeiden.

NS-Ideologie und Konsumpolitik

Hitler trat mit dem Versprechen auf Wohlstand an; gleichzeitig plante das NS-Regime lange vor Beginn des Zweiten Weltkrieges, wie die Versorgung der „Volksgemeinschaft" zu Kriegszeiten gesichert werden könne. Rationierungen, Ersatzprodukte, Zwangsbewirtschaftung und Mangel gab es auch während des Zweiten Weltkrieges, doch die Grundversorgung blieb bis 1944 einigermaßen stabil. Das lag zum einen an der im Vergleich zum Ersten Weltkrieg besseren Planung. Zum Zweiten investierten auch die Nationalsozialisten viel in die Erforschung und Entwicklung von Stoffen, die das Deutsche Reich unabhängig vom Welthandel machen sollten. Gerade im

Bereich der Nahrungsmittelproduktion ging damit ein regelrechter Modernisierungsschub einher. Künstliche Inhaltsstoffe, Konservierungsmittel und Convenience-Produkte verweisen bereits auf die Konsumstrukturen, die sich dann in der Nachkriegszeit ausbildeten. Zum Dritten basierte die vergleichsweise stabile Versorgungslage im Deutschen Reich auf der rücksichtslosen und systematischen Ausbeutung anderer. Millionen Zwangsarbeiter*innen aus den besetzten Gebieten mussten in der deutschen Landwirtschaft sowie in der Industrie arbeiten, und die besetzten Gebiete selbst wurden ausgeplündert. Lebensmittel, Rohstoffe und Konsumartikel aller Art wurden ohne Rücksicht auf die dortige Bevölkerung an deutsche Soldaten gegeben oder in das Deutsche Reich geschafft. Und auch der Massenvernichtung der jüdischen Bevölkerung ging die Ausplünderung voraus. Im Zuge der „Arisierung" kam ein beträchtlicher Teil des geraubten Besitzes auf den Markt, vom Wohnhaus über Geschäfte und Unternehmen bis hin zur Wohnungseinrichtung und Gebrauchsgegenständen. „Volksgenoss*innen" kauften oder ersteigerten das jüdische Eigentum – oftmals im vollen Wissen um die Herkunft der Dinge (Abb. 9.2).

Die nationalsozialistische Propaganda rief die Bevölkerung dazu auf, Strom und Lebensmittel zu sparen, knappe Zutaten oder Materialien durch andere zu ersetzen und ihr Verbrauchsverhalten den Bedürfnissen der „Volksgemeinschaft" anzupassen. Gleichzeitig war die nationalsozialistische Propaganda voller Verheißungen. Ob Reisen, Autos, Telefone oder Kühlschränke: All dies würden die Deutschen künftig besitzen. Bis auf das Radio – den „Volksempfänger" – blieb es in der Gegenwart des „Dritten Reichs" bei Ankündigungen. Vielmehr wurde an die Deutschen appelliert zu sparen, um so nach Kriegsende an der verheißenen Fülle teilhaben zu können. Die Kombination aus Konsumversprechen und Sparaufruf hatte für das Regime den Vorteil, sich weiterhin als Garant für Wohlstand und Teilhabe darstellen zu können, gleichzeitig aber die Kaufkraft der Bevölkerung abzuschöpfen. Denn hätten die Deutschen das gesparte Geld bereits in der Kriegszeit ausgeben wollen – es hätte nicht viel zu kaufen gegeben.

Das Regime legte also fest, welche Konsumfelder gefördert oder eingeschränkt wurden, wer Zugang oder gar bevorzugten Zugang zu Konsummöglichkeiten hatte (u. a. „Volksgenoss*innen", „alte Kämpfer") und wer nicht (etwa „Nicht-Arier*innen", Zwangsarbeiter*innen oder die Patient*innen in psychiatrischen Anstalten).

Dabei verteilten der Staat und Parteiorgane nicht nur Zugangschancen, sondern sie waren selbst auch Anbieter*innen, beispielsweise bei der Verteilung des geraubten jüdischen Eigentums oder durch das Reiseprogramm der Organisation „Kraft durch Freude" (KdF).

In den westlichen Besatzungszonen endeten Rationierungen und Zwangsbewirtschaftung bald nach Kriegende. In anderen Staaten, u. a. Großbritannien, waren einige Lebensmittel hingegen bis in die frühen 1950er Jahre rationiert. Viele Brit*innen empfanden dies als höchst ungerecht, hatten sie doch das nationalsozialistische Deutschland bekämpft und besiegt und schulterten nun auch die Aufgaben einer Besatzungsmacht. In der sowjetischen Besatzungszone bzw. DDR waren bestimmte Lebensmittel sogar bis Ende der 1950er Jahre rationiert.

sozialistische Konsumkultur

Anders als in der Bundesrepublik griff der ostdeutsche Staat auch nach dem Ende der Rationierungen weiterhin tief in den Bereich des Konsums ein. Neben der weitgehenden Verstaatlichung von Industrie, Handel und Landwirtschaft und der planwirtschaftlichen Steuerung des Warenangebots geschah dies vor allem über Subventionen und Preispolitik. Die DDR subventionierte viele Bereiche der Grundversorgung wie Grundnahrungsmittel, Mieten, Heizung und Nahverkehr. Der Staat gab trotz angespannter Wirtschaftslage immense Summen aus, um den Bürger*innen Zugang zu diesen Warengruppen weit unter dem Marktpreis zu ermöglichen. 1989 flossen ca. 21 % des Staatshaushalts in Subventionen im Bereich der Grundversorgung, hinzu kamen die Beträge, die das Mietpreisniveau künstlich niedrig hielten.[2] Diese Politik entkoppelte zum einen die eigene Arbeitsleistung – ausgedrückt im Lohn – vom Lebensstandard, zum anderen trieb sie die Verschuldung der DDR voran.

Handel in der DDR

Angesichts der Konsumwünsche, der Kaufkraftüberhänge in der Bevölkerung und der Devisenknappheit des Staates schuf die DDR-Regierung im Verlauf der Jahre Handelsinfrastrukturen parallel zu den volkseigenen und genossenschaftlichen Läden. Die *Intershops* (seit 1956 unter diesem Namen) verkauften Genussmittel gegen Devisen an ausländische Reisende, später auch an DDR-Bürger*innen. Im Verlauf der 1960er Jahre kamen die Ladenketten

---

[2] Zahlen nach André Steiner: Von Plan zu Plan. Eine Wirtschaftsgeschichte der DDR, München 2004, 216.

Exquisit (1961) für Mode und *Delikat* (1966) für Lebensmittel hinzu, die vor allem ab Mitte der 1970er Jahre weiter ausgebaut wurden. Sie verkauften ein gehobenes Sortiment, teilweise auch Importwaren, zu deutlich höheren Preisen als im normalen Handel.

Wer Devisen oder ein höheres Einkommen besaß, konnte also anders konsumieren als der Rest. Dies unterminierte das Gleichheitsversprechen des Sozialismus, eröffnete Möglichkeiten zur eigentlich unerwünschten Distinktion durch Konsum und ließ das sozialistische Angebot als Waren zweiter Klasse erscheinen. Daraus entstand teilweise Unmut in der Bevölkerung, doch grundsätzlich waren Intershops, Delikat- und Exquisit-Läden sehr beliebt. Sie stehen, ebenso wie die hohen Subventionen trotz leerer Kassen, für die zwiespältige Konsumpolitik der DDR, in der die Regierung stets zwischen den Wünschen der Bevölkerung und sozialistischen Idealen vor dem Hintergrund wirtschaftlicher Probleme und der deutsch-deutschen Konkurrenz abwägen musste. Trotz aller Anstrengungen blieb das Konsumangebot in der DDR stets hinter den Wünschen der Bevölkerung zurück. Daher unterlag auch die Produktwerbung strengen gesetzlichen Regelungen. Sie diente weniger der Bedürfnisweckung als der Lenkung des Konsumverhaltens hin zu Waren, die in ausreichender Zahl vorhanden waren, und 1975 verbot ein Ministerratsbeschluss Werbung faktisch ganz.

In der Bundesrepublik fielen die staatlichen Eingriffe in den Bereich des Konsums sehr viel moderater aus. Aber auch hier gab es Ansätze einer staatlichen Preispolitik, beispielsweise durch die vertikale Preisbindung, die verbindliche Preisfestsetzung für Markenwaren erlaubte. Sie wurde 1974 abgeschafft und wich der „unverbindlichen Preisempfehlung", die viele Markenhersteller*innen auf ihren Produkten abdrucken. Eine Ausnahme sind Artikel wie Bücher, Zeitschriften und Zeitungen, die weiterhin der bereits 1888 eingeführten Buchpreisbindung unterliegen. Staatliche Subventionen zählten ebenfalls zum Repertoire der westdeutschen Konsumpolitik, beispielsweise im öffentlichen Nahverkehr, bei den Eintrittspreisen für Schwimmbäder und Theater oder in der landwirtschaftlichen Produktion. Doch diese lenkenden Eingriffe waren, verglichen mit denen der DDR, sehr viel seltener, kleinformatiger und umstrittener. Konsum blieb in erster Linie ein Spiel von Angebot, Nachfrage und individueller Kaufkraft.

Konsumpolitik in Westdeutschland

9.3 Die Anfänge von Verbraucherschutz und -information

Solange keine Vorstellung von einer kollektiven Identität als Konsument*innen bzw. Verbraucher*innen existierte, gab es kaum explizite, systematische Maßnahmen zu deren Schutz. Doch als im Zuge von Industrialisierung und Urbanisierung der Anteil an Selbstversorger*innen schrumpfte, während immer mehr Menschen zu Lohnempfänger*innen und damit zu Konsument*innen wurden, rückten auch damit einhergehenden Probleme in den Vordergrund. Häufig waren es Frauen, die Missstände ansprachen und Schutzmaßnahmen forderten, auch zu Zeiten, in denen sie kein oder nur wenig politisches Mitspracherecht besaßen. Viele Konflikte entzündeten sich an dem Informationsgefälle zwischen Hersteller*innen und Verkäufer*innen einerseits und Kund*innen andererseits. Politische Maßnahmen sollten dazu dienen, dieses Ungleichgewicht zu mindern.

Gesundheitsschutz

Misstrauen bestand vor allem im Bereich Nahrungsmittel, denn die Qualität der neuen, industriell gefertigten Produkte war für Käufer*innen kaum zu beurteilen. Welche Zutaten kamen in die Produkte, wie und unter welchen hygienischen Bedingungen waren sie verarbeitet worden? Skandale um Fälschungen sowie den Einsatz von gesundheitsschädlichen Zusatz-, Ersatz- und Farbstoffen wirkten immer wieder als Motoren der Verbraucherschutzgesetzgebung, und zwar bis in die jüngste Zeit – man denke nur an den Contergan-Skandal 1961/62 oder die BSE-Krise im Jahr 2000. Das Nahrungs- und Genussmittelgesetz (1879) regulierte erstmals die Lebensmittelbranche auf Reichsebene. Es orientierte sich am britischen Vorbild (Großbritannien war Vorreiter in Sachen Konsumentenschutz) und setzte Mindeststandards für die Verarbeitung und Kontrolle, blieb aber vage in den Formulierungen und uneinheitlich in der Umsetzung der Länder. Es war vielmehr der neue Wissenschaftszweig der Lebensmittelchemie, der die Entwicklung von Kriterien und Kontrollmaßstäben für die Beurteilung von Lebensmitteln vorantrieb. Auch einige Produzent*innen von Markenartikeln verständigten sich seit den 1870er Jahren in manchen Branchen auf Qualitätsstandards, Kennzeichnungen und Kontrollen, um das Vertrauen der Kundschaft zu gewinnen.

Staatliche Interventionen blieben im 19. Jahrhundert selten, erfolgten punktuell und auf öffentlichen Druck hin. Sie dienten wie im Bereich der Lebensmittel vornehmlich dem Gesundheitsschutz. Jenseits dessen regulierte der Staat beispielsweise Haustürgeschäfte (1869) – Hausierer*innen mussten nun einen Legitimationsschein besitzen und bestimmte Warengruppen wurden vom Hausierhandel ausgeschlossen – und erklärte 1880 Wucher zum Straftatbestand. Das Abzahlungsgesetz von 1894 sollte Ratenkäufer*innen vor Übervorteilung schützen. Doch dies waren Ausnahmen; im Spagat zwischen Wirtschaftsfreiheit und Konsumentenschutz lag der staatliche Fokus eindeutig auf ersterer.

Im Zuge des Ersten Weltkrieges erhielt die Stimme der Verbraucher*innen mehr Gehör. Der „Kriegsausschuss für Konsuminteressen" repräsentierte etwa sieben Millionen Mitglieder und setzte sich für eine gerechte Verteilung, erschwingliche Preise und eine gesicherte Versorgung ein. Doch die konkreten Erfolge blieben bescheiden, und auch die enorme Heterogenität an Zielen und Bedürfnissen der als Verbraucher*innen zusammengefassten Bevölkerung erschwerte die Arbeit des Ausschusses. Nach Kriegsende versuchten die Genossenschaftsverbände, den Einfluss der Konsument*innen über die Etablierung von Verbraucherkammern zu verstetigen, scheiterten damit allerdings. Und auch insgesamt bleibt die Bilanz des Konsumentenschutzes in der Weimarer Republik gemischt.

Verbraucherpolitik zwischen Wirtschaftsinteressen und Konsumentenschutz

Die wechselnden Regierungen der Zwischenkriegszeit standen immer wieder vor dem Dilemma, wie sie in der prekären wirtschaftlichen Situation Produzent*innen und Konsument*innen gleichermaßen schützen bzw. fördern sollten. Zu den wirkmächtigsten Akteur*innen des Verbraucherschutzes entwickelten sich die Konsumgenossenschaften, denen bis zu einem Viertel der deutschen Haushalte angehörten. Ihre Arbeit beschränkte sich zwar ganz auf Fragen der Versorgung, doch in diesem Bereich kanalisierten sie über das Mitgliedschaftsprinzip divergierende Interessen, waren nicht gewinnorientiert und konnten günstige Mengenrabatte unmittelbar an ihre Mitglieder weitergeben. Die Regierung unterstützte die genossenschaftliche Selbsthilfe durch die bevorzugte Zuteilung knapper Waren und durch Kredite während der Inflationszeit. Insgesamt erwies sich der Staat jedoch angesichts starker Gegenkräfte aus Politik und Wirtschaft als zu schwach, um die Interessen der Konsument*innen wirksam zu schützen. Dennoch bleibt zu konstatieren, dass das Thema Verbraucherschutz in der Zwischenkriegszeit an politischer Bedeutung gewann. Konsument*innen wurden „vom Objekt zum Subjekt" der Politik.[3] Im NS-Staat hingegen galten sie „weniger als Träger sozialer Rechte" denn als „Objekt bürokratischer, nicht partizipativer Zuteilungsverfahren".[4] Erst in der Bundesrepublik entstanden Institutionen, die Verbraucherschutz systematisch und flächendeckend betrieben (s. Kapitel 14). Die grundsätzliche Konfliktlinie zwischen einer mehr verbraucher- oder stärker wirtschaftsorientierten Politik blieb dabei bestehen.

9.4 Quellen und Vertiefung

9.4.1 Kriegsernährungsamt, Die Kriegsernährungswirtschaft 1917

Das Durchkommen ist bis zur nächsten Ernte gesichert. [...] Das kann nur geschehen, wenn die Verteilung der gesamten vorhandenen Mengen auf die gesamte Bevölkerung von den Zentralbehörden sorgsam angeordnet und von den Kreis- und Ortsbehörden sorgsam durchgeführt wird, und wenn das deutsche Volk selbst, Landleute wie Städter, nicht durch eigenmächtiges Verhalten die Einteilung zerstören.

Dazu gehört die genaue Kenntnis der wichtigsten Vorschriften, die dieses kleine Buch jedem deutschen Bürger vermitteln soll. Es gehört dazu vor allem Klarheit über das, was auf dem Spiele steht, wenn der Aushungerungsplan der Feinde gelänge. Wer höhere Preise fordert oder auch nur annimmt, als vorgeschrieben, wer an erzeugten Nahrungsmitteln mehr verfüttert, als zugelassen ist, wer für sich mehr verbraucht, als ihm zusteht, entzieht damit einer unversorgten Familie einen Teil der ihr schon an sich so knapp zustehenden Lebensmittel, beeinträchtigt so einen Rüstungsarbeiter in der Arbeitsfähigkeit oder bringt ein Kind zum Hungern, versündigt sich also, ohne es sich klarzumachen, am Vaterlande. [...]

So ist der Einzelne heute mit der Gesamtheit enger verflochten als je zuvor. Seine Person und sein Vermögen liegen in der Hand des Staates. Der Wirtschaftskrieg ist gegen die einzelnen Angehörigen des deutschen Volkes gerichtet, er muß auch von jedem Einzelnen abgewehrt werden. [...]

---

3 Hartmut Berghoff: Verbraucherschutz in der gescheiterten Republik. Erfahrungen der Weimarer Krisenjahre der Moderne, in: Christian Bala u. a. (Hrsg.): Verbraucher in Geschichte und Gegenwart. Wandel und Konfliktfelder in der Verbraucherpolitik, Düsseldorf 2017, 17–33, hier 18.
4 Torp: Wachstum, 78.

Daher ist im Mai 1916 eine grundlegende Organisation in der gesamten Nahrungsmittelversorgung geschaffen worden. [...] In großen Zügen zusammengefasst ist es die Aufgabe des Kriegsernährungsamtes:
1. Die Erzeugung von Nahrungsmitteln gemeinsam mit dem Kriegsamt und den Landwirtschaftsministerien [...] zu steigern.
2. Die im Inlande erzeugten und vom Auslande eingeführten Lebensmittel so einzuteilen, daß wir unter allen Umständen bis zur neuen Ernte damit auskommen.
3. Die Preise so zu gestalten, daß Erzeuger und Verbraucher damit bestehen können.
4. Aus der Wirtschaft der Erzeuger alles, was diese nicht unbedingt für sich und ihren Betrieb gebrauchen, für nichtlandwirtschaftliche Bevölkerung herauszuholen.
5. Alle nach ihrer Art für die öffentliche Verteilung geeigneten Lebensmittel möglichst gerecht zu verteilen. [...]

Quelle: Kriegsernährungsamt (Hrsg.): Die Kriegsernährungs-Wirtschaft 1917, Leipzig 1917, 6f., 17, 24f.

9.4.2 Versteigerung von Hausrat aus „nicht-arischem Besitz" durch das Finanzamt Köln-Nord, 1942

Versteigerungen

Am Mittwoch, dem 4. 3. 1942, versteigere ich im Lokal Marsilstein 28, ab 11 Uhr, Hausratgegenstände, Mobiliar, Küchen, Schlafzimmer und sonstige Gebrauchsgegenstände gegen bar. Fliegergeschädigte erhalten gegen Vorzeigung ihrer Ausweiskarte und Lichtbild den Vorzug. Die Sachen sind aus nichtarischem Besitz. Besichtigung 1 Stunde vorher. Der Dienststellenleiter der Vollstreckungsstelle des Finanzamts Köln-Nord.

Abb. 9.2: Anzeige Hausratsversteigerung, Westdeutscher Beobachter, 1.3.1942. Quelle: NS-Dokumentationszentrum der Stadt Köln.

9.4.3 Plakat der Kampagne „Kauft österreichische Waren", ca. 1930

Abb. 9.3: Kampagne „Kauft Österreichische Waren" des Bundesministeriums für Handel und Verkehr. Plakat, Joseph Binder, Wien 1930. Quelle: MAK Wien (https://sammlung.mak.at/sammlung_online?id=collect-54627).

9.4.4 Eingabe von Maria W. aus Chemnitz, Oktober 1960

Sehr verehrter Herr Oberbürgermeister,

Gestern, am 10.10. wollte ich im Kaufhaus ‚Glück-Auf' 2 Stück Butter kaufen. Als ich an die Kasse kam, nahm die Kassiererin 1 Stück davon zurück und sagte: ‚Nur ein Stück'. Ich erwiderte darauf nichts, obwohl ich innerlich darüber empört war. Die Butter lag massenhaft im Fach. Von Knappheit keine Spur. [...]

Ich bitte Sie, prüfen zu lassen, ob zu einer solchen Handlungsweise das Personal Anweisung hat. [...] Was ist überhaupt mit der Butter los? In anderen Städten ist ein derartiger Zirkus unbekannt [...] Weshalb wird die Bevölkerung in einer Arbeiterstadt immerzu in einer derartigen Spannung gehalten? Da müssen doch Saboteure daran arbeiten. [...]

Eine Frau sprach mich beim Verlassen des Kaufhauses an, sie hatte den Vorgang beobachtet. Sie war aus Westdeutschland und sagte: ‚Nein, das kann man doch nicht Freiheit nennen. Nicht mal das einkaufen können, was wirklich da ist. Das ist denn doch zu stark'.

Vor allem ist seitens der HuV [Handel und Versorgung, R.K.] oder irgendeiner anderen Stelle offiziell in der Presse von einer vorübergehenden oder anhaltenden Butterknappheit nichts geschrieben worden. Man muß wirklich annehmen, es macht jeder was er will in unserer Stadt. Von Demokratie kann da nicht gesprochen werden. [...]

Quelle: Felix Mühlberg: Bürger, Bitten und Behörden. Geschichte der Eingaben in der DDR, Berlin 2004, 296.

9.4.5 Fragen und Anregungen

- Claudius Torp identifiziert als drei wesentliche Ziele staatlicher Konsumpolitik: Wachstum, Sicherheit, Moral. Diskutieren Sie, welche konsumpolitischen Maßnahmen sich mit diesen Zielen verbinden lassen und ob es Formen der Konsumpolitik gibt, die sich nicht in diese Trias einordnen lassen.
- In welchen Situationen änderte sich staatliche Konsumpolitik? Welche Ereignisse, Entwicklungen oder Personen konnten darauf Einfluss nehmen?
- Wie hingen staatliche Konsumpolitik und wirtschaftliche Entwicklung zu verschiedenen Zeitpunkten zusammen?

Weiterführende Literatur

Berghoff, Hartmut/Logemann, Jan L./Römer, Felix (Hrsg.): The Consumer on the Home Front: Second World War Civilian Consumption in Comparative Perspective, Oxford/New York 2017. *(Konsumpolitik und Konsum während des Zweiten Weltkrieges)*

Cohen, Lizabeth: A Consumer's Republic. The Politics of Mass Consumption in Postwar America, New York 2003. *(Pionierstudie zum Verhältnis von Konsum und Staatsbürgerschaft)*

Eder, Franz X./Kühschelm, Oliver/Siegrist, Hannes (Hrsg.): Konsum und Nation. Zur Geschichte nationalisierender Inszenierungen in der Produktkommunikation, Bielefeld 2012. *(Internationale Beispiele für nationalstaatliche Kampagnen rund um Konsum)*

Kühschelm, Oliver: Einkaufen als nationale Verpflichtung. Zur Genealogie nationaler Ökonomien in Österreich und der Schweiz, 1920–1980, Berlin/Boston 2022. *(Konsumpolitik an der Schnittstelle von Nation, Staat und Wirtschaft und am Beispiel von Staaten, die in der Konsumgeschichtsschreibung oft vernachlässigt werden)*

Logemann, Jan L.: Trams or Tailfins? Public and Private Prosperity in Postwar West Germany and the United States, Chicago 2012. *(zeigt die Ähnlichkeiten und Unterschiede in der konsumgesellschaftlichen Entwicklung nach 1945)*

Merkel, Ina: Utopie und Bedürfnis. Die Geschichte der Konsumkultur in der DDR, Köln u. a. 1999. *(grundlegende Studie zum Konsum in der DDR mit theoretischen Überlegungen)*
Spiekermann, Uwe: Künstliche Kost. Ernährung in Deutschland, 1840 bis heute, Göttingen 2018. *(zur Veränderung von Ernährung und dem damit einhergehenden Regelungsbedarf)*
Torp, Claudius: Konsum und Politik in der Weimarer Republik, Göttingen 2011. *(zur Politisierung von Konsum in Deutschland)*

10 Konsumtheorien

Abb. 10.1: Bedürfnispyramide, angelehnt an Abraham Maslow (1908–1970). Quelle: Bundeszentrale für politische Bildung.

Warum konsumieren wir? Weshalb geben wir wann und wofür wie viel Geld aus? Solche Fragen gewannen an Relevanz, je stärker die gesellschaftliche, ökonomische und kulturelle Bedeutung wuchs, die dem privaten Konsum zugemessen wurde. Die sogenannte „Bedürfnispyramide" nach Abraham Maslow stellte dabei in der zweiten Hälfte des 20. Jahrhunderts einen wichtigen Versuch dar, Konsumverhalten konzeptionell zu erfassen (Abb. 10.1). Die Pyramide existiert bis heute in Marketing- und Psychologielehrbüchern in verschiedensten Formen und Ausprägungen. Alle nehmen eine grundsätzliche Hierarchisierung jener Bedürfnisse vor, welche Menschen durch Konsum befriedigen. Die breiteste und grundlegendste Ebene wird dabei von den „Grundbedürfnissen" wie Nahrung und Erholungsschlaf gebildet. Es folgen Ausgaben für physischen Schutz und Geborgenheit, die oft in Verbindung zum eigenen Heim und Wohnraum stehen. Weitere Stufen der Pyramide sind dem sozialen Konsum vorbehalten – wir konsumieren, um soziale Kontakte herzustellen und zu erhalten, aber auch, um uns soziale Anerkennung und Geltung zu verschaffen. Konsum kann anderen gegenüber kommunizieren, wer wir sind, was wir „erreicht" haben und wie wir gesehen werden wollen. Jenseits solch außengeleiteter Motive für Konsum repräsentieren die oberen Stufen schließlich innengeleitete Wachstumsziele nach Bildung, dem Ausleben ästhetischer Präferenzen und nach anderen Formen der Selbstverwirklichung. Der Erfolg dieser Pyramidendarstellung liegt in ihrer Simplizität und in ihrer Vagheit, die es Betrachtenden einfach macht, sich und andere in dem Modell wiederzuerkennen.

Bedürfnispyramide nach Maslow

Die Überlegungen, die der Pyramide zugrunde liegen, formulierte der amerikanische Psychologe Abraham Maslow zuerst in seinem Aufsatz „A theory of human motivation" (Maslow 1943). Die graphische Darstellung seiner Theorie als Pyramide findet sich übrigens weder dort noch in späteren Publikationen Maslows, sie wurde erst nachträglich mit seinen Forschungen assoziiert. Maslow basierte seine Theorie zur menschlichen Motivstruktur auf einer ganzen Reihe von psychologischen Ansätzen wie der Tiefen- und der Gestaltpsychologie, die in den 1930er und 1940er Jahren den Blick auf menschliches Verhalten verändert hatten. Die Relevanz der neuen psychologischen Forschung für Konsumfragen war den beteiligten Wissenschaftler*innen dabei von Anfang an bewusst – die psychologische Motivforschung dieser Zeit stand in engem Austausch mit der kommerziellen Marktforschung. Aus Sicht des Marketings lag der Reiz von Maslows konsumpsychologischen Erklärungen besonders darin, jenseits ökonomisch-rationaler Modelle die Konsummotivationen in einer zunehmend wohlhabenden Gesellschaft zu verstehen.

Aus historischer Sicht wirkt Maslows Pyramide als Erklärungsansatz für Konsumverhalten dagegen eher unterkomplex. Erstens berücksichtigen universelle Schemata wie die Bedürfnispyramide kulturelle und ethnische Unterschiede im Konsumverhalten nur unzureichend und Faktoren wie soziale Herkunft und Geschlecht werden ausgeblendet. Konsummotive und -präferenzen werden durch komplexe soziale und kulturelle Dynamiken geprägt, die sich im Verlauf der Zeit ändern. Zudem ist die Zuschreibung der Kategorien uneinheitlich und wandelbar: So kann „essen" auf eine schlichte Nahrungsaufnahme zur Sättigung verweisen, aber auch auf den Besuch in einem Luxusrestaurant, der den Stufen des

Geltungskonsums oder auch der Selbstverwirklichung zugeordnet werden kann. Die Bedeutung der Stufen bleibt daher, zweitens, nicht starr, sondern wandelt sich situativ bzw. durch technische und ökonomische Entwicklungen. Heutige Darstellungen der Maslow-Pyramide fügen gerne augenzwinkernd Wifi-Netz und Akkuladung zu den Grundbedürfnissen nach Essen und Schlaf hinzu. Dies entspricht natürlich nicht der Überlegung des Modells, zeigt aber exemplarisch sehr schön, wie stark sich Bedürfniswahrnehmungen über die Zeit ändern können. Dass Sozialforscher*innen und Psycholog*innen ebenso wie Marketingexpert*innen in den Nachkriegsjahrzehnten die wachsende Bedeutung der Selbstverwirklichungsmotive an der Spitze von Maslows Pyramide stark betonten, war natürlich auch dem wachsenden Wohlstand der Zeit geschuldet und einem generationellen und kulturellen Wandel, der sich vor allem in den 1960er Jahren Bahn brach.

Konsumtheorien sind also der Zeit verhaftet, in der sie entstanden, und sollten daher nur mit großer Vorsicht als ökonomisches, psychologisches oder soziologisches „Wissen" verstanden werden. Die Hierarchisierung der Bedürfnisse bei Maslow ist eben keineswegs nur beschreibend, sondern auch wertend zu verstehen. Selbstverwirklichung gilt ihm gegenüber dem Wunsch nach Geselligkeit als das vermeintlich „höhere" Motiv; Ästhetik steht hier an der Spitze der Pyramide und physische Geborgenheit (fast) ganz unten. Maslows Wertungen reflektieren wenigstens zum Teil die privilegierte bürgerliche Weltsicht der Mitte des 20. Jahrhunderts und deren Blick auf menschliches Verhalten und Konsum. Das folgende Kapitel präsentiert einen kurzen Abriss über die Entwicklung der Konsumforschung und theoretischer Konsumkonzeptionen und stellt einige zentrale Konsum-Theoretiker*innen exemplarisch vor.

10.1 Die Entwicklung der Konsumforschung

Für die klassische Ökonomie blieb der Verbrauch lange der Produktion untergeordnet, da sich laut dem Say'schen Theorem jedes Angebot seine Nachfrage selber schaffe. Konsum galt vornehmlich als die Vernichtung von Gütern, die weniger theoretischer Aufmerksamkeit bedurfte als den Prozessen von Arbeit und Herstellung. In einer liberalen Marktgesellschaft verlor Konsum aus ökonomischer Sicht allerdings seine moralische Problematik, da selbst privater

Luxuskonsum durch Beschäftigungseffekte gesellschaftlichen Mehrwert schaffen konnten, wie es Bernard Mandeville schon 1723 in seiner Schrift *Die Bienenfabel, oder Private Laster, öffentliche Vorteile* formulierte. Für die liberale Wirtschaftstheorie wurde die Annahme der freien Konsumwahl so zu einer Grundvoraussetzung funktionierender Märkte.

Die Wirtschaftswissenschaften begannen sich erst in der zweiten Hälfte des 19. Jahrhunderts intensiver mit Konsum zu beschäftigen. Im Zuge der „maginalistischen Revolution" betonten Hermann Gossen und spätere Vertreter der sogenannten Grenznutzenschule die Bedeutung subjektiver Wertsetzungen für den Nutzen verschiedener Güter. Gossen (1854) argumentierte, dass sich individuelle Konsumpräferenzen durch den erzielten Nutzen, also den Grad der Bedürfnisbefriedigung, quantifizieren lassen. So bereite der kontinuierliche Konsum eines Gutes einen stetig sinkenden Grenznutzen: während beispielsweise der Verzehr eines ersten Kekses großen Genuss bereitet, nimmt dieser Genuss beim fünften oder sechsten Keks zunehmend ab, bis irgendwann eine Sättigung erreicht ist. Zudem würden Verbraucher*innen ihre Ausgaben auf verschiedene Genüsse verteilen und dabei Güter für andere Güter substituieren, um ihren Gesamtnutzen zu maximieren. In der neoklassischen Ökonomie entstanden so mathematisierte Konsumfunktionen, die Verbrauch als Ergebnis von gegebenen Präferenzen und vergangenem bzw. erwartbarem Einkommen der Verbraucher*innen berechenbar machen sollten.

nutzenmaximiernde Verbraucher*innen und soziologische Kritik des Konzepts

Die ökonomische Theorie um 1900 erklärte Konsum also durch rationale Entscheidungen nutzenmaximierender Verbraucher*innen am freien Markt. Sozialwissenschaftliche Analysen der Zeit waren hingegen durch eine größere Skepsis gegenüber der gesellschaftlichen Rolle des Konsums und den Grundlagen von Verbrauchsentscheidungen geprägt. So betonten marxistische Kritiker (wie bereits in vorangegangenen Kapiteln gesehen) nicht nur die Einschränkung freier Konsumwahl durch soziale Ungleichheiten und Machtgefälle, sondern auch die „Entfremdung" der Verbraucher*innen von den Gütern, die sie als Arbeiter*innen produzierten sowie den „Fetischcharakter" von Waren, deren Wert weniger durch ihren Nutzen als durch ihren Tauschwert bestimmt werde. Der Soziologe Georg Simmel hingegen gehörte zu den frühen Theoretikern einer zunehmenden gesellschaftlichen Individualisierung und Differenzierung durch Konsum. In seiner *Philosophie der Mode* beschrieb er 1905 den paradoxen sozialen Effekt des modernen Konsums, der einerseits der „Nachahmung" innerhalb sozialer Gruppe dienen konnte, aber anderseits auf eine „individuelle Differenzierung" und ein „Sichabheben von der Allgemeinheit" abzielte.

Dass Konsum vielfach sozialen Logiken und weniger der rationalen Nutzenmaximierung folgte, hatte zuvor schon der amerikanische Sozialwissenschaftler Thorstein Veblen in seiner 1899 erschienenen *Theorie der feinen Leute* konstatiert. Sozialer Status, so argumentierte Veblen, würde in modernen Marktgesellschaften nicht über fixe Kategorien von Stand und Geburt festgelegt, sondern musste über „demonstrativen Konsum" konstruiert werden. Veblen schaute dabei vor allem auf den Elitenkonsum in den USA des ausgehenden 19. Jahrhunderts mit ihrer (neu)reichen (aber in seiner Interpretation weitgehend unproduktiven) *Leisure Class*. Diese unterstrich ihre gesellschaftliche Stellung durch einen demonstrativen Statuskonsum in großen Herrenhäusern oder durch extravagante Feste. Die Verknüpfung von sozialem Status und materiellem Konsum bewirkte wiederum Nachahmer-Effekte in anderen sozialen Schichten, die sich am Konsum der *Leisure Class* orientierten und diesen zu imitieren suchten. Ökonom*innen sprechen noch heute vom „Veblen-Effekt" wenn ein Gut nicht trotz, sondern gerade wegen seines hohen Preises und des damit verbundenen sozialen Prestiges besonders nachgefragt wird („Geltungskonsum").

demonstrativer Konsum

Zu Beginn des 20. Jahrhunderts wurde dem Verbraucherverhalten nicht nur von den Sozialwissenschaften zunehmende Aufmerksamkeit geschenkt, sondern auch von einer neuen Gruppe von professionellen Konsumexpert*innen in Werbung, Absatzwirtschaft und Marktforschung, die sich mit modernen Verkaufsmethoden und den sich wandelnden Vorlieben der Verbraucher*innen beschäftigten. Diese praktische Konsumforschung griff dabei gerne auf die neue Disziplin der Psychologie zurück. Frühe Konsumpsychologen wie John Watson glaubten, dass Konsumverhalten auf ein relativ simples Reiz-Reaktionsschema zurückzuführen sei. Watson, der zunächst an der New York University lehrte, aber später zur Werbefirma J.W. Thompson wechselte, versuchte in den 1920er Jahren Konsument*innen durch Werbebotschaften wie Pawlowsche Hunde in ihrem Verhalten zu „konditionieren".

Im Laufe der Zwischenkriegszeit wurde das psychologische Verständnis von Konsumhandlungen und Motiven zunehmend komplexer. Die Gestaltpsychologie begann damit, jene kognitiven Prozesse

Konsumpsychologie und Verhaltensökonomie

zu erforschen, mit denen wir Produkte und Güter wahrnehmen und kategorisieren. Deren Erkenntnisse über die Grenzen der rationalen Informationsverarbeitungen bei Verbrauchsentscheidungen beeinflussen bis heute auch die Verhaltensökonomie und Ansätze wie das sogenannte „Nudging", bei dem Verbraucherentscheidungen unbewusst vorstrukturiert werden. Die Tiefenpsychologie hingegen erforschte unterbewusste Motive für individuelle Konsumpräferenzen und untersuchte dabei unter anderem den Einfluss von Kindheitserinnerungen, sexuellen Begierden, aber auch von sozialen Ängsten auf das Kauf- und Konsumverhalten der Menschen. In manchen großen Werbeagenturen verdrängten Freud'sche Theorien um die Mitte des 20. Jahrhunderts so zeitweilig die Vorstellung eines rationalen Verbrauchers (*homo oeconomicus*). In diesen Zusammenhang lassen sich auch Abraham Maslows eingangs angesprochene Überlegungen zur psychologischen Struktur menschlicher Bedürfnisse einordnen. Sozialpsycholog*innen verwiesen schließlich auf die Bedeutung von Kommunikationsprozessen. Der Psychologe Paul Lazarsfeld (1955) unterstrich zum Beispiel die Bedeutung sozialer Multiplikatoren für unser Konsumverhalten. Verbraucher*innen, so argumentierte Lazarsfeld, würden nicht durch massenmediale (Werbe-)botschaften konditioniert. Vielmehr orientierten wir uns in unseren Konsumentscheidungen oft an bestimmten sozialen Schlüsselfiguren in unserem beruflichen oder familiären Umfeld, die mediale Werbekommunikation für uns interpretierten und dann weitervermittelten. Auch die heutige Figur der Influencer*in baut im weiteren Sinne auf dieser Erkenntnis der Mehrstufigkeit medialer Kommunikationsprozesse auf.

10.2 Interpretationen der Massenkonsumgesellschaft

Ob Motivforschung im Unterbewusstsein oder mediale Kommunikationstheorien, die Konsumpsychologie wurde von Marketingexperten vielfach herangezogen, um Verbraucherverhalten zu beeinflussen. Der Journalist Vance Packard (1957) schrieb über die „Geheimen Verführer", die auf Basis neuester wissenschaftlicher Erkenntnisse das Unterbewusstsein von Konsument*innen manipulierten. Packard konnte dabei auf eine breitere theoretische Kritik der Konsumgesellschaft in den Nachkriegsjahrzehnten zurückgreifen. Soziologen wie David Riesman (*The Lonely Crowd*, 1950) kritisierten vor dem Hintergrund einer zunehmenden „Überflussgesellschaft", dass Konsummuster der Mittelschicht zunehmend materialistisch und „außen-geleitet" seien. Verbraucher*innen würden sich zu sehr am Konsumverhalten ihrer *Peergroup* orientieren und messen, statt sich auf ihre inneren Werte und die Entwicklung ihres individuellen Charakters zu konzentrieren. Der Sozialphilosoph Herbert Marcuse beschrieb 1964 in ähnlicher Weise den „eindimensionalen Menschen", der durch Konsum und Massenkultur gleichgeschaltet sei. Marcuse knüpfte dabei an die Kritische Theorie der sogenannten „Frankfurter Schule" um Theodor Adorno und Max Horkheimer an, die in den 1930er Jahren von Deutschland in die USA emigriert waren. Deren strukturelle Kritik der gesellschaftlichen und kulturellen Ausprägungen moderner kapitalistischer Gesellschaften stellte die Produktion eines „falschen" Bewusstseins in den Mittelpunkt der Analyse von Konsumkultur. Insbesondere eine zunehmend einflussreiche „Kulturindustrie", so Adorno und Horkheimer, manipuliere den Massengeschmack durch Werbung, Unterhaltungsmusik, Radio und TV. Verbraucher*innen waren in der Lesart dieser einflussreichen Konsumtheorie passive Rezipient*innen und Spielbälle industrieller Interessen.

Besonders im Europa der Nachkriegszeit verurteilten sowohl linke als auch bürgerliche Intellektuelle den materiellen Konsum als Wegbereiter einer kulturell verarmten und potentiell totalitären „Massengesellschaft". Der deutsche Soziologe Helmut Schelsky konstatierte 1953 das Aufkommen einer „nivellierten Mittelstandsgesellschaft" in der Bundesrepublik: Die schichtenübergreifende Angleichung von Konsummustern, so Schelsky, trage zu einer Erosion traditioneller Klassenunterschiede in der Gesellschaft bei (Braun 1989). Empirisch ließen sich Schichten und Milieuunterschiede in den meisten europäischen Konsumgesellschaften freilich weiterhin feststellen. Der Konsumwandel produzierte jedoch neue, oft subtile Formen der gesellschaftlichen Distinktion, die der französische Sozialphilosoph Pierre Bourdieu 1979 in seiner Studie *Die feinen Unterschiede* beschrieb. Die Möglichkeit über ökonomisches Kapital (Vermögen) zu verfügen, so Bourdieu, beeinflusse unser Konsumverhalten ebenso wie das kulturelle Kapital (u. a. Bildung und Geschmack), welches wir im Laufe des Lebens erworben haben. Aus der Kombination verschiedener Kapitalsorten ergeben sich nach Bourdieus Theorie unterschiedliche,

Kritiker*innen der Massenkonsumgesellschaft

sozial gebundene Lebensstile. Diese Erkenntnis reflektierte wiederum die Entwicklung der Marketing- und Konsumforschung seit den 1960er Jahren, die von der Vorstellung eines homogenen Massenmarkts weitgehend Abschied genommen hatte und stattdessen versuchte, demographische und psychologische Marktsegmente zu identifizieren und durch gezieltes *Lifestyle*-Marketing anzusprechen.

<small>anthropologische Konsumtheorien</small>

Kulturwissenschaftliche Perspektiven veränderten den theoretischen Blick auf Konsum besonders in den letzten Jahrzehnten des 20. Jahrhunderts. Anthropologische Konsumtheorien wie Mary Douglas' und Baron Isherwoods *The World of Goods* (1979) stellten elitär geprägte Unterscheidungen von Hoch- und Populärkultur in Frage und betonten die kulturelle Rolle von Konsumgütern und -praktiken bei der gesellschaftlichen Sinnproduktion. Der Wert der Dinge, so Douglas und Isherwood, war weniger durch ihren materiellen Nutzen bestimmt als durch ihre kulturelle Bedeutung. Verbraucher*en waren in diesem Prozess auch keine passiven Opfer einer manipulativen Kulturindustrie, sondern vielmehr aktive Akteuren, die den Wert, den sie gewissen Dingen und Handlungen zumaßen, individuell oder kollektiv durchaus selbst (mit)bestimmen konnten. Medienwissenschaftler*innen betonten ebenfalls die symbolische Bedeutung von Konsumgütern sowie deren mediale Vermittlung, die zur kommunikativen Bedeutungskonstruktion in modernen Konsumgesellschaften beitrugen. Produkte wurden nun selber als Medien interpretiert und der Einfluss ihrer Materialität und symbolischen Bedeutung auf gesellschaftliche Realitätskonstruktionen zunehmend ernst genommen. Philosophen wie Jean Baudrillard betrachteten Konsumgesellschaften als selbstreferentielle mediale Systeme, die sich ihre eigenen Mythen schufen und sich so immer weiter reproduzierten. Gleichzeitig nahmen kritische Kulturanalysen jene Mechanismen in den Blick, durch die Werbung und Populärkultur heteronormative Geschlechtervorstellungen, aber auch gesellschaftliche Stereotype etwa in Hinblick auf ethnische Herkunft oder Religion affirmierten und reproduzierten.

Zu Beginn des 21. Jahrhunderts bleiben grundlegende Fragestellungen der Konsumtheorie weiterhin umstritten. Was strukturiert unsere Konsumentscheidungen: rationale Nutzenerwägungen, psychologische Präferenzen, soziale Kontexte oder kulturelle Prägungen? Sind die Entscheidungen von Konsument*innen wirklich "frei" oder doch weitgehend durch sozio-ökonomische Strukturen und kulturelle Vorgaben vorgeprägt? Jüngere Analysen des Konsums weisen auf die wachsende Bedeutung von Big Data hin und die Figur des „gläsernen Kunden", der oder die vom Online-Einzelhandel, von Kreditinstituten oder auch von sozialen Medien zunehmend durchleuchtet und durch Algorithmen berechenbar gemacht wird. Gegenüber Vorstellungen einer scheinbar nivellierten Konsumgesellschaft mit allenfalls „feinen" Unterschieden betonen Kapitalismus-Kritiker wie Thomas Piketty (2014) zudem wieder zunehmende soziale Ungleichheit innerhalb westlicher Gesellschaften.

Gleichzeitig nehmen heutige Überlegungen zur gesellschaftlichen Rolle des Konsums immer stärker eine transnationale Perspektive ein. Theoretiker*innen verweisen auf globale Abhängigkeiten durch Warenströme, die sich nicht zuletzt in einem Wohlstandsgefälle zwischen dem globalen „Norden" und „Süden" bemerkbar machen. Die Aktivistin Naomi Klein hat in ihrem Exposé *No Logo* 1999 auf die wachsende Macht globaler Marken und multinationaler Unternehmen hingewiesen. Die Forschung ist sich zudem stärker denn je der Vielfalt von kulturellen Ausprägungen der Konsummoderne bewusst, mit denen wir uns in einem späteren Kapitel noch eingehender beschäftigen werden. Ein letzter wichtiger Aspekt gegenwärtiger Konsumtheorie betrifft die ethische Verantwortung von Verbraucher*innen mit Blick auf Konsumhandlungen. Wenn wir Konsument*innen als Akteure der Konsumgesellschaft ernst nehmen wollen, wie es etwa Konsumentenbewegungen tun, so muss auch nach der Auswirkung individueller Konsumentscheidungen auf globale Produktions- und Arbeitsbedingungen gefragt werden. Ähnlich wird das Verhältnis der Konsumgesellschaft zu Umweltschutz, Tierwohl oder ökologische Nachhaltigkeit in jüngster Zeit neu interpretiert – auch dies ein Thema für nachfolgende Kapitel.

Theorien der globalen Konsumgesellschaft

10.3 Quellen und Vertiefung

10.3.1 Hermann Gossen: Gesetzmäßigkeiten der Bedürfnisbefriedigung, 1854

Der Mensch wünscht sein Leben zu genießen und setzt seinen Lebenszweck darin, seinen Lebensgenuß auf die möglichste Höhe zu steigern. Aber einestheils dauert das Leben des Menschen eine geraume Zeit, und es gibt eine Menge Lebensgenüsse, die der Mensch sich augenblicklich verschaffen kann, die ihm aber in ihren Folgen Entbehrungen auflegen, die außer allem Verständniß stehen mit dem früher gehabten Genusse; andernteils werden die höchsten, die reinsten Genüsse dem Menschen erst verständlich, sie werden erst zu Genüssen, wenn er sich zu ihrem Verständniß zuerst herangebildet hat. Der Mensch, welcher glaubte seinen Lebenszweck am Vollkommensten zu erreichen, wenn er sich in jedem Augenblick ohne Rücksicht auf die Folgen den Lebensgenuß verschaffen wollte, der für ihn augenblicklich der größte Scheint, würde sich darum arg täuschen; um die wahre Größe eines Genusses zu finden, muß nicht bloß die Größe des augenblicklichen Genusses ins Auge gefaßt, es müssen von dieser alle die Entbehrungen abgezogen werden, welche der wirkliche Genuß durch seine Folgen dem Menschen in seiner ganzen Zukunft auflegen würde; es muß namentlich erworben werden, in wie weit ein Genuß ein Hinderniß bereitet, die körperliche sowohl, wie geistige Ausbildung zur erreichen, die den Menschen erst zu den höheren, feineren Genüssen befähigt. Mit anderen Worten:

Es muß das Genießen so eingerichtet werden, daß die Summe des Genusses des ganzen Lebens ein Größtes werde. Nach diesem Grundsatz sehen wir denn von der Wiege bis zum Grabe alle Menschen ohne Ausnahme handeln, den König wie den Bettler, den frivolen Lebemann wie den büßenden Mönch.[...]

Bei näherer Betrachtung, wie das Genießen vor sich geht, findet man denn bei allem Genießen folgende gemeinschaftlichen Merkmale:
1. Die Größe eines und desselben Genusses nimmt, wenn wir mit Bereitung des Genusses ununterbrochen fortfahren, fortwährend ab, bis zuletzt Sättigung eintritt.
2. Eine ähnliche Abnahme der Größe des Genusses tritt ein, wenn wir den früher bereiteten Genuß wiederholen, und nicht bloß, daß die Größe des Genusses bei seinem Beginnen ist eine geringere, und die Dauer, während welcher etwas als Genuß Empfunden wird, verkürzt sich bei der Wiederholung, es tritt früher Sättigung ein, und beides, anfängliche Größe sowohl, wie Dauer, vermindern sich umso mehr, je rascher die Wiederholung erfolgt.

Für beide Merkmale liefert das tägliche Leben tausendfältige Thatsachen als Beweise.

Dem Künstler, dem der Genuß eines neuen Kunstwerks gewährt wird, wird dasselbe in dem Augenblick, in welchem er es lange genug betrachtet hat, um alle Einzelheiten desselben genau anzufassen, den größten Genuß gewähren. Dieser Genuß wird bei fortgesetzter Betrachtung fortwährend sinken, und über kürzere oder längere Zeit, verschieben ja nach dem Gegenstande und dem Menschen, nach kürzerer oder längerer Zeit das Verlangen nach Wiederholung des Genusses ein; so wird er, wegen der früher erlangten Kenntniß des Kunstwerks, in kürzerer Zeit den Höhepunkt des Genusses erreichen, aber dieser Punkt wird umso weniger die Höhe wie beim ersten Male erreichen, je öfter und in je kürzeren Zeiträumen die Wiederholung stattgefunden hat, und auch beim wiederholten Genießen des Werks wird die fortgesetzte Betrachtung wieder ein fortgesetztes Sinken des Genusses bis zur Sättigung mit sich bringen, und die Sättigung selbst auch umso eher eintreten, je öfter und in je kürzeren Zeiträumen die Wiederholung vorgenommen worden ist.

[...] Der Mensch, dem die Wahl zwischen mehreren Genüssen frei steht, dessen Zeit aber nicht ausreicht, alle vollaus sich zu bereiten, muß, wie verschieden auch die absolute Größe der einzelnen Genüsse sein mag, um die Summe seines Genusses zum Größten zu bringen, bevor er auch nur den größten sich vollaus bereitet, sie alle theilweise bereiten, und zwar in einem solchen Verhältniß, daß die Größe eine jeden Genusses in dem Augenblick in welchem seine Bereitung abgebrochen wird, bei allen noch die gleiche bleibt.

Quelle: Hermann Heinrich Gossen: Entwickelung der Gesetze des menschlichen Verkehrs, und der daraus fließenden Regeln für menschliches Handeln, Braunschweig 1854, S. 1, 4-5, 12-13.

10.3.2 Thorstein Veblen: Demonstrativer Konsum und Sozialer Status, 1899

Der Demonstrative Konsum

Im Laufe unserer Ausführungen über die Entwicklung einer stellvertretenden müßigen Klasse und über deren Differenzierung von den arbeitenden Klassen haben wir auf eine weitere Arbeitsteilung, nämlich zwischen verschiedenen Klassen von Dienern, hingewiesen. Ein Teil der Dienerschaft, vor allem jene, deren Beschäftigung in der stellvertretenden Muße besteht, übernimmt allmählich neue Pflichten, nämlich den stellvertretenden Konsum von Gütern. Am deutlichsten zeigt sich dies im Tragen von Livreen und in der Einrichtung von besonderen bequemen Wohnräumen für die Dienerschaft. Eine andere kaum weniger aufdringliche und sehr weit verbreitete Form des stellvertretenden Konsums besteht im Verbrauch von Nahrung, Kleidung, Wohnraum und Möbeln von Seiten der Herrin des Hauses und ihrem Gefolge. [...]

Der Luxus und die Annehmlichkeiten des Lebens, bestimmte Speisen und vor allem bestimmte Getränke bleiben unter der Herrschaft des Tabus der müßigen Oberklasse vorbehalten.

Die konventionelle Differenzierung von Nahrungsmitteln lässt sich am deutlichsten für berauschende Getränke und Narkotika nachweisen. Wenn sie kostspielig sind, so gelten sie als edel und ehrenvoll. Deshalb sind die niederen Klassen, vor allem die Frauen, zur Enthaltsamkeit gezwungen, außer natürlich in solchen Ländern, wo diese Artikel billig sind. Seit der Urzeit bis zur Epoche des Patriarchalismus hat es zu den Obliegenheiten der Frauen gehört, diese Luxusgüter herzustellen und zu verwalten, und zum Privileg des vornehmen Mannes, sie zu verbrauchen. Trunkenheit und andere pathologische Erscheinungen, die der unbeschränkte Genuß alkoholischer Getränke und Narkotika hervorruft, gelten ihrerseits allmählich als ehrenvoll, und zwar wiederum in ihrer Eigenschaft als Kennzeichen eines überlegenen Standes. Selbst Gebrechen, wenn die Folgen einer übermäßigen Vorliebe für solche Genussmittel sind, werden von manchen Völkern als männliche Attribute hoch gewertet. Manchmal ist sogar der Name solcher Krankheiten in der Alltagssprache zum Synonym von „edel" oder „vornehm" geworden. Die Symptome teurer Laster gelten zwar nur in einem relativ frühen Kulturstadium als Kennzeichen eines hohen Standes und als Tugenden, welche die Hochachtung der Gesellschaft verdienen; das Prestige, das solchen Lastern anhaftet, bleibt lange Zeit erhalten so daß Angehörige der Oberklasse kaum kritisiert werden, wenn sie sich in übermäßiger Weise den erwähnten Genüssen hingeben. Dieselbe neiderfüllte Diskriminierung verstärkt umgekehrt das Mißfallen, das Frauen, Minderjährige und untergebene erregen, wenn sie sich den Genuß alkoholischer Getränke erlauben. Die eben beschriebene traditionelle Unterscheidung hat auch heute ihre Macht noch nicht verloren. Wo das Vorbild der müßigen Klasse uneingeschränkt die Konventionen bestimmt, erhalten sich die Frauen noch immer aller Genußmittel. [...]

Da der Konsum von besseren Gütern ein Beweis des Reichtums ist, wird er ehrenvoll, und umgekehrt zeichnet sich ein mangelnder quantitativer und qualitativer Verbrauch durch Würde- und Ehrlosigkeit aus.

Die peinlich genaue Auswahl der Speisen, Getränke usw. berührt nicht nur die Lebensweise, sondern allmählich auch Erziehung und intellektuelle Aktivität des müßigen Herrn. [...]

Durch den demonstrativen Konsum wertvoller Güter erwirbt der vornehme Herr Prestige. Je mehr Reichtum sich in seinen Händen häuft, um so weniger reichen seine eigenen Kräfte aus, um den gewaltigen Besitz gebührend zur Schau zu stellen. Er nimmt deshalb seine Zuflucht zu Freunden und Rivalen, denen er wertvolle Geschenke macht und für die er kostspielige Feste veranstaltet. Geschenke und Feste besaßen wohl einen anderen Ursprung als den naiven Wunsch nach Prunk und Gespänge, doch erwarben sie ihren Wert für diesen Zweck sehr früh und haben ihn bis heute nicht verloren; ganz im Gegenteil, dieser Wunsch bildet heute ihre wesentlichste Grundlage. Möglichst kostspielige Feste, wie zum Beispiel der Potlatch* oder große Bälle, eignen sich besonders gut für den genannten Zweck. Der Rivale, mit dem der Gastgeber sich messen will, dient dabei als Mittel zum Zweck. Er konsumiert stellvertretend für seinen Gastgeber und wird so nicht nur zum Zeugen eines prächtigen Schauspiels, bei dem ihm eine vollendete Handhabung der Etikette vorgespielt wird, was er widerwillig bewundern muß. [...]

Die gesamte Geschichte des demonstrativen Verbrauchs – handle es sich nun um den Verbrauch von Gütern, Dienstleistungen oder menschlichem Leben – wird natürlich von einer Bedingung beherrscht, nämlich der, daß die Ausgaben, sollen sie das Ansehen des Konsumenten auch wirklich erhöhe, überflüssig sein müssen. Nur Verschwendung bringt Prestige. Dem Verbrauch des unbedingt Notwendigen kommt nicht das geringste Verdienst zu, es sei denn im Vergleich höchst prosaisch und gänzlich reizlos. Doch kann man sich einen Lebensstandard vorstellen, der auf einem anderen als dem finanziellen Vergleich beruht, zum Beispiel auf einem Vergleich der moralischen, physischen, intellektuellen oder ästhetischen Fähigkeiten. [...]

Natürlich braucht eine bestimmte Ausgabe nicht ausschließlich verschwenderisch zu sein, um zur Kategorie der demonstrativen Vergeudung gerechnet zu werden. Irgendein Gegenstand kann sowohl nützlich als auch unnütz sein, und seine Nützlichkeit für den betreffenden Konsumenten kann sich in sehr verschiedener Weise aus Nutzen und Verschwendung zusammensetzen. Die Konsumgüter, ja sogar die Produktionsmittel weisen meist beide Elemente auf, obgleich bei den Konsumgütern im Allgemeinen das Moment der Verschwendung, bei den Produktionsmitteln dasjenige des Nutzens vorherrscht. Selbst solche Artikel, die auf den ersten Blick dem bloßen Schein gewidmet sind, erlauben immer einen wenigstens angeblich nützlichen Zweck zu entdecken. Umgekehrt sind die Spuren der demonstrativen Verschwendung oder wenigstens die Neigung zu Glanz und Schein sowohl bei hochentwickelten industriellen Maschinen und Werkzeugen, als auch bei den primitivsten Arbeitsgeräten zu finden. Es wäre gewagt, zu behaupten, daß irgendein Gegenstand überhaupt keinen nützlichen Zweck habe, nur weil er in erster Linie der demonstrativen Vergeudung dient; und ebenso gewagt wäre umgekehrt die Behauptung, daß irgendeinem in erste Linie nützlichen Erzeugnis auch nicht die Spur von Verschwendung anhafte.

*Potlatch heißt ursprünglich eine Zeremonie der Kwakiutl-Indianer, bei der ein Stammesmitglied Geschenke verteilt, um sein Ansehen zu vergrößern. Die Sitte verlangt, daß ihm diese Geschenke später einmal in doppeltem Wert zurückgegeben werden. Auf manchen dieser Feste zerstören die einander übertrumpfenden Rivalen auch ihr eigenes Hab und Gut. (Anm. d. Ü.)

Quelle: Thorstein Veblen, Theorie der feinen Leute. Eine ökonomische Untersuchung der Institutionen, Frankfurt a.M. 1986 [orig. 1899], S. 80–81, 84–85, 103–106.

10.3.3 Theodor Adorno/Max Horkheimer: Die Kulturindustrie, 1947

Kultur heute schlägt alles mit Ähnlichkeit. Film, Radio, Magazine machen ein System aus. Jede Sparte ist einstimmig in sich und alle zusammen. [...] Die allenthalben emporschießenden hellen Monumentalbauten repräsentieren die sinnreiche Planmäßigkeit der staatenumspannenden Konzerne, auf die bereits das losgelassene Unternehmertum zuschoß, dessen Denkmale die umliegenden düsteren Wohn- und Geschäftshäuser der trostlosen Städte sind. Schon erscheinen die älteren Häuser rings um die Betonzentren als Slums, und die neuen Bungalows am Stadtrand verkünden schon wie die unsoliden Konstruktionen auf internationalen Messen das Lob des technischen Fortschritts und fordern dazu heraus, sie nach kurzfristigem Gebrauch wegzuwerfen wie Konservenbüchsen. Die städtebaulichen Projekte aber, die in hygienischen Kleinwohnungen das Individuum als gleichsam selbständiges perpetuieren sollen, unterwerfen es seinem Widerpart, der totalen Kapitalmacht, nur umso gründlicher. Wie die Bewohner zwecks Arbeit und Vergnügen, als Produzenten und Konsumenten, in die Zentren entboten werden, so kristallisieren sich die Wohnzellen bruchlos zu wohlorganisierten Komplexen. Die augenfällige Einheit von Makrokosmos und Mikrokosmos demonstriert den Menschen das Modell ihrer Kultur: die falsche Identität von Allgemeinem und Besonderem. Alle Massenkultur unterm Monopol ist identisch, und ihr Skelett, das von jenem fabrizierte begriffliche Gerippe, beginnt sich abzuzeichnen. An seiner Verdeckung sind die Lenker gar nicht mehr so sehr interessiert, seine Gewalt verstärkt sich, je brutaler sie sich einbekennt. Lichtspiele und Rundfunk brauchen sich nicht mehr als Kunst auszugeben. Die Wahrheit, daß sie nichts sind als Geschäft, verwenden sie als Ideologie, die den Schund legitimieren soll, den sie vorsätzlich herstellen. Sie nennen sich selbst Industrien, und die publizierten Einkommensziffern ihrer Generaldirektoren schlagen den Zweifel an der gesellschaftlichen Notwendigkeit der Fertigprodukte nieder.

Von Interessenten wird die Kulturindustrie gern technologisch erklärt. Die Teilnahme der Millionen an ihr erzwinge Reproduktionsverfahren, die es wiederum unabwendbar machten, daß an zahllosen Stellen gleiche Bedürfnisse mit Standardgütern beliefert werden. Der technische Gegensatz weniger Herstellungszentren zur zerstreuten Rezeption bedinge Organisation und Planung durch die Verfügenden. Die Standards seien ursprünglich aus den Bedürfnissen der Konsumenten hervorgegangen: daher würden sie so widerstandslos akzeptiert. In der Tat ist es der Zirkel von Manipulation und rückwirkendem Bedürfnis, in dem die Einheit des Systems immer dichter zusammenschießt. Verschwiegen wird dabei, daß der Boden, auf dem die Technik Macht über die Gesellschaft gewinnt, die Macht der ökonomisch Stärksten über die Gesellschaft ist. Technische Rationalität heute ist die Rationalität der Herrschaft selbst. Sie ist der Zwangscharakter der sich selbst entfremdeten Gesellschaft. Autos, Bomben und Film halten so lange das Ganze zusammen, bis ihr nivellierendes Element am Unrecht selbst, dem es diente, seine Kraft erweist.

Einstweilen hat es die Technik der Kulturindustrie bloß zur Standardisierung und Serienproduktion gebracht und das geopfert, wodurch die Logik des Werks von der des gesellschaftlichen Systems sich unterschied. Das aber ist keinem Bewegungsgesetz der Technik als solcher aufzubürden, sondern ihrer Funktion in der Wirtschaft heute. Das Bedürfnis, das der zentralen Kontrolle etwa sich entziehen könnte, wird schon von der des individuellen Bewußtseins verdrängt. Der Schritt vom Telephon zum Radio hat die Rollen klar geschieden. Liberal ließ jenes den Teilnehmer noch die des Subjekts spielen. Demokratisch macht dieses alle gleichermaßen zu Hörern, um sie autoritär den unter sich gleichen Programmen der Stationen auszuliefern. Keine Apparatur der Replik hat sich entfaltet, und die privaten Sendungen werden zur Unfreiheit verhalten. Sie beschränken sich auf den apokryphen Bereich der „Amateure", die man zudem noch von oben her organisiert. Jede Spur von Spontaneität des Publikums im Rahmen des offiziellen Rundfunks aber wird von Talentjägern, Wettbewerben vorm Mikrophon, protegierten Veranstaltungen aller Art in fachmännischer Auswahl gesteuert und absorbiert. Die Talente gehören dem Betrieb, längst ehe er sie präsentiert: sonst würden sie nicht so eifrig sich einfügen. Die Verfassung des Publikums, die vorgeblich und tatsächlich das System der Kulturindustrie begünstigt, ist ein Teil des Systems, nicht dessen Entschuldigung. [...] Die Belieferung des Publikums mit einer Hierarchie von Serienqualitäten dient nur der umso lückenloseren Quantifizierung. Jeder soll sich gleichsam spontan seinem vorweg durch Indizien bestimmten „level" gemäß verhalten und nach der Kategorie des Massenprodukts greifen, die für seinen Typ fabriziert ist. Die Konsumenten werden als statistisches Material auf der Landkarte der Forschungsstellen, die von denen der Propaganda nicht mehr zu unterscheiden sind, in Einkommensgruppen, in rote, grüne und blaue Felder, aufgeteilt.

Der Schematismus des Verfahrens zeigt sich daran, daß schließlich die mechanisch differenzierten Erzeugnisse als allemal das Gleiche sich erweisen. Daß der Unterschied der Chrysler- von der General-Motors-Serie im Grunde illusionär ist, weiß schon jedes Kind, das sich für den Unterschied begeistert. Was die Kenner als Vorzüge und Nachteile besprechen, dient nur dazu, den Schein von Konkurrenz und Auswahlmöglichkeit zu verewigen. Mit den Präsentationen der Warner Brothers und Metro Goldwyn Mayers verhält es sich nicht anders. Aber auch zwischen den teureren und billigeren Sorten der Musterkollektion der gleichen Firma schrumpfen die Unterschiede immer mehr zusammen: bei den Autos auf solche von Zylinderzahl, Volumen, Patentdaten der gadgets, bei den Filmen auf solche der Starzahl, der Üppigkeit des Aufwands an Technik, Arbeit und Ausstattung, und der Verwendung jüngerer psychologischer Formeln. Der einheitliche Maßstab des Wertes besteht in der Dosierung der conspicuous production, der zur Schau gestellten Investition. Die budgetierten Wertdifferenzen der Kulturindustrie haben mit sachlichen, mit dem Sinn der Erzeugnisse überhaupt nichts zu tun. Auch die technischen Medien untereinander werden zur unersättlichen Uniformität getrieben. [...]

Die ganze Welt wird durch das Filter der Kulturindustrie geleitet. [...] Je dichter und lückenloser ihre Techniken die empirischen Gegenstände verdoppeln, umso leichter gelingt heute die Täuschung, daß die Welt draußen wie die bruchlose Verlängerung derer sei, die man im Lichtspiel kennt. [...] Das Leben soll der Tendenz nach vom Tonfilm nicht mehr sich unterscheiden lassen. [...] In der Kulturindustrie ist das Individuum illusionär nicht bloß wegen der Standardisierung ihrer Produktionsweise. Es wird nur so weit geduldet, wie seine rückhaltlose Identität mit dem Allgemeinen außer Frage steht. [...]

Die Heroisierung der Durchschnittlichen gehört zum Kultus des Billigen. Die höchstbezahlten Stars gleichen Werbebildern für ungenannte Markenartikel. Nicht umsonst werden sie oft aus der Schar der kommerziellen Modelle ausgewählt. Der herrschende Geschmack bezieht sein Ideal von der Reklame, der Gebrauchsschönheit. So hat sich das Sokratische Wort, das Schöne sei das Brauchbare, am Ende ironisch erfüllt. Das Kino wirbt für den Kulturkonzern als Totalität, im Radio werden die Waren um derentwillen das Kulturgut existiert, auch einzeln angepriesen. Um fünfzig Kupfer sieht man den Millionenfilm, um zehn erhält man den Kaugummi, hinter dem aller Reichtum der Welt steht und mit dessen Absatz er sich verstärkt. [...] All das gleicht höhnisch dem Schlaraffenland wie die Volksgemeinschaft der menschlichen. Allen wird etwas aufgewartet.

Quelle: Max Horkheimer/Theodor W. Adorno: Kulturindustrie. Aufklärung als Massenbetrug, in: dies.: Dialektik der Aufklärung. Philosophische Fragmente. Frankfurt a.M. 1988 [zuerst erschienen 1947], 128–176; hier 128–134, 163–170, zit. n. Andreas Ziemann (Hrsg.): Grundlagentexte der Medienkultur. Ein Reader, Wiesbaden 2019, 367–373.

10.3.4 Mary Douglas: Towards an Anthropology of Consumption, 1979

The uses of goods: Redefining consumption

To make a fresh start on the subject, an anthropological definition of consumption would help. To speak sensibly of consumption here, in industrial society, in terms that also apply without strain to distant tribal societies that have barely seen commerce, still less capitalism, is indeed a challenge. But unless we make the attempt there can be no anthropology of consumption. We need somehow to extract the essence of the term, while ignoring the potentially misleading local effects. One boundary may be drawn by an idea essential to economic theory: that is, that consumption is not compelled; the consumer's choice is his free choice. He can be irrational, superstitious, traditionalist, or experimental: the essence of the economist's concept of the individual consumer is that he exerts a sovereign choice. Another boundary may be drawn by the idea central to national bookkeeping that consumption starts where market ends. What happens to material objects once they have left the retail outlet and reached the hands of the final purchasers is part of the consumption process. These two boundaries raise various problems and borderline cases for economics and do not make a completely satisfactory definition. Together they assume that consumption is a private matter. Consumption that is provided by government as part of its functioning is not properly part of consumption. Central heating or cups of tea drunk in bureaucratic offices count as part of the cost of administration, in the same way as cups of tea or central heating provided by businesses count as costs of production, not as output, when they make their income tax returns. As to consumption being uncoerced, this is not a straightforward matter either. When a city is proclaimed a smokeless zone by law, householders are not free to burn log fires if they choose; nor are car purchasers free to ignore government regulations as to safety, noise, and so on. But by and large the two boundaries capture the essence of the idea and the detailed tidying-up is a matter of convention. So if we define consumption as a use of material possessions that is beyond commerce and free within the law, we have a concept that travels extremely well, since it fits parallel usages in all those tribes that have no commerce.

Seen under this aspect, consumption decisions become the vital source of the culture of the moment. People who are reared in a particular culture see it change in their lifetime: new words, new ideas, new ways. It evolves and they play a part in the change. Consumption is the very arena in which culture is fought over and licked into shape. The housewife with her shopping basket arrive home: some things in it she reserves for the household, some for the children; others are destined for the special delectation of guests. Whom she invites into her house, what parts of the house she makes available to outsiders, how often, what she offers them for music, food, drink, and conversation, these choices express and generate culture in its general sense.[...]

We have in fact succeeded in defining consumption as an area of behaviour hedged by rules which explicitly demonstrate that neither commerce nor force are being applied to a free relationship.

This is why, no doubt, in our society the line between cash and gift is so carefully drawn. It is all right to send flowers to your aunt in the hospital, but never right to send the cash they are worth which a message to "get yourself some flowers"; all right to offer lunch or dinks, but not to offer the price of a lunch or drinks. Hosts may go to extravagant lengths to attract and please guests – short of offering them money to come to the party. Social sanctions protect the boundary. Apparently, some fabled New York hostess in the 1890s, worrying how to surpass her rival who habitually gave each guest a rich jewel, was worried even more by their derision when, her turn having come, she folded a crisp $100 bill in each napkin. The right to give cash is reserved for family intimacy. [...I]n general it is true to say that around the field of consumption we have a spontaneous, operative boundary between two kinds of services: professional, paid with money and to be class with commerce, and personal, recompensed in kind and in no other way. Within the field of personal services, freely given returned, moral judgment of the worth of people and things is exercised. This establishes the first step in a cultural theory of consumption.

A Universe constructed from commodities

Instead of supposing that goods are primarily needed for subsistence plus competitive display let us assume that they are needed for making visible and stable the categories of culture. It is standard ethnographic practice to assume that all material possessions carry social meanings to concentrate a main part of cultural analysis upon their use as communicators.

In every tribal study an account is given for the material parts of the culture. Like us, the members of a tribe have fixed equipment, houses, gardens, barns, und like us, they have durable and non-durable things. The anthropologist usually devotes some space to marshalling the evidence for deciding, from the vantage point of our technology, whether, for example, the cattle husbandry is efficient, the farmer's knowledge of his soils and seasons accurate, the hygienic precautions and the amount of food taken adequate, etc. The material possessions provide food and covering, and this has to be understood. But at the same time it is apparent that the goods have another important use: they also make and maintain social relationships. This is a long-tried and fruitful approach to the material side of existence which yields a much richer idea of social meanings than mere individual competitiveness. [...]

This approach to goods, emphasizing their double role in providing subsistence and in drawing the lines of social relationships, is agreed upon, practically axiomatic among anthropologists, as the way to a proper understanding of why people need goods.

Quelle: Mary Douglas/Baron Isherwood: The World of Goods. Towards an Anthropology of Consumption, London 2006 [zuerst erschienen 1979], 36–39.

10.3.5 Pierre Bourdieu, Die feinen Unterschiede, 1979

Auch kulturelle Güter unterliegen einer Ökonomie, doch verfügt diese über ihre eigene Logik. Die Soziologie sucht die Bedingungen zu rekonstruieren, deren Produkt die Konsumenten dieser Güter und ihr Geschmack gleichermaßen sind; zugleich ist sie bemüht, die unterschiedlichen Weisen der Aneignung der zu einem bestimmten Zeitpunkt als Kunst rezipierten Kulturgüter sowie die gesellschaftlichen Voraussetzungen der Herausbildung der als legitim anerkannten Aneignungsweise analytisch zu beschreiben.

Ein umfassendes Verständnis des kulturellen Konsums ist freilich erst dann gewährleistet, wenn „Kultur" im eingeschränkten und normativen Sinn von „Bildung" dem globaleren ethnologischen Begriff von „Kultur" eingefügt und noch der raffinierteste Geschmack für erlesenste Objekte wieder mit dem elementaren Schmecken von Zunge und Gaumen verknüpft wird.

Wider die charismatische Ideologie, die Geschmack und Vorliebe für legitime Kultur zu einer Naturgabe stilisiert, belegt die wissenschaftliche Analyse den sozialisationsbedingten Charakter kultureller Bedürfnisse: Nicht nur jede kulturelle Praxis (der Besuch von Museen, Ausstellungen, Konzerten, die Lektüre, usw.), auch die Präferenz für eine bestimmte Literatur, ein bestimmtes Theater, einen bestimmte Musik erweisen ihren engen Zusammenhang primär mit dem Ausbildungsgrad, sekundär mit der sozialen Herkunft. Das Gewicht der familialen respektive der schulischen Erziehung (deren Wirksamkeit und Dauerhaftigkeit selbst wiederum in starkem Maße von sozialer Herkunft abhängen) variiert gemäß dem Grad der Anerkennung der kulturellen Praktiken durch die Schule und deren Vorbereitung auf diese – tatsächlich erweist sich der Einfluß der sozialen Herkunft, *ceteris paribus*, niemals durchschlagender als gerade in Bezug auf „freie Bildung" oder avantgardistische Kultur. Der gesellschaftlich anerkannten Hierarchie der Künste und innerhalb derselben der Gattungen, Schulen und Epochen korrespondiert die gesellschaftliche Hierarchie der Konsumenten. Deshalb bietet sich Geschmack als bevorzugtes Merkmal von „Klasse" an. [...]

Konsum von Kunst erscheint dieser Interpretationsweise als Moment innerhalb eines Kommunikationsprozesses, als ein Akt der Dechiffrierung oder Decodierung, der die bloß praktische oder bewußte und explizite Beherrschung in einer Geheimschrift oder eines Codes Voraussetzt. In diesem Sinne gilt: die Fähigkeit des Sehens bemißt sich am Wissen, oder wenn man möchte, an den Begriffen, den Wörtern mithin, über die man zur Bezeichnung der sichtbaren Dinge verfügt und die gleichsam Wahrnehmungsprogramme erstellen. Von Bedeutung und Interesse ist Kunst einzig für den, der die kulturelle Kompetenz, d. h. den angemessenen Code besitzt. [...]

Der Sinn für Distinktion

Wie wir zu zeigen versucht haben, stellt die herrschende Klasse einen relativ autonomen Raum dar, dessen Struktur durch die Verteilung der verschiedenen Kapitalsorten unter ihren Angehörigen bestimmt ist, wobei jede Fraktion eigens für sich gekennzeichnet ist durch eine bestimmte Form dieser Verteilung, des ökonomischen und des kulturellen Kapitals unter diesen Fraktionen eine umgekehrt symmetrische Anordnung aufweist, und daß die je verschiedenen Strukturen des ererbten Besitzes zusammen mit dem jeweiligen sozialen Werdegang den Habitus begründen und damit die systematische Orientierung, die dieser in allen Handlungsbereichen herstellt (unter anderem auch in dem gemeinhin als „ästhetisch" anerkannten), dann müssen wird diese Strukturen auch im Bereich des Lebensstils wiederfinden, d. h. in den verschiedenen Systemen charakteristischer Merkmale, in denen unterschiedliche Systeme von Dispositionen ihren Ausdruck finden. Dies haben wir zu belegen versucht, indem wir die Gesamtheit der erhobenen Daten der Korrespondenzanalyse unterzogen haben. [...]

Wir haben somit Berücksichtigt (und disjunktiv kodiert) die Daten über:
- Eigenschaften der bevorzugten Wohnungseinrichtung (12 Adjektive);
- die Eigenschaften, die ein Freund haben soll (12 Adjektive);
- die Gerichte, die man gern Freunden vorsetzt (6 Möglichkeiten)
- den Möbelkauf (6 Möglichkeiten);
- die beliebtesten Sänger (12);
- die beliebtesten Werke der klassischen Musik (15)
- die beliebtesten Maler (15);
- Häufigkeit der Besuche im Musée d'art moderne oder im Louvre, Kenntnis von Komponisten (eingeteilt in 4 Stufen);
- Ansichten der Malerei (5).

Um der Darstellung ihr volles Gewicht zu verleihen, wurden als illustrierende Größen die Hauptcharakteristika: Alter, Beruf des Vaters, Schul- oder Hochschulabschlüsse, Einkommen und Zugehörigkeit zu einer bestimmten Fraktion der herrschenden Klasse gewählt, wobei der letzte, für die Erklärung bedeutsamste Faktor nicht als solcher eingeführt wurde. Die Korrespondenzanalyse macht es möglich, durch sukzessive Unterteilungen verschiedene kohärente Komplexe von Präferenzen zu isolieren, die ihren Ursprung im System unterschiedener und Unterschiede setzender Dispositionen haben, – in Systemen, die ihrerseits bestimmt sind sowohl durch ihre Wechselbeziehungen wie auch durch ihren Zusammenhang mit den sozialen Verhältnissen, aus denen sie hervorgehen. Die Indikatoren, welche das kulturelle Kapital messen – sie variieren, wie wir bereits wissen, im Großen und Ganzen gegenläufig zu den Indikatoren des ökonomischen Kapitals -, leisten den stärksten Beitrag zur Erstellung des ersten Faktors unserer Analyse (der 5,8 % der Gesamtträgheit einschließt bei nur 3,6 % und 3,2 % für den zweiten beziehungsweise den dritten Faktor).

Damit haben wir auf der einen Seite die einkommensschwächsten und zugleich kulturell Kompetentesten. Sie
- verfügen über die größte Kenntnis musikalischer Werke (6 %) und Komponisten (7,7 %);
- behaupten, Werke besonders zu schätzen, welche die „reinste" ästhetische Einstellung vom Hörer verlanden, wie ‚das Wohltemperierte Klavier' (1,8 %) oder ‚Die Kunst der Fuge' (1,7 %);
- verfügen gleichermaßen über eine sehr allgemeine Kompetenz, die sie in besonderem Maße befähigt, sich auch weniger hehren Bereichen zu widmen wie z. b. dem Chanson und dem Film oder sogar der Küche und der Inneinrichtung;

- interessieren sich für abstrakte Malerei, besuchen das Museum für moderne Kunst und bevorzugen Freunde aus Künstlerkreisen (2,4 %).

Auf der anderen Seite stehen die Einkommensstärksten und kulturell Inkompetentesten.
- Kennen nur wenige musikalische Werke und Komponisten,
- Ziehen gewissenhaft Freunde vor (1,5 %)
- Bevorzugen bürgerliche Kulturobjekte zweiten Ranges, die eine einstige Geltung verloren haben oder Klassiker geworden sind wie „'L' Arlésienne" (3 %), ‚An der schönen Donau' (2,9 %), ‚La Traviata' (2,1 %), die ‚Ungarische Rhapsodie', Buffet, Vlaminck, Utrillo, Raffael (2,3 %), Watteau, das Vinci, – und außerdem die Operette – Guètary (1,8 %), Mariano – oder Schlager – Petula Clark (2,2 %).

Intuitiv ist bereits klar, daß die Struktur, nach der diese Indikatoren verschiedener Lebensstile sich anordnen, der Struktur des Raumes für Lebensstile entspricht, die wir aufgestellt haben, also der Struktur der Positionen. Und tatsächlich: auf Seiten der Individuen stellt sich der schärfste Gegensatz her zwischen den Unternehmern aus der Handelsbranche (und, in geringerem Maße, der Industrie) auf der einen Seite und den Hochschullehrern und Künstlern auf der anderen, wenn auch letztere auf dieser Ebene der Analyse fast verschwinden. Die Cluster, die den Punktegruppen entsprechen, durch die Angehörige derselben Fraktion dargestellt werden, verteilen sich nach der vorgesehenen Struktur [...]. Zeichnet man die positionsspezifischen Bestimmungsfaktoren (Einkommen, Schul- oder Hochschulabschluß, soziale Herkunft, Alter) als zusätzliche Variablen ein [...] so bestätigt sich, daß diese Struktur der Verteilung der Kapitalsorten entspricht.

Quelle: Pierre Bourdieu: Die feinen Unterschiede. Kritik der gesellschaftlichen Urteilskraft, Frankfurt a.M. [7]1982. 17–19, 405–408.

10.3.6 Fragen und Anregungen

- Inwieweit lässt sich unser Konsum auf individuelle Präferenzen und rationale Nutzenerwägungen zurückführen? Welche Vorteile und Probleme erkennen Sie in Gossens ökonomischem Blick auf Konsum?
- Welche Rolle spielen soziale Erwägungen in unseren Konsumentscheidungen? In welchen historischen Zusammenhängen gewann Veblens Theorie des Geltungskonsums an Relevanz?
- Wie stark schätzen Sie mediale Einflüsse auf unser Konsumverhalten ein? Stimmen Sie Adornos und Horkheimers Einschätzung einer Kulturindustrie, die „passive" Konsument*innen

manipuliert, zu? Oder überzeugt sie eher die anthropologische Perspektive von Douglas und Isherwood, die die soziale und kulturelle Konstruiertheit der Bedeutung von Konsum betonen?

Weiterführende Literatur

Appadurai, Arjun: The Social Life of Things. Commodities in cultural perspective, New York 1986. (*Einflussreicher Sammelband zur sozialen und kulturellen Bedeutung materieller Gegenstände*)

De Grazia, Victoria/Furlough, Ellen: The Sex of Things. Gender and Consumption in Historical Perspective, Berkeley 1996. (*Grundlegende Publikation zur historischen Beziehung der Kategorien Geschlecht und Konsum*)

Klein, Naomi: No Logo!: der Kampf der Global Players um Marktmacht, München 2005. (*Essayistische Streitschrift zur Macht multinationaler Unternehmen und der globalen Wirkkraft von Marken*)

Mandeville, Bernard: Die Bienenfabel oder private Laster, öffentliche Vorteile. Frankfurt a. Main 1998 [zuerst erschienen 1714]. (*Frühneuzeitliche Schrift zu den gesellschaftlichen Auswirkungen individuellen Konsums*)

Samuel, Lawrence: Freud on Madison Avenue. Motivation Research and Subliminal Advertising in America, Philadelphia 2010. (*Studie zur Rolle psychologischer Ansätze in Werbung und Marktforschung in den USA*)

11 In der „Überflussgesellschaft"

Abb. 11.1: Titelbild der BRAVO von 1966. Quelle: Bravo Nr. 38, 12.9.1966.

Für eine D-Mark erhielten Jugendliche Mitte der 1960er Jahre die BRAVO und damit Zugang zum Kosmos der Populärkultur. Das Titelbild der Ausgabe vom 12. September 1966 zeigt einen der bekanntesten internationalen Stars der Zeit, John Lennon von den Beatles (Abb. 11.1). Die BRAVO hatte im Sommer des gleichen Jahres eine „Blitztournee" der Band in Westdeutschland organisiert und zuvor einen „Starschnitt" veröffentlicht. Nach dem Kauf von 39 Ausgaben hatte man alle Einzelteile für ein riesiges Beatles-Plakat. Winnetou-Darsteller Pierre Brice hingegen war vor allem im deutschsprachigen Raum populär, nicht zuletzt aufgrund der Berichterstattung in der BRAVO. Mit dem Mobile sollte Werbung für seinen aktuellen Kinofilm gemacht werden. Neben der Berichterstattung über Stars aus Film und Musik versprach das Heft Modeideen für den Herbst, und mit dem Text der bekannten Schriftstellerin Marie Louise Fischer sprach die BRAVO drittens die Themen Liebe und Sexualität an. Der verheißungsvolle Titel *Wildes Blut – Die jungen Männer von heute* kann als Vorgeschmack auf die Rubrik von „Dr. Sommer" gelesen werden, die ab 1969 erschien. Sie verhandelte Fragen der jugendlichen Sexualität – ein Kaufanreiz für Jugendliche, aber heftig umstritten bei Eltern und Schulen. Mit „über 1,1 Millionen Druckauflage" war die Zeitschrift ein Massenkonsumgut. 1956 erstmals erschienen, wurde die BRAVO vor allem in der Altersgruppe der 12- bis 16-Jährigen gelesen. Die Spezialisierung auf jugendliche Popkultur steht exemplarisch für das Aufkommen einer eigenständigen, noch jungen Teenager-Kultur in Deutschland.

Jugendkonsum im „Wirtschaftswunder"

Die jugendliche Leserschaft hatte zumindest kleinere Geldsummen zur freien Verfügung. Eine wöchentlich erscheinende Zeitschrift, regelmäßige Kinobesuche, Schallplattenkäufe oder Einkaufsbummel für die Herbstgarderobe schienen nicht außerhalb ihrer Reichweite zu liegen. Ein Gutteil der Jugendlichen war bereits erwerbstätig und verfügte über ein kleines eigenes Einkommen. Auch etwa die Hälfte der westdeutschen Schüler*innen konnte Mitte der 1960er Jahre monatlich Beträge zwischen zehn und 40 DM ausgeben. Die BRAVO hatte sogar selbst eine Studie zur Kaufkraft Jugendlicher in Auftrag gegeben. Zwischen 1963 und 1965 stieg demnach die Summe, die 14- bis 24-Jährige frei zur Verfügung hatten, von insgesamt knapp 15 auf knapp 20 Milliarden DM.[1] Zugleich wuchs in den 1950er und 1960er Jahren die Freizeit von Jugendlichen, und auch ein eigenes Zimmer wurde allmählich zur Norm. Finanzielle Mittel und Freizeitinteressen unterschieden sich zwar stark nach Schicht und Geschlecht, doch insgesamt wurden Heranwachsende zu einer interessanten Konsumentengruppe für Unternehmen und Handel.

---

[1] Angaben nach Detlef Siegfried: Time Is On My Side. Konsum und Politik in der westdeutschen Jugendkultur der 60er Jahre, Göttingen 2006, 45f.

Der aus den USA übernommene Begriff des Teenagers, so schreibt der Historiker Detlef Siegfried, wurde seit den 1950er Jahren zur „Chiffre für den konsumorientierten Jugendlichen, dessen Identität durch die Produkte und Dienstleistungen der Massenkultur bestimmt wurde".[2] Wachsende finanzielle und zeitliche Spielräume führten zu ganz unterschiedlichen Jugendkulturen, von denen die eher popkulturell interessierten, BRAVO-lesenden, überwiegend weiblichen Teenager nur eine waren. Jugendliche verfügten über die notwendigen Mittel, um sich durch Kleidungsstil, Musikgeschmack und Geselligkeitsformen voneinander abzugrenzen. Gemeinsam war ihnen, dass sie ihre unterschiedlichen Stile überwiegend durch Konsumprodukte ausdrückten. Die BRAVO war Teil dieser Entwicklung und war daher auch für Werbekund*innen interessant. Ende der 1950er Jahre stieg der Anteil der Werbeanzeigen innerhalb von knapp zwei Jahren von fünf auf 15 %.[3]

Was für Jugendliche attraktiv war, rief aber auch die Kritik der Elterngeneration hervor. Sie betrachtete Konsumorientierung, Starkult und das gewandelte Freizeitverhalten häufig mit Misstrauen. Kritiker*innen befürchteten eine Entwicklung hin zu einer unpolitischen, vergnügungssüchtigen, amerikanisierten und von der Konsumgüterindustrie leicht zu manipulierenden Jugend. Auch die Diskussionen über „Halbstarke" Ende der 1950er Jahre sind hier einzuordnen. Mit wachsenden Konsummöglichkeiten und damit einhergehenden Identitätsangeboten wuchs also das Potenzial für Konflikte zwischen den Generationen.

11.1 Warenwelten: Vom Mangel zum Wohlstand

Nicht nur bei Jugendlichen, auch in der Elterngeneration wuchsen die finanziellen Spielräume. Durch die minutiöse Auswertung von Haushaltsbüchern legte der Historiker Michael Wildt (1994) offen, wie sich die Lebensverhältnisse einfacher Menschen im Verlauf der 1950er Jahren allmählich veränderten: Echten Bohnenkaffe gab

---

[2] Detlef Siegfried: „Neue" Konsumenten: Die Entdeckung der Jugend und anderer Verbrauchergruppen, in: Christian Kleinschmidt/Jan Logemann (Hrsg.): Konsum im 19. und 20. Jahrhundert, Berlin 2021, 363–389, hier 363.
[3] Angaben nach Kaspar Maase: BRAVO Amerika. Erkundungen zur Jugendkultur der Bundesrepublik in den fünfziger Jahren, Hamburg 1992, 163.

es nicht mehr nur sonntags, sondern auch unter der Woche; statt namenloser Margarine vermerkte das Haushaltsbuch nun den Kauf des Markenproduktes *Rama* und echter Butter; es gab öfters Fleisch und Wurst. Kleinkredite bei Verwandten oder der Waren-Kredit-Anstalt halfen bei der Finanzierung von Kleidung und ab Mitte der 1950er Jahre auch bei der Anschaffung langlebiger Konsumgüter wie einem Staubsauger oder Fernseher. Diese Kreditaufnahmen waren jedoch nicht nur ein Zeichen von Knappheit, sondern erfolgten aus dem optimistischen Gefühl heraus, auch in Zukunft genügend und sogar mehr Geld zu verdienen, um sich diese Dinge leisten zu können.

Diagnose „Überflussgesellschaft"

Das Beispiel zeigt den langsamen Weg aus Mangel und Knappheit in den ersten Nachkriegsjahren zur „Gesellschaft im Überfluss". Dieser Begriff, den der US-amerikanische Ökonom John Kenneth Galbraith 1958 geprägt hatte, etablierte sich schnell im öffentlichen Vokabular der Bundesrepublik. Galbraith kritisierte in seinem gleichnamigen Buch die Kluft zwischen privatem Reichtum und öffentlicher Armut. Während der private Lebensstandard stieg, sei es um die Finanzierungsgrundlage für öffentlich bereitgestellte Güter wie Straßen, Schwimmbäder oder Schulen schlecht bestellt. In der Alltagssprache etablierte sich der Begriff Überflussgesellschaft als Terminus, der die neue Lebensrealität oder zumindest Zukunftserwartung vieler Bundesbürger*innen zu beschreiben schien.

Ausstattungsgrad mit Konsumgütern in der Bundesrepublik

Im Bereich des privaten Konsums rückten nun viele Dinge in greifbare Nähe, die zuvor unerschwinglich waren. Zum Sinnbild von Überfluss avancierte in den 1950er Jahren der gut gefüllte Kühlschrank. Inszeniert wurde er häufig mit geöffneter Tür und mit einer adrett gekleideten Frau, die ihrem Kind die Überfülle zeigte. 1954 besaßen nur 8 % der westdeutschen Haushalte einen Kühlschrank, 1960 waren es bereits 41 %, 1970 dann 85 %. Ab Mitte der 1960er Jahre hielten allmählich weitere Elektrogeräte Einzug. Der Energieverbrauch verdoppelte sich zwischen 1955 und 1962 von 536 kWh pro Haushalt auf 1069 kWh, Mitte der 1970er Jahre lag er bei über 3000 kWh.[4] Auch der Automobilisierungsgrad stieg. 1948 waren in den westlichen Besatzungszonen weniger als 300.000 Autos angemeldet – in Italien und Frankreich waren es deutlich mehr, in

---

4 Zahlen nach Sophie Gerber: Küche, Kühlschrank, Kilowatt. Zur Geschichte des privaten Energiekonsums in Deutschland, 1945–1990, Bielefeld 2015, 67f., 70–73.

Großbritannien bereits über zwei Millionen. In den USA hatte schon Ende der 1920er Jahre jede*r Fünfte ein Auto besessen. 1965 kamen in der Bundesrepublik dann 158,1 Pkw auf 1000 Einwohner*innen, bis 1985 stieg diese Zahl auf 423,5. Ende der 1970er Jahre hatte die Bundesrepublik die höchste Pkw-Dichte in ganz Europa.[5] Auch in puncto Urlaubsreisen starteten die Deutschen von einem niedrigen Niveau. In der Zwischenkriegszeit verreiste etwa ein Drittel bis zwei Fünftel der Brit*innen, im Deutschen Reich lag der Anteil unter 20 %, und auch die vielbeschworenen KdF-Reisen in der Zeit des Nationalsozialismus machten Reisen nicht zum Massenkonsumgut. Nach Kriegsende stieg die Zahl der Reisen allmählich an. In den 1950er Jahren verbrachten die meisten Westdeutschen ihren Urlaub im eignen Land; erst ab den späten 1960er Jahren überstieg die Zahl der Auslands- die der Inlandsreisen. Das Sehnsuchtsland Italien war zunächst eher über neue Fertiggerichte wie Ravioli aus der Dose (eingeführt 1958) oder *Mirácoli* (1961) präsent als durch eigene Urlaubserfahrungen. Seit den 1970er Jahren wuchs dann der Anteil der Flug- und damit auch der Fernreisen langsam an.

Die hier knapp skizzierten Entwicklungen verliefen langsamer und weniger gleichförmig, als es simplifizierende Schlagworte wie Wirtschaftswunder, Fress- oder Reisewelle suggerieren. Dennoch: Die finanziellen Spielräume und die Wahlmöglichkeiten wuchsen. Gaben die Westdeutschen 1953 im Durchschnitt noch 40,4 % ihres Einkommens für Nahrungsmittel aus, halbierte sich diese Zahl bis 1971 fast auf 24,5 % und bis 1989 auf 16,4 %. Zwar stiegen andere Fixkosten wie die für Wohnen, und Durchschnittswerte verschleiern auch, dass Budgets je nach Haushaltsgröße, Schicht oder Wohnort stark variierten. Doch der übergreifende Trend ging hin zur Ausweitung, Pluralisierung und Individualisierung von Konsum – mit dieser Begrifflichkeit beschrieben die Sozialwissenschaften seit den 1980er Jahren konsumgesellschaftliche Phänomene.

Konsumbudgets

Politische und gesamtwirtschaftliche Krisenjahre unterbrachen diese Entwicklung kaum. Die frühen 1970er Jahre werden seit einiger Zeit als Zäsur zwischen den vorherigen Boom-Jahrzehnten

---

[5] Zahlen nach Sina Fabian: Boom in der Krise. Konsum, Tourismus, Autofahren in Westdeutschland und Großbritannien 1970–1990, Göttingen 2016, 289 f.; Ingo Köhler: Auto-Identitäten. Marketing, Konsum und Produktbilder des Automobils nach dem Boom, Göttingen 2018, 92 f.

und darauffolgenden krisenhafte(re)n Jahren diskutiert, doch der konsum- und alltagsgeschichtliche Blick zeigt ein anderes Bild. Die Historikerin Sina Fabian (2016) hat den ungebremsten und wachsenden Konsum dieser Jahrzehnte als „Boom in der Krise" bezeichnet, der auch während der Ölpreiskrisen 1973/74 und 1979 allenfalls eine kleine Delle erlebte. Dies galt zumindest für die Mittel- und Oberschichten. Ärmere waren von den Krisen deutlich härter getroffen, auch in ihren Konsummöglichkeiten, sodass sich soziale Ungleichheiten weiter verfestigten.

Ausstattungsgrad mit Konsumgütern in der DDR

Im Gegensatz zur Bundesrepublik gilt die DDR gemeinhin nicht als Überflussgesellschaft. Zum einen trafen Galbraiths Beobachtungen zum Verhältnis öffentlicher und privater Finanzen auf die sozialistische Planwirtschaft der DDR nicht zu. Zum anderen dominiert in der Einschätzung Ostdeutschlands ein quantifizierender Blick, der das Land im Vergleich mit der Bundesrepublik als „Mangelgesellschaft" erscheinen ließ. Doch diese Einschätzung ist einseitig, bei aller Knappheit, die in der DDR zeitweilig herrschte. So zeigt erstens der chronologische Vergleich, dass sich auch in Ostdeutschland die materielle Situation der Haushalte deutlich und auf ein in der Zwischenkriegszeit undenkbares Niveau verbesserte: Die Ausstattung mit Kühlschränken stieg von 0,4 % (1955) auf 25,9 % (1965), dann auf 56,4 % (1970), und 1980 kamen auf 100 Haushalte 108,8 Geräte. Auch bei Fernsehern stieg der Ausstattungsgrad von 1,2 % (1955) auf 53,7 % (1965) und 87,9 % (1975) bis auf 129,3 % (1989). Die Versorgungslage mit Autos war deutlich schlechter. Noch 1975 besaßen nur 15,6 % aller Haushalte ein Auto, 1985 immerhin 48,2 % und 1989 57,1 %.[6] Im Vergleich mit der Bundesrepublik war dies wenig, zumal die DDR-Bürger*innen selten Neuwagen kaufen konnten und ihre Autos über Jahrzehnte fuhren.

Zweitens zeigt auch der regional vergleichende Blick, dass die Einordnung der DDR relativ ist. In den übrigen Staaten des Ostblocks lag der Versorgungsgrad mit Autos und anderen Konsumgütern teilweise deutlich niedriger. Drittens war in der DDR nicht alles knapp – man denke nur an die vielen Ladenhüter, also die an den Wünschen der Bevölkerung vorbeiproduzierten Artikel, die niemand kaufte, oder an den zuletzt verschwenderischen Umgang

---

[6] Zahlen nach Steiner: Von Plan zu Plan, 189.

der Bevölkerung mit hochsubventionierten Gütern wie Wasser, Strom oder Brot.

Diese Schlaglichter zeigen, dass in relativ kurzer Zeit immer mehr Menschen Zugang zu einer wachsenden Zahl von – auch teuren – Konsumgütern hatten. Diese Entwicklung verlief jedoch nicht gleichförmig. Die „nivellierte Mittelstandsgesellschaft", die der Soziologe Helmut Schelsky 1953 für Westdeutschland prognostizierte, existierte weder damals noch heute. In der Bundesrepublik lebten Menschen mit wenig Geld schlechter als der Durchschnitt, beispielsweise Rentner*innen, Alleinerziehende, Flüchtlinge und Vertriebene. Diese Faktoren spielten auch in der DDR eine Rolle, doch hier waren es weniger Statusfragen als das Missverhältnis von Angebot und Nachfrage, das eine flächendeckende Bedürfnisbefriedigung verhinderte. In beiden Staaten wurde Konsum daher zunehmend auch zu einem Faktor der Sozialpolitik.

Die BRD als Nivellierte Mittelstandsgesellschaft?

11.2 Konsum als Thema der Sozialpolitik

Wirtschaftswachstum, Wohlstandshoffnung und -erfahrung beeinflussten die sozialpolitischen Ansätze der Bundesrepublik in verschiedenen Bereichen. Es ging nicht länger nur um existenzsichernde Maßnahmen, und auch nicht um Kriterien wie „Nützlichkeit" oder „Rasse", die im Nationalsozialismus über die Gewährleistung sozialstaatlicher Leistungen entschieden. Beispiele für neue sozialpolitische Handlungsfelder mit Konsumbezug sind der soziale Wohnungsbau, der bezahlbaren und zumutbaren Wohnraum für breite Bevölkerungsschichten schuf, die Fürsorgepolitik (ab 1961 Sozialhilfe genannt) sowie die die Rentenreform von 1957.

Ein Meilenstein im Bereich der Fürsorge bzw. Sozialhilfe war die Einführung des „Warenkorbs" 1955 und damit des Prinzips der Bedarfsorientierung. Das neue System sah vor, dass der Staat die Unterstützungsleistung auf der Basis eines bestimmten Warensortiments kalkulierte. Die Höhe der staatlichen Regelsätze konnte dynamisch angepasst werden – stiegen die Kosten für diesen imaginären Warenkorb, so konnte auch der Unterstützungsbetrag entsprechend erhöht werden. Im Verlauf der Zeit wurde der Warenkorb immer wieder um neue Warengruppen dem gestiegenen Lebensstandard der Gesellschaft angeglichen. Es ging also nicht mehr nur um die Sicherung des Existenzminimums, sondern um einen

Bedarfsorientierung in der Sozialpolitik

Grundbetrag, der sich verändernde Konsumgewohnheiten und Lebensstandards einbezog und eine gewisse Teilhabe ermöglichen sollte. In der Realität verliefen die Verhandlungen um die Anpassung des Warenkorbs oft zäh und kontrovers, so wie beispielsweise im Zuge der Diskussionen um die „neue Armut" während der 1970er und 1980er Jahre.

Rentenreform und der Rückgang der Altersarmut

Das Schlagwort der Dynamisierung lag auch der Rentenreform von 1957 zugrunde. Zuvor bildeten Rentner*innen die größte Gruppe der Fürsorgeempfänger*innen, Altersarmut war weit verbreitet. Die Reform von 1957 ersetzte das bisherige Kapitaldeckungs- durch das Umlageprinzip. Rentner*innen erhielten nicht mehr die Summe ausgezahlt, die sie zuvor angespart hatten (Kapitaldeckung), sondern im Zuge des sogenannten „Generationenvertrags" finanzierten die Beiträge der Erwerbstätigen jeweils die Renten der aktuellen Rentnergeneration (Umlage). Der Clou: Die Höhe der Rente wurde an die Lohnentwicklung angepasst, also dynamisiert. Stiegen die Löhne, profitierten etwas zeitversetzt auch die Rentner*innen davon. Die Rente wurde nun als Lohnersatz gedacht, mit der der bisherige Lebensstandard gehalten werden konnte. Damit endete das Zeitalter der flächendeckenden Altersarmut. Rentner*innen konnten am wachsenden Wohlstand teilhaben, und ihre Bedeutung als eigenständige Konsumentengruppe wuchs.

„Einheit von Wirtschafts- und Sozialpolitik" in der DDR

Auch in der DDR wurde – wenn auch unter anderen politischen und wirtschaftlichen Vorzeichen – der Lebensstandard der Bevölkerung zu einem Kernthema der Sozialpolitik. Unter Erich Honecker forcierte die ostdeutsche Regierung ab 1971 eine wirtschaftspolitische Schwerpunktverlagerung hin zur Konsumgüterindustrie und -versorgung. Mit der Verbesserung des Lebensstandards insbesondere der Arbeiter*innen sollten diese einerseits zu höheren Arbeitsleistungen angespornt, andererseits aber auch politisch ruhiggestellt und an das System gebunden werden. 1975 etablierte Honecker für seinen Ansatz die Formel von der „Einheit von Wirtschafts- und Sozialpolitik". Die Löhne und die Zahl der Urlaubstage stiegen, Familien erhielten mehr staatliche Unterstützung, die Arbeitszeiten für Mütter verringerten sich, im Zuge des Wohnungsbauprogramms entstanden in schnellem Tempo große Plattenbausiedlungen mit modernen Wohnungen, die Subventionen für Grundnahrungsmittel, Energie, Wohnen und Nahverkehr stiegen. Um das kostspielige Programm zu finanzieren, sank letztlich die Investitionsquote am Bruttoinlandsprodukt bzw. Investitionen wurden hauptsächlich im

Bereich der Konsumgüterindustrie getätigt. Die DDR beraubte sich ihrer eigenen wirtschaftlichen Grundlagen. Die materielle Ausstattung der DDR-Bürger*innen verbesserte sich deutlich, doch der erhoffte wirtschaftliche Aufschwung durch eine bessere Konsumgüterversorgung der Bevölkerung blieb aus. Die DDR geriet in eine Verschuldungsspirale, die nicht zuletzt durch teure Konsumimporte aus dem Ausland und hohe Ausgaben für Sozialleistungen angetrieben wurde.

11.3 Orte und Formen des Konsumierens

Zu den neuen Konsumerfahrungen dieser Jahrzehnte zählten auch veränderte Orte und Formen des Konsums. Das Paradebeispiel ist der Supermarkt mit Selbstbedienung. Er hatte sich in den USA bereits in der ersten Hälfte des 20. Jahrhunderts flächendeckend durchgesetzt, in Europa gab es seit den 1940er Jahren erste Experimente. Zu den Pionieren gehörten Schweden, Großbritannien und die Schweiz. In anderen Ländern wie den beiden deutschen Staaten oder Italien stieg die Anzahl der Supermärkte erst seit den späten 1950er Jahren deutlich an.

Die beiden deutschen Staaten orientierten sich an den europäischen Nachbarländern und den USA, die DDR auch an der Sowjetunion. In Ostdeutschland wurden zunächst Musterläden eingerichtet, bevor seit den späten 1950er Jahren flächendeckend auf Selbstbedienung umgestellt wurde. In der Bundesrepublik hatten wie in ganz Westeuropa US-amerikanische Supermärkte eine wichtige Vorbildfunktion. Daran waren auch amerikanische Firmen wie der Registrierkassenhersteller *National Cash Register* interessiert, die Europa als Absatzmarkt erschließen wollten. Klone des amerikanischen Supermarktes waren die europäischen Läden jedoch nicht. Sie waren angepasst an die lokalen Vorlieben, Bedürfnisse und Verhältnisse, was Ladengrößen, Standorte, Warensortiment und Präsentationsformen anbelangte. Um den Wandel zu gestalten, schlossen sich in Westdeutschland seit den 1950er Jahren Läden immer häufiger zu Ketten zusammen.

Supermärkte und Selbstbedienung

Ob Ost oder West: Die rasch fortschreitende Umstellung auf Selbstbedienung veränderte bisherige Verkaufs- und Einkaufsgewohnheiten tiefgreifend. Die Läden benötigten anderes Mobiliar, um alle Waren für die Kund*innen zugänglich aufzubauen, und

Registrierkassen für den Bezahlvorgang. Die Waren lagen nun einzeln verpackt und in genormter Größe in den Regalen, der Anteil lose verkaufter Produkte sank und die Bedeutung der Verpackung als Informationsträger für die Kund*innen wuchs. Beratung durch geschultes Verkaufspersonal verlor an Bedeutung. Discounter wie Aldi (erste Filiale 1962) trieben die skizzierten Entwicklungen noch einmal weiter, indem sie auf ein beschränktes Sortiment, einfach gestaltete Läden, niedrige Preise und wenig Personal setzten.

Die Käufer*innen mussten sich ebenfalls umstellen. Sie mussten lernen, selbst in die Regale zu greifen, Produkte zu beurteilen und auszuwählen, Waren abzuwiegen und einzupacken. Statt Spezialgeschäfte zu besuchen, gingen sie nun zu Vollsortimentern, die alles an einem Ort anboten. Dabei hatten die Käufer*innen mehr Zeit bei der Auswahl und konnten schauen, ohne kaufen zu müssen. Dennoch trauerten viele den „Tante-Emma-Läden" nach. In der nostalgischen Erinnerung erschienen die kleinen, inhabergeführten Läden als freundliche und gesellige Stätten, in denen Zeit für einen Plausch war und wo man auch einmal anschreiben lassen konnte, wenn das Geld knapp war oder man das Portemonnaie vergessen hatte. Doch Selbstbedienung bedeutete auch Freiheit: Der eigene Einkauf wurde nicht mehr neugierig von der gesamten Nachbarschaft beäugt; man musste nicht mehr befürchten, dass das Verkaufspersonal mit dem Finger auf der Waage einen Profit zu machen versuchte; die Auswahlmöglichkeiten wuchsen bei sinkenden Preisen; und auch das oftmals beschämende Anschreiben, mit dem man sich in ein moralisch aufgeladenes Abhängigkeitsverhältnis zu den Ladeninhaber*innen begab, entfiel nun.

Während in der DDR zunächst bestehende Läden auf Selbstbedienung umgestellt wurden, veränderte sich das Stadtbild in westdeutschen Städten deutlich. Kleine Läden, die sich nicht auf Selbstbedienung umrüsten ließen oder angesichts der neuen Konkurrenz nicht mehr rentabel waren, schlossen, gleichzeitig entstanden neue und größere Läden. Supermärkte, diese Bezeichnung setzte sich Anfang der 1960er Jahre in der Bundesrepublik durch, hatten eine Mindestfläche von 400m^2. Ihrer Eröffnung ging nun meist eine ausführliche Standortanalyse voraus. Einkaufszentren „auf der grünen Wiese" gewannen zwar erst seit den 1960er Jahren und damit deutlich später als in den USA an Bedeutung. Doch das allmähliche Verschwinden kleinerer Läden, der Trend zu gut mit dem Auto erreichbaren Supermärkten in den Vororten und die zumindest medial präsenten US-amerikanischen Shopping Malls begannen bereits in den 1950er Jahren auch Städteplaner*innen zu beschäftigen.

Bilder verödeter Innenstädte und gleichförmiger Vorstädte in den USA dienten als abschreckendes Beispiel. Städteplaner*innen, Politiker*innen, Händler*innen und die Bevölkerung in westdeutschen Städten waren mehrheitlich daran interessiert, Konsummöglichkeiten in den Innenstädten und in den Wohnvierteln zu erhalten. Anders als ein Großteil der US-Amerikaner*innen wohnten die Westdeutschen überwiegend zur Miete und kauften mehrmals pro Woche zu Fuß ein oder nutzten den öffentlichen Nahverkehr. Sie waren auf Einkaufsmöglichkeiten in der Nähe angewiesen.

Fußgängerzonen

Statt auf große Einkaufszentren in den Vorstädten setzten die westdeutschen Städte auf Fußgängerzonen. Die Idee an sich war nicht neu, erhielt aber in den Nachkriegsjahrzehnten unter den Bedingungen wachsenden Wohlstandes enormen Aufschwung. Während sich Fußgängerzonen in den USA nicht durchsetzten, stieg ihre Zahl in der Bundesrepublik seit der Eröffnung der Treppenstraße in Kassel (1953) stetig an. 1970 gab es bereits 96 Fußgängerzonen, 1973 waren es 214.[7] In der DDR entstanden ebenfalls Fußgängerzonen, auch wenn unter den Bedingungen der Planwirtschaft keine Expansion von Großraumläden in Industriegebieten und Vorstädten zu befürchten war. Anders als die Shopping Malls der USA waren Fußgängerzonen zudem als urbane Zentren gedacht, die Einkaufsmöglichkeiten, öffentliches Leben, Kultur und Freizeit miteinander verbanden. In späteren Jahrzehnten ging auch in der Bundesrepublik der Trend hin zu großen Möbelhäusern, Fast-Food-Restaurants, Heimwerker- und Supermärkten mit riesigen Parkplätzen vor den Toren der Stadt, und Innenstädte wurden zunehmend von Filialgeschäften dominiert. Pluralisierung und Individualisierung von Konsum fanden also unter den Bedingungen eines schnell wachsenden, aber auch zunehmend standardisierten Warenangebots statt. Dennoch sind die Unterschiede zwischen den europäischen – exemplarisch hier am Beispiel der Bundesrepublik gezeigt – und

---

7 Zahlen nach Jan Logemann: Einkaufsparadies und „Gute Stube". Fußgängerzonen in westdeutschen Innenstädten der 1950er bis 1970er Jahre, in: Adelheid v. Saldern (Hrsg.): Stadt und Kommunikation in bundesrepublikanischen Umbruchszeiten, Stuttgart 2006, 103–122, hier 116.

US-amerikanischen Einkaufswelten nach wie vor deutlich erkennbar, nicht zuletzt im Stadtbild.

Im Zusammenspiel von neuen bzw. gewandelten Einkaufsorten sowie wachsenden Konsummöglichkeiten für die Masse der Bevölkerung veränderte sich auch die Bedeutung der eigenen vier Wände. So sank die Zahl der Kinobesuche seit den späten 1950er Jahren, während sich der Fernseher zum neuen Leitmedium entwickelte und die Freizeit wie auch die Einrichtung des Wohnzimmers dominierte. Für Jugendliche allerdings blieb das Kino weiterhin attraktiv, bot es doch einen Treffpunkt außerhalb der familiären Kontrolle. Die Bedeutung des Essens außer Haus nahm hingegen zu. 1958 wandten die Bundesbürger*innen durchschnittlich weniger als ein Prozent ihrer Konsumaufgaben dafür auf, aber in den 1960er Jahren waren es bereits knapp zwei Prozent, in den 1970er Jahren dann je nach Haushaltsgröße und -einkommen zwei bis vier Prozent. Darunter fiel das Essen in der Kantine ebenso wie der Imbiss- oder Restaurantbesuch.

Urlaubsreisen und Restaurantbesuche

Mit der steigenden Kaufkraft der Bundesbürger*innen, dem wachsenden Zuzug von Migrant*innen sowie den regelmäßigen Urlaubsreisen ins Ausland stieg seit den späten 1960er Jahren vor allem die Zahl an Restaurants mit internationaler Küche – ein Trend, der auch in anderen westlichen Gesellschaften zu beobachten war. Italienische, jugoslawische, griechische, später auch türkische Küche wurde zum selbstverständlichen Bestandteil der gastronomischen Landschaft in Westdeutschland (obwohl die Eröffnung ausländischer Restaurants noch bis in die 1970er Jahre durch eine sogenannte „Bedürfnisprüfung" erschwert war). Der Besuch ausländischer Restaurants verschaffte den Kund*innen neben kulinarischen Erlebnissen die Möglichkeit zur Distinktion und zur Selbststilisierung. Dazu gehörte auch die Erwartung an die Restaurantbetreiber*innen und ihr Personal, eine „typische" Atmosphäre zu schaffen. Über eine solchermaßen erwartete „ethnic performance" wurden sie selbst zu einem „Teil des Esserlebnisses und damit des konsumierten Produkts".[8]

Ein letztes Beispiel für Veränderungen sind Formen des Bezahlens. Deutschland stand in diesem Bereich für eine Tradition des

---

[8] Maren Möhring: Fremdes Essen. Die Geschichte der ausländischen Gastronomie in der Bundesrepublik Deutschland, München 2012, 266.

„Ansparens" – man sparte zunächst die benötigte Summe an und kaufte dann. Die USA verkörperten hingegen das Modell des „Absparens". Amerikaner*innen nutzten sehr viel selbstverständlicher als Europäer*innen Kredit, erhielten also den gekauften Gegenstand und zahlten ihn dann ratenweise ab. Diese Unterteilung gilt mit Einschränkungen, denn so wie nicht alle Amerikaner*innen gleichermaßen Konsumkredite nutzen konnten oder wollten, zahlten auch nicht alle Europäer*innen bar, wie der Verweis auf das weit verbreitete „anschreiben lassen" gezeigt hat.

Ratenkäufe und Konsumkredite wurden in Deutschland und Europa ebenfalls bereits lange genutzt, doch seltener, weniger alltäglich sowie aus anderen Motiven als in den USA. Dort galten Kredite als legitime Möglichkeit, den eigenen Lebensstandard zu verbessern. Auf etwas zu sparen, beispielsweise einen Autokauf, war eher unüblich. Großbritannien öffnete sich diesem Modell nach dem Ende des Zweiten Weltkrieges. Konsumkredite gewannen schnell an Bedeutung, nicht zuletzt wegen des dort besonders stark ausgebildeten Versandhandels. In Ländern wie der Bundesrepublik oder Frankreich hatte diese Finanzierungsform jedoch noch deutlich länger ein schlechtes Image. Kredite galten als Zeichen von Armut oder aber einer mangelhaften Haushaltskompetenz. Dementsprechend war der öffentliche Diskurs von Schreckensszenarien verschuldeter und verschwendungssüchtiger Haushalte geprägt – ein Topos mit langer Geschichte, der auch in den Nachkriegsjahren dominierte. Als positiv konnotiertes Gegenmodell fungierte weiterhin die Aufforderung zum Sparen.

Kaufen auf Kredit

In den 1960er Jahren begann diese kritische Haltung zu bröckeln. Zwar sank die Zahl der Haushalte, die Anschaffungen über Kredit tätigten, doch das Volumen der aufgenommenen Kredite stieg. Es waren Haushalte der Mittelschicht, die auf diese Weise teure Dinge wie Autos, Fernseher oder Elektrogeräte finanzierten. Der Kleinkredit aus der Not heraus verlor hingegen an Bedeutung. Seit den späten 1950er Jahren boten Großbanken Kleinkredite für Privatpersonen an und normalisierten damit kreditfinanzierten Konsum zusätzlich. Mit der Einführung des Dispositionskredits 1968 konnten die Westdeutschen dann ohne großen Aufwand ihr Konto innerhalb einer festgelegten Summe überziehen. 1969 wurde schließlich die EC-Karte in Europa eingeführt. Damit gewann die bargeldlose Bezahlung auch in der Bundesrepublik massiv an Bedeutung – jedoch nicht als Kreditkarte, sondern eben als

Abbuchung vom Girokonto. Erst mit der steigenden Frequenz internationaler Zahlungsgeschäfte, beispielsweise bei Fernreisen und in jüngster Zeit durch Internet-Shopping, gewann die Kreditkarte in Deutschland an Geltung.

Ungleichheit und Teilhabe

Die Beispiele verweisen nicht nur auf wachsenden Wohlstand, sondern auch auf die engen Zusammenhänge zwischen Überfluss, sozialer Ungleichheit und Teilhabe. Einerseits warben beispielsweise Kreditinstitute, Händler*innen und Produzent*innen häufig mit der Losung, man habe eine neue Küche, ein neues Auto oder eine Fernreise „verdient". Durch langfristige Zahlungsverpflichtungen könne man am allgemeinen Überfluss und Wohlstand teilhaben. Auch die enorme und stetig wachsende Produktvielfalt suggerierte, für alle Vorlieben und finanziellen Möglichkeiten sei das richtige Angebot dabei. Die Kehrseite wird durch den Blick auf Institutionen der Verbraucher- sowie seit den 1990er Jahren verstärkt auch der Schuldnerberatung sichtbar. Der sozialpolitische Ausbau und die Professionalisierung dieser Beratung lag vor allem in zwei Schieflagen begründet: Zum einen im asymmetrischen Informationsverhältnis zwischen dem/der einzelnen Käufer*in auf der einen und einer Unmasse von Gütern verschiedenster Qualitäten und Verarbeitungsgrade auf der anderen Seite, die die Orientierung erschwerten (vgl. Kapitel 14). Zum anderen war, allen Kredit- und Werbeversprechen zum Trotz, Teilhabe am Wohlstand nur für diejenigen zu erreichen, die genügend Geld besaßen. Wenn das Verhältnis zwischen Einkommen, Ausgaben und Kredit- bzw. Ratenverpflichtungen außer Balance geriet, drohten existenzielle Krisen.

11.4 Quellen und Vertiefung

11.4.1 Lied vom Wirtschaftswunder (Wolfgang Neuss, Wolfgang Müller 1958)

> Die Straßen haben Einsamkeitsgefühle
> Und fährt ein Auto, ist es sehr antik
> Nur ab und zu mal klappert eine Mühle
> Ist ja kein Wunder nach dem verlorenen Krieg
>
> Aus Pappe und aus Holz sind die Gardinen
> Den Zaun bedeckt ein Zettelmosaik

Wer rauchen will, der muss sich selbst bedienen
Ist ja kein Wunder nach dem verlorenen Krieg

Einst waren wir mal frei
Nun sind wir besetzt
Das Land ist entzwei
Was machen wir jetzt?

Jetzt kommt das Wirtschaftswunder
Jetzt kommt das Wirtschaftswunder
Jetzt gibt's im Laden Karbonaden schon und Räucherflunder
Jetzt kommt das Wirtschaftswunder
Jetzt kommt das Wirtschaftswunder
Der deutsche Bauch erholt sich auch und ist schon sehr viel runder
Jetzt schmeckt das Eisbein wieder in Aspik
Ist ja kein Wunder nach dem verlorenen Krieg

Man muss beim Autofahren nicht mehr mit Brennstoff sparen
Wer Sorgen hat, hat auch Likör und gleich in hellen Scharen
Die Läden offenbaren uns wieder Luxuswaren
Die ersten Nazis schreiben fleißig ihre Memoiren
Denn den Verlegern fehlt es an Kritik
Ist ja kein Wunder nach dem verlorenen Krieg
Ist ja kein Wunder nach dem verlorenen Krieg

Wenn wir auch ein armes Land sind
Und so ziemlich abgebrannt sind
Zeigen wir, dass wir imposant sind
Weil wir etwas überspannt sind
Wieder hau'n wir auf die Pauke
Wir leben hoch hoch hoch hoch hoch höher hoch
Das ist das Wirtschaftswunder
Das ist das Wirtschaftswunder
Zwar gibt es Leut', die leben heut noch zwischen Dreck und Plunder
Doch für die Naziknaben, die das verschuldet haben
Hat unser Staat viel Geld parat und spendet Monatsgaben
Wir sind ne ungelernte Republik
Ist ja kein Wunder, ist ja kein Wunder
Ist ja kein Wunder nach dem verlorenen Krieg

Quelle: Wolfgang Neuss, Wolfgang Müller, Das Lied vom Wirtschaftswunder, gesungen im Film „Wir Wunderkinder" (1958). Szene abrufbar unter https://www.youtube.com/watch?v=SGBVB3KBPn8.

11.4.2 Ludwig Erhard: Einen Kühlschrank in jeden Haushalt, 1953

Ich selbst habe des öfteren darauf verwiesen, daß ein gehobener Bedarf sich nur dann entfalten, daß ein Luxus von heute nur dann allgemeiner Konsum von morgen werden kann, wenn wir es ertragen, daß es in der ersten Phase immer nur eine kleinere Gruppe mit gehobenem Einkommen sein kann, deren Kaufkraft an jene Güter heranreicht. Sofern indessen ein solcher Konsum als sozial anrüchig erklärt wird und die Träger des Konsums sozialer Diffamierung ausgesetzt sind, dann eben muss eine Volkswirtschaft überhaupt darauf verzichten, solche Güter zu produzieren. Das aber bedeutet, daß dann aus solcher unterlassenen Produktion auch kein Einkommen entstehen kann und mithin das Volkseinkommen im ganzen (vor allem auch der Arbeiter, denen damit potentiell Arbeitsplätze genommen werden), künstlich tiefer gehalten wird, als es nach der vorhandenen Produktivkraft möglich wäre. Eine gewisse Presse hat nach solchen Ausführungen die Frage an mich gestellt, ich möchte einmal Antwort darauf geben, wie es ein Sozialrentner (natürlich mit dem geringsten Einkommen) anfangen sollte, sich einen Kühlschrank zu kaufen. Auf eine so einfältige Frage war wohl die Antwort berechtigt, daß die ersten Automobile in Amerika wahrscheinlich auch nicht von Sozialrentnern, sondern im Zweifelsfalle von Millionären gefahren wurden. Sind aber die letzten hundert Jahre in aller Welt nicht eine eindeutige Demonstration dafür, daß noch jede Verbesserung der Lebensführung sich stufenweise ausbreitete und eine andere praktisch realisierbare Möglichkeit des Fortschreitens eines allgemeinen Wohlstandes gar nicht gedacht werden kann? [...]

Manches von dem, was da über Konsumfinanzierung geschrieben ist, bin ich bereit als richtig anzuerkennen. Auch ich erachte die Konsumkreditfinanzierung nicht als der Weisheit letzter Schluß, und gewiss gibt es eine kritische Grenze, die im volkswirtschaftlichen Interesse, aber vor allen Dingen auch zum Schutze des Verbrauchers, beachtet werden muß. Wenn man weiß, daß – gemessen am Sozialprodukt – die Konsumfinanzierung in den Vereinigten Staaten etwa sechsmal so mächtig ist wie bei uns, dann muß wohl berücksichtigt werden, daß die Realkaufkraft der davon berührten Bevölkerungsschichten drüben zweifellos nicht unbeträchtlich höher ist als in Deutschland und somit eine freiere Disposition besteht; aber es kann doch nicht im Ernst behauptet werden, daß die Konsumkreditfinanzierung sich in Deutschland schon zu einer Gefahr auszuwachsen beginnt. Die Konsumfinanzierung, so heißt es, bedeute eine Milchmädchenrechnung, und der Verbraucher könne dabei nur einem Fehlschluß zum Opfer fallen. Diese Maßnahme bedeute keine Kaufkraftsteigerung, sondern nur eine Kaufkraftverschiebung, denn nur durch den Produktionskredit erfahre der Produktionsertrag eine Mehrung. Der Konsumsteigerung auf der einen Seite müsse notwendig ein Konsumverzicht an anderer Stelle entsprechen.

Oberflächlich betrachtet scheint diese Ableitung richtig zu sein, aber in der volkswirtschaftlichen Gesamtrechnung ergibt sich dennoch ein anderes Bild. Die Konsumfinanzierung gestattet die Produktion von Gütern, die ohne eine solche Aktion zweifellos keinen Absatzmarkt hätten finden können. Wenn also auch der den Konsumkredit in Anspruch nehmende Verbraucher in der Größenordnung und Zeitenfolge seiner Ratenzahlungen eine gewisse Kaufkraft- bzw. Konsumverlagerung vornehmen muß, so bleibt doch vom Standpunkt einer volkswirtschaftlichen Bilanz aus gesehen dieses Verhalten neutral, d. h. mit anderen Worten: er kommt nach wie vor mit seiner ganzen Kaufkraft zu Markte. Durch die Konsumfinanzierung aber ist eine erweiterte Produktion (z. B. an Kühlschränken) eingeleitet worden und aus dieser Produktion entsteht neues Einkommen, das seinerseits wieder kaufend zum Markte drängt. [...]

Selbstverständlich kommt es bei solchen Entscheidungen wesentlich auch auf die Größenordnung an. Eine volkswirtschaftliche Konjunktur kann nicht allein auf Konsumfinanzierung gestützt werden, aber sie vermag der Konjunktur sehr wohl eine Stütze zu sein.

Quelle: Ludwig Erhard: Einen Kühlschrank in jeden Haushalt, in: Welt der Arbeit, 16.6.1953, abgedr. in: Ludwig Erhard: Deutsche Wirtschaftspolitik. Der Weg in die soziale Marktwirtschaft, Düsseldorf/Wien 1962, 221–224.

11.4.3 Wrommm, wrommm!, in: Der Spiegel vom 30.7.1989

Quer durch alle Branchen widmet die Werbung den Erwachsenen von morgen erhöhte Aufmerksamkeit. Mit gutem Grund: „Beim Konsum haben die Kinder die Nase vorn", sagt die Diplompsychologin Brigitte Melzer-Lena, „und die Eltern treten ihre Kompetenz an sie ab." Melzer-Lena leitet das Münchner Institut für Jugendforschung (IJF), eine Tochterfirma der Unternehmensberatung Roland Berger.

Die soeben erschienene IJF-„Schüler-Mediaanalyse" gibt Auskunft über die Finanzkraft der 7- bis 15jährigen. Über rund 3,5 Milliarden Mark Taschengeld verfügte diese Gruppe 1988. Außerdem wanderte Bares in Höhe von vier Milliarden auf ihre Sparkonten.

Hinzu kommt der enorme Einfluß, den die Junioren auf die Kaufentscheidungen ihrer Familien nehmen. „Frühstückswünsche ihrer Kinder sind den Eltern Befehl", erkannte die „Lebensmittel-Zeitung". Doch auch jede zweite Flasche Haarschampoo und mehr als 50 Prozent aller Heimcomputer werden unter fachmännischer Beratung durch Tochter oder Sohn erworben. Frühreif reden die Heranwachsenden sogar ein entscheidendes Wort mit, wenn der Kauf eines neuen Autos ansteht. [...]

71 Millionen Mark betrug 1988 das Markenanzeigen-Aufkommen der zwölf größten Jugendzeitschriften, eine 30prozentige Steigerung im Vergleich zu

1985. „Mehr denn je", hofft Ingo Zuberbier, Geschäftsführer der größten deutschen Werbeagentur Lintas, werde der Kunde demnächst sein „Selbstgefühl aus dem Konsum" beziehen. Sicher ist, daß der Markt in Anbetracht des Pillenknicks enger wird, auch wenn sich die Kaufkraft in absoluten Zahlen erhöht.

Folglich müssen die Verbraucher von morgen möglichst rechtzeitig und wirksam geködert werden. Dem kommt das intensive Interesse Jugendlicher an jeglicher Reklame entgegen. Das Thema taucht „immer wieder in ihren Gesprächen" auf, hat Reiner Erfert von der Frankfurter PR-Agentur Michael Conrad & Leo Burnett beobachtet. Sie sind wandelnde Markenspeicher, bleiben aber einem einmal bevorzugten Artikel erstaunlich treu.

In Jugendpostillen finden sich neuerdings vermehrt Produktanzeigen, die ursprünglich einem älteren Publikum zugedacht waren – etwa für den alkoholischen Fruchtsaft „Batida de Coco" oder, in Comic-Heften des Stuttgarter Ehapa Verlags, für „Chiquita"-Bananen. Die Firmensignets sollen frühzeitig im Kinderbewußtsein verankert werden.

Die Strategie zeigt Wirkung, die Umworbenen bilden ihre Präferenzen immer früher aus. Das Institut für Jugendforschung spricht vom Phänomen der „Akzeleration": Neunjährige interessieren sich für Waren, die vor kurzem erst ab elf Jahren konsumiert wurden. [...]

Einschlägige Untersuchungen wie zuletzt die des IJF belegen, daß in zwei Dritteln aller deutschen Familien die möglichst schrankenlose Aneignung der Warenwelt das beherrschende Thema ist. Anschaffungen rangieren als Gesprächsgegenstand weit vor Politik und Umweltproblemen. Der gemeinsame Konsumtrip versöhnt als große Klammer die Generationen und reduziert Meinungsverschiedenheiten auf Geschmacksurteile – Benetton oder Lacoste, Puma oder Nike ist die Frage.

Brigitte Melzer-Lena sieht darin ein positives Signal. Sie konstatiert den „Rückzug aus der trockenen, langatmigen Intellektualität", hin zu einer „sinnlichen, erlebnisorientierten Gesellschaft".

Quelle: „Wrommm, wrommm!", in: *Der Spiegel*, 30.7.1989.

11.4.4 Fragen und Anregungen

- Welche Probleme wurden durch wachsenden Wohlstand gelöst, welche entstanden dadurch? – Welche Rolle spielen bei der Beurteilung Faktoren wie Schichtzugehörigkeit, Geschlecht, politische Ansichten, etc.?

- Diskutieren Sie die Rolle der Sozialpolitik in den beiden deutschen Staaten. Sowohl in der Bundesrepublik als auch in der DDR stiegen Wohlstand und der Besitz an Konsumgütern merklich an. Warum intervenierten beide Staaten dennoch auf sozialpolitischer Ebene und welche Ziele verfolgten sie dabei?
- Wie veränderten sich Konsumentenbilder in der zweiten Hälfte des 20. Jahrhunderts? Welche Vorstellungen vom Wesen, Denken und Verhalten von Konsument*innen werden dabei sichtbar?

Weiterführende Literatur

Fabian, Sina: Boom in der Krise. Konsum, Tourismus, Autofahren in Westdeutschland und Großbritannien 1970–1990, Göttingen 2016. *(Konsum in Zeiten der wirtschaftlichen Krise)*

Gatejel, Luminita: Warten, hoffen und endlich fahren: Auto und Sozialismus in der Sowjetunion, in Rumänien und der DDR (1956–1989/91), Frankfurt am Main 2014. *(Vergleichend angelegte Studie zum Autobesitz in sozialistischen Staaten)*

Langer, Lydia: Revolution im Einzelhandel. Die Einführung der Selbstbedienung in Lebensmittelgeschäften der Bundesrepublik Deutschland (1949–1973), Köln/Weimar/Wien 2013. *(Transfergeschichtlich angelegt)*

Scarpellini, Emanuela: Material Nation. A Consumer's History of Modern Italy, Oxford 2011. *(Italiens Weg zur Konsumgesellschaft)*

Siegfried, Detlef: Time is on my side. Konsum und Politik in der westdeutschen Jugendkultur der 60er Jahre, Göttingen 2006. *(Wechselwirkungen von Konsum und Politik im Bereich der Jugendkultur)*

Wildt, Michael: Am Beginn der „Konsumgesellschaft". Mangelerfahrung, Lebenshaltung, Wohlstandshoffnung in Westdeutschland in den fünfziger Jahren, Hamburg 1994. *(Innovative Pionierstudie zu Konsum und Konsumerleben im Alltag)*

12 Konsum im Kalten Krieg: Getrennte und geteilte Konsummuster in Europa

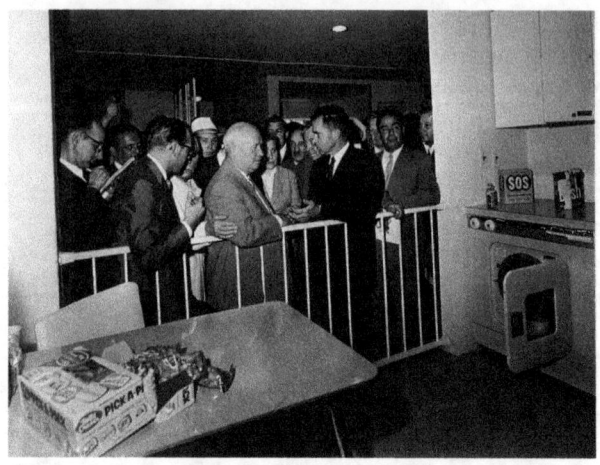

Abb. 12.1: Die „Kitchen Debate": Der sowjetische Premierminister Nikita Chruschtschow (3.v.l.) und U.S. Vizepräsident Richard Nixon (Mitte) auf der U.S. National Exhibition in Moskau, 25. Juli 1959. Quelle: Nixon Presidential Library and Museum.

Die sogenannte *„Kitchen Debate"* zwischen dem sowjetischen Ministerpräsidenten Nikita Chruschtschow und dem U.S.-amerikanischen Vizepräsidenten Richard Nixon im Sommer 1959 stellt einen vielzitierten Höhepunkt des Ost-West Wettbewerbs um Konsum und Lebensstandards im Kalten Krieg dar. „I want to show you this kitchen!": Mit diesen Worten leitete Nixon einen verbalen Schlagabtausch ein, der vor laufenden Kameras den globalen Systemwettbewerb von Kapitalismus und Kommunismus auf der Ebene von Haushaltskonsum und Lebensstandard austrug (Abb. 12.1). Für den Vizepräsidenten demonstrierte die moderne Schauküche der Firma *General Electric* beispielhaft die Überlegenheit der marktbasierten amerikanischen Konsumwirtschaft, wenn es darum ging, den Lebensstandard breiter Bevölkerungsschichten zu heben. Besonders Hausfrauen, so argumentierte Nixon in Hinblick auf die traditionellen Geschlechterrollen der Nachkriegszeit, würden von den ständigen technologischen Neuerungen profitieren. Sein sowjetischer Gastgeber hingegen zeigte sich wenig beeindruckt. Nixons

Küche basiere auf einem überkommenen Geschlechterverständnis und überhaupt würde die russische Planwirtschaft diese amerikanischen Konsumstandards schon bald übertreffen.

Der Ort des Geschehens war die „American National Exhibition" in Moskau, eine sechswöchige amerikanische Ausstellung zum „modernen Leben" im Sokolniki Park. Der „United States Information Service" der amerikanischen Regierung hatte diese Warenschau organisiert, an der sich auch zahlreiche Großunternehmen der USA beteiligten. In einer Ausstellungshalle konnten Besucher auf großen Bildschirmen das Leben in amerikanischen Vorstädten, auf Highways und in Supermärkten bestaunen. In kleineren Pavillons wurden zudem neueste Konsumgüter ausgestellt: chrome-gestylte Automobile, Farbfernseher, Geschirrspüler, Teflon-Pfannen, Mobiliar sowie – für das weibliche Publikum – Lippenstifte und Brautkleider. Herzstück der Ausstellungen waren mehrere technisch hochgerüstete Schauküchen, ausgestattet von Firmen wie *General Electric* oder *RCA/ Whirlpool*. Die ausgestellten „Techno-Küchen" spiegelten jedoch in vielem eher die Zukunftsvorstellungen von Ingenieuren und Marketingfachleute wider als die reale Ausstattung amerikanischer Durchschnittswohnungen der Zeit. Gleichwohl bewarb die American National Exhibition einen amerikanischen „Way of Life", welcher materiellen Wohlstand und modernen Konsum für breite Bevölkerungsschichten versprach. Gut 2,5 Million Sowjetbürger*innen besuchten die Ausstellung im Jahr 1959, kosteten Pepsi Cola und schauten Disney-Werbefilme über den Konsumkapitalismus in Amerika. Nicht zuletzt die umfangreiche mediale Berichterstattung in den USA, Russland und weltweit machten die Schau aus amerikanischer Sicht zu einem Propagandaerfolg.

Konsum wurde eine zunehmend wichtige Waffe im Kalten Krieg. Historiker*innen haben dies für den deutsch-deutschen Systemwettbewerb ebenso gezeigt wie für die europäischen und globalen Ebenen des Ost-West-Konflikts. Ausstellungen wie die in Moskau spielten dabei seit den späten 1940er Jahren eine zentrale Rolle. Im Rahmen der amerikanischen Besatzung Nachkriegsdeutschlands sollten mehrere Ausstellungen die deutsche Bevölkerung mit „modernen" Konsummustern vertraut machen. Amerikanische Designausstellungen etwa zeigten dem deutsche Publikum Geschirr, Tapeten oder Mobiliar, vielfach in Entwürfen von einst aus Europa in die USA emigrierten Künstler*innen. Als Teil der amerikanischen Aufbauhilfe des sogenannten Marshallplans warben Filme, Poster

Konsum als Waffe im Kalten Krieg

und Wanderausstellungen für marktwirtschaftliche Konsumwelten in Vorstadthäusern und Supermärkten, die auf viele Europäer*innen als von ihrer Lebenswirklichkeit entfernt und futuristisch gewirkt haben müssen. Der Historiker Greg Castillo (2010) spricht dabei von einer „soft power", die amerikanische Konsumgüter im kriegsverwüsteten Nachkriegseuropa entwickelten. Dabei ging es gar nicht in erster Linie darum, Konsument*innen jenseits des „Eisernen Vorhangs" zu beeindrucken, wie im Falle der Ausstellung in Moskau. Ziel dieser Kultur- oder Konsumdiplomatie war vielmehr die Verbreitung amerikanischer Wirtschafts- und Gesellschaftsvorstellungen im verbündeten Westeuropa. Neben einer grundlegenden Verbesserung der Lebensbedingungen auf dem krisengeschüttelten Nachkriegskontinent versprachen sich die Vereinigten Staaten davon auch potentielle Absatzmärkte für ihre Industrieprodukte sowie eine Festigung ihres politischen Einflusses in Europa.

Egal ob in Ost oder West, nicht alle Europäer*innen waren von der Überlegenheit der amerikanischen Konsumkultur überzeugt. Nikita Chruschtschow bezweifelte den Wert eines Wirtschaftssystems, das auf ständiger Innovation und geplanter Obsoleszenz basierte – in Russland baue man solide und für die Dauer, so der Premier in der „Kitchen Debate". Der sowjetische Siebenjahresplan von 1959 sah vor, dass die UdSSR die westliche Konkurrenz in der Konsumgüterproduktion genauso überflügeln würde wie zuvor mit dem Sputnik im Rennen um die Raumfahrt. Spätestens in den 1980er Jahren, so der Plan, sollte die Versorgung mit Konsumgütern für alle Sowjetbürger*innen umsonst sein. Statt individueller Technoküchen setzten zahlreiche sowjetische Planer*innen nach wie vor auf Gemeinschaftsküchen, die unter anderem auf die Bedürfnisse berufstätiger Frauen zugeschnitten waren. Auch im verbündeten Westeuropa blieb das amerikanische Massenkonsummodell im Kalten Krieg durchaus umstritten. Die Sozialdemokratie und Sozialist*innen in Ländern wie Frankreich, Italien oder der Bunderepublik fürchteten – ebenso wie Teile des Bildungsbürgertums und der konservativen Eliten – eine gesellschaftliche „Amerikanisierung" durch Konsum.

Gleichzeitig übten die in den amerikanischen Ausstellungen und Medien gezeigten Konsumwelten jedoch eine starke Faszination und Anziehungskraft auf weite Bevölkerungsschichten aus. Die hohen Besucherzahlen und die vielfach beeindruckten Kommentare in den Besucherbüchern der American National Exhibition in Moskau weisen darauf hin. Materieller Wohlstand galt als eine wichtige Basis politischer Legitimation im Kalten Krieg. Auch im deutsch-deutschen Systemwettbewerb wurde Konsum ab den 1950er und 1960er Jahren zunehmend zu einer Trumpfkarte der westdeutschen „Sozialen Marktwirtschaft". Eigentum und Wahlfreiheit im Westen wurden nun gerne einer vermeintlich monotonen Mangelgesellschaft im Osten gegenübergestellt.

Die Konkurrenz zwischen privatwirtschaftlichen und öffentlichen Konsumangeboten und eine Betonung der Unterschiede im Ost-West-Vergleich sollten jedoch nicht unseren Blick auf vielfältige und zunehmende innereuropäische Parallelen und Verflechtungen in der Erfahrung des Konsums in der zweiten Hälfte des 20. Jahrhunderts verstellen. Varianten der Konsummoderne entwickelten sich auf beiden Seiten des „Eisernen Vorhangs", und innerhalb Europas wuchsen durch gegenseitige Beobachtung, medialen Austausch und Reisen in vieler Hinsicht Ähnlichkeiten des alltäglichen Konsums. Diese Kontraste und Verbindungen in den Jahrzehnten des Kalten Krieges stehen im Zentrum dieses Kapitels.

12.1 Nachkriegsjahrzehnte: Amerikanisierung durch Konsum?

Der österreichisch-amerikanische Marktforscher Ernest Dichter schrieb in den 1950er Jahren über die Potentiale, die sich aus seiner Sicht amerikanischen Firmen auf den europäischen Konsummärkten darboten. Französ*innen, Italiener*innen oder Deutsche, so Dichter, wollten ihren Konsum gerne nach amerikanischem Vorbild ausweiten. Allerdings müssten für einen erfolgreichen Export des „American Way of Life" neben allgemeinen Unterschieden des Lebensstandards auch kulturelle transatlantische Differenzen überwunden werden. So seien Europäer*innen noch in einer Psychologie der Knappheit verhaftet, in der jede Form der Verschwendung als moralisch verwerflich gelte. Man müsse sie daher vom Prinzip der Obsoleszenz, dem beständigen Konsum neuerer, besserer und „modernerer" Produkte, erst überzeugen (Logemann 2020). Nixon argumentierte in der „Kitchen Debate" ganz ähnlich: „Nach zwanzig Jahren wollen viele Amerikaner ein neues Haus oder eine neue Küche. Ihre alte Küche ist bis dahin obsolet. [...] Das amerikanische System zielt darauf ab, neueste Technik und Erfindungen zu nutzen" (Hamilton / Phillips 2014). Viele Europäer*innen hingegen blickten mit Skepsis und Unverständnis auf einen solchen Konsumstil, der für sie fremd sowie weitgehend unerschwinglich war. Häuser „gehen nicht aus der Mode", so entgegnete Chruschtschow, Russland baue auch für nachfolgende Generationen.

Amerikanisierung und transatlantische Transfers

Nicht nur zwischen Ost und West, sondern auch innerhalb des Westens gab es in den Nachkriegsjahrzehnten eine ausgeprägte Debatte um eine vermeintliche „Amerikanisierung" durch Konsum, mit der sich auch die Geschichtswissenschaft eingehend beschäftigt hat. „Amerikanisierung" meint hier transatlantische Transfers, etwa in Produktion und Marketing oder durch Medien und Populärkultur sowie ein Angleichen von Verbrauchsmustern und Einstellungen gegenüber dem materiellen Konsum. In Deutschland finden sich die Anfänge einer gesellschaftlichen Debatte über „Amerikanismen" schon in der Zwischenkriegszeit. Kaugummi, Jazz-Musik oder Ratenkredite wurden seit den 1920er Jahren von manchen als Zeichen einer neuen gesellschaftlichen Moderne gefeiert und von anderen als Zeichen des „Verfalls" deutscher Wirtschaft und Kultur verteufelt. Der Konflikt um „Amerikanisierung" war dabei weniger eine Debatte über die amerikanische Konsumgesellschaft selber, mit der die meisten Deutschen in der Zeit kaum wirklich vertraut waren. Amerika diente vielmehr als Symbol, an dem sich eine Auseinandersetzung über zukünftige Kultur- und Gesellschaftsentwicklungen in Deutschland entzündete.

Nach dem Zweiten Weltkrieg wurde die Präsenz amerikanischer Konsumkultur in Deutschland dann stärker greifbar. Ab 1946 erreichten fast 10 Millionen sogenannter Care-Pakete westdeutsche Haushalte. In Zeiten großer Knappheit signalisierten diese privaten Hilfslieferungen, die neben Lebensmitteln auch Genussmittel wie Kaffee und Schokolade enthielten, den Wohlstand der amerikanischen Gesellschaft (Abb. 12.2). Mehr und mehr amerikanische Firmen und Produkte fanden dann im Laufe der 1950er Jahre ihren Weg über den Atlantik. Amerikanische Werbeagenturen bauten Zweigstellen in der Bundesrepublik auf wie J. Walter Thompson in Frankfurt. Speziell in Bezug auf Absatz- und Marketingmethoden hat die Forschung zahlreiche amerikanische Einflüsse auf die bundesdeutsche Wirtschaft herausgearbeitet. Neben den eingangs beschriebenen Ausstellungen und Warenschauen spielten Studienreisen in die Vereinigten Staaten eine große Rolle, wie sie etwa vom „Rationalisierungskuratorium der Deutschen Wirtschaft" organisiert wurden.

Deutsche Manager*innen, Planer*innen, Ingenieur*innen, aber auch Politiker*innen und Gewerkschafter*innen reisten in die USA, um dort moderne Produktionsmethoden und Designstandards kennenzulernen sowie Supermärkte, Einkaufszentren oder Vorstadtsiedlungen zu besichtigen. Die jüngere Forschung warnt hingegen davor, „Amerikanisierung" als das einfache Kopieren oder eine schlichte Übernahme amerikanischer Wirtschafts- und Kulturmuster zu verstehen. So weisen Reiseberichte der Delegationen immer wieder auf eine kritische Auseinandersetzung mit den Erfahrungen in den USA hin – längst nicht alles dort schien den deutschen Expert*innen vorbildhaft. Historiker*innen verstehen diese Wissens- und Kulturtransfers daher vielmehr als selektive Adaptionsprozesse unter aktiver Beteiligung der Wirtschafts- und Kultureliten des Aufnahmelandes.

Entgegen dem Bild einer hegemonialen Dominanz der US-Massenkultur, verweist die historische Forschung über transatlantische Kulturtransfers auf eine differenzierte, schichtenspezifische Auseinandersetzung mit „importierter" Populärkultur. Gerade Jugendliche aus der Arbeiterschicht eigneten sich amerikanische Musik- und Modeeinflüsse zum Teil gezielt an, um sich von den herrschenden Konsum- und Kulturmustern in der Bundesrepublik bewusst abzusetzen. Bildungsbürgerliche und konservative Eliten blieben gegenüber diesen amerikanischen Kulturimporten eher skeptisch und orientierten sich in Sachen Film und Musik an kulturellen Mustern europäischer Nachbarländer wie Frankreich. Die amerikanische Kulturdiplomatie der Nachkriegsjahrzehnte bemühte sich jedoch gerade um diese Eliten. Mit dem Ziel der effektiven Ausübung von „Soft Power" im Kalten Krieg betonten viele Ausstellungen mit amerikanischen Konsumgütern daher die engen historischen und kulturellen Verbindungen zwischen Europa und den Vereinigten Staaten sowie den transatlantischen Kulturaustausch, der in den 1930er und 40er Jahren durch zahlreiche Emigrant*innen aus dem Bereich der europäischen Kulturmoderne gestärkt worden war.

Care-Pakete, Marshallplan und Rock'n'Roll stärkten die transatlantischen Bindungen in den Nachkriegsjahrzehnten auch und gerade durch Konsum. Sie transportierten ein Bild des „Westens", das Wohlstand und einen „modernen" materiellen Lebensstandard versprach. Gleichwohl lässt sich in den 1950er und 60er Jahren kaum von einer transatlantischen Konvergenz von Konsummustern sprechen. Vergleichende historische Arbeiten unterstreichen

Care-Pakete und "Soft Power" im Kalten Krieg

die Kontinuität von Unterschieden zwischen den USA und Ländern wie der Bundesrepublik in vielen Bereichen. So blieb etwa die Konsumpolitik im Rahmen der westdeutschen sozialen Marktwirtschaft noch wesentlich stärker auf Vermögensbildung durch Sparen sowie auf öffentliche Konsumangebote fokussiert. Private Konsummuster blieben in der BRD zudem stärker schichten- und milieuspezifisch. Bundesdeutsche Verbraucher*innen waren seltener geneigt als Amerikaner*innen, Konsumgüter auf Kredit zu kaufen. Auch die Orte des Konsums unterschieden sich. Weder wuchsen die Vorstädte im selben Maße wie in den USA, noch setzten sich große Supermärkte und Einkaufszentren vor den 1970er Jahren in Europa durch. Stattdessen dominierten weiterhin der nachbarschaftliche Einzelhandel und deutsche Innenstädte setzten – wie bereits gesehen – auf den Ausbau von Fußgängerzonen statt Shopping-Malls.

Der „Amerikanisierung" blieb durch ein anhaltendes europäisches Traditions- und Selbstbewusstsein Grenzen gesetzt. Dies war auch zeitgenössischen Marketingfachleuten wie dem oben erwähnten Ernest Dichter bewusst. Europäer hätten ihre eigenen Vorlieben etwa beim Design von Produkten und ihre eigenen Vorstellungen von Qualität. Amerikanische Firmen müssten daher auf die kulturellen Besonderheiten europäischer Konsument*innen eingehen. Dichter riet U.S.-Unternehmen folglich zu einer Strategie des „Lokalisierens" amerikanischer Marken und Werbung und zu einer größeren Sensibilisierung gegenüber europäischen Befindlichkeiten. "Leave off the flag [...] You have to put 'Made in USA' as small a possible", so mahnte Dichter (1967) seine Klienten aus den Vereinigten Staaten. Gut zwanzig Jahre nach dem Ende des Zweiten Weltkriegs schien ein subtilerer Einsatz amerikanischer „Soft Power" mittlerweile erfolgsversprechender als die selbstbewusste Machtdemonstration eines „American Way of Life" auf der Moskauer Ausstellung zehn Jahre zuvor.

12.2 Konsum in Osteuropa und der DDR

Es entbehrt nicht einer gewissen Ironie, dass Ost-Berlin seit den 1970er Jahren zu einem beliebten Shopping- und Freizeitziel der in West-Berlin stationierten US-Soldaten wurde. Diese hatten im Kalten Krieg weitgehend ungehinderten Zugang zum Ostteil der Stadt und besuchten das „sozialistische Konsumparadies" insbesondere in den 1980ern, um Pelze, Kameras, Porzellan und vieles mehr günstig einzukaufen oder sich in den feinen Bars und Nobel-Restaurants des Ostsektors zu vergnügen (Abb. 12.3). Auch der sozialistische Osten Europas entwickelte in den Nachkriegsjahrzehnten eine ausgeprägte Konsumlandschaft, wenn auch unter sehr anderen Vorzeichen. Jedoch stellte sich Konsum jenseits des Eisernen Vorhangs den Durchschnittsbürger*innen der DDR oder anderer Ostblock-Staaten sehr anders dar als den Besucher*innen, die mit Devisen aus dem Westen kamen, wie die US-Soldaten.

Der transatlantische Konsumwettbewerb wurde schon bald nach dem Krieg um deutsch-deutsche und innereuropäische Auseinandersetzungen über die Rolle von privatem und öffentlichem Konsum ergänzt. So setzte auch die Bundesrepublik Konsumunterschiede wiederholt als Waffe im Kalten Krieg ein. Im Laufe der 1950er Jahre entwickelten sich Messen und Warenschauen zu einer Arena des innerdeutschen Wettbewerbs um wirtschaftlichen Wiederaufbau, wie unter anderen die Historikerin Katherine Pence (2012) herausgearbeitet hat. Nicht nur gegenüber der heimischen Bevölkerung in Leipzig oder Frankfurt, sondern auch auf Ausstellungen in Ägypten und anderen Ländern der sogenannten „Dritten Welt" konkurrierten die beiden deutschen Staaten darum, ihren industriellen Wohlstand und ihre Modernität zu demonstrieren. Wie stellte sich dieser Konsumwettbewerb aus der Perspektive des Ostens dar?

Die frühe Konsumgeschichte hat zunächst einmal die relative Schwäche der Deutschen Demokratischen Republik unterstrichen. Während Westdeutsche Läden spätestens seit der Währungsreform 1948 wieder eine Fülle von Konsumgütern feilboten und sich der durchschnittliche Konsumstandard über die 1950er Jahre deutlich verbesserte, blieb die Konsumerfahrung der DDR lange durch Knappheit und Mangel geprägt. Westberlin als „Schaufenster" des Kapitalismus unterstrich diese Diskrepanz ebenso wie von Verwandten geschnürte „Westpakete" oder die Werbesendungen aus dem bundesdeutschen Rundfunk, der in weiten Teilen Ostdeutschlands empfangen werden konnte. Während die staatliche Wirtschaftspolitik die Schwer- gegenüber der Konsumgüterindustrie bevorzugte, dauerte die Rationierung selbst im Lebensmittelbereich noch bis 1958 an. Viele Güter waren nur schwer oder nach langer Wartezeit zu haben und unterschieden sich in Materialbeschaffenheit und Qualität von Waren, die in der Westhälfte des Landes zu bekommen waren.

Sozialistische Konsumgesellschaften

Dennoch warnen Konsumhistoriker*innen vor allzu einfachen Narrativen eines Westens im Wohlstand und einer Mangelwirtschaft im Osten. Die Konsumpolitik in den Ländern des Ostblocks propagierte ein Konzept des „sowjetischen Konsums", schwankte allerdings zwischen dem Ideal einer alternativen, sozialistischen Lebensweise, die von Egalität, Disziplin und Rationalität geprägt sein sollte, und der Orientierung an westlichen Vorbildern von Modernität und Individualkonsum. Kollektive Freizeit und öffentliche Konsumangeboten sollten stärker als der persönliche materielle Konsum gefördert werden. Besonders deutlich werden die Zwiespälte sozialistischer Konsumpolitik im Hinblick auf Rollenbilder für Frauen, die sich etwa in Modezeitschriften der Ostblock-Länder fanden. Einerseits finden sich gerade in der Sowjetunion Weiblichkeitsideale, die Arbeit und Bildung anstelle von „Shoppen", Mode und Kosmetik betonen. Andererseits galten Mode und Konsum insbesondere ab den 1960er Jahren als legitimer Teil sozialistischen Lebens. Selbst in der Sowjetunion wurden in Leserbriefen explizit Forderungen nach mehr Auswahl oder besserer Qualität formuliert. Denn Mangel blieb ein Problem, wie die wiederkehrende Betonung der Bedeutung des Selbermachens in solchen Zeitschriften zeigt. Am Ende blieb auch an der berufstätigen „sozialistischen Frau" viel Hausarbeit hängen, um die Probleme in der staatlichen Konsumversorgung auszugleichen.

Weite Teile der Sowjetunion und Osteuropas waren nach dem Krieg zunächst noch stark agrarisch und subsistenzwirtschaftlich geprägt, mit Lebens- und Konsumstandards weit unter westlichem Niveau. Vor diesem Hintergrund wurden auch von den sozialistischen Planwirtschaften durchaus beachtliche Verbesserungen des materiellen Lebensstandards erreicht. In der Sowjetunion und anderen Ostblock-Ländern zählen dazu ein massiver Wohnungsbau und der Ausbau von Infrastruktur etwa zur Wasser-, Gas- und Stromversorgung. Der sowjetische Sieben-Jahresplan von 1959 hielt große Versprechungen für die 1960er Jahre bereit: Möbel- und Textilproduktion sollten ebenso wie der Handel signifikant erweitert werden. Auch in der DDR gelang es, wie im vorherigen Kapitel gesehen, eine moderne Konsumgüterwirtschaft zu etablieren. Wenngleich 1970 nur etwa 15 % aller Haushalte über einen PKW verfügten, waren Wohnstandards signifikant angestiegen ebenso wie die Ausstattung der Haushalte mit hochwertigen Konsumgütern. Staatliche Einzelhandelsketten wie die *Handelsorganisation*

(HO) und *Konsum* sicherten die Versorgung der Bevölkerung und Investitionen in die Kunststoffindustrie ermöglichten eine Ausweitung der Produktion neuer, zeitgemäß designter Einrichtungsgegenstände. Dies ging einher mit einer umfangreichen staatlichen Sozialpolitik und dem Ausbau öffentlicher und kommunaler Konsummöglichkeiten in den 1970er Jahren. Kombiniert mit dem handwerklichen Geschick und Erfindungsreichtum vieler ostdeutscher Verbraucher*innen minderte sich so das deutsch-deutsche Gefälle im Lebensstandard in den 1960er und 1970er Jahren.

Zudem integrierte sich die DDR-Wirtschaft zunehmend in den größeren Wirtschaftsraum des Ostblocks, dem 1955 gegründeten „Rat für gegenseitige Wirtschaftshilfe" (RGW). Auch andere Länder dieser Gruppe wie Polen und die Tschechoslowakei sahen in den Nachkriegsjahrzehnten steigende Konsumstandards, wobei weite Teile Osteuropas jedoch hinter der wirtschaftlichen Entwicklung der DDR zurückblieben. Dennoch prägten polnische Lebensmittel oder tschechische Filmproduktionen den Alltag der DDR-Konsument*innen bedeutend mit. Am stärksten war die sozialistische Konsumgesellschaft wohl in Jugoslawien ausgeprägt, das seit 1964 zwar dem RGW angehörte, politisch jedoch zum sowjetischen Ostblock auf Distanz blieb. Der Historiker Patrick Patterson (2012) beschreibt Jugoslawien als ein Land, in dem Konsum trotz kommunistischer Wirtschaftsordnung immer stärker an Bedeutung gewann. Noch stärker als im übrigen sozialistischen Osteuropa bildete sich hier ein Konsumsektor mit Herstellern, Kaufhäusern und einer aktiven Werbeindustrie heraus. Da die Grenzen des Landes durchlässiger waren als anderswo im Ostblock, kannten viele Jugoslaw*innen, die zum Teil als sogenannte Gastarbeiter*innen in Deutschland arbeiteten, die Warenwelt des Westens besonders gut.

Ob in Jugoslawien oder in der DDR, die sozialistische Konsummoderne stieß jedoch in den späten 1970er und frühen 1980er Jahren an ihre Grenzen. Rationierung und lange Wartezeiten prägten die Versorgung mit zentralen Gütern wie Wohnraum oder Automobilen. Neben wiederkehrenden Mangelphänomenen trat auch immer deutlicher der strukturelle Widerspruch zwischen zentral gesteuerter Planwirtschaft und einer zunehmend dynamischen, ausdifferenzierten und individualisierten Konsumkultur zu Tage. Wie der Trabant auf dem Automobilmarkt wirkten viele Ostprodukte zunehmend überholt und aus der Zeit gekommen. Dabei wurden mittlerweile zahlreiche westliche Konsumprodukte, wie

Rat für gegenseitige Wirtschaftshilfe

etwa Kleidung für den *Quelle*-Versand oder Möbel für *Ikea* in ostdeutschen Fabriken produziert. Zu erhalten waren diese Waren für durchschnittliche Verbraucher*innen in der DDR aber nicht – nur in Ausnahmefällen ließen sich Westwaren und Markenprodukte gegen westliche Devisen (oder „Forumsschecks") in sogenannten Intershops erwerben. Das Privilegiensystem schließlich, das politische Stellung und persönliche Kontakte zur Voraussetzung für den Zugang zu bestimmten Konsumgütern machte, sorgte in vielen Staaten des Ost-Blocks für wachsenden Unmut in der Bevölkerung. Nicht zuletzt widersprach es diametral dem ideologischen Anspruch sozialistischer Konsumpolitik, die Versorgung aller nach egalitären und rationalen Prinzipien zu organisieren. In diesem Versagen der sozialistischen Staaten, die Konsumwünsche ihrer Bürger*innen angemessen zu befriedigen, sieht die jüngere Konsumgeschichte eine wichtige Ursache für die wachsende Unzufriedenheit in diesen Ländern und die zunehmende politische Instabilität dieser Regime im Laufe der 1980er Jahre. Insofern war der Konsumwettbewerb nicht nur ein wesentliches Merkmal des Kalten Krieges, sondern trug auch zu seinem Ende 1989/90 bei.

12.3 Europäisierung des Konsums?

Als sich der Konsumkapitalismus mit dem Ende des Kalten Krieges auch jenseits des ehemaligen „Eisernen Vorhangs" neue Wege brach, gab dies in den 1990er Jahren zunächst Narrativen der „Amerikanisierung" neuen Auftrieb. Der amerikanische Ökonom Milton Friedman feierte in Fernsehsendungen die „Befreiung" osteuropäischer Verbraucher*innen, die nach langen Jahren staatlicher Bevormundung endlich das Recht der selbstbestimmten Wahlfreiheit nach westlichem Vorbild erlangt hätten. Tatsächlich waren die Jahre nach dem Ende der sozialistischen Staaten geprägt von weitgreifender Privatisierung und der Verbreitung westlicher Konsumgüter und -muster in postsozialistischen Ländern. Gleichzeitig machte sich auch rasch eine gewisse „Ostalgie" breit, die dem Verlust vertrauter Produkte und Versorgungsstrukturen nachtrauerte. Gesamteuropäisch betrachtet zeichnete sich zudem ab, dass transatlantische Unterschiede im Konsum weiterhin bestehen blieben, während sich Konsummuster und Warenangebot und -ästhetik in vielen europäischen Ländern zunehmend aneinander anglichen.

Eine solche „Europäisierung" des Konsums lässt sich sukzessive über die zweite Hälfte des 20. Jahrhunderts verfolgen und hat mehrere Gründe. Zum einen entspringt die Annäherung von Verbrauchsmustern einer gesteigerten Mobilität innerhalb des Kontinents durch Reisen und Migration. Deutsche Tourist*innen in Italien und Spanien oder italienische Arbeitsmigrant*innen in Frankreich oder der Bundesrepublik trugen so zum Beispiel zu einer stärkeren transnationalen Rezeption von Essensgewohnheiten, Verbrauchspraktiken oder Produktkenntnissen bei. Auch zunehmend international orientierte Konsumgüterhersteller und multinationale Einzelhandelsketten wie *Spar* oder *Carrefour* verstärkten die Angleichung des Warenangebots in Europa. Von grundlegender Bedeutung ist dabei natürlich der wirtschaftliche Integrationsprozess, der mit der Europäischen Wirtschaftsgemeinschaft (EWG) in den römischen Verträgen von 1957 einsetzte. Hier wurde der Grundstein für den gemeinsamen europäischen Markt der späteren Europäischen Gemeinschaft und heutigen Europäische Union gelegt. Neben Freizügigkeit und dem Abbau von Handelshemmnissen tangierte die europäische Integration Verbraucher*innen vor allem durch die gemeinsame europäische Agrarpolitik, die die Lebensmittelversorgung in weiten Teilen europäisierte. Zudem sorgten europäische Standards und Normsetzung auf dem Markt für Arzneimittel ebenso wie bei Elektrogeräten und vielen anderen Gütern für eine zunehmende grenzübergreifende Einheitlichkeit im Verbraucherbereich, der heute trotz weiterhin bestehender Unterschiede West- und Nordeuropa sowie weite Teile Süd- und Osteuropas umfasst.

EWG und „Europäisierung" des Konsums

Jenseits der Dichotomien des Kalten Krieges bildeten sich so in der zweiten Hälfte des 20. Jahrhunderts gemeinsame Charakteristika eines europäischen Weges in die Konsummoderne heraus, die sowohl durch marktförmigen Konsum als auch Traditionen öffentlicher Versorgungspolitik geprägt sind. Der Historiker Hartmut Kaelble (1997) etwa spricht von einer Art „European Way of Life", der nicht nur bestimmten Konsumgütern und -praktiken, sondern insbesondere auch Reisen und dem Freizeitkonsum einen hohen Stellenwert beimaß. Die Jahrzehnte des Wettbewerbs zwischen kapitalistischen und sozialistischen Modellen haben dabei mit Blick auf die Konsumstrukturen und -entwicklung des Kontinents bleibende Spuren hinterlassen.

12.4 Quellen und Vertiefung

12.4.1 CARE-Paket, 1948

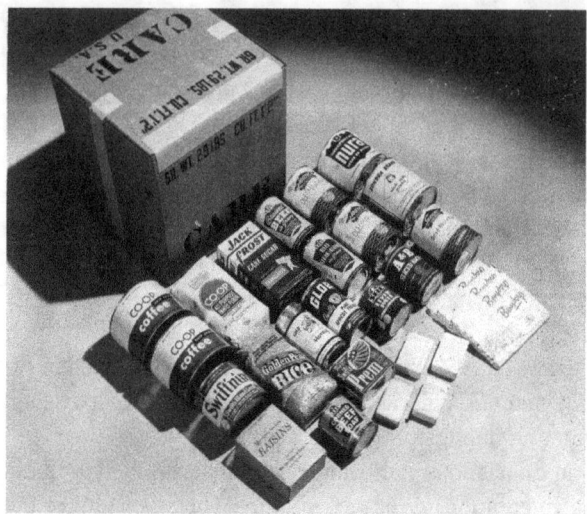

Abb. 12.2: Inhalt eines CARE-Pakets aus dem Jahr 1948: 4 Pfund Fleisch, 3 Pfund Butter; je zwei Pfund Mehl, Zucker, Vollmilchpulver; je ein Pfund Reis, Honig, Marmelade und Rosinen sowie 2 Pfund Kaffee, 1 Pfund Schokolade, 500 Gr. Eipulver und 4 Stück Seife. Kosten: 10,- U.S. Dollar. Quelle: Bundesarchiv.

12.4.2 US-Soldaten beim Einkaufstrip nach Ostberlin, 1989

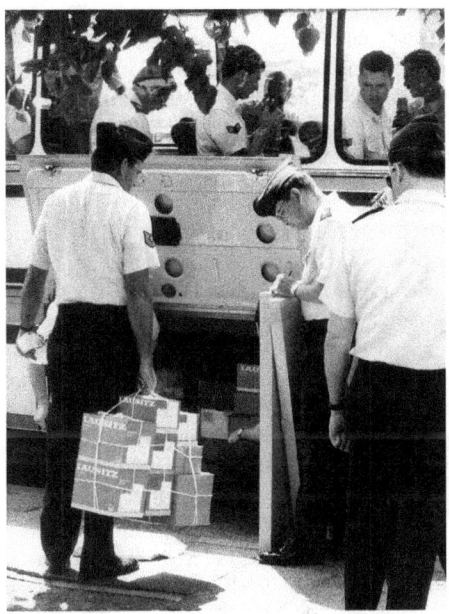

Abb. 12.3: U.S. Soldaten mit Ostwaren nach einem Einkauf in Ostberlin, 1989. Quelle: Berliner Zeitung, Picture Alliance / ADN / Zentralbild.

12.4.3 Übersiedler*innen berichten über das Leben in der DDR und ihre Erfahrungen im Westen, 1989

Hilde K., 45 Jahre, Psychologin

Wir hatten drüben alles, daß es uns an nichts fehlte. Aber eigentlich war man an einem Punkt angelangt, wo man absolut weg wollte, ohne mehr daran zu zweifeln. Das waren nicht die Gedanken an westlichen Konsum, sondern meine Erfahrung, daß man sich Beulen und Schrammen holen kann, wenn man spricht, wie man denkt.[...]

Das war seltsam: Man hatte kein Geld, keine Verwandten, keine Arbeit, noch keine Ahnung vom Wert des Geldes – eine wesentliche Grundlage für den Neubeginn, und daran scheitern sehr viele. Man ist völlig desorientiert und eigentlich lebensuntüchtig. Wenn man hierher will, muß man es unbedingt wollen, sonst schafft man's nicht. Dieser unbedingte Wille, sich hier einzuleben, das ist der Kraftspender, wenn man hier ist. Ansonsten geht man in die Knie. Aber trotz der eingeschränkteren Verhältnisse bin ich immer noch der Meinung, daß es richtig war, hierherzukommen, schon der Kinder wegen.[...]

Nach dem dritten Jahr sagte ich mir: Du hast den Bodensee gesehen und den Rhein und Ebbe und Flut. Und ich war's zufrieden. Auch wenn ich hier in den Gemüseladen gehe und manchmal noch den Geruch von vergammelten Zwiebeln und Kartoffeln aus der HO in der Nase hab', sag' ich mir: Man muß die richtigen Relationen behalten, man muß sich ab und zu erinnern, wie's drüben war, dann kann man hier sehr zufrieden leben. [...]

Was hier anders ist: Viele kleine Sorgen des Alltags entfallen. Ich bekomme auch abends um sechs noch, was ich brauche, zu kaufen; und wenn ich's auswickle, dann ist es weder schwarz, noch stinkt es. Die vielen kleinen Sorgen, die einen dort so mürbe gemacht haben, die bleiben einem hier erspart. Wichtig ist, daß man sich das ab und zu bewußt macht. Ich war einen Tag drüben. Da fand ich mich am Grenzübergang plötzlich vor diesem Gitter wieder, vor dem ich jahrelang von der anderen Seite aus gestanden und geguckt hatte, welche Leute rauskamen. Überhaupt erschien mir alles grau und verstaubt und traurig. Keine Markisen, keine Blumen, keine Händler. [...]

Peter W., 39 Jahre, Arzt

Ich bin in Ungarn gewesen und habe versucht, nach Jugoslawien zu kommen. Nach einem Jahr Haft bin ich abgeschoben worden. Eigentlich wollte ich seit meinem achtzehnten Lebensjahr dort weg. [...] Knapp ein Jahr nach der Übersiedlung hatte ich meine erste Anstellung. [...] Das, was ich unbedingt möchte, kann ich jetzt auch machen. Ich kann, wenn ich wollte, und das reicht mir ja schon. Ich kann an der Welt teilnehmen.

Die Mütter meiner ehemaligen Schulkameraden tauchen hier auf und erzählen mir, daß ihre Enkelkinder Schuhe brauchen. Ich bin plötzlich ein West-Onkel. Ich fühle mich aber nicht in der Lage, für den Mangel im Osten aufzukommen. Ich hab' das übliche schlechte Gewissen den DDRlern gegenüber nicht.

Ich meine, daß die Drübigen sehr wohl an ihren inneren Angelegenheiten selbst schuld sind. Die sollen jetzt, bitte sehr, Mut fassen und nicht in den Westen betteln fahren. Die Leute in Wandlitz haben uns Jahrzehnte lang belogen und betrogen, und jetzt sind die einfach fällig. Darum geht's, nicht um West-Turnschuhe.[...]

Im Grunde hat sich alles bestätigt, was ich vom Westen erwartet habe. Manches ist mir zu beliebig, manches ist mir zu deutsch. Weil: Deutschland ist hier auch nicht. Deutschland ist eigentlich die deutsche Kultur, und die ist auch hier im Niedergang. Es entstehen keine guten Gedanken mehr, kein Idealismus. Auch hier greift ein trauriger Vulgärmaterialismus Platz. Obwohl es den Leuten gutgeht. [...].

Quelle: Interviews des Journalisten Martin Ahrends, abgedruckt in: „Irgendwo sind wir alle DDR-geschädigte", Der Spiegel 34/1989 (20.08.1989).

12.4.4 Erinnerungen von Bürger*innen der ehemaligen DDR an Ostprodukte (späte 1990er Jahre)

„Die Waschmaschine ist 17 Jahre alt. Paar kleine Reparaturen gehabt, an der Laugenpumpe. Ein Automat, ja. Die wird mindestens zweimal die Woche gebraucht ... Und nun sagen Sie mir mal eine einzige Wessi-Waschmaschine, die so lange hält"
Interview Nr. 14, Werkzeugmacher (1924) aus Berlin.

„Dann Garderobe noch aus DDR-Zeiten, muß ich ja mal loben, sehr gute Qualität, aus dem Exquisit. Mit wesentlich besserer Qualität und Form ... Ach doch! Ja, ist richtig, ich sage mal, wenn man Preis-Leistung vergleicht, die Ware, die wir früher im Exquisit hatten, vergleicht, ja, die war oft besser. Selbst unter den heutigen Verhältnissen. Sag ich mal, Schuhe damals für 220 Mark oder so. Wenn ich heute welche für 220 Mark kaufen, haben die nicht die gleiche Qualität wie damals. Anzug genauso. Ja, modisch gesehen waren die Sachen gar nicht besser, aber vom Verarbeitungsstandard alle mal. Der Standard war damals wesentlich höher, sehen zwar viele nicht so, ist aber was dran"
Interview Nr. 40, Betriebswirtin (1943) und Maßschneider (1942) aus Berlin.

„Ich bin schon der Meinung, daß wir gute Qualität haben, denn unsere Leute haben schon gute Qualität gehabt. Deshalb hänge ich ja auch an den Sachen. Das waren ja – ich mein, ich hab auch nie Plunder gekauft, das sag ich mal dazu. Meine Schlaraffia-Matratzen, die ich zu DDR-Zeiten hatte, die waren besser, wie die Liege, die ich jetzt hab. Dies Ding werde ich vier oder fünf Jahre haben, und denn werde ich das rausschmeißen müssen ... Wie gesagt, ich bin auch nicht geneigt zu sagen, es war alles gut, was zu DDR-Zeiten hergestellt wurde. Aber es ist eben leider so, daß viele Dinge, die eine gute Qualität hatten, ja eben aus Konkurrenzgründen ... gehen mußten, regelrecht kaputt gemacht wurden, ja. Das ist natürlich schade.
Interview Nr. 7, arbeitslose Lehrerin (1939) aus Parchim.

„Vielleicht will ich noch mal was generelles zu den DDR-Produkten sagen. Es gab ja auch gute Produkte, eine ganze Reihe gab es ja, also von den guten Produkten, so wie meine Ledergarnitur, die ist ja nun auch schon 20 Jahre alt und sieht immer noch gut aus. Es hat von den guten Produkten leider zu wenig gegeben. Und von den Schlechten zu viel. Dadurch ist so ein Bild entstanden, die meisten Produkte der DDR waren mies und taugen nichts. Und dieses schlechte Image schlägt heute auf die neuen Bundesländer zurück. Was traurig ist."
Interview Nr. 22, berentete Chefsekretärin und Ministersfrau (1924) aus Berlin.

Quelle: Ina Merkel: Utopie und Bedürfnis. Die Geschichte der Konsumkultur in der DDR, Köln u. a. 1999, 369–371.

12.4.5 Fragen und Anregungen

- Worin unterscheiden sich die Konsumgesellschaften des Westens und des Ostens? Diskutieren Sie Anspruch und Wirklichkeit mit Blick auf das sowjetische Konsummodell und den „American Way of Life".
- Welche Geschlechtervorstellungen und weibliche Rollenbilder finden wir mit Blick auf Konsum in kapitalistischen und sozialistischen Gesellschaften in den Nachkriegsjahrzehnten?
- Inwiefern lässt sich gegen Ende des 20. Jahrhunderts von einem gemeinsamen europäischen Konsummodell sprechen? Welche Unterschiede und Gemeinsamkeiten prägen Konsumstrukturen und -praktiken in unterschiedlichen Teilen Europas? Welche Rolle spielt dabei der europäische Einigungsprozess?

Weiterführende Literatur

Crew, David (Hrsg.): Consuming Germany in the Cold War, Oxford 2017. (*Sammelband zur Geschichte des Konsums im Kalten Krieg aus deutsch-deutscher Perspektive*)

Grazia, Victoria de: Das unwiderstehliche Imperium. Amerikas Siegeszug im Europa des 20. Jahrhunderts, Stuttgart 2010. (*Standardwerk zu Debatten über „Amerikanisierung" und dem Einfluss der amerikanischen Konsumgesellschaft in Europa nach dem 2. Weltkrieg*)

Hamilton, Shane: Supermarket USA. Food and Power in the Cold War Farms Race, New Haven 2019. (*Studie zur globalen Bedeutung des Supermarktes in den ideologischen Auseinandersetzngen des kalten Kriegs*)

Maase, Kaspar: BRAVO Amerika: Erkundungen zur Jugendkultur der Bundesrepublik in den fünfziger Jahren, Hamburg 1992. (*Pionierstudie zur Bedeutung Amerikas in der Jugendkultur der frühen Bundesrepublik*)

Odenziel, Ruth/Zachmann, Karen (Hrsg.): Cold War Kitchen. Americanization, Technology, and European Users, Boston 2015. (*Sammelband zur Küche als Ort des Ost-West-Konflikts, insbesondere aus technik- und geschlechtergeschichtlicher Perspektive*)

Patterson, Patrick: Bought and Sold: Living and Losing the Good Life in Socialist Yugoslavia, Ithaca 2012. (*Studie zur Entwicklung sozialistischer Konsumgesellschaften am Beispiel Jugoslawiens*)

13 Globale Konsumgesellschaft? Konsum und Globalisierung im 20. Jahrhundert

Abb. 13.1: Der Chicken Maharaja Mac im Angebot von *McDonald's* Indien, ca. 2020. Quelle: Alamy.

Seit den 1990er gewann der Neologismus der Glokalisierung an Bedeutung in der Globalisierungsforschung sowie in der Marketing- und Konsumforschung. „Glokal" verwies dabei zunächst einmal auf das Zusammenspiel globaler und lokaler Faktoren in gesellschaftlichen Wandlungsprozessen. Glokalisierung reagierte als Konzept auf die paradoxe Beobachtung, dass die vermeintlich so einheitliche wirtschaftliche, technologische, und mediale Globalisierung weiterhin eine Vielzahl regionaler und lokaler Eigenheiten und Ausprägungen aufwies. In Hinblick auf Konsum stellte sich die Frage, ob und inwieweit die wachsende Bedeutung globaler Marken und multinationaler Unternehmen tatsächlich zu einer weltweiten Angleichung und Homogenisierung von Verbrauchsmustern und Konsumkulturen führte.

Kaum ein Unternehmen befeuerte die Globalisierungsdebatte so nachhaltig, wie die amerikanische Restaurantkette *McDonald's*, die schon seit den 1970er Jahren Filialen in Europa, Australien und Lateinamerika eröffnet hatte. Mit dem Ende des Kalten Krieges erweiterte sich die globale Expansion des Unternehmens in den 1990er Jahren noch einmal stark: *McDonald's* bot jetzt auch in Osteuropa, Afrika sowie in Asien seine weitgehend standardisierte Produktpalette an. Im Januar 1990 eröffnete die erste *McDonald's* Filiale auf der Gorkij-Straße in Moskau. Lange Schlagen Hamburger-hungriger Russ*innen symbolisierten für die gebannte Weltöffentlichkeit den Sieg des westlichen Konsumkapitalismus über die sowjetische Planwirtschaft. Der *Economist* erfand schon 1986 den „Big Mac Index", um die globale Preis- und Währungsentwicklung auf der Basis des *Big Mac*s als weltweit vergleichbarer Konsumeinheit zu erfassen. Journalist*innen und Akademiker*innen schrieben über die „McDonaldisierung" der Welt und das Schnellrestaurant avancierte zur Ikone einer vermeintlichen globalen Gleichförmigkeit des Konsums.

Doch wie zutreffend waren solche Globalisierungsnarrative? Der Fall *McDonald's* selbst deutete darauf hin, dass sich die globale Verbreitung von Konsummustern und Marken oft komplexer darstellte, als es die Vorstellung einer McDonaldisierung nahelegte. Die oben aufgeführte Werbung für den *Chicken Maharadja Mac* bewarb ein Produkt, das spezifisch für den indischen Markt geschaffen wurde (Abb. 13.1). Das Unternehmen hatte schon 1993 eine Tochtergesellschaft in Indien gegründet und 1996 seine erste Filiale in Delhi eröffnet. Eine wachsende indische Mittelschicht mit zahlreichen internationalen Verbindungen nach Europa und in die USA stellte eine große potentielle Käuferschicht dar. Doch in dem religiös diversen und stark hinduistisch geprägten Land stellte die klassische auf Rind- und Schweinefleischprodukten basierende Angebotspalette des Unternehmens eine große Herausforderung dar. *McDonald's* setzte hier schon früh auf vegetarische Sandwiches und Hähnchenfleisch als Alternativen: *McAloo Tikki Burger, McVeggie Burger, McSpicy Chicken Wrap* – heute sind nach Firmenangaben etwa 75 % des Angebots von *McDonalds* in Indien regional spezifisch. Ähnliche Anpassungen an lokale Essgewohnheiten finden sich auch in zahlreichen anderen Ländern, obgleich das Auftreten der Marke und mediale Werbestrategien des Unternehmens weltweit stark vereinheitlicht sind.

Entgegen der Vorstellung eines einheitlichen „McWorld" (Benjamin Barber) ist der *Maharadja Mac* ein gutes Beispiel für die lokale Adaption globaler Marken und neuer Formen von Diversität innerhalb einer zunehmend globalen Konsumkultur. Gleichwohl zeugt er aber auch von der zunehmenden Durchsetzung von Massenkonsum und internationalen Großunternehmen in fast allen Ländern dieser Erde in den letzten Jahrzehnten des 20. Jahrhunderts. Konsum war schon seit der frühen Neuzeit ein globales Phänomen, wie wir in früheren Kapiteln gesehen haben. Die weltweite Verflechtung und Interdependenz von Konsumgesellschaften nahm jedoch in der zweiten Welle der Globalisierung seit den 1970er Jahren durch Handel- und Marktintegration, durch Migration und grenzüberschreitende Kommunikationsflüsse noch einmal signifikant zu. Diese Prozesse sollen im Mittelpunkt des folgenden Kapitels stehen.

13.1 Marktintegration und Globalisierungsprozesse seit den 1970er Jahren

Der britische Historiker Niall Ferguson prägte für die Geschichte der frühen 1970er vor einigen Jahren den Begriff des „Shock of the Global". Die Globale Ölpreiskrise, der Zusammenbruch des Weltwährungssystems von Bretton Woods und vor allem die wachsende Konkurrenz von Unternehmen aus Ostasien kam für viele europäische und nordamerikanische Volkswirtschaften tatsächlich wie eine Art Schock. Damals wurde die weltweite Dominanz amerikanischer und westeuropäischer Konsummodelle durch Energiekrise, Inflation und einsetzende Deindustrialisierung zunehmend in Frage gestellt. Zugleich eröffneten sich in diesen Jahren jedoch auch neue globale Expansionsmöglichkeiten, die nicht zuletzt von westlichen Großunternehmen ausgiebig genutzt wurden.

Die Wirtschaftsgeschichte spricht für die Jahrzehnte ab den 1970er Jahren gemeinhin von einer zweiten Welle der Globalisierung. Ähnlich wie in der in Kapitel 4 beschriebenen ersten Welle in den Jahrzehnten vor dem Ersten Weltkrieg zeichnet sich auch dieser Zeitraum durch internationale Marktverflechtung, steigende Exportquoten sowie zunehmend grenzüberschreitende Waren-, Migrations- und Kapitalströme aus. Im Gegensatz zur ersten Welle jedoch spielten internationale Direktinvestitionen (FDI) und multinationale Unternehmen diesmal eine besonders wichtige Rolle. Sinkende Transport- und Kommunikationskosten, etwa durch die Einführung der Containerschifffahrt und der Satellitenkommunikation, machten weltumspannende Unternehmens-,

zweite Globalisierungswelle seit den 1970er Jahren

Produktions- und Vertriebsstrukturen wirtschaftlicher als je zuvor. Internationale Finanzmärkte und eine globale institutionelle Rahmenordnung durch multilaterale Zoll- und Handelsabkommen oder die Weltbank beförderten zudem Auslandsinvestitionen und Joint-Ventures. Transnationale Warenketten verteilten Produktkonzeption, Rohstoffbeschaffung, Herstellung und Vertrieb auf mehrere Kontinente. Immer mehr Produkte „Made in Taiwan" oder „Made in China" fanden ihren Weg in europäische und amerikanische Einzelhandelsgeschäfte. Zwar war dies kein gänzlich neues Phänomen – amerikanische Verbraucher*innen etwa kauften schon um 1900 mit Vorliebe Billigprodukte aus Ländern wie Japan (Dekoration) oder Deutschland (Spielwaren) – doch wurde insbesondere die amerikanische Außenhandelsbilanz gegenüber Ostasien (zunächst Japan und dann vor allem China) seit den 1980er Jahren stark defizitär.

multinationale Unternehmen

Westliche Großunternehmen profitierten besonders stark von den neuen transnationalen Strukturen und der wachsenden Bedeutung globaler Marken. Schuhmarken wie Nike produzierten ihre teuren Markenwaren seit den 1970er Jahren zu günstigsten Preisen in taiwanesischen und chinesischen Fabriken oft mit schlechten Arbeitsbedingungen. Schon vor dem Ende des Welttextilabkommens (1974–2004) nutzten amerikanische oder europäische Modeketten Produktionsstätten in weitgehend unregulierten Niedriglohnländern wie Bangladesch oder Kambodscha. Die wirtschaftlichen Machtverhältnisse dieser globalen Konsumwelt waren dabei keineswegs ausgeglichen. Große, weltweit aktive Einzelhandelskonglomerate wie *Walmart* oder *Metro* behielten ebenso wie die meisten großen Markenartikelhersteller ihre Firmensitze in Nordamerika oder Westeuropa. Während Produktionsstandorte ausgelagert wurden, blieben Entwicklung und Entscheidungskompetenz zumeist in westlicher Hand. Dies galt auch für das Marketing. Die New Yorker Madison Avenue hatte zwar ihre zentrale Rolle in der globalen Werbeindustrie seit den 1960er teilweise eingebüßt. Doch globale Markenstrategien wurden nun von einem Oligopol großer Mega-Agenturen wie Interpublic (New York), WPP (London) oder Publicis (Paris) dominiert.

Gleichzeitig wurde die Welt globaler Marken in den vergangenen Jahrzehnten multipolarer. In der Werbeindustrie bildeten sich seit Ausgang des zwanzigsten Jahrhunderts zahlreich neue Zentren in Orten wie Tokio, Shanghai, Singapur, aber auch Dubai oder Buenes Aires heraus. Eigenständige Agenturen und Zweigstellen der großen Werbekonglomerate beschäftigen sich hier mit der lokalen Adaption weltweiter Marken- und Werbestrategien. Zudem nahm die Bedeutung nicht-westlicher Konsumgüterhersteller für regionale und globale Märkte zu. Japanische Unternehmen wie *Toyota* oder *Sony* machten hier schon früh den Anfang, sie galten seit den 1970er und 80er Jahren auch in Europa und den USA zunehmend als technologische Wegbereiter. Heute sind zahlreiche Unternehmen vor allem aus Asien auf dem Weltmarkt erfolgreich; hierzu zählen zum Beispiel *Tata Motors* aus Indien, *Daewoo Automobile* aus Korea, *Giant* Fahrräder aus Taiwan oder *Huwaei* Elektronikgeräte aus China. Viele dieser Unternehmen setzten dabei schon lange auf Qualitätsproduktion und Innovationen in Forschung und Entwicklung. Die Dynamiken der globalen Konsumgesellschaft lassen sich somit nicht mehr allein aus der Perspektive des „Westens" denken.

13.2 „McWorld"? Die Entwicklung multipler Konsumgesellschaften

Die Geschichte von Konsumgesellschaften im 20. Jahrhundert ist geprägt von Kultur- und Technologietransfers über Grenzen hinweg. Wie das Beispiel des Kalten Krieges im vergangenen Kapitel deutlich gemacht hat, spielten politische Konstellationen für diese Entwicklung eine zentrale Rolle. Auf globaler Ebene gilt dies für koloniale Machtverhältnisse ebenso wie für postkoloniale Abhängigkeiten, die Wirtschaftsbeziehungen und Migrationsströme durch das 20. Jahrhundert hindurch beeinflussten. Ob britische Firmen in Indien oder U.S.-Unternehmen in Lateinamerika, regionale Entwicklungen hin zur Massenkonsumgesellschaft waren oft durch westliche Einflüsse geprägt. Gerade bis in die 1960er und 1970er war Konsumentwicklung häufig mit Vorstellungen einer gesellschaftlichen „Modernisierung" nach europäischem oder amerikanischem Vorbild verknüpft. Solche linearen Modernisierungsvorstellungen sind in jüngster Zeit hingegen vehement kritisiert worden: Vergleichende Soziolog*innen und Kulturforscher*innen sprechen mittlerweile eher von „multiple modernities" (S.N. Eisenstadt), zu denen eben auch multiple Formen der Konsummoderne mit unterschiedlichen regionalen Ausprägungen und wechselseitigen Einflüssen gehören.

Als Beispiel kann der Subkontinent Indien mit seiner weit zurückreichenden Geschichte des Konsums genannt werden. Lange galten die 1980er Jahre als Ausgangspunkt einer „modernen" indischen Konsumgesellschaft, als wirtschaftliche Liberalisierung und das Anwachsen einer wohlhabenden Mitteschicht den materiellen Konsum in Form von Automobilen oder Fernsehgeräten beförderten. Der Historiker Douglas Haynes zeigt dagegen anhand von Werbeanzeigen aus Mumbaier Zeitungen, dass sich schon in der Zwischenkriegszeit die Strukturen einer Konsumgesellschaft in indischen Städten herausbildeten. Damals warben sowohl britische als auch indische Firmen um die einheimische Mittelschicht mit Anzeigen, die einerseits mit Bildern der europäischen Moderne spielten, andererseits aber auch auf die indische Kultur und die nationale Unabhängigkeitsbewegung Bezug nahmen. Traditionelle ayurvedische Medizinprodukte wurden genauso beworben wie neue Schallplattenspieler aus britischer oder deutscher Produktion. Europäische Plattenlabel waren jedoch schon um die Jahrhundertwende auf die Lokalisierung ihrer Produkte bedacht: Sie tourten durch Indien und nahmen indische Musikstars wie die Sängerin Gauhar Jaan (1873–1930) auf. Diese Aufnahmen wurden dann in Hannover und anderswo in Europa auf Schallplatten gepresst, die wiederum für den Export nach Indien bestimmt waren.

asiatische Konsumgesellschaften

Wie wichtig lokale Faktoren für den Erfolg neuer Konsummuster waren, lässt sich auch in anderen asiatischen Ländern verfolgen. Ein gutes Beispiel ist die amerikanische Nähmaschinenfirma *Singer*, die (wie in Kapitel 4 bereits kurz erwähnt) ab Ende des 19. Jahrhunderts weltweit Verbreitung suchte und fand. Der Historiker Andrew Gordon hat *Singer*s Expansion auf den japanischen Markt ab 1900 nachgezeichnet. Auch hier hatte sich *Singer* zunächst erfolgreich etabliert, musste sich jedoch mit der kulturellen Vorliebe japanischer Kund*innen auseinandersetzen, Kimonos von Hand zu nähen. Schon seit den 1920er und 1930er Jahren sah sich *Singer* in Japan zudem einer wachsenden heimischen Konkurrenz ausgesetzt, die tatkräftig vom japanischen Staat unterstützt wurde. In den Nachkriegsjahrzehnten verloren westliche Firmen wie *Singer* dann zunehmend an Bedeutung auf dem japanischen Konsumgütermarkt. Staatlich Förderung der heimischen Konsumgüterindustrie und kulturelle bzw. institutionelle Differenzen führten zu einer japanischen Konsummoderne, die sich Ende des 20. Jahrhunderts in zentralen Aspekten (etwa mit Blick auf Kreditnutzung oder den Einsatz von Technologie) von ihren europäischen und nordamerikanischen Gegenparts unterschied.

In Lateinamerika setzten sich ebenfalls schon im frühen 20. Jahrhundert erste Ansätze moderner Konsumgesellschaften durch. Das gilt insbesondere für Argentinien und seine Metropolen wie Buenos Aires, die in den ersten Jahrzehnten des 20. Jahrhunderts wirtschaftlichen Wohlstand und eine kulturelle Blütezeit erlebten. Trotz des weitgehenden Endes kolonialer Herrschaft im 19. Jahrhundert, blieb die wirtschaftliche Abhängigkeit Lateinamerikas von den Zentren der Weltwirtschaft im Norden auch im 20. Jahrhundert weiterhin greifbar. Lange reduziert auf eine Rolle als globale Rohstofflieferanten, bemühten sich lateinamerikanische Staaten nach der Weltwirtschaftskrise durch importsubstituierende Investitionen, die heimische Konsumwirtschaft staatlich anzukurbeln – allerdings mit nur mäßigem Erfolg. Stattdessen prägten amerikanische Einflüsse im Einzelhandel und U.S.-Großunternehmen wie *General Motors* und *Ford* Brasiliens Eintritt in die Massenkonsumgesellschaft seit den 1920er Jahren. Neuere Studien zeigen jedoch, dass auch hier schlichte Amerikanisierungsnarrative zu kurz greifen. Lokale Geschäfts- und Kultureliten adaptierten internationale Importe und spätestens seit den 1970er Jahren entwickelten, wie der Historiker James Woodard (2020) argumentiert, Brasilianer*innen eine „moderne" Konsumgesellschaft mit brasilianischem Flair.

Immer wieder betonen Studien zur internationalen Konsumkultur das Zusammenspiel globaler Entwicklungen und regionaler Adaptionen. Geoffrey Jones hat dies für den Kosmetik-Markt exemplarisch nachgezeichnet. Einerseits bildete sich im Laufe des 20. Jahrhunderts eine globale Beauty-Industrie mit international einheitlichen Marken heraus. Firmen wie der britische Seifenhersteller Lever Brothers (z. B. *Lux* Seife) oder Pariser Luxusmarken wie *Chanel* waren schon seit der Zwischenkriegszeit weltweit aktiv (Abb. 13.3). Während sich hochpreisige Parfums und andere Luxusgüter dabei eine global einheitliche „Markenidentität" aufbauten, blieben die regionalen Unterschiede in der Alltagskosmetik hingegen deutlich greifbar. In den 1960er Jahren gaben beispielsweise französische Verbraucher*innen besonders viel Geld für Duftwässer aus, Amerikaner*innen für Lippenstift und Deutsche für Badesalze, während japanische Verbraucher*innen insbesondere in

Hautpflegeprodukte investierten. Neben kulturellen Unterschieden spielte dabei auch die von multinationalen Unternehmen zum Teil gezielt beförderte Auseinandersetzung mit westlichen Schönheitsidealen eine Rolle. So vertrieb *Unilever* seit den 1970er Jahren unter dem Label „Fair & Lovely" Kosmetika zur Hautaufhellung in Indien und Pakistan, für die das Unternehmen in den vergangenen Jahren im Kontext der Debatte um „Colorism" (Diskriminierung auf der Grundlage von Hautfarbe) stark kritisiert wurde.

Grenzen der Globalisierung

Vielfach war und ist Konsum als Reaktion auf den Einfluss internationaler Märkte und globaler Kulturtransfers auch dezidiert antiglobal konnotiert. So hat jener ökonomische Nationalismus, der sich jüngst zum Beispiel in den USA unter der Regierung Trump gegen europäische und asiatische Importwaren richtete, eine längere Geschichte im 20. Jahrhundert. Amerikanische Gewerkschaften organisierten schon in den 1970er Jahren unter dem zunehmenden Druck ausländischer Konkurrenz sogenannte „Buy American"-Kampagnen und die Besitzer japanischer Autos konnten damals Ziel sozialer Ausgrenzung oder vereinzelt gar tätlicher Angriffe werden. In anderen Fällen trug ökonomischer Nationalismus hingegen antiwestliche oder anti-koloniale Züge. Im Zuge der indischen Unabhängigkeitsbewegung formierte sich schon ab 1905 die sogenannte Swadeshi-Bewegung (Swadeshi ist eine Kombination zweier Sanskrit Worte und bedeutet so viel wie „aus dem eigenen Land). Um die heimische Wirtschaft zu stärken, riefen indische Nationalist*innen zum Boykott britischer Waren auf (Abb. 13.2). Anführer der indischen Unabhängigkeitsbewegung wie Mohandas Gandhi ließen in den 1920er britische Stoffe zum Schutz der indischen Textilindustrie symbolisch verbrennen. Ob in Asien, Lateinamerika, oder im post-sozialistischen Osteuropa – immer wieder prägten nationale Bewegungen regionale Konsummuster mit und trugen so zur Entwicklung multipler Konsummodernen bei.

Trotz globaler Konzentrationsprozesse in der Musikindustrie mit Branchenriesen wie *Universal*, *Sony* und BMG oder der weltweiten Strahlkraft von Blockbuster-Filmen aus Hollywood war um die Wende zum 21. Jahrhundert auch der Medienkonsum keineswegs global homogenisiert. Vielmehr bedienten neue kreative Zentren wie Mumbai in Indien („Bollywood") oder Lagos in Nigeria („Nollywood") diverse Publika in Afrika bzw. Südostasien mit Filmen und regionalspezifischem Entertainment. International erfolgreiche Filme wie *Parasite* (Südkorea, 2019) haben zudem die

Konsumstandards ostasiatischer Gesellschaften einem weltweiten Publikum nahegebracht. Auch für große Markenartikelhersteller stellten sich Absatzmärkte zunehmend dezentral und global divers dar. Die Eliten sogenannter „Schwellenländer" wie China, Indien oder Brasilien, aber auch aus den Golf-Staaten und Südost-Asien zeichnen heute für einen großen Teil des globalen Konsums von Luxusgütern verantwortlich. Solche durch hohe soziale Ungleichheit geprägten Konsumgesellschaften verbinden extravaganten Statuskonsum mit verbreiteter, extremer Armut. Gleichzeitig wächst jedoch gerade in vielen asiatischen Gesellschaften nicht nur eine kaufkräftige Mittelschicht, sondern auch ein Bewusstsein für die „Modernität" der eigenen Konsumgesellschaften.

Viele ostasiatische Verbraucher*innen sind heute von der technologischen und kulturellen Überlegenheit ihrer Konsumgesellschaften überzeugt. So vermitteln Reiseberichte chinesischer Tourist*innen aus den 2010er Jahren zum Teil das Bild eines „rückständigen" Europa. Aus Sicht privilegierter städtischer Eliten aus Beijing oder Shanghai mag der Stand der Bahninfrastruktur oder der Handytechnologie in Deutschland tatsächlich bemitleidenswert überkommen erscheinen, gleichzeitig schreiben diese aber auch begeistert über das „entspannte" Lebensgefühl in den Cafés europäischer Städte. Solche Perspektiven erinnern an die Berichte amerikanischer Tourist*innen in Europa während der Zwischenkriegszeit oder an die Eindrücke deutscher Reisender im Mittelmeerraum in den Nachkriegsjahrzehnten: Sie zeugen von der globalen Koexistenz verschiedener Konsummodernen im vergangenen Jahrhundert und von weiterhin durchaus unterschiedlichen Vorstellungen darüber, welche Formen von Konsum ein „gutes" Leben ausmachen.

mutliple Zentren und Pluralisierung der Konsummoderne

13.3 „Fusion Cuisine": Migration und hybride Konsumkulturen

Transnationale Konsumtransfers wurden sowohl in der ersten wie auch in der zweiten Globalisierungswelle durch grenzüberschreitende Migrationsbewegungen beeinflusst. Eine Vielzahl unterschiedlicher regionaler Konsumtraditionen prägte Einwanderungsgesellschaften wie die USA oder Argentinien. Koloniale und postkoloniale Wanderungsbewegungen formten gleichzeitig die

Konsummuster in Metropolen der Weltwirtschaft wie London oder Amsterdam mit. Globalisierung veränderte Konsumgewohnheiten somit nicht nur in der weltwirtschaftlichen „Peripherie", sondern auch in den „Zentren" in Europa und Nordamerika. Das bedeutete einerseits eine zunehmende Diversität und Vielfalt kultureller Angebote, andererseits aber auch das Entstehen gänzlich neuer, hybrider Konsumformen: Der Kultursoziologe Jan Nederveen Pieterse (2011) spricht von Aspekten einer „globalen Melange".

Migration und Esskulturen

In kaum einem Bereich wird die Bedeutung transnationaler Migration auf den Alltagskonsum deutlicher als bei der Geschichte des Essens und der Nahrungsmittel. Die Historikerin Donna Gabbacia (2000) hat dies eindrücklich für die Konstruktion einer „amerikanischen" Esskultur im 20. Jahrhundert geschildert. Traditionelle Gerichte der italienischen, jüdischen oder chinesischen Küche wurden im Laufe des 20. Jahrhunderts zu typisch „amerikanischen" Gerichten. Spaghetti mit Fleischklößchen, Bagel mit Streichkäse oder Chop Suey sind hybride Kreationen, geschaffen in Einwanderungsmetropolen wie New York und San Francisco. Der „Glückskeks" als traditioneller Abschluss eines „chinesischen" Essens ist eine Erfindung japanischer Einwanderer in Kalifornien. Die Lebensmittelindustrie und populäre Kochbücher trugen dann ihrerseits zu einer weiteren Standardisierung und nationalen Verbreitung verschiedener „ethnischer" Gerichte bei. Nicht kulturelle „Authentizität", sondern dynamischer Wandel und kontinuierlich Adaption zeichnen moderne Esskultur in den USA, aber auch anderswo aus.

Denn es handelte sich hierbei nicht um ein amerikanisches, sondern um ein globales Phänomen. Insbesondere Metropolen und Grenzregionen blicken in der Regel auf eine lange Geschichte kulinarischer Hybridität zurück. Die niederländisch-indonesische Rijstafel (Reistafel) zeugt ebenso wie das britische „Chicken Tikka Masala" von den kolonialen Wurzeln mancher „europäischer" Esstraditionen, die auf Migration, verbunden mit der Adaption an westeuropäische Geschmackserwartungen, aufbauten. Für Deutschland hat die Historikerin Maren Möhring (2012) die wachsende Bedeutung von „fremdem Essen" insbesondere seit den 1960er Jahren beschrieben. Gab es schon zuvor italienische Maroni- und Eisverkäufer oder vereinzelte Lokale mit osteuropäischer oder auch chinesischer Küche in Deutschland, so veränderte insbesondere die wachsende Zahl sogenannter „Gastarbeiter" das Angebot an ausländischen Lebensmitteln in den Nachkriegsjahrzehnten immens. Heute sind die Pizzerien, Balkan-Grills und Döner-Restaurants, die sich damals etablierten, aus dem deutschen Alltagskonsum nicht mehr wegzudenken. Derartige Prozesse finden sich im Laufe des 20. Jahrhunderts überall auf der Welt, etwa bei der Popularisierung italienischer Lebensmittel in Argentinien oder bei der Verbreitung und Adaption chinesischer Gerichte durch eine migrantische Diaspora in Malaysia, Indonesien und anderen südostasiatischen Ländern.

Migrant*innen beeinflussten globale Warenströme und Konsummuster auf vielfältige Weise. Manche Firmen spezialisierten sich zum Beispiel auf die Bedürfnisse von Einwanderern als Nischen-Märkte, sie importierten spezielle Lebensmittel oder produzierten Konsumgüter, die in der Aufnahmegesellschaft nicht zu erhalten waren. Gleichzeitig tätigten Migrant*innen umfangreiche Geldtransfers zurück in ihre Heimatländer. Diese Gelder erweiterten nicht nur die Konsummöglichkeiten von Familienmitgliedern, sondern flossen auch häufig in den Bau von Häusern und andere Investitionen, die die Entwicklung des Lebensstandards in den Herkunftsregionen der Migrant*innen zum Teil entscheidend mitprägte. Erhöhte Mobilität durch die Möglichkeit von Automobil- und Flugreisen haben in der zweiten Welle der Globalisierung zudem das Phänomen der Transmigration gefördert. Transmigrant*innen sind in zwei oder mehr Gesellschaften verwurzelt, wechseln immer wieder zwischen Herkunfts- und Aufnahmeland und spielen so oft eine zentrale Rolle bei der grenzüberschreitenden Diffusion von Konsummustern und Praktiken. Obgleich Migrant*innen aufgrund ihrer oft marginalisierten gesellschaftlichen Stellung zum Teil nur mit Einschränkungen an der Entwicklung von Massenkonsumgesellschaften teilhaben konnten, waren sie doch gleichzeitig auch wichtige kulturelle Impulsgeber*innen und Übersetzer*innen von Konsum und Globalisierung.

Transmigration und globale Warenzirkulation

13.4 Globale Konsumentenbewegungen

Bei aller Faszination für die bunte Vielfalt kultureller Transfers und neuer hybrider Konsummuster dürfen jedoch die Kosten einer globalen Konsumgesellschaft ebenso wie die mit ihr verbundenen und sich zum Teil verschärfenden sozialen Ungleichheiten nicht aus dem Blick geraten. Die Lage von Konsument*innen und ihre Interessen divergieren weltweit nach wie vor sehr stark. Westliche Auseinandersetzungen über Verbraucherrechte oder Konsumentenaufklärung im Internet mögen manchen Betrachter*innen aus dem „globalen Süden" als Luxusprobleme erscheinen, wo zum Teil ganz basale Grundbedürfnisse wie die Trinkwasserversorgung nicht gesichert sind.

In der zweiten Hälfte des 20. Jahrhunderts entwickelten sich dennoch internationale Organisationen, die sich für Konsumenteninteressen weltweit einsetzen. Im Jahr 1960 wurde die „International Organization of Consumers" in London gegründet, die sich seit den 1970er Jahren zunehmend auch für die Interessen von Verbraucher*innen aus nicht-westlichen Ländern insbesondere in Südostasien und Lateinamerika einsetzte. Zwischen 1978 und 1984 war Anwar Fazal aus Malaysia Präsident dieser Organisation, die sich unter anderem Fragen von Marktzugang und Versorgungssicherung zuwandte, die in den sogenannten „Entwicklungsländern" besonders relevant waren. Die Vereinten Nationen verabschiedeten 1985 erste weltweite Richtlinien zum Verbraucherschutz, und Verbraucherschützer*innen forderten zudem einen verbindlichen „Code of Conduct" für multinationale Unternehmen. Internationale Boykottkampagnen gegen Firmen wie den Nahrungsmittelkonzern *Nestle* brachten Themen der Produktsicherheit und gesundheitlicher Standards bei Babynahrung, Arzneimitteln oder Pestiziden ins Bewusstsein der Weltöffentlichkeit. Bemühungen um weitreichende internationale Produktregulierung scheiterten in den 1980er und 90er Jahren jedoch zumeist an einer dominierenden neoliberalen Außenwirtschaftspolitik, die Deregulierung und den Abbau von Handelshemmnissen in der Regel höher gewichtete als globale Konsumentenrechte.

Ethical Consumerism

Im Gegensatz zum internationalen Verbraucherschutz waren Bemühungen, das individuelle Handeln von Konsument*innen zu beeinflussen, deutlich erfolgreicher. Debatten um „globalen Konsum" wurden seit den 1970er Jahren durch Ideen des ethischen Verbraucherverhaltens (*ethical consumersim*) geprägt. Dies nahm verschiedene Formen an, wie der Historiker Benjamin Möckel (2020) jüngst am Beispiel Deutschlands und Großbritanniens gezeigt hat. Zum einen wurde der Konsum bestimmter Produkte moralisch konnotiert und politisch aufgeladen. Südafrikanische Apfelsinen wurden z. B. in den 1980er Jahren das Ziel prominenter

Boykottaktionen in Großbritannien. Britische Verbraucher*innen protestierten auf diese Weise gegen das rassistische Apartheid-Regime in Südafrika. Zum anderen entwickelte sich eine Infrastruktur für Fair-Trade-Produkte. In Deutschland begannen sogenannte Dritte-Welt-Läden Produkte aus dem globalen Süden zu vertreiben, die aus nachhaltiger Produktion zu angemessenen Löhnen stammen sollten. In den vergangenen Jahrzehnten entstanden zahlreiche Warensiegel, die die Herkunft von Produkten und ihre Entstehungsbedingungen in komplexen transnationalen Warenketten für Konsument*innen durchschaubarer machten. Ob bei Kaffee oder bei Textilien sollten Verbraucher*innen so zu zunehmend aktiven und bewusst handelnden Akteuren in der Weltwirtschaft werden. Ähnlich wie die Glokalisierungsbemühungen multinationaler Unternehmen oder die Rolle von Migrant*innen am Wandel regionaler Konsummuster zeigen diese Verbraucherinitiativen, dass eine „Globalisierung" des Konsums im 20. Jahrhundert weder gänzlich anonym noch einheitlich oder unausweichlich war.

13.5 Quellen und Vertiefung

13.5.1 Swadeshi Werbeanzeige für indische Textilien, 1931

Abb. 13.2: Swadeshi – aus heimischer Produktion. Werbeanzeige für indische Textilien, 1931 Quelle: L. Trivedi: Swadeshi Politics in nationalist India, 1920–1930.

13.5.2 Werbung für *Lux*-Seife, Lateinamerika, ca. 1967

Abb. 13.3: Hollywoodstar Jane Fonda als Werbeträgerin für Lux-Seife in Lateinamerika, ca. 1967 Quelle: Geoffrey Jones, Globalizing Latin American Beauty (https://revista.drclas.harvard.edu/globalizing-latin-american-beauty/).

13.5.3 Vereinte Nationen, Richtlinien zum Verbraucherschutz, 1985

I. Objectives

Taking into account the interests and needs of consumers in all countries, particularly those in developing countries; recognizing that consumers often face imbalances in economic terms, educational levels, and bargaining power; and bearing in mind that consumers should have the right of access to non-hazardous products, as well as the importance of promoting just, equitable and sustainable economic and social development, these guidelines for consumer protection have the following objectives:

(a) To assist countries in achieving or maintaining adequate protection for their population as consumers
(b) To facilitate production and distribution patterns responsive to the needs and desires of consumers;
(c) To encourage high levels of ethical conduct for those engaged in the production and distribution of goods and services to consumers;
(d) To assist countries in curbing abusive business practices by all enterprises at the national and international levels which adversely affect consumers;
(e) To facilitate the development of independent consumer groups;
(f) To further international co-operation in the field of consumer protection;
(g) To encourage the development of market conditions which provide consumers with greater choice at lower prices.

II. General Principles

1. Governments should develop, strengthen or maintain a strong consumer protection policy, taking into account the guidelines set out below. In so doing, each Government must set its own priorities for the protection of consumers in accordance with the economic and social circumstances of the country, and the needs of its population, and bearing in mind the costs and benefits of proposed measures.
2. The legitimate needs which the guidelines are intended to meet are the following:
(a) The protection of consumers from hazards to their health and safety;
(b) The promotion and protection of the economic interests of consumers;
(c) Access of consumers to adequate information to enable them to make informed choices according to individual wishes and needs;

(d) Consumer education;
(e) Availability of effective consumer redress;
(f) Freedom to form consumer and other relevant groups or organizations and the opportunity to such organizations to present their views in decision-making processes affecting them.
3. Governments should provide or maintain adequate infrastructure to develop, implement and monitor consumer protection policies. Special care should be taken to ensure that measures for consumer protection are implemented for the benefit of all sectors of the population, particularly the rural population.
4. All enterprises should obey the relevant laws and regulations of the countries in which they do business. They should also conform to the appropriate provisions of international standards for consumer protection to which the competent authorities of the Country in question have agree.
5. The potential positive role of universities and public and private enterprises in research should be considered when developing consumer protection policies. [...]

Quelle: United Nations Conference on Trade and Development: Guidelines for Consumer Protection, General Assembly Resolution 39/248, 16 4. 1985.

13.5.4 Fragen und Anregungen

- Wie hat die Kolonialgeschichte die moderne Konsumgeschichte beeinflusst? Welche Auswirkungen auf regionale Konsumunterschiede, auf den Transfer von Konsummustern oder auf die Entstehung neuer, hybrider Konsumformen lassen sich beobachten?
- Welche Rollen spielten und spielen multinationale Unternehmen bei der „Globalisierung" bzw. „Glokalisierung" des Konsums? Wie veränderten sich Einstellungen gegenüber amerikanischen bzw. asiatischen Firmen und ihren Produkten?
- Wie und mit welchen Quellen lässt sich eine transnationale Wirtschafts- und Kulturgeschichte des Konsums aus Sicht von Verbraucher*innen schreiben? Welche Gestaltungsmöglichkeiten hatten Konsument*innen aus verschiedenen Weltregionen bei Globalisierungsprozessen?
- Ist die internationale Geschichte des Konsums seit den 1970er Jahren eher durch globale Konvergenz, durch bestehende regionale Differenzierung oder durch hybride Vermischung charakterisiert?

Weiterführende Literatur

Berghoff, Hartmut/Kühne, Thomas (Hrsg.): Globalizing Beauty Consumerism and Body Aesthetics in the Twentieth Century, Basingstoke 2013. (*Konferenzband zur Globalisierung des Konsums und ihren Grenzen am Beispiel der Beauty-Industrie*)

Garon, Sheldon: Beyond Our Means. Why America Spends While the World Saves, Princeton 2013. (*Transnationale Geschichte des Sparens und der Haushaltsfinanzen in Europa, den USA und Asien*)

Haynes, Douglas u. a. (Hrsg.): Toward a History of Consumption in South Asia, Delhi 2010. (*Sammelband mit Ansätzen einer asiatischen Konsumgeschichte*)

Hilton, Matthew: Prosperity for All. Consumer Activism in an Era of Globalization, Ithaca 2011. (*Studie zur Geschichte der Verbraucherbewegungen aus globaler Perspektive*)

Möhring, Maren: Fremdes Essen. Die Geschichte der ausländischen Gastronomie in der Bundesrepublik Deutschland, Berlin 2016 (*Historische Untersuchung der Wechselbeziehung zwischen Migration und Nahrungskonsum bzw. Gastronomie in Deutschland*)

14 Konsumfolgen

Abb. 14.1: Altglascontainer. Perelsplatz, Berlin-Friedenau, 23.2.1981 (Fotografie: Jürgen Henschel). Quelle: Museen Tempelhof-Schöneberg.

Altglascontainer gehörten zum Zeitpunkt der obigen Aufnahme im Februar 1981 vielerorts zum Straßenbild in der Bundesrepublik (Abb. 14.1). Seit den frühen 1970er Jahren wurden zunächst vereinzelt, bis in die frühen 1980er Jahre dann flächendeckend Sammelbehälter für Glas aufgestellt, einige Jahre später auch für Papier und Weißblech, manchmal sogar für Haushaltschemikalien und Batterien. Recycelten die Westdeutschen 1974 erst 6,5 % des Behälterglases, waren es 1987 bereits 48,9 %, heute sind es über 80 %.[1] Bei Glas funktionierte das Prinzip der Mülltrennung früher und besser als in anderen Bereichen, in denen, wenn überhaupt, entsprechende Infrastrukturen und Quoten erst deutlich später erreicht wurden.

Die Sammelstellen waren das Ergebnis mehrerer eng miteinander verwobener Entwicklungen. Erstens stiegen seit der Nachkriegszeit die Müllmengen stark an, während traditionelle Formen

Recycling

---

[1] Angaben für 1974 und 1987 nach Roman Köster: Hausmüll. Abfall und Gesellschaft in Westdeutschland, Göttingen 2017, 373; zu aktuellen Quoten s. die Angaben des Umweltbundesamtes auf https://www.umweltbundesamt.de/daten/ressourcen-abfall/verwertung-entsorgung-ausgewaehlter-abfallarten/glas-altglas#altglassammlung-mit-tradition.

der Weiter- und Wiederverwendung mit wachsendem Wohlstand bereits seit Mitte der 1950er Jahre an Bedeutung verloren. Dennoch wirkte die Erfahrung früherer Knappheit weiter und prägte spätere Recyclinginitiativen. So stellten die Niederlande als erster westeuropäischer Staat flächendeckend Altglascontainer auf und reagierten damit auf die private Initiative zweier Frauen, die aus einer lebensgeschichtlich tief verwurzelten Abneigung gegen Verschwendung aktiv geworden waren.

Zweitens wuchs ab den späten 1960er Jahren, vor allem aber in den 1970er und 1980er Jahren das Bewusstsein für Umweltfragen (s. das Protestplakat gegen das Kernkraftwerk Brokdorf auf dem oben abgebildeten Sammelbehälter). Sowohl die sogenannte Wegwerfgesellschaft wie auch die Folgen der bisherigen Abfallwirtschaft gerieten zunehmend in die Kritik und Forderungen nach Recyclingmöglichkeiten kamen auf. Drittens schließlich entwickelten sich in dieser Gemengelage neue Wissensbestände und Technologien, um umweltfreundlichere Produkte zu produzieren sowie Mülltrennung und Recycling durchführen zu können.

Haushaltsmüll machte nur einen Teil des Müllberges aus, der vor allem auch durch Abfälle aus Industrie und Baugewerbe wuchs. Doch die Abfälle im eigenen Haushalt oder in der eigenen Kommune waren eine der im Alltag sichtbarsten Konsumfolgen. Das Foto ist ein Beispiel für die vielfältigen Versuche, die Abfallmengen zu bewältigen, aber auch deren Grenzen. Die Pappkartons vor den Altglascontainern werfen ein Schlaglicht auf die Masse und die Vielfalt des Abfalls, der auch dort abgestellt wurde, wo er nichts zu suchen hatte. Das folgende Kapitel thematisiert aber auch weniger offensichtliche Konsumfolgen wie die moralischen Fragen, die aus dem Wissen um die Entstehungsbedingungen von Konsumgütern aufkamen. Hier geht es um die Arbeitsbedingungen von Menschen, Tierwohl sowie Umweltschutz. Abschließend wird noch einmal das Thema des Konsumentenschutzes aufgegriffen.

14.1 Wegwerfen und Verschwenden

„Ex und hopp" – mit diesem Spruch warben 1967 westdeutsche Getränkehändler für Plastik- statt Glasflaschen. Auf Bildern waren Männer und Frauen zu sehen, die nach dem Genuss des Getränks die leere Flasche einfach hinter sich warfen. Zwar befürchteten

Abfallspezialist*innen, die ohnehin an der Kapazitätsgrenze operierenden Entsorgungssysteme würden durch eine Umstellung auf Einwegflaschen vollends überlastet, und auch in der Bevölkerung forderten erste Stimmen mehr Recycling. Die „Ex und hopp"-Kampagne steht jedoch exemplarisch für eine starke Entwicklung hin zum Einmalgebrauch und zur „Wegwerfgesellschaft", wie eine seit den 1970er Jahren häufig gebrauchte Diagnose lautete.

Wie Menschen mit Dingen umgehen, ob sie also Dinge nutzen, behalten, umnutzen oder wegwerfen, ist abhängig von den Lebenssituationen, Wertvorstellungen, rechtlichen Vorgaben und der Gestaltung von Warenwelten. Für Käufer*innen bedeutete das massenhafte Aufkommen billiger, kurzlebiger Güter seit dem 19. Jahrhundert Zugang zu Vergnügen, Moden und Gestaltungsmöglichkeiten. Für Unternehmen wiederum war es attraktiv, wenn Kund*innen Produkte benutzten, wegwarfen und immer wieder Nachschub kauften. Die Zahl solcher Billig- und Wegwerfprodukte nahm im Verlauf des 19., vor allem aber in der zweiten Hälfte des 20. Jahrhunderts rapide zu, vom Einwegkugelschreiber bis zu billigen Scherzartikeln.

„Wegwerfgesellschaft"

Während etliche dieser Artikel ein gänzlich neues Warensortiment bildeten, ging es bei anderen um eine Umstellung von Mehrweg- zu Einwegprodukten, beispielsweise bei Hygieneartikeln. *Gilette* brachte 1901 den ersten Einwegrasierer auf den Markt, es folgten Produkte wie *Kleenex* in den USA (1924), *Tempo*-Taschentücher in Deutschland (1925), *Camelia* Damenbinden (1926), Tampons von *o.b.* (1950, in den USA bereits ca. 20 Jahre früher) oder Einwegwindeln, die sich in den USA seit den 1960er Jahren, in der Bundesrepublik seit den 1970er Jahren durchsetzten. Diese Produkte versprachen Hygiene und Bequemlichkeit. Zwar erfolgte der Abschied von Stofftaschentüchern, -windeln und -binden oder dem klassischen Rasiermesser nicht über Nacht, doch ihr Anteil sank unaufhaltsam. In der zweiten Hälfte des 20. Jahrhunderts kamen viele weitere Produktgruppen hinzu, häufig zunächst in den USA und etwas später auch in Europa: vom Einweggeschirr und -besteck aus Plastik über Plastiktüten bis zu den ersten Wegwerfkameras von *Fujitsu* (1986) und zur „Fast Fashion" des 21. Jahrhunderts.

Neben den Einwegprodukten, die ihre erwartete Gebrauchsdauer bereits im Namen führten, sanken auch die Nutzungszeiten für andere Artikel. Immer seltener wurden Strümpfe gestopft oder Kleidungsstücke geflickt. Ob es sich lohne, Kleidung auszubessern, wurde bereits um 1900 diskutiert, doch angesichts andauernder bzw.

wiederkehrender Phasen der Knappheit sowie höherer Anschaffungs- als Reparaturkosten blieben entsprechende Praktiken weit verbreitet. Vor allem seit dem letzten Drittel des 20. Jahrhunderts wurde Kleidung dann immer häufiger weggeworfen – nicht nur, weil sie kaputt, sondern auch, wenn sie unmodern geworden war. Seit den 1990er Jahren etablierte sich schließlich „Fast Fashion" als Modell für immer schnellere Modezyklen. Auf diese Weise hergestellte Kleidungsstücke, aber auch Hausrat und Möbel sind nicht für den langen Gebrauch gedacht und so billig, dass sie jederzeit ausgetauscht werden können. Auch wenn hochwertige Konsumartikel weiterhin nachgefragt sind, steht „Fast Fashion" für allgegenwärtige Tendenzen im Konsumbereich.

Reparaturen Während also spätestens seit dem letzten Drittel des 20. Jahrhunderts einerseits Dinge immer häufiger vor ihrem Verschleiß entsorgt wurden, wurde es andererseits immer schwerer, Dinge zu reparieren und so zu erhalten. Angesichts verschweißter und verklebter Komponenten und der Nichtverfügbarkeit von Ersatzteilen wurden zunehmend nur noch Dinge repariert, die einen hohen emotionalen Wert besaßen oder bei denen die Reparatur als lohnend galt. Günstigere Anschaffungspreise für neue Rasierapparate, Radios, Fahrräder, Schuhe, Stühle oder Kühlschränke senkten die Bereitschaft, Geld für die Reparatur alter Geräte zu investieren weiter. Damit verlor auch das Reparaturhandwerk an Bedeutung, dessen Tätigkeitsschwerpunkt sich ohnehin immer stärker dem Austausch als der Reparatur zuneigte.

Gleichzeitig wuchs das Bewusstsein für die unerwünschten Folgen einer vor allem seit den 1970er Jahren als verschwenderisch gebrandmarkten Lebensweise. Auch die Politik und einige wenige Branchen dachten seit den späten 1970er um. Backöfen waren die ersten Geräte, bei denen die EWG 1979 eine Kennzeichnung des Energieverbrauchs vorschrieb. In West- und auch in Ostdeutschland begannen Haushaltsgerätehersteller seit den 1980er Jahren, recyclingfähige und energieeffiziente Geräte zu entwickeln – Standards, die sich dann vor allem seit den 1990er Jahren flächendeckend durchsetzen.

Diese knappen Ausführungen verweisen auf allgemeine Trends in westlichen, kapitalistischen Industrienationen der Nachkriegszeit. Zwar steht die Forschung zum Nutzungs- und Wegwerfverhalten, zu Reparaturen und Kundendiensten noch am Anfang. Erkennbar wird jedoch dreierlei: Erstens entwickelten sich die Entstehung, Zusammensetzung und Entsorgung von Konsumgütern zu zentralen

Herausforderungen für Politik, Gesellschaft und Wirtschaft in wohlhabenden Gesellschaften. Zweitens waren die damit verbundenen Problemlagen global höchst unterschiedlich ausgeprägt. Während Länder wie die Bundesrepublik sich damit befassen mussten, wie der selbst erzeugte Müll zu beseitigen sei, spielten Reparaturen, Um- und Weiternutzung in ärmeren Gesellschaften – auch in den sozialistischen Gesellschaften Europas während des Kalten Krieges – weiterhin eine zentrale Rolle. Sie waren keine „Wegwerfgesellschaften" (mit Ausnahmen wie dem Umgang der DDR-Bevölkerung mit staatlich subventionierten Gütern, vgl. Kapitel 10). Drittens waren diese ärmeren Staaten dennoch von den Folgen der Wegwerfkultur in anderen Weltregionen betroffen – sei es durch globale Müllexporte, Umweltverschmutzung oder die Produktionsbedingungen in globalen Warenketten.

14.2 Müllarten und Müllentsorgung

Müll an sich und Müll als Folge von Konsum waren keine neuen Phänomene. Doch die Zeit seit den 1950er und vor allem den 1960er Jahren markierte in vielen westeuropäischen Gesellschaften und früher bereits in den USA eine deutliche Veränderung. Knapp zusammengefasst: Die Mengen stiegen exorbitant an, die Zusammensetzung des Hausmülls änderte sich grundlegend und die bisherigen Entsorgungssysteme gerieten an ihre Grenzen.

Mit steigendem Wohlstand waren viele Menschen nicht mehr darauf angewiesen, Rohstoffe wie Pappe und Papier, Glas, Schnur oder Blech aufzuheben. Zudem überstieg die schiere Menge der Verpackungen bald die Aufbewahrungs- und Weiterverwendungskapazitäten der einzelnen Haushalte. Schmutz oder Abfall, so formulierte die Anthropologin Mary Douglas 1966, ist „matter out of place", also Materie am falschen Ort.[2] Was gerade noch schön oder nützlich erschien, wird zu Müll, sobald es seinen ästhetischen oder praktischen Gebrauchswert verliert. In der Bundesrepublik verschoben sich die Grenzen dessen, was für Menschen einen (Zweit-)Gebrauchswert besaß und was endgültig zum Abfall gehörte, ganz erheblich.

---

[2] Mary Douglas: Purity and Danger. An analysis of concepts of pollution and taboo, London/New York 2002, 36 [zuerst erschienen 1966].

Strukturwandel des Hausmülls

Bis in die 1950er Jahre hinein machte Asche etwa ein Drittel des Hausmülls aus. Solange mit Öfen geheizt wurde, verfeuerten Menschen nicht nur Kohle und Briketts, sondern auch Papierreste oder andere leicht brennbare Stoffe. Mit der sukzessiven Umstellung auf Zentralheizung verloren sowohl diese Form der Entsorgung als auch Asche als Abfallprodukt an Bedeutung. Der Anteil an anderen Müllarten wuchs hingegen stark an, insbesondere Kunststoffverpackungen, die durch das Selbstbedienungsprinzip der Supermärkte immer wichtiger wurden. Bedingt durch veränderte städtebauliche Strukturen und Lebensweisen verschwanden zudem Misthaufen sowie Kleintiere fast vollständig aus den Wohngebieten. Organische Abfälle landeten daher nun im Müll.

Seit dem späten 19. Jahrhundert übernahmen in vielen Ländern und hier vor allem in den großen Städten die Kommunen die Abfallentsorgung. In der Bundesrepublik wurden seit den späten 1950er Jahren Mülltonnen allmählich größer, die Sammelfahrzeuge effizienter, die Arbeit der Müllwerker weniger anstrengend und gesundheitsschädlich, die von der Müllabfuhr bedienten Gebiete größer. Mit dem Abfallbeseitigungsgesetz von 1972 mussten alle Haushalte verpflichtend an die Müllabfuhr angeschlossen werden – durchaus zum Unmut einiger Bewohner*innen in ländlicheren Regionen.

Doch wohin mit den Müllmengen, für die sich Anfang der 1960er Jahre der Begriff der „Müll-Lawine" einbürgerte? Bis weit in die 1950er Jahre wurde er auf Müllbergen vor den Toren der Stadt gelagert, ergänzt um zahllose wilde Müllkippen. Den Mülldeponien mangelte es nicht nur an Platz, sie stellten auch ein ernstzunehmendes Hygiene- und Gesundheitsproblem dar. Ab den 1960er Jahren setzten viele Kommunen daher auf Müllverbrennungsanlagen und griffen damit eine Technologie auf, mit der bereits in den ersten Jahrzehnten des 20. Jahrhunderts experimentiert worden war. In den folgenden Jahrzehnten wurden sowohl Deponien als auch Verbrennungsanlagen weiterentwickelt, um den steigenden Anforderungen an Hygiene, Gesundheits- und Umweltschutz sowie Kosteneffizienz gerecht zu werden. Unbeliebt und umstritten waren beide Entsorgungswege.

1986 beschloss der Bundestag dann das Abfallwirtschaftsgesetz. Es etablierte Abfallvermeidung als oberste Priorität, gefolgt vom Zielen der Abfallverwertung, also des Recyclings, und erst an dritter Stelle kam die Entsorgung. Bei allen Schwierigkeiten in der Umsetzung zeigt das Gesetz eine veränderte Sichtweise auf Hausmüll sowie die Rolle des Staates, der nun stärker gestaltend in den Bereich der Abfallentsorgung eingriff. In dieser Linie steht auch die Einführung des Dualen Systems und des Grünen Punkts im Jahr 1990. Unternehmen waren nun verpflichtet, den durch sie in Umlauf gebrachten Verpackungsmüll auch einzusammeln und zu entsorgen.

Auf diese Weise sollten die Recyclingquoten für Verpackungsmüll erhöht und die Entsorgungssysteme entlastet werden. In den folgenden Jahrzehnten stiegen zwar die Recyclingquoten, doch auch die Müllmengen wuchsen unaufhaltsam weiter.

Mit dieser Herausforderung hatten Staaten in ganz Westeuropa zu kämpfen, deutlich früher auch die USA. Sie entwickelten sehr unterschiedliche Systeme im Umgang mit Abfall. Bei allen Unterschieden bestand eine weit verbreitete Strategie westlicher Staaten darin, einen Teil ihres Müllproblems auszulagern. Vor allem seit den 1970er Jahren exportierten immer umwelt- und gesundheitsbewusster werdende westliche Industrienationen ihren Müll in ärmere Staaten, vornehmlich nach Südostasien, die Bundesrepublik aber auch in die DDR. Sie externalisierten damit auch die Gefahren, die von diesem Abfall und seiner Entsorgung ausgingen, und akzeptierten, dass der Müll nach Standards weiterverarbeitet wurde, die im eigenen Land nicht zulässig gewesen wären. Das betraf zwar in erster Linie Kunststoffabfälle aus der Industrie und nicht den Hausmüll, doch auch viele dieser Industrieabfälle sind als Konsumfolgen zu werten, entstanden sie doch beispielsweise in der Autoproduktion. Seit einigen Jahren kommt dieser Handel nicht nur in die Kritik, sondern auch an seine Grenzen. So hat China, zuvor einer der wichtigsten Müllimporteure, 2018 ein Importverbot für viele Recyclingmaterialien ausgesprochen. Diese Entscheidung wirkt wiederum zurück auf die Konsumgüterproduktion in westlichen Ländern, die nun verstärkt nach Methoden suchen, Verpackungsmengen zu reduzieren oder mit Recyclingmaterial zu arbeiten.

Müllentsorgung als lokale und globale Herausforderung

14.3 Konsumfolgen als moralische Fragen

In der Frühen Neuzeit oder im 19. Jahrhundert war Konsum vor allem mit Schlagworten wie Maßlosigkeit, Verschwendung, Luxus oder Anmaßung moralisiert worden, es ging vornehmlich um das rechte Maß und um die Wahrung von Standesgrenzen. Mit den Kampagnen gegen Waren aus Sklavenarbeit sowie dem Einsatz für bessere Arbeitsbedingungen in der Textilindustrie oder im Verkauf kamen im 19. Jahrhundert neue moralische Fragen auf, die dann in der zweiten Hälfte des 20. Jahrhunderts noch einmal enorm an Bedeutung gewannen. Ins Zentrum rückten nun die sozialen, gesundheitlichen, umweltbezogenen, potenziell globalen Folgen von Konsum. Sie können hier nur schlaglichtartig angesprochen werden.

Müll und Umwelt

Mit der Abfallproblematik rückten die Umweltfolgen von Konsum und Müll erstmals in den Fokus von Öffentlichkeit, Politik und Wissenschaft. Bis in die 1960er Jahre war erstaunlich wenig darüber bekannt, wie sich die Entsorgung von Abfällen und Industrierückständen auf Böden, Gewässer und Luft auswirkt. Noch in den 1960er Jahren gelangte mehr als die Hälfte des Abwassers aus Industrie und Privathaushalten ungefiltert in die Flüsse. Erst als der Platz auf den Deponien knapp wurde und neue Methoden diskutiert wurden, gingen Wissenschaftler*innen daran, systematisch Folgewirkungen zu erforschen. Entsorgungsfragen waren nicht mehr nur ein technisches Problem, sondern nun wuchs das Bewusstsein für die umweltgefährdenden Folgen der Konsumrückstände, die potenziell überregionale und langfristige Auswirkungen hatten. Auch das medizinische Wissen über Schadstoffbelastungen im Körper wuchs seit den 1970er Jahren.

Insbesondere Umweltschutz- und Menschenrechtsaktivist*innen lenkten die Aufmerksamkeit auf globale Folgen der Konsumgüterproduktion und des Konsums und verliehen Konsumfragen eine spezifisch moralische Dimension. War es in Ordnung, schädliche Abfallstoffe in Regionen des In- und Auslandes zu bringen, in denen Armut herrschte und wenige Widerstände gegen das Geschäft mit dem Müll zu befürchten waren? Durfte man zur Ertragssteigerung in der Lebensmittelproduktion Pestizide oder andere umwelt- und gesundheitsschädliche Stoffe einsetzen und den Boden oder Gewässer für nachfolgende Generationen durch Monokulturen oder Chemikalien dauerhaft vergiften? Organisationen wie Greenpeace trugen maßgeblich dazu bei, solche Fragen seit den 1960er und 1970er Jahren auf die Agenda zu rücken und die Folgen des Konsumhandelns reicherer Länder auf Kosten der Natur und ärmerer Weltregionen zu thematisieren.

Fair-Trade und Ethical Consumerism

Dazu zählten die Arbeitsbedingungen in zunehmend globalen Warenketten. Neben den bereits angesprochenen Fair-Trade-Initiativen (s. Kapitel 12) wandten sich engagierte Gruppen und Initiativen beispielsweise den Arbeitsbedingungen in der Textilindustrie zu.

Seit den 1950er, beschleunigt dann seit den 1970er Jahren, verlegten multinationale Textilhersteller ihre Produktionsstätten zunehmend in Länder mit niedrigen Lohnkosten und zogen weiter, wenn andernorts die Kosten noch niedriger lagen. Seit den 1980er Jahren gerieten die Herstellungsbedingungen solchermaßen gefertigter Kleidungsstücke in die Kritik. Gruppen wie die „Clean Clothes Campaign", 1989 in den Niederlanden gegründet, oder die US-amerikanischen „Students Against Sweatshops" (1997) lenkten den Blick auf niedrige Löhne, überlange Arbeitszeiten, mangelnde Sicherheitsvorkehrungen in Gebäuden oder im Kontakt mit giftigen Chemikalien, illegale Arbeitsverhältnisse, Kinderarbeit und viele weitere Missstände. Arbeitsbedingungen dieser Art hatten bereits im 19. und in der ersten Hälfte des 20. Jahrhunderts in der Kritik gestanden, meist mit einem Fokus auf das eigene Land. Nun rückte die globale Dimension in den Mittelpunkt. Die Kampagnen thematisierten vor allem die Zustände der Zulieferer in Asien und Südamerika, aber auch in den USA und in Europa, wo seit den 1990er Jahren wieder tausende, häufig illegal beschäftigte Arbeiter*innen mit Migrationshintergrund in „Sweatshops" schufteten.

Mit dem Einsturz einer Textilfabrik in Bangladesch 2013, bei dem über 1000 Menschen starben, erhielten die Zustände in den Fabriken schlagartig weltweite Aufmerksamkeit. Die Diskussionen resultierten in eine Vielzahl von Zertifikaten und Selbstverpflichtungen zur Einhaltung bestimmter Standards bei Herstellern und Konsument*innen. Gleichzeitig wächst jedoch bis heute der Markt für billige Produkte der „Fast Fashion" ungebremst weiter, fair und umweltverträglich hergestellte Kleidungsstücke sind trotz allen Wachstums weiterhin ein Nischenmarkt. Ähnlich verhält es sich mit anderen Produkten, die im globalen Süden unter schlechten Arbeitsbedingungen und zu niedrigen Löhnen hergestellt werden, um dann weltweit verkauft zu werden, beispielsweise Blumen, die seit den 1990er Jahren oftmals aus Ostafrika kommen. Die Liste der Themen ließe sich beliebig fortsetzen, angefangen von ausgelaugten Böden und gerodeten Regenwäldern zum Anbau von Nutzpflanzen in Monokultur bis zu Handys, deren Rohstoffe häufig in Kinderarbeit, unter schlechtesten Bedingungen und unter der Herrschaft von Warlords gefördert werden und die der Finanzierung von Bürgerkriegen dienen (Abb. 14.2). All diese Themen erfahren zunehmend Aufmerksamkeit in Gesellschaft, Politik, Wirtschaft und Wissenschaft, doch der Markt für anders hergestellte Produkte bleibt klein. Während es im Bereich der Inhaltsstoffe vereinzelt gelang, umwelt- und gesundheitsschädliche Substanzen zu ersetzen – ein gerne angeführtes Beispiel ist der weltweite FCKW-Stop seit der Mitte der 1980er Jahre –, erwies es sich als sehr viel schwieriger, Arbeitsbedingungen zu verbessern.

Massentierhaltung als ethisches Problem

Zu den moralisch aufgeladenen Konsumfragen zählte darüber hinaus der Umgang mit Tieren. Bereits im 19. Jahrhundert hatten Tierschutzbewegungen ohne großen Erfolg die Zustände in Schlachthöfen angeprangert. Seit der Mitte des 20. Jahrhunderts veränderten sich die Strukturen des Agrobusiness nochmals radikal. Hühner waren die ersten Tiere, die den Gesetzen einer möglichst umfassenden „Optimierung" unterworfen wurden. Nach dem Zweiten Weltkrieg setzte sich zunächst in Großbritannien, dann auch in anderen Staaten das Modell der Legebatterien durch, während Masthybride darauf gezüchtet wurden, besonders schnell viel Fleisch anzusetzen. Auch andere Tiere wie Rinder, Schweine oder Fische waren zunehmend der Logik der optimierten Züchtung und Verwertung unterworfen. Mit der gesteigerten, durch chemische Produkte vom Dünger bis zum Antibiotikum unterstützten Massenproduktion rückten die Lebensbedingungen von auf Effizienz getrimmten, später auch gentechnisch optimierten und nun oftmals über lange Strecken transportierten Tieren seit den 1970er Jahren erneut in das Bewusstsein von Tierschützer*innen. Die weitaus größte Zahl der Konsument*innen blendete die Produktionsbedingungen billiger tierischer Lebensmittel jedoch aus. Nach dem BSE-Skandal der 1990er Jahre setzte ein Bewusstseinswandel in der breiteren Öffentlichkeit und in der Politik ein. Zumindest in manchen Bereichen gelten mittlerweile etwas strengere Gesetze, beispielsweise das Verbot von Legebatterien für Hühner in der EU seit 2012.

Diese wenigen Beispiele, bei denen Bereiche wie Dienstleistungen, Tourismus und Medienkonsum noch gar nicht berücksichtigt sind, geben zumindest einen Einblick in die vielfältigen Auseinandersetzungen um die moralische Bewertung von Konsumfolgen. Bei allen Unterschieden ging es immer auch um die Frage nach der Verantwortung. Musste der oder die Einzelne tätig werden und bei sich selbst ansetzen, um unerwünschte Konsumfolgen wie Ausbeutung oder Umweltverschmutzung zu verhindern? Oder waren hier Regierungen gefragt, die einzeln oder in internationalen Abkommen entsprechende Rahmenbedingungen schufen? Welche Prioritäten sollten dabei gesetzt werden? Denn Konsumfolgen machen sich nicht immer am Ort und zum Zeitpunkt des Konsums bemerkbar, sondern wirken sich geographisch weit entfernt oder weit in der Zukunft aus. Wie konnten also die (vermuteten) Interessen gegenwärtiger und zukünftiger Generationen, in räumlicher Nähe und in großer Ferne ausbalanciert werden? Diese Fragen waren und sind bis heute hoch umstritten.

14.4 Verbraucherschutz nach 1945

Mit den wachsenden Konsumgütermengen, Konsummöglichkeiten und -formen erhielt das Thema des Verbraucherschutzes nach dem Ende des Zweiten Weltkrieges neue Dringlichkeit. Erste Ansätze hatte es bereits seit dem späten 19. Jahrhundert und dann vor allem in der Zwischenkriegszeit gegeben. Doch erst in der zweiten Hälfte des 20. Jahrhunderts entstanden flächendeckend Institutionen zur Verbraucherinformation und ein eigenständiges Politikfeld der Verbraucherpolitik.

1953 schlossen sich sechs Verbände zur „Arbeitsgemeinschaft der Verbraucherverbände" (AgV) zusammen. Im folgenden Jahrzehnt entstanden zahlreiche Institutionen und Organisationen, die Bundes- oder Landesmittel erhielten, aber als gemeinnützige Vereine oder Stiftungen organisiert waren und im Dienste der Verbraucherinformation tätig waren. Am bekanntesten sind die Verbraucherzentralen (ab 1957) und die Stiftung Warentest (1964). Einkaufswegweiser und -ratgeber hatte es, angeregt von US-amerikanischen und britischen Vorbildern, auch zuvor schon gegeben. Mit der Gründung der Stiftung Warentest zog nun der Bund das Thema Verbraucheraufklärung an sich.

Ab den 1970er Jahren wurden der Schutz und die Information der Konsument*innen zu einem eigenständigen, dauerhaft verankerten Teilgebiet der Wirtschafts- und Gesellschaftspolitik. Die „Verbraucherpolitischen Berichte" von 1971 und 1975 bilanzierten die bisherigen politischen Maßnahmen und definierten Ziele wie Information und Beratung. In einer sich permanent wandelnden Konsumlandschaft sollten die Bürger*innen in der Lage sein, die Funktionsweise der Märkte zu verstehen, informierte Kaufentscheidungen zu treffen und Folgen abschätzen zu können. In die 1970er Jahre fielen zudem zahlreiche neue Vorschriften zur Kennzeichnung von Waren, die ebenfalls dazu dienten, den Käufer*innen mehr Informationen an die Hand zu geben. Dabei zeichnete sich bereits die allmähliche Europäisierung von Verbraucherschutz und -information ab. 1974 verabschiedete die EG ein „Programm für eine Politik zum Schutz und zur Unterrichtung der Verbraucher". Es folgten vielfältige Vorgaben zur Warenkennzeichnung, zu Produktstandards sowie zum Verbot bestimmter Inhaltsstoffe oder Vertragsklauseln, die im Zuge der europäischen Wirtschaftsintegration erlassen wurden.

Verbraucherschutz und Verbraucheraufklärung

Der Politologe Gunnar Trumbull (2006) schlägt eine idealtypische Unterscheidung verschiedener Ansätze im Bereich von Verbraucherschutz und -information vor. Staaten wie Deutschland setzten demnach vor allem auf Information und Aufklärung: Konsument*innen sollten also in die Lage versetzt werden, informierte und souveräne Konsumentscheidungen auf der Basis umfassenden Wissens zu treffen. Andere Staaten, beispielsweise die USA oder Frankreich, legten den Schwerpunkt auf gesetzliche Schutzmaßnahmen. Sie tendierten dazu, Geschäftspraktiken oder Produkte stark zu reglementieren und erließen strenge Haftungsregeln für Anbieter*innen. In den skandinavischen Ländern wiederum steht Trumbull zufolge der institutionalisierte Austausch zwischen Produzent*innen und Konsument*innen im Vordergrund.

In der Realität sind diese Idealtypen in Reinform kaum zu finden – der genauere Blick zeigt beispielsweise, dass der starke Fokus auf Information in der Bundesrepublik durchaus mit Schutzmaßnahmen kombiniert wurde. In jedem Fall können Schutz- und Informationsmaßnahmen immer auch als Teil von sozialpolitischen Überlegungen verstanden werden, so wie auch die Bereitstellung und Subventionierung von Konsuminfrastrukturen durch Kommunen, Länder und Bund sozialpolitische Elemente in sich trägt.

Maßnahmen und Institutionen des Verbraucherschutzes zählen zum Instrumentarium, mit dem Gesellschaften die Herausforderungen der Konsumgesellschaft bewältigen wollen. In ihren Veröffentlichungen und Informationsbeiträgen thematisierten diese Institutionen seit dem späten 20. Jahrhundert viele der Konsumfolgen, die in diesem Kapitel benannt wurden. Zur Verbraucherinformation gehörten seither und in wachsendem Maße auch Hinweise über die Umweltbilanz von Produkten (in der Bundesrepublik seit 1985 beispielsweise über das Heft *Öko-Test*), faire Arbeitsbedingungen und Tierwohl. Das Internet-Zeitalter hat eine unüberschaubar große

Zahl an Test-, Bewertungs- und Beratungsportalen, Foren und Chats zu konsumbezogenen Themen hervorgebracht. Sie versprechen umfassende und vielfältige Informationen, um gute Konsumentscheidungen treffen zu können. Die teilweise intransparenten Test- und Beratungsangebote des Internets haben die klassischen Institutionen jedoch nicht verdrängt. Ganz im Gegenteil genießen die überwiegend öffentlich finanzierten und dem Prinzip der Gemeinnützigkeit verpflichteten Verbraucherzentralen sowie die Stiftung Warentest höchstes Vertrauen in der Öffentlichkeit. Für Hersteller*innen sind daher die Gütesiegel der Stiftung Warentest so begehrt, dass sie prominent beworben und auf Packungen abgedruckt werden.

Das gilt auch für andere Siegel wie etwa den Blauen Engel, der seit 1978 auf umweltschonenden Produkten abgedruckt ist, das Fair-Trade-Siegel (1991 als Transfair gegründet) oder der 2019 ins Leben gerufene Grüne Knopf, der nach sozialen und ökologischen Mindeststandards gefertigte Kleidung kennzeichnet. Siegel wie diese standen immer wieder in der Kritik und galten je nach Perspektive als zu lasch, zu streng, oder aber als Formen des *green-* bzw. *whitewashing*. Sie zeigen jedoch, wie die Auseinandersetzung mit unerwünschten Konsumfolgen Maßnahmen hervorbringen kann, die nicht nur der Bewältigung, sondern der Vermeidung von Problemen dienen sollen.

Produktsiegel und -informationen

Dieses abschließende Kapitel zeigt noch einmal deutlich, dass wir auch die Entstehung eines neuen Wissens-, Forschungs- und Aktionsfeldes als zentrale Folge von Konsum betrachten müssen. Der Bedeutungszuwachs und -wandel von Konsum führte, bei allen Unterschieden in Geschwindigkeit und Ausprägung, zu einer gesteigerten Beschäftigung mit Voraussetzungen, Formen, Funktionsweisen, Motiven und nicht zuletzt den Folgen von Konsum. Das Wissen über Konsum entstand dabei nicht nur in akademischen Disziplinen wie den Wirtschaftswissenschaften oder der Soziologie (vgl. dazu Kapitel 9), sondern das dort erzeugte Wissen wurde immer wieder herausgefordert und ergänzt durch gesellschaftliche Gruppierungen, die sich mit konsumbezogenen Themen beschäftigten. Die Akteur*innen dieses Kapitels, von den Aktivist*innen bis zu den Verbraucherberater*innen, waren solche (Gegen-)Expert*innen für Konsum. Die Geschichtswissenschaft trat erst vergleichsweise spät hinzu – heute ist der konsumgeschichtliche Blick jedoch nicht mehr aus der Erforschung der Vergangenheit wegzudenken.

14.5 Quellen und Vertiefung

14.5.1 Vance Packard, Die große Verschwendung, 1960

Eins steht fest: Wenn die Entwicklung in der gegenwärtigen Richtung weitergeht, wird dieses in großen Zügen umrissene Bild von Füllhornhausen in den nächsten zwanzig Jahren immer weniger utopisch erscheinen. [...] Schon heute werden Uhren als „modisches Zubehör" verkauft. Schon heute sind Papierhäuser auf dem Markt. Die „Lebenserwartung" von Kraftfahrzeugen ist bereits merklich abgesunken. Schon gibt es in vielen Gegenden Supermärkte, die Tag und Nacht geöffnet sind, und man arbeitet an vollautomatisierten Selbstbedienungsläden mit Drucktastenschaltung. Schon heute ist die Einlagerung und Vernichtung landwirtschaftlicher Erzeugnisse, deren Anbau durch staatliche Beihilfen gefördert wird, obwohl sie niemand braucht, zu einem Weltskandal geworden. Schon heute werden bestimmte Einrichtungsgegenstände so gebaut, daß sie in ein paar Jahren auseinanderfallen, und manche Produzenten haben an der Idee, „Sterbedaten" für ihre Erzeugnisse festzulegen, ein beunruhigendes Gefallen gefunden.

Der Druck zur Ausweitung von Erzeugung und Verbrauch hat die Amerikaner gezwungen, eine Wirtschaft aufzubauen, die an Überfunktion leidet und nur dadurch am Leben gehalten werden kann, daß man Volk und Staatsführung ständig zu größerer Verschwendung der Rohstoffschätze des Landes anstachelt.

[...]

Das amerikanische Volk wird gewissermaßen zu einer Nation, die auf einem Tiger reitet. Man ermahnt es, immer mehr zu verbrauchen, da sonst seine prächtige Wirtschaftsmaschine sich eines Tages umdrehen und es verschlingen könnte. Der Amerikaner muß seinen privaten Verbrauch immer höher schrauben, ob er dringenden Bedarf an Gütern hat oder nicht. Seine ständig wachsende Wirtschaft verlangt das einfach. [...]

In seiner ganzen Geschichte hat der Mensch einen oftmals verzweifelten Kampf gegen die materielle Not geführt. Heute ist eine Wende eingetreten. Das große Problem in den USA – und bald auch in Westeuropa – besteht darin, mit einer drohenden Überfülle an notwendigen, angenehmen und überflüssigen Dingen des Lebens fertig zu werden. Selbst die langverarmte und langsamer anlaufende Sowjetunion könnte eines Tages vor dem Problem eines Warenüberflusses stehen. Die USA jedenfalls stellen bereits fest, daß die Bewältigung ihrer fabelhaften Produktivität zu einer großen nationalen Frage wird und zwar manche genialen Lösungsversuche, aber auch manche beunruhigenden Veränderungen mit sich bringt. Mein Buch handelt von den systematischen Bemühungen, den Amerikaner zu veranlassen, mit den Schätzen seines Landes sorgloser und verschwenderischer umzugehen, und von den Folgen dieser Bemühungen.

Wenn ich von den *waste makers* spreche, d. h. von den Menschen, die bei Erzeugung und Verkauf nur den raschen Verschleiß im Auge haben, dann denke ich dabei hauptsächlich an jene, die sich bemühen, ihre Mitbürger im täglichen Leben zu größerer Verschwendung zu verführen. Im weiteren Sinne könnte man jedoch behaupten, daß die meisten Amerikaner *waste makers* werden. [...] Verschwendung liegt im Geist der Zeit. Spätere Historiker werden unsere Zeit vielleicht einmal als die Ära der Vergeudung bezeichnen.

Quelle: Vance Packard: Die große Verschwendung, Frankfurt a.M./Hamburg 1965, 15–18 [Hervorhebungen im Original; zuerst erschienen auf Englisch 1960].

14.5.2 Werner Mertes (FDP) zur Gründung der Stiftung Warentest (1964)

Das Für und Wider einer *Warentesteinrichtung* ist seit einigen Jahren und [...] in der breiten Öffentlichkeit, bei Verbänden, Regierungsstellen und auch hier im Bundestag erörtert worden. Man konnte dabei fast den Eindruck gewinnen, nun sei der Stein der Weisen gefunden. Doch das ist sicher stark überbetont. Die Bildung eines Warentestinstituts löst nicht alle Probleme.

Vergleichende Warentests können zwar die Marktübersicht der Verbraucher verbessern, aber natürlich nur in begrenztem Umfang. [...] Daneben bleibt die Notwendigkeit einer breiten Verbraucherunterrichtung durch Schaffung von weiteren Beratungs- und Informationsmöglichkeiten bestehen. Hinzuweisen ist z. B. auf die Vorschriften über die *Preisauszeichnung, Handelsklassen, Größenvorschriften* (im Rahmen des Maß- und Gewichtsgesetzes) sowie auf die Einrichtung von *Beratungsstellen* und der Herausgabe von *aufklärenden Schriften*. Das Ziel, nämlich richtiges Verbraucherverhalten zu fördern, eine zweckmäßige Einkommensverwendung zu unterstützen und den Wettbewerb anzuregen, kann nur durch eine Vielzahl ineinandergreifender Maßnahmen erreicht werden, wobei diese Maßnahmen sowohl staatlicher als auch freiwilliger Art [...] sein können. [...] Ein Preiswettbewerb kann nur funktionieren, wenn der Verbraucher die Warenkenntnisse besitzt, die notwendig sind, um die Preiswürdigkeit des Warenangebots beurteilen zu können.

So gesehen verliert die Errichtung einer „Stiftung Warentest" ihre vermeintlichen Schrecken für die Wirtschaft. [...]

Quelle: Schriftliche Ergänzung des Abgeordneten Mertes zu dem Schriftlichen Bericht des Wirtschaftsausschusses (Drucksache IV/2728), Anlage 7 zur 148. Sitzung des Deutschen Bundestags am 2.12.1964, 7349f. [Hervorhebungen im Original].

14.5.3 Reinhard Mey, Liedtext „Alles ist so schön verpackt", 1982

Ich taumle vom Supermarkt im Zickzack nach Haus,
Sechs Einkaufstüten und aus jeder baumelt was raus,
Die Treppe biegt sich ächzend unter meinem Schritt,
Dabei bring' ich nur 'ne Kleinigkeit zum Abendbrot mit:
Chips und Knäckebrot und Würstchen, davon geh' ich nicht krumm,
Doch die Dosen und die Schachteln, die Behälter, die hau'n mich um!

Alles ist so schön verpackt,
Eingetütet, eingesiegelt, eingesackt,
So schön groß, so schön bunt und so schön vakuum –
Je weniger drin, desto mehr drumherum!

Es klingelt, Tante Trudchen schickt mir ein Paket,
Eines, das nur längs und hochkant durch die Türe geht.
Neugierig mach' ich auf und schon türmen sich vor mir
Holzwolle, Wellpappe, Klebeband und Packpapier.
Sprachlos zieh' ich schließlich unter einem Berg von Styropor
Für kalte Wintertage eine selbstgestrickte Pudelmütz' hervor!

Alles ist so schön verpackt...

Mein Hotelfrühstück kommt auf einem Plastiktablett:
Plastikbutter, Plastikkäse, Plastikomelett,
Plastikwurst und Plastikmilch in Plastiktöpfchen gefüllt,
Jede Scheibe Brot einzeln in Plastikfolie gehüllt.
Hab' ich erstmal ausgepackt, brauch' ich nicht mehr viel Fantasie,
Um mir vorzustell'n, ich frühstücke heut' auf der Mülldeponie!

Alles ist so schön verpackt...

Die Umweltdebatte vor dem Parlament:
Die eine Hälfte fehlt, die andre Hälfte pennt,
Einer erklärt mit Nachdruck, einer fordert unbeirrt,
Dass nun endlich alles anders und zudem viel besser wird,
Dass nun wirklich was gescheh'n muss, dass es Zeit zu handeln sei!
Ach wie gern hör' ich sie reden, und dann denk' ich mir dabei ...

Alles ist so schön verpackt...

Quelle: Reinhard Mey, Alles ist so schön verpackt, 1984 veröffentlicht als B-Seite der Platte „Frohe Weihnacht" (https://www.reinhard-mey.de/wp-content/uploads/2021/02/Reinhard-Mey-Textsammlung-14.Auflage.pdf).

14.5.4 Protest vor einem Baumarkt, 1992

Abb. 14.2: Greenpeace Protestaktion gegen Tropenholznutzung, 1992.
Quelle: Greenpeace.

14.5.5 Fragen und Anregungen

– Diagnosen wie „Wohlstandsgesellschaft", „Überflussgesellschaft" oder „Wegwerfgesellschaft" spiegeln die Zustände am Ort des Konsums wider. Überlegen Sie, inwiefern die Diagnosen zutreffen, wenn man in einer weiter gefassten geografischen Perspektive auch die Orte der Produktion von Konsumgütern und die Vertriebswege mitdenkt. Diskutieren Sie auch alternative Begriffe.
– In diesem und etlichen anderen Kapiteln war immer wieder die Rede von Protest, der sich gegen bestimmte Ausprägungen der Konsumgesellschaft richtete. Diskutieren Sie mögliche Typologien solcher Protestgruppen und -themen, die im Zusammenhang mit Konsum stehen.
– Wer ist für die unerwünschten Folgewirkungen von Konsum verantwortlich? Wie verändern sich Problemdiagnose und Lösungsvorschläge, wenn man unterschiedliche Perspektiven einnimmt, z. B. die der Konsument*innen, der Hersteller*innen, des Handels, der Politik etc.?

Weiterführende Literatur

König, Wolfgang: Geschichte der Wegwerfgesellschaft. Die Kehrseite des Konsums, Stuttgart 2019. *(Literaturbasierte Überblicksdarstellung)*

Rick, Kevin: Verbraucherpolitik in der Bundesrepublik Deutschland. Eine Geschichte des westdeutschen Konsumtionsregimes 1945–1975, Baden-Baden 2018. *(Zusammenspiel staatlicher und gesellschaftlicher Akteure)*

Sedlmaier, Alexander: Konsum und Gewalt. Radikaler Protest in der Bundesrepublik, Berlin 2018. *(Konsumgeschichte als Protestgeschichte)*

Settele, Veronika: Revolution im Stall. Landwirtschaftliche Tierhaltung in Deutschland 1945–1990, Göttingen 2020. *(Geschichte der modernen Massentierhaltung und der Kritik daran)*

Stokes, Raymond G./Köster, Roman/Sambrook, Stephen C.: The Business of Waste. Great Britain and Germany, 1945 to the Present, New York 2013. *(Vergleichender Blick auf die Voraussetzungen und Formen des Umgangs mit Müll)*

Wölfel, Sylvia: Weiße Ware zwischen Ökologie und Ökonomie. Umweltfreundliche Produktentwicklung für den Haushalt in der Bundesrepublik Deutschland und der DDR, München 2016. *(Deutsch-deutsche Technikgeschichte elektrischer Haushaltsgroßgeräte im Zeitalter wachsenden Umweltbewusstseins)*

Quellenverzeichnis

(Die hier angegebenen Links zu Webseiten wurden zuletzt am 28.4.2022 überprüft)

Adorno, Theodor W. und Max Horkheimer: Kulturindustrie. Aufklärung als Massenbetrug, in: dies.: Dialektik der Aufklärung. Philosophische Fragmente. Frankfurt a.M. 1988 [zuerst erschienen 1944].
Arens, Egmont und Roy Sheldon: Consumer Engineering: A New Technique for Prosperity, New York 1932.
Bebel, August: Die Frau im Sozialismus, Stuttgart 1879.
Bellamy, Edward: Ein Rückblick aus dem Jahr 2000, Leipzig 1890.
Beyerbach, Johann Conradin: Sammlung der Verordnungen der Reichsstadt Frankfurt. Vierter Theil: Commerziengesetze, Frankfurt a.M. 1798.
Bourdieu, Pierre: Die feinen Unterschiede. Kritik der gesellschaftlichen Urteilskraft, Frankfurt a.M. 1982.
Deutscher Bundestag: 148. Sitzung des Deutschen Bundestags am 2.12.1964, Bonn 1964.
Doernach, Rudolf: Handbuch für bessere Zeiten: Nahrung – Tiere – Energie – Bio-Mobile, Stuttgart 1983.
Douglas, Mary und Baron Isherwood: The World of Goods. Towards an Anthropology of Consumption, London 2006.
Engel, Ernst: Die Productions- und Consumtionsverhältnisse des Königreichs Sachsen, Zeitschrift des statistischen Bureaus des Königlich Sächsischen Ministerium des Inneren, Nr. 8 und 9, 1857.
Engels, Friedrich: Die Lage der arbeitenden Klasse in England: nach eigner Anschauung und authentischen Quellen, Leipzig 1845.
Erhard, Ludwig: Deutsche Wirtschaftspolitik. Der Weg in die soziale Marktwirtschaft, Düsseldorf/Wien 1962.
Galbraith, John Kenneth: Gesellschaft im Überfluss, München/Zürich 1959 [zuerst erschienen auf Englisch 1958].
Gossen, Hermann Heinrich: Entwickelung der Gesetze des menschlichen Verkehrs, und der daraus fließenden Regeln für menschliches Handeln, Braunschweig 1854.
Hessenius, Joachim: Die Kinderjahre in Steenfelderfeld, erschienen im Selbstverlag 2013
Illich, Ivan: Selbstbegrenzung. Eine politische Kritik der Technik, Reinbek 1975.
James I, King of England: A counterblaste to tobacco, London 1604.
Kempf, Rosa: Das Leben der jungen Fabrikmädchen in München. Die soziale und wirtschaftliche Lage ihrer Familie, ihr Berufsleben und ihre persönlichen Verhältnisse, Leipzig 1911.
Kriegsernährungsamt (Hrsg.): Die Kriegsernährungs-Wirtschaft 1917, Leipzig 1917.
Lazarsfeld, Paul und Elihu Katz: Personal Influence. The Part Played by People in the Flow of Mass Communications, Somerset 1955.

https://doi.org/10.1515/9783110468793-015

Mandeville, Bernard: Die Bienenfabel oder private Laster, öffentliche Vorteile, Frankfurt a.M. Main 1998 [zuerst erschienen 1714].

Marx, Karl: Das Kapital. Erstes Buch: Der Produktionsprozess des Kapitals, Hamburg 1867.

Marx, Karl: Ökonomisch-Philosophische Manuskripte, Frankfurt a.M. 2018 [zuerst erschienen 1844].

Maslow, Abraham: A theory of human motivation, in: Psychological Review 50 (1943), 370–396.

Mey, Reinhard: Alles ist so schön verpackt, 1984.

Mühlberg, Felix: Bürger, Bitten und Behörden. Geschichte der Eingaben in der DDR, Berlin 2004.

Neuss, Wolfgang und Wolfgang Müller: Lied vom Wirtschaftswunder, 1958

N. N., „Wrommm, wrommm!", in: *Der Spiegel*, 30.7.1989.

N. N., „Irgendwo sind wir alle DDR-geschädigte", *Der Spiegel*, 20.08.1989.

Neuss, Wolfgang und Wolfgang Müller, Lied vom Wirtschaftswunder (1958).

Packard, Vance: The Hidden Persuaders. [On Psychology and Advertising.], London 1957.

Packard, Vance: Die große Verschwendung, Frankfurt a.M./Hamburg 1965.

Richter, Dieter: Schlaraffenland, Frankfurt a.M. 1989.

Roßteuscher, Longin: Der Knabenhandfertigkeitsunterricht in der Volksschule, in: Bayerische Lehrerzeitung 26 (1892), Nr. 45, 589–591.

Simmel, Georg: Philosophie der Mode, Berlin 1905.

Stadt Nürnberg, Kleiderordnung 23.2.1693. Bearb. v. Joachim Peters, in: Wolfgang Wüst (Hrsg.): Policeyordnungen in den fränkischen Reichsstädten Nürnberg, Rothenburg o.d.T., Schweienfurt, Weißenburg und (Bad) Windsheim, Erlangen 2015.

Toffler, Alvin: Die Zukunftschance. Von der Industriegesellschaft zu einer humaneren Zivilisation, München 1980.

Thorstein Veblen: Theorie der feinen Leute. Eine ökonomische Untersuchung der Institutionen, Köln 1957 [zuerst erschienen 1899].

United Nations Conference on Trade and Developement: Guidelines for Consumer Protection, General Assembly Resolution 39/248, 16 4. 1985.

Zedler, Johann: Grosses vollständiges Universal Lexikon aller Wissenschafften und Künste, Bd. 6, Leipzig 1733.

Zola, Emile: Das Paradies der Damen (übers. Armin Schwarz), Altenmünster 2015.

Literaturverzeichnis

Ago, Renata: Gusto for Things. A History of Objects in Seventeenth-Century Rome, Chicago/London 2013.

Ahlheim, Hannah: Deutsche, kauft nicht bei Juden!: Antisemitismus und politischer Boykott in Deutschland 1924 bis 1935, Göttingen 2012.

Allen, Robert: The British Industrial Revolution in Global Perspective, Cambridge 2015.

Althanns, Luise: Die Eröffnung des ersten McDonald's in Moskau, in: Themenportal Europäische Geschichte, 2007 (https://www.europa.clio-online.de/essay/id/fdae-1412).

Andersen, Arne: Der Traum vom guten Leben. Alltags- und Konsumgeschichte vom Wirtschaftswunder bis heute, Frankfurt a.M./New York 1997.

Appadurai, Arjun: The social life of things: commodities in cultural perspective, New York 1986.

Bala, Christian u. a. (Hrsg.): Verbraucher in Geschichte und Gegenwart. Wandel und Konfliktfelder in der Verbraucherpolitik, Düsseldorf 2017.

Banken, Ralf und Christian Kleinschmidt/Jan Logemann: „Absatz und Reklame: Die Anfänge von modernem Einzelhandel und die Werbung bis zum Ersten Weltkrieg, in: Christian Kleinschmidt/Jan Logemann (Hrsg.): Konsum im 19. und 20. Jahrhundert, Berlin 2020, 191–209.

Barber, Benjamin R.: Jihad Vs. McWorld, New York 1995.

Beaverstock, Jonathan u. a. (Hrsg.): The Globalization of Advertising. Agencies, Cities and Spaces of Creativity, London 2011.

Beckert, Sven: King Cotton. Eine Globalgeschichte des Kapitalismus, München 2014.

Bergerson, Andrew: Ordinary Germans in Extraordinary Times the Nazi Revolution in Hildesheim, Bloomington 2004.

Berghofff, Hartmut und Thomas Kühne (Hrsg.): Globalizing Beauty Consumerism and Body Aesthetics in the Twentieth Century, Basingstoke, 2013.

Berghoff, Hartmut und Uwe Spiekermann (Hrsg.): Decoding Modern Consumer Societies, New York 2013.

Berghoff, Hartmut: Zwischen Kleinstadt und Weltmarkt. Hohner und die Harmonika 1857–1971, Paderborn 1997.

Berghoff, Hartmut, Jan Logemann und Felix Römer (Hrsg.): The consumer on the home front: Second World War civilian consumption in comparative perspective, Oxford/New York 2017.

Braun, Hans: Helmut Schelskys Konzept der „nivellierten Mittelstandsgesellschaft" in der Bundesrepublik der 50er Jahre, in: Archiv für Sozialgeschichte 29 (1989), 199–223.

Brauner, Christina: Recommendation und Reklame. Niederrheinische Brandspritzenmacher und Praktiken der Werbung in der Frühen Neuzeit, in: Zeitschrift für historische Forschung 46 (2019), Nr. 1, 1–45.

Breen, Timothy H.: „Baubles of Britain". The American and Consumer Revolutions of the Eighteenth Century, in: Past and Present 119 (1988), 73–104.

https://doi.org/10.1515/9783110468793-016

Bren, Paulina und Mary Neuburger (Hrsg.): Communism Unwrapped. Consumption in Cold War Eastern Europe, Oxford/New York 2012.

Briesen, Detlef: Warenhaus, Massenkonsum und Sozialmoral. Zur Geschichte der Konsumkritik im 20. Jahrhundert, Frankfurt a.M. 2001.

Brückweh, Kerstin und Clemens Villinger: Sich (nicht) die Butter vom Brot nehmen lassen. Ein Forschungsbericht zur Konsumgeschichte zwischen Alltag, Arbeit, Kapitalismus und Globalisierung, in: Archiv für Sozialgeschichte 57 (2017), 463–495.

Castillo, Greg: Cold War on the Home Front. The Soft Power of Midcentury Design, Minneapolis 2010.

Chessel, Marie-Emmanuelle und Natache Coquery (Hrsg.): La boutique et la ville. Commerces, commerçants, espaces et clientèles XVIe-XXe siècles, Tours 2000.

Ciarlo, David: Die Aura des Exotischen: Werbliche Darstellung von Kolonialwaren im Kaiserreich, in: Jan Logemann / Christian Kleinschmidt (Hrsg.): Konsum im 19. und 20. Jahrhundert, München 2021, 263–293.

Cohen, Lizabeth: A Consumer's Republic. The Politics of Mass Consumption in Postwar America, New York 2003.

Crew, David (Hrsg.): Consuming Germany in the Cold War, Oxford 2017.

Crosby, Alfred W.: The Columbian Exchange. Biological and Cultural Consequences of 1492, Westport, CT, 1972.

Cross, Gary: Time and Money. The Making of Consumer Culture, London 1993.

Crossick, Geoffry und Serge Jaumain (Hrsg.): Cathedrals of Consumption. The European Department Store, 1850–1939, Aldershot 1999.

Curtin, Philip: The Rise and Fall of the Plantation Complex: Essays in Atlantic History, London ²1999.

De Grazia, Victoria und Ellen Furlough: The Sex of Things. Gender and Consumption in Historical Perspective, Berkeley 1996.

De Grazia, Victoria: Das unwiderstehliche Imperium Amerikas Siegeszug im Europa des 20. Jahrhunderts, Stuttgart 2010.

De Vries, Jan: The Industrious Revolution. Consumer Behavior and the Household Economy, 1650 to the Present, Cambridge 2009.

Derix, Simone u. a.: Der Wert der Dinge. Zur Wirtschafts- und Sozialgeschichte der Materialitäten, in: Zeithistorische Forschungen/Studies in Contemporary History 3, 2016, 387–403.

Deutsch, Tracey: Untangling alliances: social tensions surrounding independent grocery stores and the rise of mass retailing, in: Warren Belasco/Phil Scranton (Hrsg.): Food Nations. Selling Taste in Consumer Societies, New York (2002), 156–74.

Ditt, Karl und Sidney Pollard: Von der Heimarbeit in die Fabrik: Industrialisierung und Arbeiterschaft in Leinen- und Baumwollregionen Westeuropas während des 18. und 19. Jahrhunderts, Paderborn 1992.

Ditt, Karl: Zweite Industrialisierung und Konsum: Energieversorgung, Haushaltstechnik und Massenkultur in Großbritannien und Deutschland 1880–1939, Paderborn 2011.

Donohue, Kathleen: Freedom from Want. American Liberalism and the Idea of the Consumer, Baltimore 2006.

Eder, Franz X., Oliver Kühschelm und Hannes Siegrist (Hrsg.): Konsum und Nation. Zur Geschichte nationalisierender Inszenierungen in der Produktkommunikation, Bielefeld 2012.

Ehrmann-Köpke, Bärbel: „Demonstrativer Müßiggang" oder „rastlose Tätigkeit"? Handarbeitende Frauen im hansestädtischen Bürgertum des 19. Jahrhunderts, Münster 2010.

Eisenhuth, Stefanie: Freizeit beim Feind. U.S.-amerikanische Soldaten in Ostberlin, in: Zeithistorische Forschungen 15 (2018), 11–39.

Eisenstadt, Shmul N.: Multiple Modernities, in: Daedalus 129 (2000), 1–29.

Engel, Alexander: Farben der Globalisierung. Die Entstehung moderner Märkte für Farbstoffe 1500–1900, Frankfurt a.M. 2009.

Fabian, Sina: Boom in der Krise. Konsum, Tourismus, Autofahren in Westdeutschland und Großbritannien 1970–1990, Göttingen 2016.

Fenske, Michaela: Marktkultur in der Frühen Neuzeit. Wirtschaft, Macht und Unterhaltung auf einem städtischen Jahr- und Viehmarkt, Köln 2006.

Ferguson, Niall (Hrsg.): Shock of the Global. The 1970s in Perspective, Cambridge 2011.

Fischer, Hendrik: Konsum im Kaiserreich Eine statistisch-analytische Untersuchung privater Haushalte im wilhelminischen Deutschland, Berlin 2011.

Flick-Werk. Reparieren und umnutzen in der Alltagskultur. Begleitheft zur Ausstellung im Württembergischen Landesmuseum Stuttgart vom 15. Oktober bis 15. Dezember 1983, Stuttgart 1983.

Floud, Roderick: The Cambridge Economic History of Modern Britain, 1.1, Cambridge 2014.

Fontaine, Laurence (Hrsg.): Alternative Exchanges. Second-Hand Circulation from the Sixteenth Century to the Present, New York 2008.

Fritzen, Florentine: Gesünder leben. Die Lebensreformbewegung im 20. Jahrhundert, Stuttgart 2006.

Gabaccia, Donna: Why We Eat What We Eat. Ethnic Food and the Making of Americans, Harvard 2000.

Garon, Sheldon: Beyond Our Means. Why America Spends While the World Saves, Princeton 2013.

Gatejel, Luminita: Warten, hoffen und endlich fahren: Auto und Sozialismus in der Sowjetunion, in Rumänien und der DDR (1956–1989/91), Frankfurt a.M. 2014.

Gelber, Steve M.: Do-it-yourself: Constructing, Repairing and Maintaining Domestic Masculinity, in: American Quarterly 49 (1997), Nr. 1, 66–112.

Gordon, Andrew: Fabricating Consumers The Sewing Machine in Modern Japan, Berkeley 2012.

Gordon, Sarah A.: „Make it yourself". Home Sewing, Gender, and Culture, 1890–1930, New York 2009.

Graeber, David: Consumption, in: Current Anthropology 52 (2011), Nr. 4, 489–511.
Haehnel, Paul Lukas: Verbraucherpolitik im Kaiserreich, in: Christian Kleinschmidt/Jan Logemann (Hrsg.): Konsum im 19. und 20. Jahrhundert, Berlin 2020, 211–234.
Hamilton, Shane und Sarah Philipps: The Kitchen Debate and Cold War Politics, Boston, MA, 2014.
Hamilton, Shane: Supermarket USA. Food and Power in the Cold War Farms Race, New Haven 2019.
Harris, Richard: Building a Market. The Rise of the Home Improvement Industry, 1914–1960, London/Chicago 2012.
Hartmann, Evi: Wie viele Sklaven halten Sie? Über Globalisierung und Moral, Frankfurt a.M. 2016.
Haupt, Heinz-Gerhard und Claudius Torp (Hrsg.): Die Konsumgesellschaft in Deutschland 1890–1990. Ein Handbuch, Frankfurt a.M. 2009.
Haupt, Heinz-Gerhard: Kleinhändler und Arbeiter in Bremen zwischen 1890 und 1914, in: Archiv für Sozialgeschichte 22 (1982), 95–132.
Hausen, Karin: Technischer Fortschritt und Frauenarbeit im 19. Jahrhundert. Zur Sozialgeschichte der Nähmaschine, in: Geschichte und Gesellschaft 4 (1978), Nr. 2, 148–169.
Haynes, Douglas u. a. (Hrsg.): Toward a History of Consumption in South Asia, Delhi 2010.
Heldmann, Philipp: Herrschaft, Wirtschaft, Anoraks. Konsumpolitik in der DDR der Sechzigerjahre, Göttingen 2004.
Hellmann, Kai-Uwe: Der Konsum der Gesellschaft. Konsumsoziologie und Massenkultur, Wiesbaden 2019.
Heß, Corina: Danziger Wohnkultur in der Frühen Neuzeit. Untersuchungen zu Nachlassinventaren des 17. und 18. Jahrhunderts, Münster u. a. 2007.
Hessler, Martina: Visionen des Überflusses. Entwürfe der zukünftigen Massenkonsumgesellschaft im 20. Jahrhundert, in: Hartmut Berghoff/Jakob Vogel (Hrsg.): Wirtschaftsgeschichte als Kulturgeschichte. Dimensionen eines Perspektivwechsels, Frankfurt a.M. 2004, 455–480.
Hierholzer, Vera: Nahrung nach Norm. Regulierung von Nahrungsmittelqualität in der Industrialisierung 1871–1914, Göttingen 2010.
Hilton, Matthew: Consumerism in 20th Century Britain. The Search for a Historical Movement, Cambridge 2003.
Hilton, Matthew: Prosperity for All: Consumer Activism in an Era of Globalization, Ithaca 2011.
Hirbodian, Sigrid, Sheilagh Ogilvie und Johanna R. Regnath (Hrsg.): Revolution des Fleißes, Revolution des Konsums? Leben und wirtschaften im ländlichen Württemberg von 1650 bis 1800, Ostfildern 2015.
Hirt, Gerulf: Verkannte Propheten? Zur „Expertenkultur" (west-)deutscher Werbe-kommunikatoren bis zur Rezession 1966/67, Leipzig 2013.
Hoffmann, Dierk: Mangelwirtschaft – Konsum als Herausforderung in der Planwirtschaft der DDR, in: Christian Kleinschmidt/Jan Logemann (Hrsg.): Konsum im 19. und 20. Jahrhundert, Berlin 2020, 563–587.

v. Hodenberg, Christina: Aufstand der Weber. Die Revolte von 1844 und ihr Aufstieg zum Mythos, Bonn 1998.
Horowitz, Daniel: The Morality of Spending. Attitudes Toward the Consumer Society in America, 1875–1940, Chicago 1992.
Hounshell, David: From the American System to Mass Production, 1800–1932. The Development of Manufacturing Technology in the United States, Baltimore 1991.
Kaelble, Hartmut: Europäische Besonderheiten des Massenkonsums, 1950–1990, in: Siegrist, Hannes, Hartmut Kaelble und Jürgen Kocka (Hrsg.): Europäische Konsumgeschichte. Zur Gesellschafts- und Kulturgeschichte des Konsums, Frankfurt a.M. 1997, 169–204.
Kassung, Christian: Fleisch. Die Geschichte einer Industrialisierung, Paderborn 2020.
Klein, Naomi: No Logo! Der Kampf der Global Players um Marktmacht, München 2005.
Kleinschmidt, Christian und Jan Logemann (Hrsg.): Konsum im 19. und 20. Jahrhundert, Berlin 2021.
Kleinschmidt, Christian: Der produktive Blick. Wahrnehmung amerikanischer und japanischer Management- und Produktionsmethoden durch deutsche Unternehmer 1950–1985, Berlin, 2002.
Kleinschmidt, Christian: Wirtschaftsgeschichte der Neuzeit. Die Weltwirtschaft, 1500–1850, München 2017.
Köhler, Ingo: Auto-Identitäten. Marketing, Konsum und Produktbilder des Automobils nach dem Boom, Göttingen 2018.
König, Wolfgang: Geschichte der Wegwerfgesellschaft. Die Kehrseite des Konsums, Stuttgart 2019.
König, Wolfgang: Kleine Geschichte der Konsumgesellschaft, Stuttgart 2013.
König, Wolfgang: Maschinisierung, Massenproduktion, Rationalisierung. Zur Produktentstehung im 19. Jahrhundert, in: Christian Kleinschmidt/Jan Logemann (Hrsg.): Konsum im 19. und 20. Jahrhundert, Berlin 2020, 165–190.
König, Wolfgang: Volkswagen, Volksempfänger, Volksgemeinschaft. „Volksprodukte" im Dritten Reich. Vom Scheitern einer nationalsozialistischen Konsumgesellschaft, Paderborn 2004.
Kopsidis, Michael und Nicolaus Wolf: Agricultural Productivity across Prussia during the Industrial Revolution, in: Journal of Economic History 73 (2012), 643–670.
Köster, Roman: Hausmüll. Abfall und Gesellschaft in Westdeutschland 1945–1990, Göttingen 2017.
Krebs, Stefan, Gabriele Schabacher und Heike Weber (Hrsg.): Kulturen des Reparierens. Dinge – Wissen – Praktiken, Bielefeld 2018.
Kreis, Reinhild: Selbermachen. Eine andere Geschichte des Konsumzeitalters, Frankfurt a.M./New York 2020.
Kroen, Sheryl: Negotiations with the American way. The Consumer and the Social-Contract in Postwar Europe, in: John Brewer/Frank Trentmann (Hrsg.): Consuming Cultures, Global Perspectives, Oxford 2006, 251–277.

Kühschelm, Oliver: Einkaufen als nationale Verpflichtung. Zur Genealogie nationaler Ökonomien in Österreich und der Schweiz, 1920–1980. Berlin/Boston 2022.

Langer, Lydia: Revolution im Einzelhandel. Die Einführung der Selbstbedienung in Lebensmittelgeschäften der Bundesrepublik Deutschland (1949–1973), Köln u. a. 2015.

Lau, Peter F.: Democracy Rising. South Carolina and the Fight for Black Equality Since 1865, Lexington 2006.

Lerner, Paul: The Consuming Temple. Jews, Department Stores, and the Consumer Revolution in Germany, 1880–1940, Ithaca 2015.

Logemann, Jan: Einkaufsparadies und „Gute Stube". Fußgängerzonen in Westdeutschen Innenstädten der 1950er bis 1970er Jahre, in: Adelheid v. Saldern (Hrsg.): Stadt und Kommunikation in bundesrepublikanischen Umbruchszeiten, Stuttgart 2006, S. 103–122.

Logemann, Jan: Consumption and Space. Inner-City Pedestrian Malls and the Consequences of Changing Consumer Geographies, in: Hartmut Berghoff/ Uwe Spiekerman (Hrsg.): Decoding Modern Consumer Societies, New York 2014, 149–170.

Logemann, Jan: Trams or Tailfins? Public and Private Prosperity in Postwar West Germany and the United States, Chicago u. a. 2013.

Logemann, Jan: Engineered to Sell. European Emigres and the Making of Consumer Culture, Chicago 2020.

Logemann, Jan: Remembering Aunt Anna. Small Retailing between Nostalgia and a Conflicted Past, in: Journal of Historical Research in Marketing 5 (2013), 151–171.

Lubinski, Christina und Andreas Steen: Traveling Entrepreneurs, Traveling Sounds. The Early Gramophone Business in India and China, in: Itinerario 41 (2017), 275–303.

Lüdtke, Alf, Inge Marßolek´und Adelheid von Saldern (Hrsg.): Amerikanisierung. Traum und Alptraum im Deutschland des 20. Jahrhundert, Stuttgart 1996.

Ludwig, Andreas und Katja Böhme (Hrsg.): Alles aus Plaste. Versprechen und Gebrauch in der DDR, Köln/Weimar/Wien 2012.

Maase, Kaspar: BRAVO Amerika. Erkundungen zur Jugendkultur der Bundesrepublik in den fünfziger Jahren, Hamburg 1992.

Mahlerwein, Gunther: Grundlagen der Nahrungsmittelversorgung: Landwirtschaft im langen 19. Jahrhundert, in: Christian Kleinschmidt/ Jan Logemann (Hrsg.): Konsum im 19. und 20. Jahrhundert, Berlin 2020, 137–164.

McKendrick, Neil John Brewer and J.H. Plumb: The Birth of a Consumer Society. The Commercialization of Eighteenth-Century England, Bloomington 1982.

Medick, Hans: Weben und Überleben in Laichingen 1650–1900. Lokalgeschichte als allgemeine Geschichte, Göttingen ^{2}1997.

Merkel, Ina: Utopie und Bedürfnis. Die Geschichte der Konsumkultur in der DDR, Köln u. a. 1999.

Mintz, Sidney: Sweetness and Power. The Place of Sugar in Modern History, New York 1985.

Möckel, Benjamin: The Material Culture of Human Rights. Consumer Products, Boycotts, and the Transformation of Human Rights Activism in the 1970s and 1980s, in: International Journal for History, Culture and Modernity 6 (2018), Nr. 1, 76–104.

Möckel, Benjamin: Postkolonialwaren. „Dritte-Welt-Läden" und die Utopie eines gerechten Welthandels, in: Zeithistorische Forschungen 17 (2020), Nr. 3, 503–529.

Möhring, Maren: Fremdes Essen. Die Geschichte der ausländischen Gastronomie in der Bundesrepublik Deutschland, München 2012.

Nederveen Pieterse, Jan: Globalization and Culture. Global Mélange, Lanham, MD 2003.

Nolan, Mary: Visions of Modernity. American Business and the Modernization of Germany, Oxford 2011.

Nonn, Christoph: Entdeckung des Konsumenten im Kaiserreich, in: Heinz-Gerhard Haupt/Claudius Torp (Hrsg.): Die Konsumgesellschaft in Deutschland 1890–1990. Ein Handbuch, Frankfurt a. M. 2009, 221–231.

Nonn, Christoph: Verbraucherprotest und Parteiensystem im wilhelminischen Deutschland, Düsseldorf 1996.

Odenziel, Ruth: Exporting the American Cold War Kitchen, in: Ruth Odenziel/Karin Zachmann (Hrsg.): Cold War Kitchen. Americanization, Technology, and European Users, Cambridge 2015, 315–339.

O'Rourke, Kevin und Jeffrey Williamson: Globalization and history: the evolution of a nineteenth-century Atlantic economy, Cambridge 1999.

Patterson, Patrick H.: Bought and Sold. Living and Losing the Good Life in Socialist Yugoslavia, Ithaca, NY 2012.

Pence, Katherine: Showcasing Cold War Germany in Cairo. 1954 and 1957 Industrial Exhibitions and the Competition for Arab Partners, in: Journal of Contemporary History 47 (2012), 69–95.

Pfister, Ulrich: Vom Kiepenkerl zu Karstadt. Einzelhandel und Warenkultur im 19. und frühen 20. Jahrhundert, in: Vierteljahrschrift für Sozial- und Wirtschaftsgeschichte 87 (2000), 38–66.

Piketty, Thomas, Das Kapital im 21. Jahrhundert, München 2014.

Pomeranz, Kenneth: The Great Divergence: China, Europe, and the Making of the Modern World Economy, Princeton 2000.

Prinz, Michael: Brot und Dividende. Konsumvereine in Deutschland und England vor 1914, Göttingen 1996.

Prinz, Michael (Hrsg.): Der lange Weg in den Überfluss. Anfänge und Entwicklung der Konsumgesellschaft seit der Vormoderne, Paderborn 2003.

Rappaport, Erika: A Thirst for Empire. How Tea Shaped the Modern World, Princeton 2017.

Rappaport, Erika, Sandra T. Dawson und Mark J. Crowley (Hrsg.): Consuming Behaviours. Identity, Politics and Pleasure in Twentieth-Century Britain, London 2015.

Reid, Susan: Our Kitchen in just as good: Soviet responses to the American Kitchen, in: Ruth Odenziel/Karin Zachmann (Hrsg.): Cold War Kitchen. Americanization, Technology, and European Users, Cambridge 2015, 83–108.

Reinhardt, Dirk: Von der Reklame zum Marketing. Geschichte der Wirtschaftswerbung in Deutschland, Berlin, 1993.
Richter, Dieter: Schlaraffenland. Geschichte einer populären Phantasie, Frankfurt a.M, 2015.
Rick, Kevin: Verbraucherpolitik in der Bundesrepublik Deutschland. Eine Geschichte des westdeutschen Konsumtionsregimes 1945–1975, Baden-Baden 2018.
Riello, Giorgio und Ulinka Rublack (Hrsg.): The Right to Dress. Sumptuary Laws in a Global Perspective, c. 1200–1800, Cambridge u. a. 2019.
Riesman, David: The Lonely Crowd. A Study of the Changing American Character, New York 1950.
Rischbieter, Julia Laura: Mikro-Ökonomie der Globalisierung. Kaffee, Kaufleute und Konsumenten im Kaiserreich 1870–1914, Köln 2011.
Ritzer, George: McDonaldization. The Reader, Thousand Oaks 2010.
Rosen, Ellen I.: Making Sweatshops. The Globalization of the U.S. Apparel Industry, Berkeley 2002.
Rubin, Eli: Synthetic Socialism. Plastics & Dictatorship in the German Democratic Republic, Chapel Hill 2014.
Rudometof, Victor: Glocalization. A Critical Introduction, London 2016.
Salinas, Carlos Marichal: Mexican Cochineal, Local Technologies and the Rise of Global Trade from the Sixteenth to the Nineteenth Centuries, in: Manuel Perez-Garcia/Lucio De Sousa (Hrsg.): Global History and new Polycentric Approaches, Singapur 2018, 255–273.
Samuel, Lawrence: Freud on Madison Avenue. Motivation Research and Subliminal Advertising in America, Philadelphia 2010.
Sandgruber, Roman: Die Anfänge der Konsumgesellschaft. Konsumgüterverbrauch, Lebensstandard und Alltagskultur in Österreich im 18. und 19. Jahrhundert, München 1982.
Scarpellini, Emanuela: Material Nation. A Consumer's History of Modern Italy, Oxford 2011.
Schivelbusch, Wolfgang: Das verzehrende Leben der Dinge. Versuch über die Konsumtion, München 2015.
Schmidt-Funke, Julia (Hrsg.): Materielle Kultur und Konsum in der Frühen Neuzeit, Wien u. a. 2019.
Schmidt-Gernig, Alexander: Amerika erfahren – Europa entdecken. Zum Vergleich der Gesellschaften in europäischen Reiseberichten des 20. Jahrhunderts, Berlin 1999.
Schramm, Manuel: Konsumgeschichte, in: Docupedia-Zeitgeschichte, 25.07.2011 (http://docupedia.de/zg/schramm_konsumgeschichte_v1_de_2011).
Schwarze Uwe, Heinrich-Wilhelm Buschkamp und Alexander Elbers, Geschichte der Schuldnerhilfe in Deutschland. Varianten und Entwicklungspfade aus Perspektive der Sozialen Arbeit, Weinheim 2019.
Schwartz, Frederic: The Werkbund. Design Theory and Mass Culture Before the First World War, New Haven 1996.
Scranton, Philip: Endless Novelty. Specialty Production and American Industrialization, 1865–1925, Princeton 1998.

Sedlmaier, Alexander: Konsum und Gewalt. Radikaler Protest in der Bundesrepublik, Berlin 2018.
Settele, Veronika: Revolution im Stall. Landwirtschaftliche Tierhaltung in Deutschland 1945–1990, Göttingen 2020.
Siebenhüner, Kim: Calico Craze? Zum geschlechtsspezifischen Konsum bedruckter Baumwollstoffe im 18. Jahrhundert. Ein Blick von England zur Alten Eidgenossenschaft, in: L'Homme – europäische Zeitschrift für feministische Geschichtswissenschaft 27 (2016), 33–52.
Siegfried, Detlef und David Templin (Hrsg.): Lebensreform um 1900 und Alternativmilieu um 1980. Kontinuitäten und Brüche in Milieus der gesellschaftlichen Selbstreflexion im frühen und späten 20. Jahrhundert, Göttingen 2019.
Siegfried, Detlef: Time is on my side. Konsum und Politik in der westdeutschen Jugendkultur der 60er Jahre, Göttingen 2006.
Spiekermann, Uwe: From neighbor to consumer: the transformation of retailer-consumer relationships in twentieth-century Germany, in: Frank Trentmann (Hrsg.): The Making of the Consumer. Knowledge, Power and Identity in the Modern World, Oxford 2006, 147–74
Spiekermann, Uwe: Die Ernährung städtischer Arbeiter in Baden an der Wende vom 19. zum 20. Jahrhundert, in: Internationale Wissenschaftliche Korrespondenz zur Geschichte der deutschen Arbeiterbewegung 32, 1996 (1997), 453–483.
Spiekermann, Uwe: Freier Konsum und soziale Verantwortung. Zur Geschichte des Ladenschlusses in Deutschland im 19. und 20. Jahrhundert, in: Zeitschrift für Unternehmensgeschichte 49 (2004), 26–44.
Spiekermann, Uwe: Künstliche Kost. Ernährung in Deutschland, 1840 bis heute, Göttingen 2018.
Spiekermann, Uwe: Window-display advertising in German cities during the 19th century. A story of an enduring success, in: Clemens Wischermann (Hrsg.): Advertising and the European City. Historical Perspectives, London 2002, 139–171.
Spiekermann, Uwe: Zeitsprünge. Lebensmittelkonservierung zwischen Industrie und Haushalt 1880–1940, in: KATALYSE e.V., BUNTSTIFT e.V. (Hrsg.): Ernährungskultur im Wandel der Zeiten, Köln 1997, 31–43.
Spiekermann, Uwe: Basis der Konsumgesellschaft. Entstehung und Entwicklung des modernen Kleinhandels in Deutschland 1850–1914, München 1999.
Stokes, Raymond G., Roman Köster und Stephen C. Sambrook: The Business of Waste. Great Britain and Germany, 1945 to the Present, New York 2013.
Sudrow, Anne: Der Schuh im Nationalsozialismus. Eine Produktgeschichte im deutsch-britisch-amerikanischen Vergleich, Göttingen 2010.
Tanner, Jakob: Konsumtheorien in der Wirtschaftswissenschaft, in: Heinz-Gerhard Haupt/Claudius Torp (Hrsg.): Die Konsumgesellschaft in Deutschland 1890–1990. Ein Handbuch, Frankfurt a. M. 1989, 335–354.
Tenfelde, Klaus: Klassenspezifische Konsummuster im Deutschen Kaiserreich, in: Hannes Siegrist/Hartmut Kaelble/Jürgen Kocka (Hrsg.): Europäische Konsumgeschichte. Zur Gesellschafts- und Kulturgeschichte des Konsums (18.-20. Jahrhundert), Frankfurt a.M. 1997, 245–266.

Thompson, E.P.: The Moral Economy of the English Crowd in the Eigteenth Century, in: Past & Present 50 (1971), S. 76–136.
Torp, Claudius: Konsum und Politik in der Weimarer Republik, Göttingen 2011.
Torp, Claudius: Wachstum, Sicherheit, Moral. Politische Legitimationen des Konsums im 20. Jahrhundert, Göttingen 2012.
Torp, Cornelius: Weltwirtschaft vor dem Weltkrieg. Die Erste Welle ökonomischer Globalisierung vor 1914, in: Historische Zeitschrift. 279 (2004), Nr. 1, 561–610.
Trentmann, Frank (Hrsg.): The Oxford Handbook of the History of Consumption, New York 2012.
Trentmann, Frank: Herrschaft der Dinge. Die Geschichte des Konsums vom 15. Jahrhundert bis heute, München 2018.
Triebel, Armin: Zwei Klassen und die Vielfalt des Konsums. Haushaltsbudgetierung bei abhängig Erwerbstätigen in Deutschland im ersten Drittel des 20. Jahrhunderts, Berlin 1991.
Trivedi, Lisa: Clothing Gandhi's Nation. Homespun and Modern India, Bloomington 2007.
Trumbull, Gunnar: Consumer Capitalism. Politics, Product Markets, and Firm Strategy in France and Germany, Ithaca/New York/ London 2006.
Voges, Jonathan: „Selbst ist der Mann". Do-it-yourself und Heimwerken in der Bundesrepublik Deutschland, Göttingen 2017.
Wallerstein, Immanuel: Mercantilism and the Consolidation of the European World-Economy, 1600–1750, Berkeley 2011.
Weatherill, Lorna: Consumer Behaviour and Material Culture in Britain, 1660–1760, London 1996.
Weil, Gordon Lee: Sears, Roebuck, U.S.A. The Great American Catalog Store and How It Grew, New York 1979.
Welch, Evelyn: Shopping in the Renaissance. Consumer Cultures in Italy, 1400–1600, New Haven/London 2005.
Welskopp, Thomas: Konsum, in: Christoph Dejung/Monika Dommann/Daniel Speich Chassé (Hrsg.): Auf der Suche nach der Ökonomie, Tübingen 2014, 125–152.
Wildt, Michael: Am Beginn der „Konsumgesellschaft". Mangelerfahrung, Lebenshaltung, Wohlstandshoffnung in Westdeutschland in den fünfziger Jahren, Hamburg 1994.
Wölfel, Sylvia: Weiße Ware zwischen Ökologie und Ökonomie. Umweltfreundliche Produktentwicklung für den Haushalt in der Bundesrepublik Deutschland und der DDR, München 2016.
Woloson, Wendy A.: Crap. A history of cheap stuff in America, Chicago/London 2020.
Woodard, James: Brazil's Revolution in Commerce: Creating Consumer Capitalism in the American Century, Chapel Hill 2020.
Zanoni, Elizabeth: Migrant Marketplaces. Food and Italians in North and South America. Springfiled, IL 2018.
Zierenberg, Malte: Stadt der Schieber. Der Berliner Schwarzmarkt 1939–1950, Göttingen 2008.

Abbildungsverzeichnis

(Die hier angegebenen Links zu Webseiten wurden zuletzt am 28.4.2022 überprüft)

Abb. 1.1　Struktur der Konsumausgaben privater Haushalte in Baden-Württemberg 2018. Quelle: Statistisches Landesamt Baden-Württemberg, Pressemitteilung 58/2020, Stuttgart, 12. März 2020 (https://www.statistik-bw.de/Presse/Pressemitteilungen/2020058) —— **1**

Abb. 3.1　Titelseite des Wedgewood Katalogs von 1787. Wedgwood's Catalogue of Cameos, Intaglios, Medals, Bas-Reliefs, Busts, and Small Statues: Repr. From the Ed. of 1787. Ed. by E. Meteyard. Courtesy of the Smithsonian Libraries and Archives (https://library.si.edu/digital-library/book/catalogofcameosi00wedg) —— **41**

Abb. 4.1　Banyan (Herrenmantel) aus bedrucktem Chintz. Ursprung England, zugeschrieben Bromley Hall, Middlesex, UK, hergestellt in England oder den Niederlanden, 1780–99, Baumwolle und Indigofarbstoff, 2014.0024, Museumsanschaffung mit Mitteln des „Henry Francis du Pont Collectors Circle", mit freundlicher Genehmigung des Winterthur Museums. (http://collectingforthefuture.winterthur.org/banyan-robe/) —— **46**

Abb. 4.2　Zuckerschale aus Glas mit Inschrift: "East India Sugar / not made by / slaves", Ursprung Bristol, England ca. 1820–1830. Quelle: Britisch Museum (https://www.britishmuseum.org/collection/object/H_2002-0904-1). © The Trustees of the British Museum —— **62**

Abb. 4.3　Werbung für Krellhaus Kaffee, 1909. Quelle: David Ciarlo, „Die Aura des Exotischen" in C. Kleinschmidt /J. Logemann (Hg.): Konsum im 19. und 20. Jahrhundert, De Gruyter 2020, S. 258 —— **63**

Abb. 5.1　Verbrauchsstatistik von Haushalten in Sachsen, 1857. Quelle: Ernst Engel, Die Productions- und Consumptionsverhältnisse des Königreichs Sachsen, Zeitschrift des statistischen Bureaus des königl. Sächsischen Ministerium des Inneren, 21.11.1857. Bayerische Staatsbibliothek München, 4 Germ.sp. 367 l-3/7, S. 153, urn:nbn:de:bvb:12-bsb11032617-2 —— **83**

Abb. 5.2　Arbeiterfamilie in Berliner Mietswohnung um 1910 (Material/Technik: Foto / s/w-Abzug, 14,4 x 10,6 cm, Aufnahmeort: Berlin. Quelle: Deutsches Historisches Museum, Berlin Inv.-Nr.: F 52/2983 (https://www.dhm.de/lemo/bestand/objekt/elendsquartier-in-berlin-um-1910.html) —— **84**

Abb. 6.1　Herbstkatalog von Sears & Roebuck 1900. Quelle: Sears & Roebuck Co., Consumers Guide, Nr. 110, Herbst 1900, Chicago 1900 —— **86**

Abb. 6.2	Auswahl an Parfums und Hygieneprodukten im Versandkatalog. Quelle: Hauptkatalog August Stukenbrock 1912, S. 73 (http://www.digitalis.uni-koeln.de/Stuken/stuken_index.html) —— 102
Abb. 6.3	Sachplakat. Werbeposter von Lucian Bernhard (1883–1972) für Zündkerzen der Firma Bosch, 1914. Quelle: New York, Museum of Modern Art (MoMA), Lithographie, farbig gedruckt, 17 7/8 x 25 1/4 (45.5 x 64.2 cm). Schenkung der Lauder Foundation. 236.1987 (https://www.moma.org/collection/works/5788) —— 105
Abb. 7.1	Titelblatt der ersten Ausgabe von *Selbst ist der Mann* im November 1957. Quelle: Selbst ist der Mann, Nr. 1, November 1957 —— 109
Abb. 9.1	Werkschor. Arbeiter-Festspiele der DDR, 13. Juni 1959. Quelle: Bundesarchiv (BArch Bild 183-64930-0003: https://www.bild.bundesarchiv.de/dba/de/search/?query=Bild+183-64930-0003) —— 148
Abb. 9.2	Anzeige Hausratsversteigerung, Westdeutscher Beobachter, 1.3.1942. Quelle: NS-Dokumentationszentrum der Stadt Köln (http://www.rheinische-geschichte.lvr.de/Epochen-und-Themen/Themen/%22arisierung-in-koeln/DE-2086/lido/57d129227d9f66.00219403) —— 163
Abb. 9.3	Kampagne "Kauft Österreichische Waren" des Bundesministeriums für Handel und Verkehr. Plakat, Joseph Binder, Wien 1930. MAK – Österreichisches Museum für angewandte Kunst/Gegenwartskunst, Wien (https://sammlung.mak.at/sammlung_online?id=collect-54627) —— 164
Abb. 10.1	Bedürfnispyramide angelehnt an Abraham Maslow (1908–1970). Quelle: Birgit Weber, „Gutes Leben" oder maximaler Nutzen – ökonomische Entscheidungen im Haushalt", in: Bundeszentrale zur politischen Bildung (Hrsg.): Informationen zur politischen Bildung, 19.11. 2010 (https://m.bpb.de/izpb/7593/gutes-leben-oder-maximaler-nutzen-oekonomische-entscheidungen-im-haushalt) —— 167
Abb. 11.1	Titelbild der BRAVO vom 12. September von 1966. Quelle: Bravo Nr. 38, 12.9.1966 —— 189
Abb. 12.1	Die „Kitchen Debate": Der sowjetische Premierminister Nikita Chruschtschow (2.v.l.) und U.S. Vizepräsident Richard Nixon (Mitte) auf der U.S. National Exhibition in Moskau, 25. Juli 1959. Quelle: Nixon Presidential Library and Museum (https://commons.wikimedia.org/wiki/File:1959_Khrushchev,_Nixon,_Brezhnev.jpg). Photo: Universal History Archive/Universal Images Group via Getty Images) —— 208

Abbildungsverzeichnis — 275

Abb. 12.2 Inhalt eines CARE-Pakets aus dem Jahr 1948: 4 Pfund Fleisch, 3 Pfund Butter; je zwei Pfund Mehl, Zucker, Vollmilchpulver; je ein Pfund Reis, Honig, Marmelade und Rosinen, sowie 2 Pfund Kaffee, 1 Pfund Schokolade, 500 Gr. Eipulver und 4 Stück Seife. Kosten: 10,- U.S. Dollar. Quelle: Bundesarchiv, Bild 183-S1207-502 / CC-BY-SA —— **220**

Abb. 12.3 U.S. Soldaten mit Ostwaren nach einem Einkauf in Ostberlin, 1989. Quelle: Berliner Zeitung, Picture Alliance / ADN / Zentralbild. Aus: S. Eisenhut, Freizeit beim Feind, *Zeithistorische Forschungen* 15 (2018), S. 11–39, S. S. 13. © picture-alliance / ADN/ZB Fotoagent. Zenralbild GmbH —— **221**

Abb. 13.1 Der Chicken Maharaja Mac im Angebot von McDonald's Indien, ca. 2020. Quelle: Alamy Stock Photos (https://www.alamy.de/stockfoto-mcdonalds-chicken-maharaja-mac-133865819.html) —— **225**

Abb. 13.2 Swadeshi – aus heimischer Produktion. Werbeanzeige für indische Textilien, 1931 Quelle: Lisa Trivedi: Visually Mapping the "Nation", Swadeshi Politics in nationalist India, 1920–1930, Journal of Asian Studies 62 (2003): 11–41, S. 24 —— **238**

Abb. 13.3 Hollywoodstar Jane Fonda als Werbeträgerin für Lux-Seife in Lateinamerika, c. 1967 Quelle: Geoff Jones: Globalizing Latin American Beauty, ReVista: Harvard Review of Latin America, 16,3 (2017) ((https://revista.drclas.harvard.edu/globalizing-latin-american-beauty/) —— **239**

Abb. 14.1 Fotografien von Altglascontainern für Glasrecycling am Perelsplatz vom 23. Februar 1981. Fotosammlung Jürgen Henschel. Museen Tempelhof-Schöneberg. Signaturen: HEN3-549-3145 und 3146 (https://berlin.museum-digital.de/index.php?t=objekt&oges=59567) —— **243**

Abb. 14.2 Greenpeace Protestaktion gegen Tropenholznutzung, 1992. Quelle:Greenpeace – tropenholz GP0STP5D4 Feldstein/Greenpeace (https://docplayer.org/43342692-Hintergrund-gruppen-ehrenamtlich-in-aktion-fuer-greenpeace.html) —— **259**

Glossar

Abzahlungsgeschäft
Seit dem ausgehenden 19. Jahrhundert fand der Vertrieb von Waren auf Kredit zunehmende Verbreitung. Abzahlungsgeschäfte und -basare boten Textilwaren und andere Konsumgüter gegen Teil- bzw. Ratenzahlung an. Dieses Vermarktungsmodell wurde in Deutschland ab 1894 durch das Abzahlungsgesetz geregelt.

Bedarf, starrer und flexibler/elastischer
Ökonomen unterscheiden zwischen starrem und flexiblem Bedarf im Konsum. Unverzichtbare Güter wie Lebensmittel, Wohnungen oder Heizmaterialien zählen zum starren Bedarf, der historisch einen großen Anteil der Konsumausgaben ausmachte. Diese unelastische Nachfrage ist wenig preissensibel, d. h. wir zahlen für lebensnotwendige Güter wie z. B. Wasser auch einen höheren Preis, da Verzicht keine Option darstellt.

Cash Crops
Agrargüter, die für den Markt und nicht für eine häusliche oder lokale Subsistenzwirtschaft produziert werden. Frühneuzeitliche Plantagengüter wie Tabak, Baumwolle oder Zuckerrohr gelten als klassische Beispiele ebenso wie die exportorientierte Getreideproduktion in den USA im 19. Jahrhundert.

Columbian Exchange
Geprägt durch den Umwelthistoriker Alfred Crosby bezeichnet der Begriff den transatlantischen Austausch von Pflanzen, Tieren, aber auch Krankheiten seit der europäischen „Entdeckung" der amerikanischen Kontinente. So fanden Güter der Neuen Welt wie Mais, Kartoffeln oder Tomaten ihren Weg nach Europa, während sich u. a. Reis, Weizen, aber auch Schweine und Hühner in den Amerikas verbreiteten.

Einkaufsgenossenschaften
Seit dem ausgehenden 19. Jahrhundert bildeten sich Einkaufsgenossenschaften als Unternehmensverbände im Einzelhandel. Der gemeinschaftliche Einkauf erhöhte die Marktmacht der teilnehmenden unabhängigen Händler und bot eine Alternative zu Filial- und Kettengeschäften. Bekanntestes Beispiel ist die 1898 gegründete Einkaufsgenossenschaft der Kolonialwarenhändler im Hallischen Torbezirk zu Berlin (kurz Edeka).

Ersatzprodukt (auch: Surrogate)
Produkte, die in Zeiten von Knappheit und Mangel gewohnte Konsumerfahrung ermöglichen sollten und insbesondere im Kontext der Kriegswirtschaften große Bedeutung erlangten. Bekannte Ersatzlebensmittel waren pflanzliche Margarine als Ersatz für Butter oder Muckefuck, ein Kaffee-Ersatz aus geröstetem Getreide.

Ethical Consumerism
Verbraucherbewegung, die sich für sozial und ökologisch nachhaltige Produkte einsetzt. Der Begriff entstand Ende der 1980er Jahre in Großbritannien und war u. a. eng mit Tierrechtskampagnen verbunden sowie mit Menschenrechtsprotesten wie den Boykottbewegungen gegen die Apartheid in Südafrika.

Fair-Trade
Handel zu Mindestpreisen mit Produkten, die nach bestimmten sozialen Kriterien produziert und vertrieben wurden. Insbesondere in den 1930er Jahren zielte Fair-Trade in den USA auf den Schutz kleinerer unabhängiger Händler vor der Konkurrenz durch große Kettengeschäfte ab. Seit den 1970er Jahren standen jedoch eher globale Lieferketten und Produktionsbedingungen im globalen Süden im Zentrum des Fair-Trade, der durch Handelssiegel und Organisationen ein Gegengewicht zur Zunahme des Freihandels präsentieren wollte.

Fordismus
Begriff aus den 1920er und 30er Jahren, um Massenproduktionsregime mit standardisierter, routinisierter und hochgradig arbeitsteiliger Fließbandproduktion zu charakterisieren. Gleichzeitig eröffnete ein relativ hohes Lohnniveau der Fabrikarbeiterschaft den Zugang zum Massenkonsum. Das fordistische Produktions- und Konsummodell der USA wurde u. a. auch von NS-Deutschland und der Sowjetunion rezipiert und teilweise adaptiert. Die Hochphase des fordistischen Modells endete in den 1970er Jahren mit der Verbreitung flexiblerer Produktionsregime und stärker segmentierter Konsummärkte.

Freihandel
Die Idee des Freihandels als Quelle wirtschaftlichen Wohlstands durch internationale Arbeitsteilung geht auf Klassiker der liberalen Ökonomie wie Adam Smith und David Ricardo zurück. Im 19. Jahrhundert setzte sich insbesondere Großbritannien für den Abbau merkantilischer Handelsbeschränkungen zum Wohle seiner Exportindustrien wie auch der heimischen Konsument*innen ein. Institutionalisierter Freihandel im Kontext der GATT Abkommen und der Welthandelsorganisation WTO gilt heute als ein Motor der zweiten Globalisierungswelle seit den 1970er Jahren, wobei Kritiker*innen auf die ungleichen globalen Tauschbeziehungen und die fehlenden sozialen und ökologischen Absicherungen des „freien" Welthandels verweisen.

Glokalisierung
Diese Verbindung der Begriffe Globalisierung und Lokalisierung betont die Bedeutung lokaler Ausprägungen und Konsequenzen von Globalisierungsprozessen. Der Begriff entstand in den 1980er Jahren zunächst unter Verweis auf lokale Adaptionen und Anpassung von globalen Management- und Marketingstrategien. Mittlerweile findet das Konzept auch in den Sozial- und Kulturwissenschaften Anwendung.

Handelsgesellschaften
Koloniale Handelsgesellschaften gehören zu den Vorreitern globaler Marktverflechtungen sowie imperialer Machtstrukturen seit der Frühen Neuzeit. Mit staatlichen Privilegien und imperialer Vertretungsmacht ausgestattet und durch zahlreiche private Anteilseigner finanziert, gelten Gesellschaften wie die „Vereinigte Niederländische Ostindienkompagnie" (VOC) heute auch als frühe Beispiele multinationaler Unternehmen.

Industrious Revolution (Verfleißigung)
Der vom Historiker Jan de Vries popularisierte Begriff der Industrious Revolution verweist auf die zunehmende Orientierung hauswirtschaftlicher Produktion auf den Markt. Zwischen 1600 und 1800 nahm der Konsum gewerblich produzierter Güter in europäischen Haushalten (insbesondere in Großbritannien und den Niederlanden) signifikant zu und setzte Anreize, durch intensivierte Arbeit Geldeinkommen am Markt zu erzielen. Der Begriff stellt einen nachfrageorientierten, konsumhistorischen Gegenentwurf zur Vorstellung einer vor allem angebotsseitig zu erklärenden „Industriellen Revolution" dar.

Kolonialwaren
Güter aus dem kolonialen und überseeischen Import, insbesondere Lebens- und Genussmittel wie Kaffee, Kakao, Tabak oder Tee. Sie wurden insbesondere ab dem 19. Jahrhundert z. T. in sogenannten Kolonialwarenläden verkauft, ein Begriff der sich (auch ohne den engen Bezug auf eigentliche Kolonialwaren) bis in die zweite Hälfte des 20. Jahrhunderts für kleine Geschäfte des täglichen Bedarfs hielt.

Konsumverein bzw. -genossenschaft
Zusammenschlüsse von Verbraucher*innen, die ihre Versorgung mit bestimmten Waren selbst organisieren. Insbesondere im Gewerkschafts- und Arbeitermilieu wollten Konsumgenossenschaften ihre Mitglieder günstig mit Waren versorgen. Ihren Höhepunkt hatte die Konsumvereinsbewegung in Deutschland um 1900 mit Millionen von Mitgliedern. Im Nationalsozialismus wurden die gewerkschaftlichen Konsumvereine enteignet. Nach dem Zweiten Weltkrieg etablierten sich die Konsumgenossenschaften wieder (von 1972 bis 1989 als coop-Supermärkte), konnten allerdings nicht an ihre einstige Bedeutung anknüpfen.

Kleiderordnung
Mittelalterliche und frühneuzeitliche Vorschriften über zulässige und standesgemäße Kleidung. Diese und weitere Luxusverbote sollten nicht nur einem übertriebenen Geltungskonsum Einhalt bieten, sondern auch das soziale Gefüge der Gemeinschaft schützen.

Lebensreform
Zusammenfassender Begriff für soziale Bewegungen, die insbesondere ab den 1890er Jahren Alternativen zur urbanisierten Industriegesellschaft entwarfen. Natur- und Gesundheitsorientierung prägten so etwa die entstehenden

Vegetarier-Organisationen, die Freikörperkultur oder die neuen Reformhäuser, die weitgehend naturbelassene Produkte und Lebensmittel verkauften.

Marginalistische Revolution
Seit den 1870er Jahren gewann die sogenannte Grenznutzenschule in der Volkswirtschaft an Bedeutung, die den Nutzen eines Gutes vor allem an ihrem Grenznutzen für Verbraucher*innen festmachte (Marginalprinzip). Dadurch gewannen Nachfrage und Konsum in der ökonomischen Theorie gegenüber Produktion und Arbeit (als Grundlage der Wertbildung) an Stellenwert. Die marginalistische Revolution ist eng verbunden mit Ökonomen wie Hermann Gossen, Carl Menger und Leon Walras.

Marketing-Mix
Konzept, das seit den 1960er Jahren verschiedene Aspekte der Absatzwirtschaft systematisiert. Bekannt sind die sogenannten vier „Ps": Product, Place, Price und Promotion, die sowohl Produktportfoliostrategien, Vertriebswege, Preisstrategien und Werbe- und PR-Maßnahmen umfassen. Das Konzept unterstreicht die zunehmende Bedeutung, die einem ausdifferenzierten Marketing in der Unternehmensführung im Laufe des 20. Jahrhunderts zukam.

Marktsegmentierung
Moderne Konsumgesellschaften sind nicht von Massenmärkten bestimmt, sondern zeichnen sich durch eine Vielzahl unterschiedlicher Marktsegmente aus. Einkommen und Alter können Kaufverhalten ebenso prägen wie Ethnizität, soziale Herkunft oder psychologische Grundhaltungen. Unternehmen und insbesondere die Marktforschung orientierten sich ab der Mitte des 20. Jahrhunderts an Vielschichtigkeit von Marksegmenten und trieben durch ihr Marketing die Segmentierung weiter voran.

Mengenökonomien (Economies of Scale)
Mengenökonomien bezeichnet die relative Senkung der Stückkosten durch Massenproduktion (Skaleneffekte). Durch eine Ausweitung der Produktionskapazitäten und das Erschließen zunehmend großer Absatzmärkte gelang es Großunternehmen seit dem ausgehenden 19. Jahrhundert die Preise für industrielle Konsumgüter nachhaltig zu senken.

Mode
Wechselnde Geschmacksvorlieben und Trends bei Warengruppen wie Kleidung, Möbeln, Nahrungsmitteln oder Unterhaltungsprodukten. Sie beeinflussten das Kaufverhalten und den Umgang mit Konsumgütern. Modezyklen beschleunigten sich mit der industriellen Produktionsweise sowie der Zunahme von Werbung.

Moral Economy
Das Konzept wurde durch den Historiker E.P. Thompson verbreitet und seither weiterentwickelt. Es betont die sozio-moralische Einbettung wirtschaftlicher Prozesse wie die Vorstellung „gerechter Preise" für bestimmte Güter sowie

eine Vielzahl von Normen und Verpflichtungen, an die sich Marktakteur*innen in ihrer jeweiligen Zeit gebunden sahen.

Munizipalsozialismus
Kommunen übernahmen in der zweiten Hälfte des 19. und im frühen 20. Jahrhundert vielfach die Versorgung von Haushalten mit grundlegenden Infrastrukturgütern wie Wasser, Gas und Elektrizität, aber auch von Dienstleistungen wie Transport sowie Sport- und Kulturangeboten. Eine Hochphase in Deutschland war die Weimarer Republik, als viele Städte das öffentliche Konsumangebot auszubauen suchten und die Sozialisierung privater Unternehmen (z. B. Bestattungsinstitute) breit diskutiert wurde.

Obsoleszenz
Verschleiß von Produkten oder wahrgenommene Unzeitgemäßheit, die den Wert eines Produktes mindern. Seit den 1920er Jahren gab es in amerikanischen Marketingkreisen z. T. bewusste Anstrengungen, durch Förderung der Obsoleszenz dauerhafte Nachfrage zu generieren. Kurzlebige Produkt- und Modellzyklen sollten etwa auf dem Automobilmarkt einer Marktsättigung entgegenwirken. Obsoleszenz stellt eine große Herausforderung für Nachhaltigkeit in Produktion und Konsum dar.

Pauperismus
In der von Hungersnöten geprägten Krisenzeit der 1840er Jahre erwarteten viele Gesellschaftskritiker*innen eine zunehmende Verarmung der arbeitenden Bevölkerung (Pauperisierung, von lateinisch pauper „arm"). Die von Karl Marx und anderen prophezeite Massenarmut als Konsequenz sozialer Verwerfungen des Industrialisierungsprozesses stand dabei im Gegensatz zu den optimistischen Wachstums- und Fortschrittsversprechen vieler liberaler Ökonomen.

Planwirtschaft
Entgegen der Marktwirtschaft unterliegen Produktion und die gesellschaftliche Verteilung von Konsumgütern in der Planwirtschaft zentralen staatlichen Vorgaben. Sie war ein wesentliches Merkmal sozialistischer Staaten im 20. Jahrhundert. Ohne die Mechanismen des Wettbewerbs und der freien Preisbildung fiel es sozialistischen Planwirtschaften jedoch vielfach schwer, die Komplexität individueller Konsumpräferenzen und die Dynamik von Mode und Geschmacksbildung effizient zu erfassen.

Prosumieren
Neologismus, der das enge Zusammenspiel von Produktion und Konsumieren in Privathaushalten beschreibt. In modernen Gesellschaften basiert Versorgung häufig auf einer Kombination von gekauften Dingen und eigener Arbeitskraft bzw. -zeit.

Rabatt
Rabatte bezeichnen das Gewähren von Preisnachlässen auf den Listenpreis für Handelsgüter (etwa für Großabnehmer oder Stammkund*innen bei Barzahlung oder zu einem bestimmten Kaufzeitpunkt). Rabatte waren seit dem

19. Jahrhundert ein beliebtes Instrument der Preispolitik von Unternehmen und Einzelhandelsgeschäften, wurden aber durch das Rabattgesetz von 1934 bis 2001 weitgehend eingeschränkt.

Rationierung

Rationierung bezeichnet die (zumeist staatlich organisierte) Zuteilung knapper Konsumgüter zu festgesetzten Preisen. In Kriegszeiten sollte etwa der Einsatz von Lebensmittelkarten die Grundversorgung der Bevölkerung sicherstellen und einer inflationären Preisentwicklung vorbeugen. Dabei förderte die Rationierung bestimmter Güter oft das Entstehen illegaler Schwarzmärkte, auf denen die rationierte Ware zu deutlich höheren Preisen unter der Hand angeboten wurde.

Selbstversorgung

Versorgung jenseits des Marktes durch Produktion für den eigenen Bedarf, d. h. Konsum- und Produktionsgemeinschaft fallen in eins. Gruppierungen wie die Lebensreformbewegung propagierten Selbstversorgung als Ideal. In der Realität war sie jedoch sehr selten, anzutreffen sind hingegen unterschiedliche Mischungsverhältnisse des Prosumierens.

Statuskonsum

Der Begriff Status- oder Geltungskonsum verweist auf die soziale Dimension des Verbrauchs. „Demonstrativer Verbrauch" bzw. „demonstrative Verschwendung" (T. Veblen) sowie der Erwerb von Statussymbolen gelten als wichtige Mittel der sozialen Distinktion und Demonstration von sozialem Status.

Volksprodukt

Standardisierte und erschwingliche Volksprodukte sollten den Massenkonsum in Deutschland staatlich gefördert vorantreiben. Während die Konzeption von Volksprodukten bis in die 1920er Jahre zurückreichte, wurden Volksempfänger (Radios), Volkswagen oder Volkskühlschränke vor allem im Nationalsozialismus wichtige Propagandainstrumente.

Warenkorb

Statistisches Konstrukt der Wirtschaftswissenschaften zur Berechnung von Preisindizes und Preisentwicklungen. Der Warenkorb enthält die Güter und Dienstleistungen, die ein durchschnittlicher Privathaushalt konsumiert. Er dient der Berechnung verschiedener Größen, z. B. der Inflation oder der Höhe von Sozialleistungen.

Ortsregister

Afrika 48, 49, 51, 55–58, 59, 61, 226, 232, 236, 237, 251, 278
Amerika, Vereinigte Staaten von (USA) 6, 14–16, 22, 23, 25, 33, 39, 50–55, 57–59, 66, 71, 76–79, 87, 88, 90, 92, 94–96, 98, 100, 111, 113, 127, 130–132, 136–141, 151–154, 171, 173, 191, 193, 197–201, 204, 208–214, 225–234, 245, 247, 249, 251, 253–257, 277, 278, 281
Argentinien 231, 233, 235

Bangladesch 228, 251
Brasilien 51, 55, 59, 231, 233
Bundesrepublik Deutschland 1, 11, 18, 74, 88, 111, 115, 131, 134, 137, 139, 149, 153, 158, 159, 162, 173, 192–195, 197–199, 201, 207, 212–215, 219, 243, 245, 247–249, 254

China 30, 47–50, 53, 228, 229, 233–235, 249

DDR 5, 11, 22, 115, 118, 148–150, 153, 158, 159, 165, 194–199, 207, 214–218, 221–224, 247, 249

Europa 2, 6, 12, 22, 23, 30, 32, 33, 38, 46,-61, 67, 68, 70, 72, 88, 90, 94, 96, 100, 131, 137, 138, 144, 173, 193, 197, 199, 201, 208–219, 225–234, 244, 245, 247, 249, 251, 254, 256, 279

Frankreich 35, 36, 39, 47, 53, 91, 155, 192, 201, 210, 213, 219, 254

Großbritannien (u. England) 6, 19, 33, 35–37, 39, 46, 47, 49, 50, 56–59, 67, 68, 70, 77, 79, 152, 155, 158, 160, 193, 197, 201, 236, 237, 252, 278, 279

Indien 47–49, 50, 136, 152, 225, 226, 229, 230, 232, 233, 238
Italien 6, 33, 36, 37, 49, 192, 193, 197, 200, 210, 211, 219, 234, 235

Japan 35, 57, 61, 137, 228–232, 234
Jugoslawien 200, 217, 222

Latein- / Südamerika 51, 52, 56–59, 225, 229, 231, 232, 236, 239, 251

Niederlande 6, 19, 33, 35–38, 46, 50, 234, 244, 251

Österreich 152, 164, 211

Polen 53, 217
Preußen 40, 53, 66, 71, 90

Russland (u. Sowjetunion) 47, 49, 57, 134, 155, 158, 197, 208–210, 212, 216, 217, 224, 226, 256

Schweiz 48, 70, 136, 152, 197
Skandinavien 18, 49, 254
Spanien 47, 50, 54, 60, 219

Taiwan 228, 229

Westberlin 214, 215

Namensregister

Adorno, Theodor 24, 173, 180, 187

Baudrillard, Jean 174
Bebel, August 128, 133, 143
Behrens, Peter 99
Bellamy, Edward 126–128, 132, 134, 140, 141
Bernhard, Lucian 99, 105
Bourdieu, Pierre 26, 173, 184

Dichter, Ernest 211, 214
Douglas, Mary 174, 182, 188

Engel, Ernst 74, 83
Erhard, Ludwig 131, 153, 204

Fazal, Anwar 236
Ford, Henry 78, 79, 105, 141
Fourier, Charles 132
Friedman, Milton 131, 218

Galbraith, John Kenneth 192, 194
Gershuny, Jonathan 119
Gossen, Hermann 170, 176, 177, 280

Heine, Heinrich 65–68, 74
Hohlwein, Ludwig 99

Illich, Ivan 119

Kelley, Florence 79

Lazarsfeld, Paul 172

Mandeville, Bernard 170
Marx, Karl 65–67, 70, 71, 80–82, 132, 281
Maslow, Abraham 167–169, 172
Mises, Ludwig v. 130

Packard, Vance 24, 172, 256, 257

Riccardo, David 55, 56
Riesman, David 173

Schelsky, Helmut 173, 195
Simmel, Georg 170
Smith, Adam 55, 129, 278
Sombart, Werner 130

Toffler, Avin 20, 119

Ulbricht, Walter 148, 149

Veblen, Thorstein 24, 171, 177–179, 282

Watson, John 171

Sachregister

Abzahlungsgesetz von 1894 161, 277
Adel 29, 39, 47
Alkohol 51, 52, 138, 140, 151, 178, 206
American Way of Life 211, 214, 224
Amerikanismus / Amerikanisierung 25, 147, 210–214, 218, 231
anschreiben 93, 94, 198, 201
Arbeiter*innen 16, 48, 56, 59, 66, 67, 69–71, 75, 78, 94, 130, 133, 170, 196, 217, 251
Arbeiterbewegung 9, 18, 76, 133
Arbeitsgemeinschaft der Verbraucherverbände (AgV) 253
„Arisierung" 157
Armut, neue 196
Automobil 180, 181, 192–194, 198, 201, 202, 204, 205, 209, 217, 229, 230, 232, 235

Bananen 51, 52, 57
Baumarkt 111, 259
Baumwolle 16, 33, 48, 51, 55, 65, 66, 70, 78
Bedarf, „starr" 74, 75
Bedürfnis 14, 22, 24, 27, 40, 53, 71, 80, 81, 118, 121, 122, 125, 132, 133, 135, 153, 157, 159, 161, 167–170, 172, 176, 180, 181, 185, 195, 197, 210, 235
Blauer Engel (Siegel) 255
Boykott 9, 17, 20, 23, 54, 59, 96, 136, 152, 153, 232, 236, 237
Bürgertum 40, 47, 49, 74, 75, 113, 210
buy national-Kampagne 151
Buy-Nothing-Day 14, 140

Care-Paket 212, 213, 220
cash-crops 51
Chemieindustrie 77, 148–150, 160
Columbian Exchange 51
Containerschifffahrt 227
Consumer Engineering 100, 105–107
Corn Laws 56

Deutscher Werkbund 99
Discounter 2, 198

Distinktion 6, 14, 24, 38, 52, 75, 159, 173, 185, 200
Distribution 6, 11, 80, 86–89, 92, 93, 100, 106, 127, 134, 240
Döner-Restaurant 235
Do-it-yourself 109–111
Dreieckshandel, atlantischer 51
Dritte-Welt-Laden 237

Eigenheim 130, 131
Eigenproduktion 5, 6, 118
Einkaufen / *Shopping* 33, 34, 44, 89, 93, 94, 96, 107, 127, 164, 183, 199, 202, 214, 216
Einkaufsgenossenschaft 92
Einwegprodukt 244, 245
Einzelhandel 6, 37, 88–90, 92–95, 97, 127, 175, 214, 216, 219, 228, 231, 277, 282
Ethical consumerism 20, 58, 59, 236, 250
Elektrogeräte 77, 113, 134, 192, 201, 219, 229
Ersatzstoffe / -produkte 150, 155, 156, 160
Europäische Gemeinschaften 219, 246

Fabrik 68–70, 72, 114, 121, 122, 148, 218, 221, 251
Fachhandel 2, 89, 90, 92
Fahrrad 78, 87, 88, 95, 98, 229
Fair-Trade 9, 139, 237, 250, 255, 278
Familienlohn 76
Fast Fashion 245, 246, 251
Fast Food 199
Fernhandel (Welthandel) 47, 48, 50, 156, 278
Fernsehgerät 33, 119, 149, 192, 194, 200, 201, 209, 230
Fertiggericht 115, 193
Filialgeschäft 88, 92, 198, 199, 225, 226, 277
Fordismus 78, 79, 130, 278
Flugreisen 193, 235
Freihandel 55, 56, 58, 278
Freizeit 1, 2, 7, 26, 33, 110, 115, 127, 133, 139, 141, 190, 199, 200, 214, 216, 219
Fünf-Tage-Woche 115
Fußgängerzone 15, 199, 214

https://doi.org/10.1515/9783110468793-021

Sachregister

Gemeinschaftsküche 128, 133, 143, 144, 210
Globalisierung 4, 12, 46–48, 55–59, 61, 62, 137, 152, 225–237, 278
Glokalisierung 225, 237, 278
Greenpeace 250, 259
Greenwashing 255
Grüner Punkt 249
Grüner Knopf 255
Grundeinkommen, bedingungsloses 135

Hamstern 156
Handarbeit 69, 77, 115
Handelsgesellschaft 50, 279
Handelsorganisation (HO) 149, 216
Hausfrau 115, 208
Haushaltsproduktion 19, 110, 112–120
Haushaltsbücher 2, 191, 192
Heimarbeit 66, 68, 69, 113
Heimatfront 8, 155
Heimwerken 109–111, 115, 118, 199
Hollywood / Filmindustrie 180–182, 186, 190, 213, 217, 232
homo oeconomicus 9, 130, 172

Industrialisierung 6, 11, 16, 18, 19, 35, 54, 55, 58, 65–80, 110, 112, 114, 117, 119, 160, 213, 214
Industriedesign 8, 17, 99, 100, 206
industrious revolution 19, 35, 36, 279
Inflation 97, 156, 227, 282
International Organization of Consumers 236
Internet-Shopping 2, 202, 236, 254
Intershop 158, 159, 218

Kaffee 22, 33, 36, 40, 51–53, 56, 57, 63, 75, 92, 147, 212, 224, 237, 279
Kaffeehäuser 52
Kantine 115, 200
Kapitalismus 58, 69, 175, 208, 215
Kartoffeln 51, 74, 143, 222, 277
Kiepenkerl 89
Kinderarbeit 70, 79, 251
Kitchen Debate 208, 210, 211
Kleiderordnung 30–32, 37, 47, 129
Knappheit 5, 73, 117, 119, 141, 154, 155, 158, 164, 192, 194, 212, 215, 244, 246
Kolonialismus 17, 47, 62, 63

Kolonialwaren 6, 8, 50, 51, 57, 63, 75, 92
Konserven 72, 113, 118, 180
Konsum, demonstrativer 24, 171, 177, 178
Konsumforschung 73, 75, 100, 101, 169, 171, 174, 225
Konsumgenossenschaft / Konsumverein 9, 15, 80, 97, 107, 128, 133, 149, 161
Konsumkredit 15, 16, 201, 204, 205
Konsumpsychologie 100, 171, 172
Konsumrevolution 6, 19, 35, 37, 38
Konsumterror 139
Kosmetik-Industrie 231, 232
Kraft durch Freude (KdF) 158, 193
Kredit 9, 15, 16, 40, 94–97, 107, 125–128, 161, 175, 191, 201, 202–205, 212, 214, 231
Kreditkarte 95, 126–128, 202
Kriegswirtschaft 117, 154, 155
Küche 51, 74, 122, 127, 133, 134, 143, 144, 186, 200, 202, 208–211, 234
Kühlschrank 137, 192, 204, 205
Kulturindustrie 24, 173, 174, 180–182, 187
Kunde, gläserner 93, 175
Kundenservice 87, 92

Ladendiebstahl 91
Ladenschluss 92, 107, 138, 154
Landwirtschaft 35, 56, 72, 134, 139, 149, 151, 157–159, 163, 256
Lebensmittel 2, 8, 16, 19, 24, 38, 56, 69, 72, 88, 89, 94, 97, 110, 113, 117, 118, 132, 141, 151, 155–163, 205, 212, 215, 217, 219, 235, 250, 252
Lebensreform 9, 118, 128, 138
Lebensstandard 8, 21, 22, 24, 27, 50, 59, 67, 69, 73, 84, 88, 130, 133, 134, 137, 149, 153, 158, 179, 192, 195, 196, 201, 208, 211, 213, 216, 217, 235
Lebensstil 2, 14, 16, 25, 39, 118, 138, 174, 186, 187
Litfaßsäule 98
Logo 95, 98, 99, 175
Luxus 14, 21, 22, 24, 30–33, 37–40, 45, 48, 49, 52, 54, 112, 129, 136, 150, 168, 170, 178, 203, 204, 231, 233, 236, 249
Luxusordnungen 30, 32, 37, 45, 150

Mangel 36, 117, 126, 128, 132, 133, 140, 146, 154–156, 178, 191–194, 201, 211, 215–217, 222, 248, 251
Mangelgesellschaft 131, 194, 211
Markenartikel 94, 98, 160, 182, 228, 233
Marketing 4, 9, 10, 16, 25, 35, 97, 100, 139, 152, 167–169, 172, 174, 193, 209, 212, 214, 225, 228
Marktforschung 8, 9, 25, 34, 98, 100, 107, 168, 171
Marktsegmentierung 9
Marktwirtschaft, (soziale) 131, 205, 211, 214
Marshallplan 209, 213
Massenkonsumgesellschaft 3, 6, 33, 84, 86, 107, 128, 172, 173, 175, 229, 230, 235
Massenproduktion 6, 8, 77, 78, 87, 89, 92, 99, 100, 110–113, 119, 130, 252
Massentierhaltung 252
McDonald's 225, 226
Mechanisierung 69, 70, 72, 76
Merkantilismus 55
Mode 47, 127, 159, 170, 216
Modeindustrie 119
Möbel 19, 33, 34, 46, 78, 87, 90, 95, 110, 112, 177, 186, 199, 216, 218, 246
Monopol 40, 50, 53, 54, 180
Müll / Hausmüll 2, 27, 244, 247, 249, 250
Munizipalsozialismus 134

Nähmaschine 19, 57, 78, 95, 113, 116, 230
National Consumers League 79
Nationalsozialismus 5, 11, 16, 91, 96, 97, 136, 137, 139, 152, 193, 195, 279, 282
Nahrungsmittelindustrie 18, 69, 72, 155, 157, 236
Nahrungs- und Genussmittelgesetz (1879) 160
Navigation Acts 54
Neue Heimat 134

Obsoleszenz 100, 210, 211, 281
Ölpreiskrise 194, 227
Ostalgie 218
Ostindienkompagnie, englische 47

Pauperismus 67, 281
Pizzeria 235

Planwirtschaft 21, 132, 134, 135, 149, 153, 158, 194, 199, 209, 216, 217, 226, 281
Plantagenwirtschaft 51, 52, 55, 57–59, 277
Plastik / Plaste 134, 148, 150, 244, 245, 258
Pop(ulär)kultur 140, 174, 189, 190, 212, 213
Porzellan 39, 48, 52, 53, 215
Preisbindung 159
Preispolitik 158, 159, 282
Prohibition 151
Prosumieren 19, 20, 11, 114, 116, 282

Qualität 20, 22, 46, 53, 72, 77–80, 87, 90, 93, 97, 98, 113, 114, 143, 160, 181, 202, 214–216, 223, 229

Radio 96, 106, 157, 173, 180–182, 246, 282
Rat für gegenseitige Wirtschaftshilfe (RGW) 217
Ratenkauf 94–96, 113, 161, 201, 202, 205, 212, 277
Rationierung 117, 155, 156, 157, 215, 217, 282
Recycling 242–246, 248, 249
Reformhaus 17, 118, 138, 280
Reparieren 2, 11, 17, 19, 57, 109, 110, 113, 115, 117, 118, 223, 246, 247
Restaurant 26, 94, 118, 120, 140, 168, 199, 200, 215, 225, 226, 235

Schaufenster 21, 89, 96, 99, 103, 104, 128, 215
Schlaraffenland 140, 142, 182
Schmuggel 47
Shopping Center / Mall 127, 199, 214
Schufa 95
Schule 115, 136, 144, 185, 190, 192
Schwarzmarkt 8, 47, 155
Sears & Roebuck 86–88, 100
second hand 34, 37
Seide 32, 42, 43, 48, 49, 53, 103, 104
Selbermachen 5, 110, 111, 114, 116
Selbstbedienung 15, 92, 127, 197, 198, 248, 256
Singer Sewing Machines 57, 78, 95, 230
Sitten 31, 33, 40
Sklaverei 58, 59, 62
Sozialismus 132–134, 143, 149, 159, 193
Sozialpolitik 195, 196, 207

Spinning Jenny 69
Steuern 8, 54, 91, 150, 154
Stiftung Warentest 253, 255, 257
Supermarkt 8, 15, 92, 131, 197, 198, 199, 209, 210, 213, 214, 248, 256, 258, 279
Swadeshi-Bewegung 136, 152, 232, 238

Tabak 1, 33, 49, 51–53, 59–61, 137, 277
Tante-Emma-Laden 198
Tee 33, 36, 50, 52, 54, 58, 92, 146, 279
Teenager 16, 190, 191
Teuerungsunruhen 76
Textilindustrie 48, 58, 66–68, 79, 155, 232, 250
Tourismus 16, 22, 157, 193, 200, 202, 211, 219, 233, 235, 252
Transport 16, 55, 56, 70, 72, 113, 227
Trinkwasserversorgung 134, 144, 154, 195, 216, 236

Überfluss 21, 140, 173, 189, 192, 194, 202, 256
Umweltfolgen 3, 20, 27, 118, 139, 175, 206, 244, 247–252, 254, 255, 258
United Fruit Company 57, 59
Ungleichheit 15, 20–24, 27, 57, 74, 115, 128, 131, 170, 175, 194, 202, 233, 235
Unternehmen, multinationale 50, 57, 59, 175, 219, 225–228, 232, 236, 237, 251, 279
Urbanisierung 71, 112, 160
Urlaubsreise 4, 152, 193, 196, 200

Vegetarismus 17, 118, 138, 226, 280
Verbraucherpolitik 5, 80, 93, 151, 161, 253
Verbraucherschutz 8, 22, 160–162, 236, 240, 253–255
Verbraucherorganisation 9, 79, 236
Verbraucherzentralen 253, 255
Verbrauchsstatistik 73, 83
Vereinigte Ostindische Compagnie (VOC) 50
Verkehrsmittel, öffentliche 5, 134, 154, 158, 159, 196, 199, 281

Verkaufsautomat 94
Verpackung 98, 99, 198, 247–249
Versandkatalog 87–89, 94, 95, 102, 118, 201, 218
Verschwendung 14, 24, 27, 31, 32, 39, 115, 128, 143, 179, 201, 211, 244, 249, 256, 257, 282
Volksempfänger 96, 137, 157, 282
Volksküche 133
Volkswagen 137, 282

Warenfetisch 71
Wedgwood 34, 41, 54
Wegwerfgesellschaft 244, 245, 247
Weimarer Republik 91, 93, 130, 131, 133, 139, 151, 161, 281
Weltkrieg
– Erster 11, 21, 55, 68, 88, 97, 99, 117, 133, 136, 152, 154, 156, 161, 227
– Zweiter 6, 11, 12, 92, 131, 154–156, 201, 212, 214, 252, 253
Welttextilabkommen (1974–2004) 228
Werbeindustrie 8, 15, 25, 98–100, 139, 171, 172, 206, 212, 217, 228, 229
Werbung / Reklame 4, 6, 7, 16, 18, 24, 25, 34, 57, 63, 89, 97–99, 105, 114, 128, 131, 135, 159, 171–174, 190, 205, 214, 226, 239, 280
Westpaket 215
Warenhaus 8, 15, 22, 88–92, 103, 127, 134
Warenhausdebatte 91
Wohlstandsgesellschaft 2, 7, 8, 127, 259
Wohnraum 6, 24, 75, 168, 177, 195, 217

Zeitschrift 8, 34, 92, 98, 106, 110, 111, 118, 119, 159, 180, 190, 205, 216
Zertifikate 20, 251
Zigaretten 57, 77, 94, 140
Zölle 8, 32, 52–54, 56, 80, 151, 228
Zucker 16, 33, 36, 51, 52, 58, 59, 62, 72, 76, 140, 142, 220, 277

www.ingramcontent.com/pod-product-compliance
Lightning Source LLC
Chambersburg PA
CBHW060555230426
43670CB00011B/1831